海南通史

周伟民　唐玲玲◎著

明代卷

人民出版社

海南省哲学社会科学2003年规划课题（HNSK03–32）

海南大学科研专项经费资助

明朝的户口簿

（引自胡敏、马学强：《话说中国·集权与裂变》，上海文艺出版社 2007 年版）

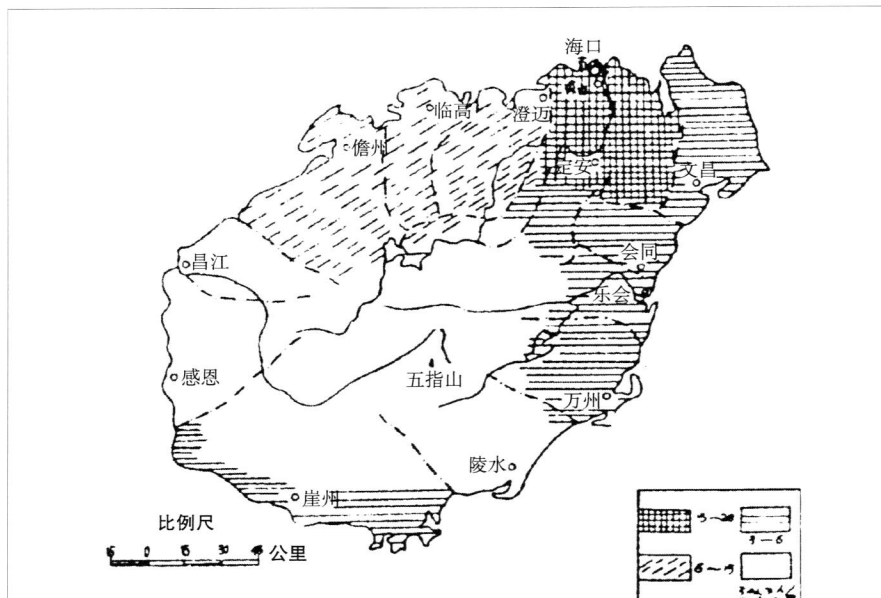

明万历十年（1582年）海南岛人口密度
（引自康熙《广东通志》卷九《贡赋》）

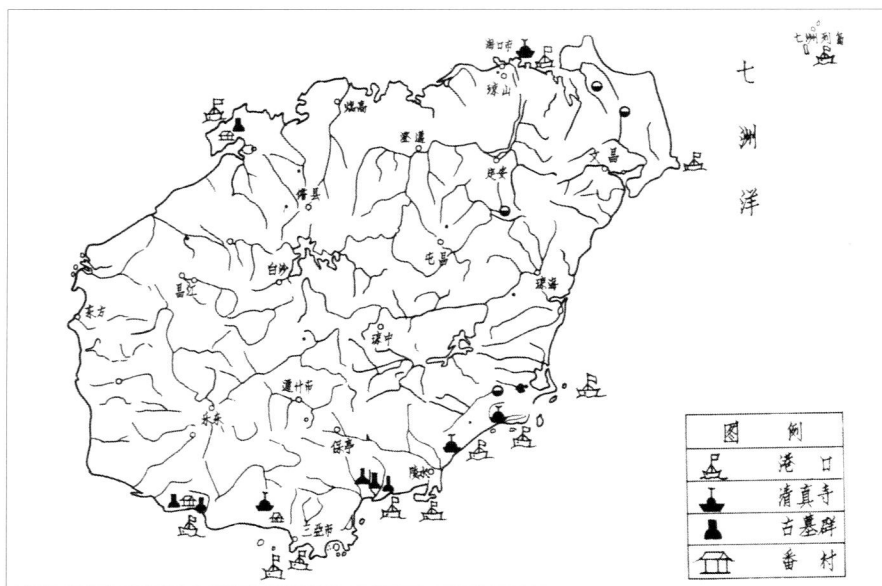

明代海南伊斯兰文化遗迹示意图
（引自广东省博物馆：《广东海南原始文化遗址》，《考古学报》1960年第2期）

明代德化窑白釉狮子母子俩造型香柱，高18厘米。南中国海沉船出水遗物。
（引自蔡於良：《海的梦话　千年一遇》，海南出版社2012年版）

明代铜钱，1975年西沙群岛北礁礁盘打捞。因长期浸泡海水中，已与珊瑚石胶结在一起。
（引自广东省文物管理委员会等编：《南海丝绸之路文物图集》，广东科技出版社1991年版）

明代侍女俑，高 17.5—22.5 厘米。海口市金牛岭公园明代陶贵家族墓地出土。
（引自丘刚主编：《海南省博物馆》，海南省博物馆编，文物出版社 2010 年版）

明代廖纪墓出土
的擎骨朵俑

明代廖纪墓出土的帷轿及轿夫俑

（引自曹乐文主编：《廖纪研究文集》，海南出版社 2010
年版）

　　明万历三十三年（1605 年），海南大地震中共有 72 个村庄沉海，此为海底村庄遗址——石棺。

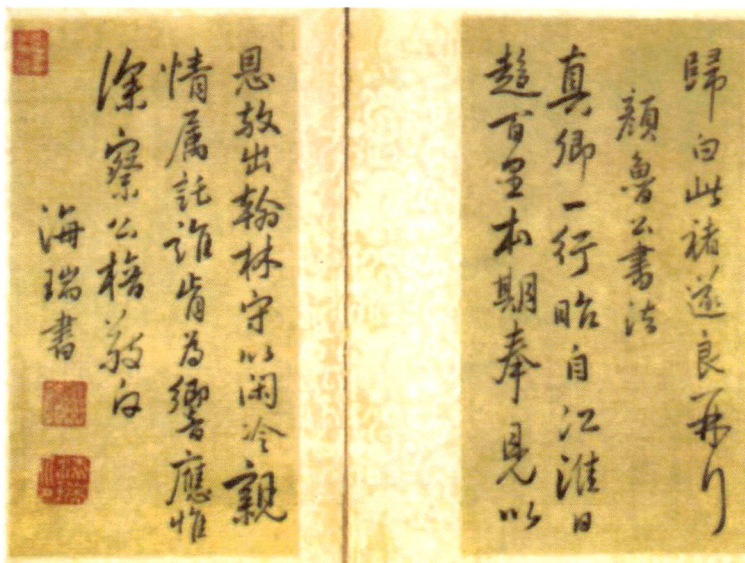

海瑞的亲笔书札

（引自胡敏、马学强：《话说中国·集权与裂变》，上海文艺出版社 2007 年版）

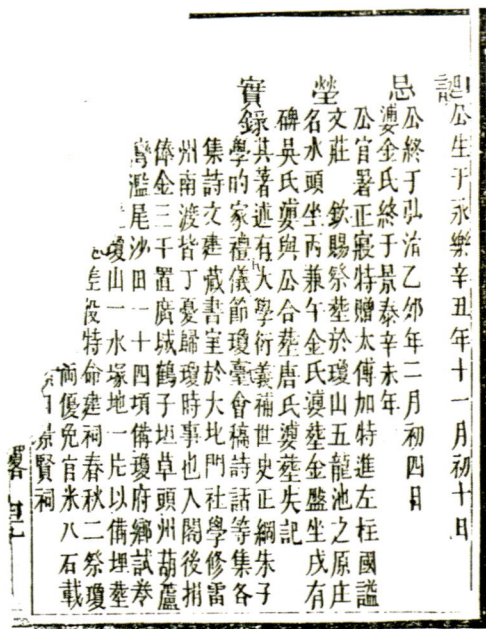

丘濬家谱

（引自海口市旅游发展委员会编印：《海口故事》，2013 年版）

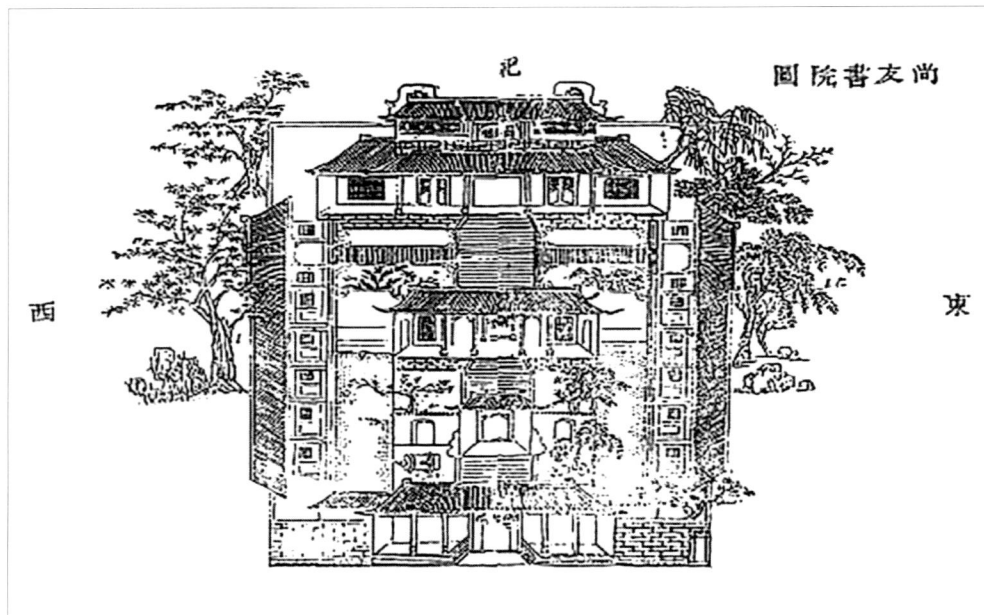

尚友书院图
（引自光绪《定安县志》"志舆图"）

目　　录

第一章　明代政府对海南的统治

元朝对海南岛的统治措施，是建立在武力的政策上的。元朝统治者将全国居民分为四等，路、府、州、县皆以蒙古人及色目人担任的达鲁花赤为最高长官，排斥汉人、南人。因此，人数多而文化程度高的汉人和南人绝大多数被排斥在仕途之外。在考试制度上，取士也受到压制，以致元代海南科举人数几乎为零，阻碍了海南文化教育的发展。

元大德三年（1299 年），罢屯田万户府，屯田兵撤离，海南重新设置黎兵万户府，领千户所 13 处，多以土人为兵，屯田。[①] 由于少数汉军及大多数地位低于北人的当地南人士兵，士气低落，海南地区军事力量也大为减弱。

元朝统治时期，吏治腐败、贪赃枉法，引起了持续不断的武装反抗。海南黎族在反抗压迫的斗争中，元军大伐黎峒不下 16 次，统兵深入人迹不到之处，"黎巢皆空"。这一系列的弊政，在明朝统治海南后，政策上有不同程度的重视和转变。

---

① （明）宋濂等撰：《元史》卷一百《兵志》，中华书局 1976 年版，第 2578 页。

第一节　明代政府对海南政策的转变

洪武元年（1368年）六月，明军进军海南岛，海南统一在明朝廷的统治之中。在明代276年历史中，万历新政时期，是最为繁荣昌盛的时期，是中国逐渐融入世界，与全球经济发生密切关系的时代，也是伴随着"西学东渐"中国开始发生变化的时代。时代发展的洪流，也波及南海之滨的边陲海岛，海南岛在历代发展的基础上，进入一个跨大步伐向前迈进的新阶段，朝廷及政府官员一改过去视海岛为蛮荒流放罪人之地的蔑视态度，而称海南岛为"南溟奇甸"。

明太祖朱元璋统治海南之后，其《宣谕海南敕》云："盖闻古先圣王之治天下也，一视同仁，无间远近，况海南海北之地，自汉以来列为郡县，习礼义之教，有华夏之风者乎！顷因元政不纲，群雄并起，朕举义除暴，所向廓清。迩者师临南粤，尔诸州郡不烦于传檄，奉印来归，向慕之诚，更可嘉尚。今遣使者往谕朕意，尔其益尽乃心，以辑宁其民。爵赏之锡，当有后命。"

又发《劳海南卫指挥敕》云："南溟之浩瀚中有奇甸，方数千里，历代安天下之君必遣仁勇者戍守。地居炎方，多热少寒，时忽瘴云埋树，若非仁人君子，岂得而寿耶？今卿等率壮士连岁戍此，朕甚念之，今差某往劳。"[①] 朱元璋这两次敕文说明：第一，开国之初对海南人民释放善意，只要"传檄奉印来归"，就可获得"爵赏之赐"。第二，明朝廷一反历代皇朝蔑视海南的态度，认为海南岛是"南溟奇甸"，是中国的一块宝地。第三，认识到戍守海南边疆的重要性，肯定历代君王"遣仁勇者戍守"的功绩。第四，清醒地认识到海南地理、气候的特殊性。由于明太祖的敕书，使在朝廷任高职的海南名人丘濬大为感动，拜手稽首写下著名的《南溟奇甸赋》，其序曰："伏读太祖高皇帝御制文集，其劳海南卫指挥敕。有曰：'南溟之浩瀚中，有奇甸数千里，地居炎方，

---

① （清）明谊修、张岳崧纂：道光《琼州府志》卷三十八《艺文志一》，海南出版社2006年版，第1657—1658页。

多热少寒。'是时琼郡入职方仅再期,其地在炎天涨海之外,荒僻鄙陋,而我圣祖即视之以畿甸,而褒之以奇之一言,岂无意哉!谨按文集若干卷,其中劳天下军卫诏敕,何啻百数,大率叙其边徼险远,将领勤劳,征戍艰苦而已,未始有褒美其疆域若此者。噫!圣人之心与天通,物之美恶,必豫有以知其后之所必然于千百载之前,则夫吾郡之在今日,民物繁庶,风俗淳美,贤才汇兴,无以异乎神州赤县之间,且复俊迈奇诡,迥异常俦,有由然哉!濬世家于海南,北学于中国,偶有所见,谨拜手稽首而为之赋。"[①] 丘濬世家海南,北学中国,在北京成就辅国大业,他由是挥笔写下《南溟奇甸赋》,以记述海南的风物人情。一敕一赋,把海南别具一格的风貌、物产及人文特殊性,展示于明朝泱泱大国之中。这是海南在历史上的盛事。

第二节　明代海南地方政权的建立

明太祖朱元璋成就帝业后,即着手平定南方。洪武元年(1368 年)春二月癸卯,命廖永忠为征南将军,朱亮祖副之,由海道取广东。四月,廖永忠师至广州,元守臣何真降,广东平。六月甲辰,海南海北诸道降。[②] 是时廖永忠率师至广东,长驱直入,所向披靡。《明史·廖永忠传》载:"寻拜征南将军,以朱亮祖为副,由海道取广东。永忠先发书谕元左丞何真,晓譬利害。真即奉表请降。至东莞,真帅官属出迎。至广州,降卢左丞。擒海寇邵宗愚,数其残暴斩之。广人大悦。驰谕九真、日南、朱厓、儋耳三十余城,皆纳印请吏。"[③] 当廖永忠率军兵临海南岛时,前通议大夫同知海北海南道宣慰使司副都元帅陈乾富等纳款投降,其所纳降款如下:

---

① (明)《丘濬集·琼台诗文会稿》卷二十二《南溟奇甸赋》,海南出版社 2006 年版,第 4456 页。

② (清)张廷玉等撰:《明史》卷二《太祖二》,中华书局 1974 年版,第 19—20 页。

③ (清)张廷玉等撰:《明史》卷一二九《廖永忠列传》,中华书局 1974 年版,第 3805 页。

天兵南下，率土来王。臣乾富叨授元帅之职任，固守海南，控制乾宁安抚司万安、吉阳、南宁三军，南建一州，属县十有三也。僻居海岛，环里三千，外接诸番，中盘百峒，民黎杂处，驿路崎岖。臣所守城池，仅止四州。秋粮几三万石，土地、人民稀少。盖因陈子瑚作乱日久，荼毒者多。臣今摅效保安，以待大军之至。外有乐会小踢峒王观泰占据地方，伫听剿灭，所据军州县治版图，遭罹灰烬，无可献纳。今奉款状，专化州路照磨黄建泽、奏差唐孔锡先行诣阙以闻，伏乞敕命。洪武二年（1369 年）七月□日谨状。①

从陈乾富所上纳降奏表，可见元末的海南，都元帅所统治的还是一片贫瘠的土地。朱元璋派出重兵南征成功之后，就开始进行政权建设。明朝的政治制度，仍沿元朝旧制。中央设中书省，置左右丞相；中书省下设六部，各部设尚书、侍郎。地方设行中书省、置平章政事和左右丞。但朱元璋执政后，发现丞相和中书省权力过大，于洪武九年（1376 年）废行中书省，在全国陆续设置 13 个承宣布政使司，同时又设提刑按察司、都指挥司分管一省民政、司法和军队。行政执行权归属六部，决策权收归皇帝，因而集中制权力大大加强。

元代置广东道宣慰使司（治广州路），属江西行中书省。又置海北海南道宣慰使司（治雷州路），属湖广行中书省。洪武二年（1369 年）三月，以海北海南道属广西行中书省。四月，改广东道为广东等处行中书省。四年（1371 年）十一月，置广东都卫。八年（1375 年）十月，改都卫为广东都指挥使司。九年（1376 年）六月，改行中书省为承宣布政使司。领府十，直隶州一，属州七，县七十五。北至五岭，东至潮州，西至钦州，南至琼海。②

从明朝开始，海南岛划归广东管辖，这是促进海南发展的关键。历代的封建统治王朝，对于海南都是实行遥控的政策，不是把海南隶属广西中书省，就是把海南隶属湖广中书省。明洪武把海南划归广东，

---

① （明）唐胄纂：正德《琼台志》卷三《沿革考》，海南出版社 2006 年版，第 50 页。
② （清）张廷玉等撰：《明史》卷四十五《地理志》，中华书局 1974 年版，第 1132—1133 页。

作为广东一个地方行政区，使海南的海洋文化与海洋经济的发展，与广东连成一片，而同时又便于对海南政治上的控制、经济上的管理和文化上的交融。

除此之外，朱元璋对海南特别重视的另一措施，就是升琼州为府，让海南直属广东之后，有一个统一的领导机构。正德《琼台志》载："洪武二年（1369年），改为琼、崖、儋、万四州，省琼山，复南建州为定安县，复万安县为万宁州，仍各领属县，隶广西如故。三年（1370年），升琼州为府，总领州三、县十三，隶广东。十九年（1386年），以儋之感恩县属崖州。正统五年（1440年），省三州附郭宜伦、万宁、宁远三县，领州三县十。"①对于海南建置的调整，正如司徒尚纪所说的："自汉开郡以来，海南行政建置，虽间有唐都督府，宋安抚都监这类兼领军政的机构，但不算一种行政区划。全岛没有一个统一的治理的机构，缺乏一个首府，各州管各州，互不相干，因而对岛上资源开发、经济中心的形成都是不利的，行政指挥也弊多利少。琼州升格为府，成为全岛行政中枢，这是海南政区沿革上一件大事。"②

明王朝对于海南统治的策略，比历代王朝高明得多，他们详细分析海南的地理形势及沿海所能遇到的民族问题、海盗问题，制定切实可行的行政管理方略，明人杨理写了一篇《琼管论》，对这一问题说得极为透彻。《琼管论》曰：

> 天下郡邑，滨海者有之，未有若琼之四面环海者。其东南广九百里，南北一千一百四十里，长山峻岭，生、岐、熟三黎，错居其间。而五指腹心，尽为黎据，群岗之中，安定尤险，郡邑封疆，反四面而环列。古城暹罗诸番，西南外峙，东北又与闽浙诸洋相通，稍或撤备，则门庭皆敌矣。广东处南海之边，而琼又当其南，实南徼之要害也。国朝设府，统州县十三，复设海南卫，统内千户所五，外

① （明）唐胄纂：正德《琼台志》卷三《沿革考》，海南出版社2006年版，第50页。

② 司徒尚纪：《海南岛历史上土地开发研究》，海南出版社1992年版，第46页。

守御千户所六,各海口咸置烽堠僚戍,指挥部军统辖之,名曰备倭巡捕巡司,分散布列,海寇望帜而知有备。然黎防之制,琼、澄、临、乐、文、定诸地。旧置营戍,事久寝弛。元有炯（金监）,不可不戒也。近因辛丑之乱,举兵讨平,珠崖驻设参将,事虽大定,而险疑终在黎,未为吾有议者,欲于罗活冈据以重兵,迟以岁月,置兵镇之,其陵水要枢之邻于崖者,则界以十字路,断其往来窜伏,更于黎众民稀之处,如感恩者,缮城郭甲兵以卫之,噫! 必如是而后为久安之计乎!

杨理在这篇文章里提出三个办法：一是于"罗活冈据于重兵,迟以岁月,置兵镇之"。二是于"其陵水要枢之邻于崖者,则界以十字路,断其往来窜伏"。三是"于黎众民稀之处,如感恩者,缮城郭甲兵以卫之"。这三者,为人们阐明明朝统治海南的各方面措施,从而达到统治海南久安之计。

第三节　明代政府对黎族的统治

一、明代政府对黎族的统治政策

在明代,黎族人口仍然占海南岛人口的大多数,要统治海南,治黎是重要的关键。正如海瑞所说的："自国初至今,言官琼者必以治黎人为一急事,然卒未有以得黎人之治者。"[①] 而对海南岛上的黎族抗争,仍然是明政府统治海南岛的心病。"事虽大定,险终在黎",对于黎族问题,岛内外官吏,包括海瑞、唐胄、王佐等在朝廷当官的海南籍官员,也为朝廷出谋献策,如何使黎族归服。海瑞认为明代黎族的团结安抚政策,尚未能得治理之道。而是"动以弓刃相向""以弓刃为雪仇之具",他说："予偿谓恃有人心,小则息争,大则开通十道,地为郡邑,人入版图,百千万年无不可者。所恨知此道者之难其人也。"同时治黎的难处,又在于基层官吏的腐败,海瑞说："而又赋役繁难,官吏刻削,彼自为诚,我自为诈,有以灰其心而格其至。至诚之为,

---

① 《海瑞集》卷四《赠养斋蔡太守抚黎序》,海南出版社 2003 年版,第 537 页。

难乎其为动矣。"①下层官吏对黎族不堪重压而起义反抗的行动，采取残酷镇压手段，将领为贪功而杀戮无辜，更使黎族叛乱此起彼伏。明朝廷对黎族所采取的政策，首在安抚，同时招抚讨伐并用。

自明太祖开始，即改变过去对海南蔑视的观念，一反明以前历朝视海南为蛮荒之地的做法，以"天下一家"的观念治理海南，安抚黎民。《明太祖实录》载："吏部奏，凡庶官有罪被黜者，宜除广东儋、崖等处。上曰：'前代谓儋、崖为化外，以处罪人。朕今天下一家，何用如此？若其风俗未淳，更宜择良吏以化导之，岂宜以有罪人居耶！'"②明太祖能使海南与全国各地为"天下一家"，这一观念的改变，对于海南的治理极有益处。

明朝永乐皇帝对海南黎族的措施，多采取招抚政策，利用黎族峒首带头归化，使"黎人顺服"。如《明史》载：

> 永乐三年，广东都司言："琼州所属七县八峒生黎八千五百人，崖州抱有等十八村一千余户，俱已向化，惟罗活诸峒生黎尚未归附。"帝命遣通判刘铭赍敕抚谕之。御史汪俊民言："琼州周围皆海，中有大、小五指，黎母等山，皆生熟黎人所居。比岁军民有逃入黎峒者，甚且引诱生黎，侵扰居民。朝廷屡使招谕，黎性顽狠，未见信从。又山水峻恶，风气亦异，罹其瘴毒，鲜能全活。近访宜伦县熟黎峒首王贤祐，尝奉命招谕黎民，归化者多。请仍诏贤祐，量授以官，俾招谕未服，戒约诸峒，无纳遁逃。其熟黎则令随产纳税，悉免差徭；其生黎归化者，免税三年；峒首则量所招民数多寡授以职。如此庶几黎人顺服。"从之。遣知县潘隆本赍敕抚谕。③

是时黎人纷纷归顺，尤以永乐年间，黎人对明朝归顺者甚众。据《明史》所载，永乐四年（1406年），"琼州属县生黎峒首罗显、许志广、陈忠等三十三人来朝"。

---

① 《海瑞集》卷四《赠养斋蔡太守抚黎序》，海南出版社2003年版，第537页。
② 《明实录·太祖实录》卷四八。
③ （清）张廷玉等撰：《明史》卷三百十九《广西土司》，中华书局1974年版，第8272页。

永乐六年（1408 年），"土黎峒首王贤祐、王惠、王存礼等来朝，贡马"。

永乐八年（1410 年），"文昌县斩脚寨黎首周振生等来归"。

永乐九年（1411 年），"临高县典史王寄扶奉命招至生黎二千余户，而以峒首王乃等来朝"。

永乐十一年（1413 年），"琼山县东洋都民周孔洙招谕包黎等村黎人王观巧等二百三十户，愿附籍为民。从之。临高民黄茂奉命招抚深峒、那呆等二十四峒生黎，率黎首王聚、符喜等来朝贡马，黎民来归者四百有奇。通计前后所抚诸黎共千六百七十处，户三万有奇"。

永乐十四年（1416 年），"王贤祐率生黎峒首王撒、黎佛金等来朝贡，帝嘉纳之"。

永乐十六年（1418 年），"感恩土知县楼吉禄率峒首贡马"。

永乐十九年（1421 年），"宁远土县丞邢京率峒首罗淋朝贡"。①

就永乐一朝黎族归顺的情况来看，永乐皇帝的安抚政策与过去王朝相比较，是有进展的。

当永乐四年（1406 年），南岐黎首陈忠等归顺的时候，永乐帝谕曰："恁每都是好百姓，比先只为军卫有司官吏不才，苦害恁上头，恁每害怕了，不肯出来，如今听得朝廷差人来招谕，便都有一心向化，出来朝见。都赏赐了回去！今后恁村峒人民都不要供应，差拨从便，安心乐业，享太平的福。但是军卫有司官吏军民人等非法生事，扰害恁的，便将着这敕谕直到京城来说，我将大法度治他。故谕。"② 这种"圣谕"的口吻，是以前历代统治者所未曾见到的。而永乐皇帝朱棣能以此口气对待黎民，不失为历史的进步。对于归顺的黎峒，可以"不要供应，差拨从便"，可以安心乐业，享太平的福。这也是广大黎民所盼望的，更进一步，他晓谕如有"军卫有司官吏军民人等"，也即管理海南的

---

① （清）张廷玉等撰：《明史》卷三百十九《广西土司》，中华书局 1974 年版，第 8272—8273 页。

② （清）明谊修、张岳崧纂：道光《琼州府志》卷二十二《海黎志》，海南出版社 2006 年版，第 891 页。

基层官吏，如有对黎民"非法生事扰害"的行为，黎民可以直接到京城上诉，皇帝就"将大法度治他"。如果永乐皇帝这一诏谕代代相传下去，那么，有明一代，黎族就可以享受"太平的福"了。

但是，现实生活并不那么简单，永乐以后的治黎官吏，并没有那么听话，正如海瑞所说："言官琼者必以治黎人为一急事，然卒未有以得黎人之治者。"[①] 皇帝的金口玉言，哪能达到远隔千山万水的海南岛，虽有贤吏，却杯水车薪。管理海南的官吏，多数苛暴因循，贪残私敛，大失黎心。官吏与军官，长期盘剥民众，如符南蛇起义，就是因为"将领贪功，杀戮无辜"而引起的。

二、黎族对抗官府的斗争过程

自朱元璋建国以来，黎族的抗争从来没有间断过。综观有明一代，黎族的反抗斗争可分为五个阶段。

第一阶段：洪武时代较密集的反抗斗争

开国伊始，明朝征南将军刚平定广东及海南，建置尚未稳定，官府对黎区的管理仍十分混乱，使黎人无法接受，因而反抗斗争接踵而至。

洪武二年（1369年），当明军进驻海南岛时，黎族首领符进福等仍据险抵抗，据民国《琼山县志》载："洪武二年（1369年），永嘉侯朱亮祖威声所至，黎首吉天章等奔走听命，而琼之黎首符进福等犹据险要，不时窃发。广东都司及海南卫官领军收捕之。"[②]

洪武二年（1369年），元南建州知州王官子廷金结万州王贤保作乱，攻州城，海南分司统兵征剿，峒首王丽珠随领义兵剿平之。[③]

洪武二年（1369年），乐会黎首盘踞油麻岭，其岭高峻岩险，贼党厉紧蹂躏乡村。千户欧杨起义徂征，同王、李、黎等率兵勇数百人

---

① 《海瑞集》卷四《赠养斋蔡太守抚黎序》，海南出版社2003年版，第537页。
② 朱为潮、徐淦等主修，李艺、王国宪总纂：民国《琼山县志》卷十二《黎防志》海南出版社2004年版，第620页。
③ （清）胡端书总修，杨士锦、吴鸣清纂：道光《万州志》卷七《前事略》，海南出版社2004年版，第419页。

奋勇力剿，贼党败北。进剿内峒，有黎侬气概轩昂，扶之马身，同归油麻山麓，被黎侬抽刀刺，欧杨头落。时王、李、黎誓曰："吾帅既死，吾将焉归？"以义死。其马载欧杨尸归。次日家人复寻其处，头被蚁封土成冢。督抚奏闻，赠欧杨等"忠义可嘉"。嗣后黎匪慑服。乡人感其德，立庙于山以祀。①

洪武六年（1373 年），儋州宜伦县民陈昆六等作乱，攻陷州治。广东都指挥使司奏言："近儋州山贼作乱，已调兵剿捕。获海船十八艘，杀贼二千二百七十余人，生擒五百二十四人。其儋、万二州，山深地旷，宜设兵卫镇之。"诏置儋、万二州守御千户所。②

洪武六年（1373 年），指挥张仁收平儋州黎寇。初，洪武二年己酉，诸黎归附。之后文昌抵万州黎峒尝梗化，累征讨不服，至是儋州亦陷，仁始领军削平大村、七方等峒。又《方舆志》载："洪武初，指挥张信收捕儋之黎首符那钦，及平峨低、落梅、新场等峒。"③"六年，陷儋州。指挥张仁领军削平大村、七坊等寇。叛后，儋州贼首符那钦及峨底、落梅、新洋等峒拒杀官军。指挥张信、千户方顺、张德等节次收捕。州黎杀人报仇。知府王伯贞捕仇杀者数人，遂定。"④

洪武七年（1374 年）二月，儋州黎人符均胜军作乱，海南卫指挥张仁率兵讨平之。又海南罗屯等峒黎人作乱，千户周旺等讨平之。澄迈县贼王官舍乱，典史彭祯领民兵捕斩之。⑤

洪武十五年（1382 年）六月丙戌，海南会同文昌二县民王官证、莫不祖等聚众作乱，广东都指挥使王臻率兵讨平之。⑥

---

① （清）林大华纂修：宣统《乐会县志》卷四《海黎略》，海南出版社 2006 年版，第 430—431 页。

② 《明实录·太祖实录》卷八三。

③ （明）黄佐纂修：《广东通志·琼州府·外志》，海南出版社 2006 年版，第 524 页。

④ 彭元藻、曾友文修，王国宪总纂：民国《儋县志》卷八《海黎志》，海南出版社 2004 年版，第 462 页。

⑤ （清）张廷玉等撰：《明史》卷三百十九《广西土司》，中华书局 1984 年版，第 8271 页。

⑥ 《明实录·太祖实录》卷一四六。

洪武十五年（1382 年），万、崖二州民陈鼎叔等作乱，陷陵水县，为海南卫官军击败，追至藤桥，斩鼎叔等三百余人，余党悉平。①

洪武十七年（1384 年），儋州宜伦县黎民唐那虎等作乱，海南卫指挥张信发兵讨之。那虎及其党郑银等败遁，信追擒之，送京师。知州魏世吉受贿，纵银去。帝谓兵部曰："知州不能捕贼，及官军捕至而反纵之乎？"命遣力士即其州杖世吉，责捕所纵者。②

洪武二十七年（1394 年），澄迈多简等村、儋州新深等峒及崖州黎为乱。指挥牛铭、曹源等讨平之。③

洪武二十八年（1395 年）十二月戊申，广东崖州宁远县迁家村贼人罗危等劫掠人民，都指挥同知花茂统兵剿捕，杀获贼众三百五十七人。④

洪武二十九年（1396 年），昌化浮鹅峒黎符公魂、万州鹧鸪啼峒王得隆等"同时作乱"。⑤

在洪武时代，黎族反抗斗争次数比较密集，每次都被明王朝武力镇压下去。洪武三十一年（1398 年）五月，朱元璋去世，太子朱标早于洪武二十五年病殁，皇位由十六岁的皇太孙朱允炆继承，即明惠帝，年号"建文"，惠帝在位四年时间，陷入皇位之争，其叔父朱棣起兵夺皇位，发起历史上所谓"靖难之役"。建文四年（1402 年）六月，明成祖朱棣即位，他不承认建文登位的历史，仍称洪武年号，故史书上有称洪武至三十五年。在这皇室内部残酷斗争中，也顾不及边陲地区的海南，史书里的记载也非常简略，后代也无法详细了解这段时期海南的统治情况。到永乐皇帝临朝，他统治朝政二十二年，史书

①　（清）张廷玉等撰：《明史》卷三百十九《广西土司》，中华书局 1974 年版，第 8271 页。

②　（清）张廷玉等撰：《明史》卷三百十九《广西土司》，中华书局 1974 年版，第 8271—8272 页。

③　彭元藻、曾友文修，王国宪总纂：民国《儋县志》卷八《附平黎》，海南出版社 2004 年版，第 462 页。

④　《明实录·太祖实录》卷二四三。

⑤　（清）胡瑞书总修，杨士锦、吴鸣清纂：道光《万州志》卷七《前事略》，海南出版社 2004 年版，第 420 页。

说他"少长习兵","智勇有大略","至其季年，威德遐被，四方宾服，受朝命而入贡者殆三十国。幅员之广，远迈汉、唐。成功骏烈，卓乎盛矣"。[①] 他以雄才大略开拓明朝疆域，多次派遣郑和出使西洋，使得中外文化交流出现前所未有的盛况。因此，在永乐年间，对待黎族的政策也大为改变，主要是以抚黎为主，而且也仿效海外诸国的朝贡方式，归附的黎峒首领几乎年年送海南土产朝贡。后来因朝贡太过频繁，永乐十四年（1416年）六月，出现阻止朝贡事宜，据史书载："永乐十四年六月乙亥，广东儋州土官同知王贤祐率生黎峒首王撒、黎佛金等来朝贡马，赐钞币遣还。上谓行在礼部臣曰：'黎人远处海南，素不沾王化，今慕来归，而朝贡频繁，殆将困乏，非存恤抚之意。自今生黎土官、峒首俱三年一朝，著为令。'"[②] 在永乐年间，黎族的归附与过去行成强烈的对比，主要原因是永乐朝招黎、抚黎政策的成功。永乐二年（1404年），朱棣接受崖州监生潘隆的招黎意见，命令潘隆招抚琼州府诸峒生黎。潘隆即引土人邢万胜等赴京，同领敕招抚。对于孰黎令其随尘纳税，一切差徭悉与蠲免。生黎归化者，免其产税三年。峒首则量其所招民数多寡，授以职事，因于这样的政策，使官吏专一抚黎领赏。因此，永乐朝仅在"永乐四年，罗活峒黎作乱，都指挥花茂讨平之"。[③] 除此之外，永乐年间是海南岛最平静的一段岁月。

第二阶段：从洪熙至天顺年间的朝贡活动

明成祖于永乐二十二年（1424年）病死，朱高炽继位，是为仁宗，改号洪熙。仁宗在位仅十个月即病死，宣宗即位，改号宣德。宣德十年（1435年），宣宗病死，英宗即位，改号正统，时英宗年仅九岁。正统十四年（1449年），土木堡之战，英宗被俘，代宗朱祁钰即位，是为景帝，年号景泰，遥尊英宗为太上皇。景泰八年（1457年），景帝病逝，英宗复辟，史称"夺门之变"，号天顺。天顺八年（1464年），

---

① （清）张廷玉等撰：《明史》卷七《成祖》，中华书局1974年版，第105页。

② 《明实录·太宗实录》卷一七七。

③ （清）张擢士、李如柏纂修：康熙《崖州志》卷一《疆域志》，海南出版社2006年版，第18页。

英宗病死，终年三十八岁。

　　从 1424 年至 1464 年四十年的时间里，明朝忙于宫廷政变，皇帝频繁更替。对于海南岛的统治，并未改变明朝抚黎的政策，仍按祖宗旧法进行统治。因此，这四十年间黎族的土官仍然不断向明王朝朝贡，仅少数几次因地方官的迫害太甚，才群起抗争。如洪熙朝仅十个月时间，就有六次朝贡。

　　洪熙元年（1425 年）冬十月戊寅，广东琼山等县土官知县许志广遣子棠贡马及方物。①

　　洪熙元年（1425 年）冬十月己丑，广东定安县土官县丞王观留等、文阤北江等府、嘉林等州县土官吏土人阮文道等二百三十七人贡方物。②

　　洪熙元年（1425 年）冬十月庚寅，赐……广东琼山县土官舍人许棠等钞、彩币、表里、袭衣有差。③

　　洪熙元年（1425 年）十一月壬寅，赐广东定安县土官县丞王观留等二百三十七人钞、彩币、表里、袭衣有差。④

　　洪熙元年（1425 年）十一月丙辰，广东儋州等衙门土官同知王贤佑遣子芳等贡方物。⑤

　　洪熙元年（1425 年）十一月癸亥，赐广东儋州土官舍人王芳等钞、彩币、表里有差。⑥

　　仁宗朱高炽即位之初，海南的土官即早已归附的琼山、定安、儋州的黎峒首领，纷纷向新皇朝朝贡。但洪熙朝是一个短命朝廷，仅十个月仁宗就病死了。不过，在洪熙元年（1425 年），仍有一次黎族起义，据宣统《乐会县志》载："洪熙元年（1425 年），定安黎王观苟等叛，焚毁县治。都指挥程昶、黄瑀等督军进讨，遂移兵征乐会上郎村贼王

----

① 《明实录·宣宗实录》卷十。
② 《明实录·宣宗实录》卷十。
③ 《明实录·宣宗实录》卷十。
④ 《明实录·宣宗实录》卷十。
⑤ 《明实录·宣宗实录》卷十。
⑥ 《明实录·宣宗实录》卷十。

莫等,俱平之。"①宣德至天顺的四十年里,海南黎族土官们仍然不断向朝廷上贡。

宣德元年(1426 年)秋七月丙申,广东乐会县等衙门土官主簿王存礼等,遣黎首黎宁及万州黎民张初等来朝,贡方物。②

宣德元年(1426 年)秋七月丁未,赐广东乐会县黍首黎宁及万州黎民张初等钞、布帛、袭衣有差。初,黎宁等至京,上谓尚书胡濙曰:"黎人居海岛,不识礼义,叛服不常,祖宗时专设官抚绥,今来朝,当加赍之。"故有是赐。③

宣德五年(1430 年)十一月甲寅,广东琼山县故土官知县许志广子才、儋州宜伦县故土官知县黄俽苟子庆来朝,贡方物。④

宣德五年(1430 年)十一月癸亥,赐广东琼山县故土官舍人许才、宜伦县故土官舍人黄庆等钞币、表里及衣。⑤

宣德六年(1431 年)六月乙巳,行在户部奏:"广东琼州府遣人赍赃罚银五两四钱赴京进纳。"上谕行在户部曰:"琼州至京师,计其道路之费比所进加数倍,所司何不体人情?今后如此类者但令于所在官库收贮,无以劳民。"⑥

宣德六年(1431 年)秋七月癸亥……广东文昌县故土官子林丑等来朝,贡方物。⑦

宣德六年(1431 年)秋七月乙亥,赐……广东文昌县故土官子林丑等钞、彩币、表里、袭衣有差。⑧

宣德七年(1432 年)五月辛未,广东感恩县故土官知县楼吉福、孙鉴等贡方物。

---

① (清)林大华等纂修:宣统《乐会县志》卷四《海黎略》,海南出版社 2006 年版,第 431 页。
② 《明实录·宣宗实录》卷一九。
③ 《明实录·宣宗实录》卷一九。
④ 《明实录·宣宗实录》卷七二。
⑤ 《明实录·宣宗实录》卷七二。
⑥ 《明实录·宣宗实录》卷七二。
⑦ 《明实录·宣宗实录》卷八〇。
⑧ 《明实录·宣宗实录》卷八〇。

宣德七年（1432 年）五月丙戌，赐广东感恩县故土官舍人楼、鉴等钞、纻丝、表里。①

宣德八年（1433 年）八月戊戌……赠广东感恩县故土官舍人王绍等钞、彩币、绢布及纻丝、袭衣、绢衣有差。②

宣德八年（1433 年）九月癸未……广东琼山县故土官主簿符通卿子忠得等来朝，贡马及方物。③

宣德八年（1433 年）九月戊戌，赐……广东琼山故土官舍人符忠得等钞、彩币、纱罗及金织袭衣、绢布有差。④

宣德九年（1434 年）四月丁巳，广东昌化县黎首赵克宽等来朝，贡方物。⑤

宣德九年（1434 年）四月甲戌，赐……广东昌化县黎首赵克宽等钞、彩币有差。⑥

宣德九年（1434 年）六月己未，广东昌化县故土官主簿符翰惠子贤儒等来朝，贡马及方物。⑦

宣德九年（1434 年）七月庚辰，赐……广东昌化县故土官舍人符贤儒等钞币有差。⑧

宣德十年（1435 年）十一月戊子，广东琼州府临高县故土官男倪通……来朝贡马赐采币等物。⑨

正统三年（1438 年）九月丙申……广东宜伦县土官男黄骦等各来朝，贡马及方物。赐彩币等物有差。⑩

正统三年（1438 年）十月丙辰，广东琼州府崖州感恩县土官知县

---

① 《明实录·宣宗实录》卷九〇。
② 《明实录·宣宗实录》卷一〇四。
③ 《明实录·宣宗实录》卷一〇六。
④ 《明实录·宣宗实录》卷一〇六。
⑤ 《明实录·宣宗实录》卷一一〇。
⑥ 《明实录·宣宗实录》卷一一〇。
⑦ 《明实录·宣宗实录》卷一一〇。
⑧ 《明实录·宣宗实录》卷一一一。
⑨ 《明实录·宣宗实录》卷一一一。
⑩ 《明实录·英宗实录》卷四六。

楼鉴遣黎首符那康等来朝，贡马及方物。赐钞绢如例。①

正统五年（1440年）十月戊子，广东琼州府儋州土官同知男王懋等俱来朝，贡马及貂鼠皮。赐彩币、钞、绢等物有差。②

正统六年（1441年）二月壬辰，广东陵水县土官舍人王茂、崖州土官舍人黎珉、宁远县藤桥巡检司土官舍人黄政、郎温峒首王陈堡俱来朝，贡马及方物。赐彩币等物有差。③

正统六年（1441年）四月壬午，广东儋州昌化县土官县丞男符应乾等俱贡马及方物。赐钞币有差。④

正统十一年（1446年）六月丁未，广东琼州府昌化县土官舍人符应乾……贡方物。赐以彩币。⑤

正统十二年（1447年）六月庚午，儋州昌化县黎人峒首赵克勇……来朝，贡马及方物。赐钞、彩币、表里有差。⑥

正统十四年（1449年）三月丙戌，广东崖州藤桥巡检司土官副巡检黄其男，同黎首罗幕等来朝，贡马及方物。赐彩缎、绢、钞有差。⑦

景泰三年（1452年）五月丁巳，广东万州土官王篯等来朝贡马。赐彩钞、彩币、表里等物有差。⑧

景泰五年（1456年）三月丙寅，广东昌化县土官县丞弟符元春……各遣人来朝，贡马及方物。赐彩币等物有差。⑨

景泰六年（1457年）十二月辛亥，广东崖州藤桥土官巡检黄芳……贡马及方物。赐彩币等物。⑩

天顺元年（1457年）七月戊辰，广东临高县土官舍人倪泽等俱来

---

① 《明实录·英宗实录》卷四七。
② 《明实录·宣宗实录》卷七二。
③ 《明实录·宣宗实录》卷七六。
④ 《明实录·宣宗实录》卷七八。
⑤ 《明实录·英宗实录》卷一四二。
⑥ 《明实录·英宗实录》卷一五五。
⑦ 《明实录·英宗实录》卷一七六。
⑧ 《明实录·英宗实录》卷二一六。
⑨ 《明实录·英宗实录》卷二三九。
⑩ 《明实录·英宗实录》卷二六一。

朝，贡马及方物。赐钞、彩币、表里、袭衣有差。①

天顺二年（1458年）五月辛亥，广东昌化县故土官县丞符应乾弟元春来朝，贡方物。赐彩币、钞、绢。②

在这四十年时间里，虽然一连换了四个皇帝（即仁宗、宣宗、英宗、代宗），但对黎族的政策并未改变，仍然以抚黎为主。黎族的土官峒首也相继朝贡，一时朝贡成风，有的地方虽未向明朝进贡，也被当朝者宽解。如宣德五年（1430年）正月戊申，行在吏部奏："朝觐官未到者，广东崖州宁远等处土官凡三十余，处法当逮问。"上曰："琼、崖诸州远在海外，但移文审勘，不必追逮。"③朝廷与岛上原住民和睦共处。但也有少数地方，由于官吏的残暴，对黎族采取镇压手段，逼使黎族反抗。官军即进行杀捕，毫不手软。明朝对黎族的抚治与镇压两手政策，目的是使黎族归顺。

宣德元年（1426年）九月丁巳，行在兵部奏："广东琼州府言，澄迈县黎王观珠、琼山县黎王观政等聚众杀琼山县土官知县许志广，流劫乡村，杀掠人畜。"命广东三司勘实讨之。④

宣德元年（1426年）十二月辛巳，巡按广东监察御史金濂奏："琼州府黎寇作乱，广东都指挥金事程瑒等领兵往捕，逗留不进，定安、会同二县官署、民居皆被焚，尽掠公私财物以去，瑒等失机纵贼，请罪之。"上曰："姑记过，俾之速捕，不获不宥。"⑤

宣德六年（1431年）六月丁未，广东都司官军攻破崖州罗活峒，斩作耗贼首罗任等，生擒男妇三十八人，械送至京。命付刑部。⑥

宣德六年（1431年）八月乙巳，海南卫千户俞华奏："随指挥黄瑀捕崖州黎寇，瑀令臣领兵先捣贼巢，瑀为后继，要约已定。山路险阻，贼依险设伏，臣率兵径进，被贼冲突，伤官军二十六人，臣力战乃得

---

① 《明实录·英宗实录》卷二八〇。
② 《明实录·英宗实录》卷二九一。
③ 《明实录·宣宗实录》卷六一。
④ 《明实录·宣宗实录》卷二一。
⑤ 《明实录·宣宗实录》卷二三。
⑥ 《明实录·宣宗实录》卷八〇。

退兵，而瑀竟不应援，反以挫衄归罪于臣。臣复率兵击贼，杀获二百余人。"①

正统九年（1444年）五月壬申，广东崖州守御正千户陈政闻黎贼出没，同副千户洪瑜领军追捕，乃围熟黎村。黎首出见，政等辄杀之。又令军旗孙得等十五人焚其庐舍，杀其妻孥数人，掳其财物，致各黎激变，政及官军百人皆为所杀。巡按监察御史赵忠鞫瑜等，罪应斩。上命忠同三司再谳之，瑜果无冤，依律处决；孙得等俱宥死，杖一百，发充广西边卫军。②

正统十二年（1447年）四月辛酉，广东琼山县典史姚仲彝以事如崖州，猝遇黎贼，杀死其从人。崖州千户陈政、洪瑜谓此必抱盈、匿材二村贼，发军围之。比夜，反为贼遮截，杀官军七十余，政死，瑜从间道逃。按察使郭智、署都指挥杜信继往招抚，贼诣军降。智按瑜掳掠已降附黎人，利其所有，坐斩。佥事李铉谓："瑜因贼杀人，于职当捕，不幸多没官军，坐以重罪。可悯。此乃智欲希招抚功，故加瑜罪。乞全瑜生，令于本处立功以赎。从之。"③

由此观之，官府军队对黎人的妄加残害，黎人奋起反抗，迫使官军落荒逃遁。而明王朝的高层统治者，则时常告诫海南岛上的基层官吏，一切应以抚黎为主，不许扰害激变。《明实录》载："景泰三年（1452年）六月己卯，敕广东琼州府万州土官判官王琥曰：'朝廷昔以尔祖父能招抚黎人向化，故特授以土官职事。尔能继承其志，荣授官职，亦既有年。兹特降敕付尔赍回，抚谕该管村峒黎人，务各安生乐业，永享太平之福，不许仿效别峒生黎，恣肆非为，自取罪愆。'仍谕所在军卫、有司官吏、军民人等，不许擅入村峒，扰害激变。如违，悉治以重罪。"④朝廷再三敕令下级务必以抚黎为主，令彼此间安居乐业。所以虽然这段时间有多次小规模的反抗斗争，但对于明朝统治海南岛，

---

① 《明实录·宣宗实录》卷八二。
② 《明实录·英宗实录》卷一一六。
③ 《明实录·英宗实录》卷一五二。
④ 《明实录·英宗实录》卷二一七。

没有多大的影响。

第三阶段：从成化至正德年间，黎族多次大规模的反抗斗争

天顺八年（1464 年），英宗病死，十八岁的太子朱见深即位，是为宪宗，改年号为成化。至成化二十三年（1487 年）八月，宪宗病死，年四十一。九月，朱祐樘即位，是为明孝宗，改年号为弘治。弘治十八年（1505 年），孝宗病死，朱厚照即位，是为武宗，改年号为正德。正德十六年（1521 年）三月，武宗病死，年三十一。这三代皇帝，都是少年天子，也都是短命皇帝。皇帝沉醉于后宫淫乐，朝政紊乱，任凭太监专权。而孝宗在弘治年间，在政事上虽然作了一些改进，勤求治理政事，但这时已是明朝中后期，前几朝积弊已经积重难返，世家豪族大肆兼并土地，导致国家控制的田地赋税大量流失，财政匮乏，兵饷不继，朝政的腐朽已无法挽救。到了孝宗，即位时年仅十五岁，他对朝政荒嬉无度，"好逸乐""好骑射"。在朝廷上，刘瑾专权，擅权乱政，而孝宗却整日沉湎于玩乐，社会危机四伏，矛盾不断激化，农民起义接连不断，明朝已一步步走向衰落。

在此政治气候下的海南岛，人民所受的迫害就可想而知了。海南的黎族在官逼民反的情况下，奋起反抗，掀起了一次又一次规模宏大的起义。成化五年（1469 年），儋州七方黎符那南叛，都指挥王瑾讨平之。"初，那南等与土舍王贼构乱。二年春，都御史韩雍以平大藤峡蛮贼，俱剥皮抽肠凌迟处死。晓谕令改过自新，各安生业，俱免其死。挂榜通衢，恬不为意。后贼欲侵那南等地，逐出，同伊弟弼居住。诸黎蓄恨，乘贼往临高祭扫，逃回，刻箭截杀。贼败走，于地名河洛铺驻扎。那南因散掳劫，自号南王。十一月，都指挥王瑾统军征剿。贼凭险阻，屡败我军。相持月余，后乘雨夜夹击，十二月乙亥，始破上下多邦山口寨，那南败走。明年正月丁酉，追至落贺峒，平之。因划余党姜花等峒符英等，三月壬午擒之。戊申，班师。"[①]

① （明）黄佐纂修：《广东通志·琼州府·外志》，海南出版社 2006 年版，第528—529 页。

成化五年（1469 年），儋州七方峒黎符那南乱。都指挥王璲讨平之。"那南等先与土舍王贼构怨，都御史韩某给榜开谕。那南因肆劫掠，自号'南王'。十一月，都指挥王璲统军征剿。贼凭险阻，屡败我军。相持月余，后乘雨夜分道夹击。那南败走，穷追至落贺峒，搜捕余党，悉擒之。"①

成化七年（1471 年）八月，广东整饬海南兵备按察副使涂棐奏："儋州黎寇攻毁村寨，乞诛首恶，以警其余。"兵部请行总镇、总督、总兵等官勘议可否随宜举行。从之。②

成化十一年（1475 年），儋州落窑峒黎符那推乱。兵备副使涂棐、都指挥李祐统汉达官军及黎兵进讨，平之。③

弘治三年（1490 年），陵水黎停等峒黎陈那洋等作乱。冬十月，兵备副使陈英、参将姚英统兵进剿。□辰抵加枕山，十一月丙辰至大梼山，与贼对敌，平之。④

弘治十五年（1502 年），黎贼符南蛇反，主事冯颙奏复土官。十二月，毛锐平之。

按《明外史·土司传》：弘治十五年（1502 年），黎贼符南蛇反，镇兵讨之不下。户部主事冯颙奏："府治在大海南，有五指山峒，黎人杂居。外有三州十县一卫十一所，周三千里。永乐间置土官，州县以统之，黎民安堵如故。成化间黎人作乱，三度往讨，将领贪功，杀戮无辜。迨至弘治，知府张桓、余潾贪残苛敛，大失黎心，酿成今日南蛇之祸。臣本土人，颇知事势，乞仍考原设应袭土官子舍，使各集士兵，可得数万，听镇巡官节制。有能擒首恶符（即符——引者注）南蛇者，复其祖职。此以蛮攻蛮，不数月可奏绩。"诏从之。

---

① 彭元藻、曾友文修，王国宪总纂：民国《儋县志》卷八《海黎志·平黎》，海南出版社 2004 年版，第 463 页。

② 《明实录·宪宗实录》卷九十四。

③ 彭元藻、曾友文修，王国宪总纂：民国《儋县志》卷八《海黎志·平黎》，海南出版社 2004 年版，第 463 页。

④ （清）潘廷候纂修：康熙《陵水县志》卷八《海黎志·平黎》，海南出版社 2004年版，第 46—47 页。

按《琼州府志》：弘治十五年（1502年）冬十二月癸亥，儋贼符南蛇平。南蛇者，七方峒黎也。先成化初，土舍王贼欲并七方，致符那南之乱。官军平后，其侄符那月者，率南蛇父族定钦等诸黎，皆告出州徭役。后王世伟恶其异己，且惧所部或效之，十四年七月丁未，以官役频繁，遂唆南蛇等仇杀那月，不获。贼因劫杀作乱，刻箭传递，诸州县黎峒闻风响应。闰七月丙申，拥众万余围儋，指挥周远撄城固守。八月丙辰，围昌化，千户王韶大开门受敌，贼惧不敢攻，乡落逃难者得入依附。九月丙戌，分寇临高，指挥张诩孤守，危甚。丁亥，都指挥湛钺闻急奋援，贼大败而退。未几，钺卒，贼复肆出。湛钺，廉州卫借职指挥，升广东都指挥佥事，性英俊，有文武才略，好用奇策。十二月庚子，省军抵儋州。都指挥何靖驻扎于州之保吉，孤营无备，甲辰为贼所劫，兵不得列战，参议刘信遇害，死者不可胜计。自是贼势益炽，郡城惊动。至是，伏羌伯毛锐始以两广总兵统汉官军狼土兵十万至儋，严令誓师。参将马澄等分军进击，破其中坚。丙寅，南蛇独拥精锐出敌，指挥周远奋战，督家人周驾、周纪斩贼。南蛇中箭，赴水死。余党以次削平，州县大安。①

弘治十七年（1504年）：万州鹧鸪、龙吟等峒黎郑那忠等叛，杀督备指挥谷泰，乐会、陵水、黎亭等黎应之。督府奏闻，委兵备副使詹玺统官兵征剿，遣指挥王琥等分四路进。先为土舍所泄，贼遁走乐会纵横峒之大连山麓，各路兵皆散而归。自是至正德七年（1512年）官军进讨皆无功。崖黎亦阻兵相寻，乱益甚。副使胡训乃亲督大兵分三路进，大破之。②

正德元年（1506年），（定安）光螺图峒首曹英构党劫掠万州等处。副使王倬委杨理招服之。③

---

① （清）陈梦雷编纂：《古今图书集成·琼州府部》，载《地理志·海南》，海南出版社2000年版，第511—512页。

② （清）林大华等纂修：宣统《乐会县志》卷四《海黎略》，海南出版社2006年版，第431页。

③ （清）吴应廉创修、王映斗总纂：光绪《定安县志》卷九《黎岐志》，海南出版社2004年版，第753页。

正德二年（1507年），千家村黎乱。副使王倬亲领崖、昌、儋官军并土舍兵袭其巢，大破之。明日复战，又败之，拔回所掳难民。分其三大村为小村，以弱其势。奏设守御千户所。①

正德七年（1512年）春，兵备副使詹玺征万州黎贼。初，儋贼符南蛇叛，万州诸黎皆响应。后儋既平，万未经过师，故鹧鸪啼、龙吟等峒黎郑那忠、巴休等复出。至弘治十七年（1504年），杀督备指挥谷泰，后愈构乐会纵横、斩对，陵水黎亭、岭脚等黎会应，势日昌炽。

督府因被害民王昕等奏闻，至是始委玺统官军快黎等兵约五千征剿。三月癸未，遣指挥王琥等四路分进，期癸亥会哨于中地草唱。为土舍泄机，贼多屯匿于乐会纵横峒坛口村大连山麓。乃故导西哨指挥赵槃，由曲坂难兵地，眩贼惧之。金哨因曳兵走出熟黎长沙村，逗遛不进。东南二哨指挥高焕、周世英，千户王韶等是日亦止，远营于地名太平村。随征指挥陈振入觅空村，见数贼，先驰归倩，随旗军王佐、吴朝京等众遇害。既夕，贼乘劫民兵等营，杀伤数多。焕等遂掣往南山路出，惟北哨指挥王琥如期抵会所，见贼空巢，焚之。时玺驻扎于地名张牙市，闻太平营为贼所劫，遂散师而归。②

正德十六年（1521年），崖黎相寻为乱。知州陈尧恩、千户胡世杰，调熟黎土兵，两次剿平。继又大乱，副使胡训亲督兵，分三哨，大破之。③

从成化到正德的66年间，黎族起义不仅次数多，而且规模大，尤其是符南蛇领导的大起义，一人揭竿，远迩响应，几乎动摇明朝在海南岛的统治。王佐《平黎记》曰："弘治十四年（1501年）夏，[《明史》为十五年（1502年）]儋州七方峒黎符南蛇倡乱，环海州县峒黎

---

① （清）钟元棣创修、张㒞等纂修：光绪《崖州志》卷十四《黎防志·平黎》，海南出版社2006年版，第371页。

② （明）黄佐纂：《广东通志·琼州府·外志》，海南出版社2006年版，第530—531页。

③ （清）钟元棣创修、张㒞等纂修：光绪《崖州志》卷十四《黎防志·平黎》，海南出版社2006年版，第371页。

皆应之，攻儋州、临高、昌化县，陷感恩县，拒抗官军，恣行劫掠，撼动海外三千里地。[1] 而且这次起义的规模是空前的，人数之多是"拥众十方，众号十万"。[2] 而起义军与官军的战斗也十分激烈。明朝调了汉、达官军并土、狼兵二万余人，分兵镇压。据《海槎余录》载："弘治末，困于征求，土官符蚺蛇者，煽动诸黎，远迩响应，得万兵余，攻城略地，一方罹患。镇巡二司调动汉、达官军二万员名，会临本境，分作五道捣其巢。第一道首临落窑境，黎首符那南率轻兵据险迎敌，官民兵死者三千余，而分守重臣亦与难焉。其四道闻风溃回，此盖轻率无纪律故耳。势日益猖獗，纵横四出无忌。继而请于朝，命将益兵前部，方入临高县境，贼众适至，官兵中道截出，一战胜捷，偏帅亦中流矢卒。蚺蛇恃勇轻出，逼夺民女为妾，饮酒留连，官军踵其迹，轻骑赴之，谋渡水脱走，误投深涧，骑争逐之，中箭死，余党招抚讫。"[3]

这是明代顾岕在海南任职时所记载的事迹，当然，他以官宦的角度来记录这次黎族大起义，以官员的口吻写下这段历史。但我们可以从这里看到当时战斗的激烈。《明实录》也载："符南蛇死，斩首二千五百六十有奇，平贼巢一千二百余所，俘其属千四百人，追回被掳者一百一十五人，获器械一千九百六十有奇。"[4]

第四阶段：从嘉靖元年到隆庆年间更加频繁的斗争活动

正德十六年（1521 年）三月，武宗朱厚照病死，以宪宗的孙朱厚熜继位，是为明世宗，改年号嘉靖。朱厚熜以藩王入继大统，史称其"多谋"而"刚愎"。他登基时才十五岁。这时明朝已进入衰败时期。世宗虽有革除积弊的新政，但其措施"数行数止"[5] 无法展开，成效有限。世宗长期崇尚道教，严嵩揽权，贪污纳贿，卖官鬻爵，危害朝政，嘉

① （明）王佐：《鸡肋集》卷五《平黎记》，海南出版社 2004 年版，第 140 页。
② （明）王佐：《鸡肋集》卷五《平黎记》，海南出版社 2004 年版，第 140 页。
③ （明）顾岕：《海槎余录》，（台湾）学生书局 1985 年版，第 404—405 页。
④ 《明实录·孝宗实录》卷二〇一。
⑤ （清）张廷玉等撰：《明史》卷七十八《食货》，中华书局 1974 年版，第 1902 页。

靖四十五年（1566 年）十二月，明世宗病死，子朱载垕继位，是为穆宗，改年号隆庆。穆宗在位六年，醉心于玩乐挥霍，使嘉靖以来的财政危机进一步恶化。

在这段时间里，黎族反抗斗争更为频繁，尤其是嘉靖年间，以"雕剿"的迅猛残酷手段镇压黎峒，引起黎族纷纷奋起反抗。

嘉靖元年（1522 年），剿罗活峒黎，黎遁。按《通志》：嘉靖元年（1522 年），督府雕剿罗活峒，群黎皆望风屏窜。有武官欲专功者，缉贼所在，躬督部下穷搜。贼愤怒，袭杀我军数十人，甲胄器械满野，为贼所得。自是贼知军弱，始无忌惮。自是雕剿遂不足恃。①

嘉靖二年（1523 年）以顾岈抚黎有功，升秩。按《通志》：嘉靖二年，已诛贼符南蛇，从子宗仁、文龙争立，起兵仇杀，因而煽动诸黎阴助作逆。兵备副使胡训执二人系狱，命儋州同知顾岈抚之。事宁，岈善事督府，掩为己功。奏闻，岈升二级，得擢南安府通判。②

嘉靖四年（1525 年），番溪峒王绮龙、番念峒王三钦、番西峒王诰学等深入提南村王坦家，杀土舍王宇，由是出掠乡民。③

嘉靖八年（1529 年），（乐会）纵横诸峒生熟黎倡乱，出劫乡村。知县漆鲁抵贼巢招抚，众恳留数日，酋长陈瓒、王坯率其部百余人护送还邑，贼遂解散。人以为忠信之服蛮貊如此。④

嘉靖十三年（1534 年），沙湾、居林渠贼黎佛二叛劫营，杀死典史、千百户各一员，知府萧晚谋于兵备游琏，令经历颜吉、县丞高明督土舍许丞宣招降，旁贼出掠者皆至，晚厚赏，授以方略，俾诱渠贼，设

①（清）陈梦雷编纂：《古今图出集成·广东黎人岐人部》，载《地理志·海南》，海南出版社 2006 年版，第 516 页。

②（清）陈梦雷编纂：《古今图出集成·广东黎人岐人部》，载《地理志·海南》，海南出版社 2006 年版，第 516 页。

③（清）聂缉庆、张延主修，桂文炽、汪瑔等纂修：光绪《临高县志》卷十五《黎岐类叙·黎患》，海南出版社 2004 年版，第 393 页。

④（清）林子兰、程秉慥等纂修：康熙《乐会县志·兵防志·黎情》，海南出版社 2006 年版，第 90 页。

伏擒之。琔遂指挥王守臣集兵分哨，抵其巢，群贼皆遁。[①]

嘉靖十八年（1539 年），定黎效顺；万州黎叛，张世延、于溥、项桧死之。按《琼州府志》：嘉靖十八年（1539 年），定安县知县徐希朱立招黎老人，朔望引黎至县参谒，时定黎效顺。万州黎贼那红、那黄以千户万人杰激变，入陵水，岭脚、黎亭大乱。副使陈大珊令指挥张世延等进剿，遇贼伏兵，并百户于溥、项桧俱力战死。贼势大炽。按《通志》：是年，万州鹧鸪啼峒大抵村黎酋那红、那黄叔侄争田。叔不胜，乃投陵水军堡村庄千户万人杰为报怨。人杰率兵，以捕猎为名，袭大抵村，尽夺其妻孥、资产而有之。黎酋积愤，纠合黎停、岭脚二峒陈任等，攻劫陵水县九十六村，掠夺殆尽，惟存附郭港坡一村。贼屡合攻，知州黎巽屡败之。人杰颇有谋勇，用计谗巽，罢罪去，士论大拂。巽诉冤，人杰亦被逮，服药而死。于是贼益猖獗。[②]

嘉靖十九年（1540 年）六月戊辰，提督两广都御史蔡经以崖、万等州黎岐叛乱，攻逼城邑，有司不能支，奏请添设参将一员，驻扎崖、陵，分守琼州地方，及兼管琼、雷、廉州海洋备倭。其原设总督备倭官仍驻扎东莞，止令专管广、惠、潮、高海洋备倭。兵部覆言："琼州悬居海中，延袤三千里，黎峒盘处，犷险难制，而崖州、陵水去黎尤近，虽有督备指挥，势轻，况今黎贼构乱，难以弹压，诚宜改设参将。若广东备倭旧有都指挥一员为之总督，虽驻扎东莞，与琼、雷、廉西路海洋稍远，而经岁不至，以驰其防，则总督之旷职，非官司不备也，

---

① （清）李文烜修，郑文彩纂，张廷标编辑：咸丰《琼山县志》卷十二《海黎志》，海南出版社 2004 年版，第 490 页。又据《通志》载：嘉靖十三年（1534 年）三月，琼山县沙湾、居林等峒渠酋黎福二作乱，夜劫守兵营，杀死典史、千百户各一员，并杀掳兵士甚众。知府萧晚闻于督府，都御史陶谐、总兵咸宁侯仇鸾会巡按御史戴璟，檄同诸司勘处。于是晚谋诸兵备副使游琔，设球房系、诛渠魁、威群丑三策。乃令经历颜吉、县丞高明督土舍许承宣招降。旁酋出掳者皆至，晚厚赏，授以方略，俾诱渠酋，设伏擒之。琔遂督指挥王守臣集兵。七月，分哨抵巢，群丑皆遁，乃焚其聚落，夺其谷畜也。兵搜捕，适时霖潦泛溢，军亦疾疫。乃下抚令，群丑愿月朔赴道听令。九月旋师，磔福二于郡市。自是余党悉平。

② （清）陈梦雷编纂：《古今图书集成·广东黎人岐人部》，载《地理志·海南》，海南出版社 2006 年版，第 517—518 页。

宜不可改。"上乃听增琼州参将，令事宁之日，镇巡议存革以闻。[①]

嘉靖二十年（1541年），以三哨兵征黎，平之。各官赏赍有差。按《琼州府志》：嘉靖二十年（1541年），都御史蔡经、总兵柳珣、参将程鉴，调田州、向武等目兵十万二千，分三大哨：参将张岳统中，由昌化进剿德霞等处；副使陈茂义统左，由万州进剿郎温、椰根；金事商大节统右，进剿黎亭、岭脚。九月十三日，斩获贼级五千四百八十六颗。奏闻，珣加少保，升兵部尚书，张岳、茂义、大节升官一级，各赏赍有差。[②]

嘉靖二十三年（1544年），崖陵郎孟黎酋陈那任、那红等纠万、崖诸黎为乱。按《通志》：嘉靖二十三年（1544年），崖陵郎孟黎酋陈那任、那红等纠结万、崖诸黎构乱州邑，掳掠村民，寇陵水县。时督府适有事安南，未遑也。官军半月以前虚声攻讨，比哨至，既招又剿，既降又诛，诛又复招，威信不立。贼不复听招，惟肆攻掠。海南卫指挥金事张世延率兵御之，战于多崩河，兵败被杀。都御史蔡经奏请讨。命下，会师十万，与安远侯邓珣驻雷阳，令参政周释运饷。九月，分兵为三哨：参将程鉴所部四万五千人为中哨，参政张岳监之；参将董廷玉所部三万一千人为左哨，副使陈茂义监之；都指挥武銮所部二万六千人为右哨，金事商大节监之；参将刘经提余兵设伏张翼。中左哨先进，贼伪遁设伏，战颇不利。大节恃重，武銮引兵，合程鉴蹑左哨后，已而分界，俟其矢石少息，乃超距争先，邓珣大败之，贼溃。所破峒二百七十有奇，斩五千五百余级，登黎婆山巅而还。十二月凯旋。官军颇亦伤折，右哨颇完。捷闻，进经为兵部尚书，珣加太保。[③]

嘉靖二十七年（1548年）九月十三日，钦差提督两广军务兼理巡抚兵部右侍郎兼都察院右副都御史欧阳奏疏：据东界缉事军人杨小七

---

① 《明实录·世宗实录》卷二三八。

② （清）陈梦雷编纂：《古今图书集成·广东黎人岐人部》，载《地理志·海南》，海南出版社2006年版，第519页。

③ （清）陈梦雷编纂：《古今图书集成·广东黎人岐人部》，载《地理志·海南》，海南出版社2006年版，第519—520页。

等报，有止强、石讼贼首那燕等勾结凡阳、千家、罗活、抱牒、德霞、抱宥、多涧、落叚、否浅八十余巢黎贼，约五千，徒突至大小落基山，屯聚来攻山马地、附廓坊厢等情，本职督同指挥赵廷举、王维达，官脱章张凯等各率军兵打手及土舍许承宣，自带家兵齐向交战，当阵斩死黎贼四十余名，止斩得功级五颗，余贼拖屍回山。阵伤达官张凯一名，旗军徐廷秀等三名，总甲钟汉一名，打手高朝等十名，土舍许承宣家丁十余名。[①]

嘉靖二十八年（1549年），崖州贼首那燕聚众至四千人流劫乡寨，诏发两广汉达、土舍兵九千剿之。已而，贼构感恩、昌化诸处岐贼，势益狂炽，至攻毁城郭。[②]

嘉靖二十九年（1550年）七月辛丑，先是，广东琼州府五指诸山黎贼那燕等剽劫崖州、陵、感、万、昌诸处，伪置总兵等官，攻围城邑。是岁三月中，总兵官平江伯陈圭、提督侍郎欧阳必进等督兵进剿，前后擒斩首从贼五千三百八十名颗，俘获贼属一千四十九名口，夺获牛只、器械倍之，招抚男丁三千七百七十六名。[③]

穆宗隆庆二年（1568年），生黎袭杀坟营峒首王颜，生员王虞亦与害。[④]

隆庆六年（1572年），澄迈黎作乱。县令顾孟卿剿之。按《广东通志》：隆庆六年（1572年），澄迈黎王佛陈、王希贤、王枝等作乱。知县顾孟卿选兵剿之。[⑤]

这段时间，尤其在嘉靖年间黎族起义次数最多，人数也最多，斗争极为惨烈。

---

① （清）张鏊《交黎剿平事略》卷四《嘉靖二十七年十一月二十月日欧阳必进奏疏》，《玄览堂丛书》第十二册，第1页。

② 《明实录·世宗实录》卷三五一。

③ 《明实录·世宗实录》卷三六三。

④ （清）聂缉庆、张延主修，桂文炽、汪瑔纂修：光绪《临高县志》卷十五《黎岐类叙》，海南出版社2004年版，第393页。

⑤ （清）陈梦雷编纂：《古今图书集成·广东黎人岐人部》，载《地理志·海南》，海南出版社2006年版，第525页。

第五阶段：从万历至崇祯年间，黎族起义像火山一样爆发

穆宗朱载垕于隆庆六年（1572 年）五月去世，其子朱翊钧即位，是为神宗，第二年改年号为万历。

神宗十岁即位，政权由穆宗陈皇后及神宗生母李贵妃主持，冯保掌权，他"内倚太后，外倚居正"。[1] 张居正担任首辅之后，对明朝的积弊进行大刀阔斧的革新。政治上整顿吏治，裁汰冗官，改变"贪官为害""驱民为盗"的腐败局面。经济上，推行一条鞭法。军事上，整饬边防，开边互市。经过一系列的改革，取得了一定的成效。张居正于万历十一年（1583 年）三月去世，九个月后，神宗下诏追夺张居正的官秩并抄家，张居正的改革宣告失败。万历中叶以后，明朝的政治、经济、财政诸方面出现了严重的危机，宦官专权，加速了明朝的崩溃，各地民变、兵变四起。天启之后，崇祯年间，明朝政治日益腐败，经济剥削日益苛重，社会矛盾十分激烈，终于各地的农民起义，推翻了明朝腐朽的统治。

据史书记载，这一阶段黎族重要起义有数十次之多。

万历二年（1574 年），黎贼王佛陈、王希圣、王希贤、王枝等集各峒松林岭打略绕等村。黎徒猖獗为害，劫掠至新安地方，残破百余村乡，民命如线。知县顾孟卿选那留都民许贵卿招兵五十名，冲入贼巢，交战杀贼首王佛陈等三十六首级解报，贼始退。九月初八日，黎贼邀集千余徒攻略绕营。许贵卿带兵及乡勇奋敌，斩二十四首级，生擒无数解报，破其巢穴，尽火其居，遗下荒田五十七顷入官。[2]

万历四年（1576 年），儋州黎首王忠作乱。知州王克家以本州黎兵收捕之。[3]

万历四年（1576 年）丙子，知州事王一岳率乡兵杀黎，入其巢。先

① （清）张廷玉等撰：《明史》卷三百五《冯保传》，中华书局 1974 年版，第7802 页。

② （清）谢济韶修，李光先纂：嘉庆《澄迈县志》卷八《海黎志》，海南出版社2004 年版，第 308—309 页。

③ 彭元藻、曾友文修，王国宪总纂：民国《儋县志》卷八《海黎志》，海南出版社 2004 年版，第 463 页。

是，隆庆年间，黎首那一复诱结群黎，时出劫掠为患。至是，王一岳命乡民王道行率兵潜入竹根村黎巢，焚杀数十人，地方始安。①

万历四年（1576年）三月，崖州罗活黎乱。抚黎通判葛经乘机贪黩，按院题请裁革。②

万历十四年（1586年），长田峒黎出掠，兵备道遣兵执戮之。草子坡诸黎召众来报复，战于长沙营，斩黎首百余级，于是黄村、田尾诸峒黎皆出降。③

万历十五年（1587年），万州长田等黎出劫长沙营，杀官军。副使易可久报抚院，起水陆兵三千余，参将王椿、同知董志毅、训导林立分道进剿。④

万历十五年（1587年），定安黎乱。副使易可久、参将王椿统官军、乡兵，并调抚贼李茂兵，深入月余，颇有斩捕。时值炎暑，瘴死枕藉，寻班师。⑤

万历十六年（1588年），临高黎符黑三构党，烧南定一带居民。本道易可久遣董志毅、监军林立领哨平之。⑥《琼山县志》在最后有"遂建独木营"句。

万历十九年（1591年），琼山居林、居碌等峒黎叛，通判刘世懋单骑深入招抚，诸酋悉服。兵巡孙秉阳上其功于抚院，请于朝，特降

① （清）胡端书总修，杨士锦、吴鸣清纂：道光《万州志》卷七《前事略》，海南出版社2004年版，第422页。

② （清）钟元棣创修、张嶲等纂修：光绪《崖州志》卷十四《黎防志·平黎》，海南出版社2006年版，第363页。

③ （清）张廷玉等撰：《明史》卷三百十九《广西土司》，中华书局1974年版，第8276页。

④ （明）戴熺、欧阳灿总裁，蔡光前等纂修：万历《琼州府志》卷八《海黎志》，海南出版社2003年版，第429页。

⑤ （清）宋席珍续纂、莫家桐编：宣统《定安县志》卷九《黎岐志》，海南出版社2004年版，第783页。

⑥ （明）戴熺、欧阳灿总裁，蔡光前等纂修：万历《琼州府志》卷八《海黎志》，海南出版社2003年版，第429页。

印一颗，使得便宜经略。督捕厅兼抚黎自懋始。①

万历二十年（1592年），定安黎叛，藉占民田，官兵移营避之。带管分守道龚锡爵玩妒，不征兵，故酿祸根，黎贼日横。有巨猷黎马矢（屎）等，纠合居林、沙湾、居礁峒，四起为患。②

万历二十二年（1594年），临高黎人符黑三构党烧南定一带，劫掠澄迈，掳去男妇以牛布赎，乡村骚动。③

万历二十五年（1597年），琼山黎贼黎福、黎广反，杀掠过南黎官口地面，知县杨誉差兵设伏，民壮李冠正、岑世隆等战死。④

万历二十五年（1597年），番溪、番洒等黎劫提南一带，逼邑城，协镇黎国耀、参将俞荣督兵征剿，同知经仁本、推官吴洪续监军。峒首符严泄漏其事，推官洪续斩之于演武亭，移兵征进。至次年正月，以天暑班师，黎贼复出为害。⑤

万历二十六年（1598年），琼山居林、居礁峒黎叛，劫掠为寇。带管本道参政王民顺遣指挥牛政，协同本府监军推官吴洪绩、带管抚黎同知经仁木，统兵入剿，授以方略，擒获居礁贼首黎坤和解报。即年，澄迈县略远峒黎叛。指挥唐应明募集乡兵，剿平、招顺十余村，时给该峒田赏功。⑥

万历二十六年（1598年）戊戌，黎寇溪北村，乡兵败之。时黎出北方，直抵溪北村，劫财物，掳男妇十余人。乡兵要于路，夺回所掠。

---

① （清）李文烜修，郑文彩纂、张廷标编辑：咸丰《琼山县志》卷十二《海黎志》，海南出版社2004年版，第486页。

② （清）吴应廉创修、王映斗总纂：光绪《定安县志》卷九《黎岐志》，海南出版社2004年版，第754页。

③ （清）龙朝翊主修、陈所能纂修：光绪《澄迈县志》卷五《海黎志》，海南出版社2004年版，第268页。

④ （清）龙朝翊主修、陈所能等纂修：光绪《澄迈县志》卷五《海黎志》，海南出版社2004年版，第268页。

⑤ （清）樊庶纂修：康熙《临高县志》卷十《黎岐志》，海南出版社2004年版，第162页。

⑥ （清）焦映汉修、贾棠纂：康熙《琼州府志》卷八《海黎志》，海南出版社2006年版，第770页。

贼首被乡民郑二杀死，余贼斩几尽，地方始宁。①

万历二十七年（1599年），定安黎贼黎马屎反，横行江南北，杀掠无数，至森山、打铁等市坡立等村烧毁掳掠，猖獗为甚。至二十八年，海南道胡副使遣兵擒之。②

万历二十七年（1599年），琼山居林等峒复反，黎首马屎倡乱，捉人妻女，定安、临高诸黎应之，势甚猖獗，四方纷纷告害。郡守李多见极力申文，出示告众，誓必灭贼，同带管本道余梦鲤请兵征剿。部院闻其事，行委雷、琼二府同知万煜、经仁木监军，檄雷廉副总兵黎国耀、东山游击邓钟、琼崖参将庄渭扬率兵三路进攻。李郡守亦招募乡勇黎兵三百余名，以生员王观梅等带入水蕉村应援。游击邓钟部兵三路峡门长驱而进。指挥赵孟麟穷追马屎至乾脚岐界，即日擒获次贼首王盖老等，与马屎妻属俱为诸部将兵获解，斩首级者不计大小，铲黎始平。续奉本道程有守详议，设水会所于马屎巢穴（即水蕉村），委指挥赵孟麟、牛政筑城，置参将府，调千户一员，拨各所军三百名守御，置有屯田。（按：黎马屎之叛，初劫定安、龙塘村吴氏女子入峒，致官兵进攻。以熟黎诱之，始将吴女释归。副总兵黎国耀带兵突进，被寇掠营，溃散而出。继动大兵协剿，乃获首从，平之。安插黎村，今并居林、居碌、沙湾等峒，为都图，纳粮编差，附近黎民始有宁宇。）③

万历三十年（1602年），儋州可森、可誓二峒生黎出掠。督备百户林栋部兵数十人捕之，为黎贼所杀。副总兵邓钟同抚黎同知吴俸督汉兵剿平之。④

---

① （清）胡瑞书总修，杨士锦、吴鸣清纂：道光《万州志》卷七《前事略》，海南出版社2004年版，第423页。

② （清）龙朝翊主修、陈所能纂修：光绪《澄迈县志》卷五《海黎志》，海南出版社2004年版，第268页。

③ （明）戴熺、欧阳灿总裁，蔡光前等纂修：万历《琼州府志》卷八《海黎志》，海南出版社2003年版，第429—430页。

④ 彭元藻、曾友文修，王国宪总纂：民国《儋县志》卷八《海黎志》，海南出版社2004年版，第463—464页。

万历三十四年（1606 年）冬十一月，黎出东澳水口等村大掠。①

万历四十年（1612 年）壬子春，黎贼抄掠乌石、杨梅等村，把总曾忠率兵攻之。村民钱大利、陈宗文等男妇五十余口皆被掳，曾忠带兵追抵黎巢，夺回。后夏五月，兵勇捉获贼首张何、那进、那长等，解官司正法。②

万历四十年（1612 年）冬，崖州黎岐那阳、那牙、凡阳、那定等告结罗活，居诸峒中，聚逃民，置器械，焚村劫掠，岁无宁日。众愿歃盟办剿，仍请官兵、土舍助其声势。时署州事万州判涂必达申请知州林应材续申叛黎为害，恳兵应援。巡道姚履素通详抚按。③

万历四十一年（1613 年），儋崖黎反，杀伤土舍官兵，本县哨官蔡国兵、李俊等以调征死之。④

万历四十一年（1613 年）正月，令把总曾国栋、同千户陈廷策、镇抚孟延庆、分总薛鸿翱，领兵攻剿。抚黎通判葛经复令土舍符起凤谕抚，剿抚相乖，致抱由背盟，反戈助罗活，射死薛鸿翱。本道详委指挥赵孟麟带同把总曾忠相机剿抚，仍令符起凤缚首恶正罪。曾忠违令潜进邀功，遂致取败，起凤亦被射死，黎遂鸱张。十一月，调南头副总兵张万纪、雷廉副总兵杨春、游击袁应兆统兵进攻。是时，诸帅躁者逞于一击，而怯者听于两持，兵无纪律，贼遂乘焉，以致大败。总兵张万纪、参将张守贵后先愤殒，贼势益炽。旋委赵孟麟提督主客官兵防守。时通判潘大熙署州事，睹黎猖獗，创高村营于州东。把总吴业捉熟黎张那跲等解州枷钉，黎遂蜂起，攻陷乐平营，进围州城，危如累卵。潘大熙躬率军民，偕赵孟麟、龙兆熙、何其鸣捍御，以待

---

① （清）胡瑞书总修，杨士锦、吴鸣清纂：道光《万州志》卷七《前事略》，海南出版社 2004 年版，第 423 页。

② （清）胡瑞书总修，杨士锦、吴鸣清纂：道光《万州志》卷七《前事略》，海南出版社 2004 年版，第 424 页。

③ （明）戴熺、欧阳灿总裁，蔡光前等纂修：万历《琼州府志》卷八《海黎志》，海南出版社 2003 年版，第 430 页。

④ （清）龙朝翊主修、陈所能纂修：光绪《澄迈县志》卷五《海黎志》，海南出版社 2004 年版，第 268 页。

援兵。部院以闻，命总兵王鸣鹤督各路官兵，并西粤狼兵，云集征剿，以守道蒋光彦督饷，巡道姚履素监军。预令金书王选提兵东入羊栏，督兵西入望楼，而崖之东西路始通，自石门开运道而粮饷无阻。十一月丙寅，誓师，七路攻击。甲戌，参将叶应春领西三路兵冲锋，斩贼一颗，而军声大振。戊寅，副总兵黄越领西一路兵冲锋，斩贼七颗，而贼胆遂寒。十二月己卯，罗由集党挑战，副总兵杨应春领东一路兵擒斩四十八功，而贼势披靡。于是各帅兵熊大经、叶思义、王选、王熙、赵孟麟等闻炮会攻，破栅焚窠，矢风飚发，震响如雷，擒斩一百五十余颗，诸贼焦烂，坠崖落河者不可胜计。抱由既破，罗活诸酋自焚窠穴，聚众逃窜。诸军长驱而入，追奔逐北，招降捕叛，未浃旬而罗活平。时纪功推官傅作霖开陈利害，仍请搜山捉获渠魁那保。计后先擒贼首那臭等一百八十二名，斩获首级四百一十五颗，俘获贼属男妇二百二十四名口，招出降黎一万五千三百五十九名口。于是遣将叶思义、王中耀屯守二地。时陵水廖二黎背叛劫掠，本道姚履素乘大军声势，同阳电参将叶应春督兵攻剿，擒斩贼首那求、那欣等，招安一十六峒，而陵民获安。先，罗活、抱由荡平，议筑城堡，设守备。事甫经始，而前道姚履素旋以致去，本道戴熺莅任，躬历险阻，拮据善后，怀柔绥安，卓有成绩。参将何斌臣规画机宜，抚循遐迩，保障一方。知府欧阳璨心厪节爱，计悉绸缪，殚力董成，而崖事始定。[1]

万历四十三年（1615年）二月庚辰，总督两广兵部右侍郎张鸣冈叙平黎之情言：“万历四十二年十二月，崖黎作乱，初议专剿抱县，羁縻罗活，故臣屡次遣官入峒招抚，而罗活则欲挟以同抚抱县，情甚叵测。随该道、镇分兵八路，东西协剿，半攻抱由，半守罗活，绝其应援。俱用新制竹笆抵箭，又用各色火器冲击。贼始不支，自折栅出，遇箐即逃。兹奸民刘一信就缚，二峒首恶或擒或斩，余党虽窜伏穷山，我皆据其巢穴，资其粮粮。黎在今日，犹釜鱼阱兽。敬先驰报，以慰

---

① （明）戴熺、欧阳灿总裁，蔡光前等纂修：万历《琼州府志》卷八《海黎志》，海南出版社 2003 年版，第 430—432 页。

圣怀。"章下兵部。[1]

万历四十五年（1617年）正月，黎贼劫掠南桥等村。时正月十五夜，劫杀竹头堀、南桥等村，掳去村民吴元政家妇女二口。林鹏同张思信追至大丛岭，杀黎首那献，夺回人口。[2]

万历四十六年（1618年）十二月，黎寇番凤等村，时射死乡民张华嵩等五人，掳妇女十三口，林鹏追捕夺回。又，是月又寇大堀、石头寮、南礼等村，时劫财物掠人口，被附黎乡民于香根地方夺回。[3]

万历四十七年（1619年）春正月，黎寇加摄、乌石、荼根等村，掳去三十余人，林鹏于土母地方夺回。二月，又寇那亮、普礼等村，掳男妇二十二人，杀死六人。六月又寇清明田、那亮等村。七月，又寇草子坡、横岭等地方，劫掠杀伤居民不计其数。[4]

万历四十八年（1620年），黎贼焚劫巴乐、大堀、牛角窝等村，时林鹏、吴士鸥追至长坡，夺回所掠人口、牛马。[5]

天启二年（1623年），黎寇时出劫掠。按《万州志》：黎贼猖獗，时出劫掠乡村，时二、三、四、五、六，连年杀掠为患。[6]

《琼州府志》载：天启三年（1624年），万州黎贼四出劫掠。自万历四十年后，万州黎贼猖獗，蹂躏诸村，殆无虚日，官兵未尝剿捕。[7]

崇祯二年（1629年）秋七月，黎寇水口、东澳等村。[8]

---

① 《明实录·神宗实录》卷五二九。

② （清）胡端书总修，杨士锦、吴鸣清纂：道光《万州志》卷七《前事略》，海南出版社2004年版，第424页。

③ （清）胡瑞书总修，杨士锦、吴鸣清纂：道光《万州志》卷七《前事略》，海南出版社2004年版，第424页。

④ （清）胡瑞书总修，杨士锦、吴鸣清纂：道光《万州志》卷七《前事略》，海南出版社2004年版，第424—425页。

⑤ （清）胡瑞书总修，杨士锦、吴鸣清纂：道光《万州志》卷七《前事略》，海南出版社2004年版，第425页。

⑥ （清）胡瑞书总修，杨士锦、吴鸣清纂：道光《万州志》卷七《前事略》，海南出版社2004年版，第425页。

⑦ （清）明谊修、张岳崧纂：道光《琼州府志》卷二十二《海黎志》，海南出版社2006年版，第913页。

⑧ （清）胡瑞书总修，杨士锦、吴鸣清纂：道光《万州志》卷七《前事略》，海南出版社2004年版，第425页。

崇祯四年（1631 年），昌化落洒峒黎符那恩叛，昌化逃民王生为西导，感恩逃民苏弘礼为东导，出行劫打害山。土舍王创擒解，即押取各逃民潜居黎峒者，得王苏二贼殄灭，邑境乃得安枕。①

崇祯六年（1633 年）癸酉，黎寇曲埇、买山、后朗、周村等村，把总王秉忠败之。时值秉忠在周村，黎至与战，射杀数贼，秉忠亦被三箭。②

崇祯八年（1635 年）乙亥三月，黎寇头石头寮、六连、乐排、黎芋等村。时被寇五六日，并无一官兵追捕，幸遇乐会县乡兵于路夺回所掠财物人口。③

崇祯八年（1635 年）六月，侵宇黎王亚锦、王亚郁作乱。州守朱弘集众议，遣粮长黄金率只强黎数百人，先攻抱笼，乘胜抵侵宇。郁、锦惧，因诸生慕容耀招出见弘，谕以祸福，遣还。郁、锦既归，仍跋扈如故。八月，引苗感岐及两峒岐为乱，焚杀田寮、董龙、羊栏、猫山、敦兜诸村。州守弘急发左哨兵戍三亚街，具文告急。兵道苏寅宾趣参将王道济使出兵。十月，道济引兵至，数使人入侵宇招谕。郁遁，锦出见，震恐乞命，誓不复反。因赍死旋师。十年丁丑春，署州事感恩令钟麟郊，因士民请，具详抚按，设三亚营防御，东黎平。④

崇祯九年（1636 年）丙子，知州事张璀令千户曹君辅、哨官王秉忠趁斩黎首买市于草子坡。时璀初莅任，买市来见璀，赏以花红、酒米、鱼盐等物回。未十里，率众四掠，璀曰："犬豕之性，不可驯也。"令君辅等追及，于草子坡斩之。自是，群黎望风畏避，无敢入寇。⑤

---

① 周文海重修，卢宗棠、唐之莹纂修：民国《感恩县志》卷十《黎防志》，海南出版社 2004 年版，第 284 页。

② （清）胡瑞书总修，杨士锦、吴鸣清纂：道光《万州志》卷七《前事略》，海南出版社 2004 年版，第 425 页。

③ （清）胡瑞书总修，杨士锦、吴鸣清纂：道光《万州志》卷七《前事略》，海南出版社 2004 年版，第 425 页。

④ （清）宋锦增辑、黄德厚分修：乾隆《崖州志》卷五十《海黎志》，海南出版社 2006 年版，第 221 页。

⑤ （清）胡瑞书总修，杨士锦、吴鸣清纂：道光《万州志》卷七《前事略》，海南出版社 2004 年版，第 425—426 页。

崇祯十三年、十四年（1640 年、1641 年），纵横峒熟黎勾生黎作乱，肆劫乡村，杀人焚屋，不可胜数，西南一带人民尽逃入城寄寓。知县赵我冯督民兵守御，申详上司。委海防马光协同招抚、多发牛、布犒诸黎首，始解散归顺。[①]

崇祯十五年（1642 年）秋八月，黎攻六连、墩墟、黎艼等村，曾光祖命捕厅于鹏带兵御之。[②]

崇祯十七年（1644 年），黎酋肆出乱，自临高祸延澄迈，流毒累年，罹害最惨。城外西南乡村，庐舍遭其蹂躏，衣裳布帛供其捆载，器用米谷任其担负，猪鸡牛羊被其宰割，复掳子女勒令财赎，又有奸徒引诱，不时出劫，老稚离散，庄舍断烟，生民之苦至此而极。[③]

崇祯十七年（1644 年），贼首吴偕等通黎贼符元豪等作乱。九月二十八日围城。教谕陈端蒙护印，训导陈天赆力御退之。十一月二十四日，复围。署县事同知马光讨平之。[④]

乙酉年（1645 年）七月，藤桥募村黎叛。时土舍苻顺道署藤桥营十余年，素威胁诸黎，窥募村黎榔园，贱直夺取。黎不许，顺道杀之。黎酋苏九容遂聚众反，焚杀藤桥营，市镇村落一空，杀死商民二百余人，顺道及子天行、达行仅以身逃。贼遂掘顺道父冢，并顺道所居宅。环掘丈余，得金累累。州守丁家进据实上闻。顺道坐激变，论死，寻得释。丙戌年（1646 年）春二月，九容服，藤桥平。[⑤]

纵观以上所录史书的记载，明朝黎族起义有志书可考的有 76 次，所列 39 次是这 76 次中的一部分。这些仅仅是较大规模的起义，才能

---

① （清）林子兰、程秉慥等纂修：康熙《乐会县志》卷三《黎情·平乱》，海南出版社 2006 年版，第 162 页。

② （清）胡瑞书总修，杨士锦、吴鸣清纂：道光《万州志》卷七《前事略》，海南出版社 2004 年版，第 426 页。

③ （清）龙朝翊主修、陈所能纂修：光绪《澄迈县志》卷五《海黎志》，海南出版社 2004 年版，第 268—269 页。

④ （清）宋席珍续纂、莫家桐编：宣统《定安县志》卷九《黎岐志》，海南出版社 2004 年版，第 784 页。

⑤ （清）宋锦增辑、黄德厚分修：乾隆《崖州志》卷五十《海黎志》，海南出版社，2006 年版，第 221—222 页。

在各地方志记录下来，还有多少不见于史书的，人们现在就无法知道了。

三、黎族抗争频繁的原因

明代海南黎族的抗争，有记载的就有 76 次之多，已使"海南之境，被其摇动"。[①] 明朝催督左右两江土官目兵及起调附近卫所汉达官军民壮打手人等庞大队伍，及先进武器，进行镇压，但起义队伍或愈抚则负固益坚，或暂从而寻复背叛，或阳顺而阴逆，或没东而出西，驰突充斥之势益甚。为什么在永乐朝前后的一派招抚归化的平静景象不能维持下去呢？究其主要原因，还是在于官逼民反，"激黎大变"。

以符南蛇起义为例，其时户部主事冯颙上表说："国初，民黎安堵。永乐间，军民潜通贸易，始从招抚，置土官知州、知县等，分属节制。寻皆革罢，犹统其属，抚安如故。成化间，黎人作乱，三度征讨，将领贪功妄杀，残及无辜。弘治间，知府张桓贪残私敛，大失黎心。继以知府余濬贪刻尤甚，黎人苦之，相聚为乱，致有今日符南蛇之祸。"[②] 又以嘉靖二十七年（1548 年）那燕、那内这次大规模起义为例，我们仅依据欧阳必进的奏疏中所述，已能洞悉那燕铤而走险的原因。欧阳必进写道："嘉靖二十六年（1547 年）十二月初二，本州判官差赵坤文将盐土碗入止强村，每家派碗一个，取膳鸡一只，盐一碗，取芝麻五升，各黎遵从。初四日赵坤文同王细恩捉拿黎人那燕，绑缚图赖先次盗伊马鞭，勒取牛三支或银三两赔还。那燕忿，叫伊侄男那内、那乃当时杀死赵坤文、王细恩。那燕投入罗活峒，各黎惊惧逃散。"

那燕在无奈的情况下，才领黎众起来抗争，正如顾岕所说的："弘治末困于征求，土官符蚺蛇者，煽动诸黎，远迩响应。"[③] 欧阳必进所说的，此次黎变，是由于"判官黄本静，奸贪科扰黎人，致纵赵坤文

---

① （明）张鳌：《交黎剿平事略》卷四《奏疏》，《玄览堂丛书》第十二册，第 34 页。

② 《明实录·孝宗实录》卷一九三。

③ 顾岕：《海槎余录》，（台湾）学生书局 1985 年版，第 404 页。

等乘机捉局，勒取牛财，激黎大变"。因此，地方激变黎情，事各有因。这次那燕"激变之由，实因判官黄本静贪赃坏法，抚字失宜所致"。① 黄本静经常派民壮进村迫交"杂项银谷"，王仕广差赵坤文进止强村外派麈皮蟑蜡等货，止强村的起义，是黄本静平时剥害黎村所引起的。那燕起义的声势，"万倍于儋州之符南蛇"。② 而当起义的星星之火，造成燎原之势时，官府又动调大兵征剿，更加深矛盾的激化。是时，明朝派遣打手土兵"精锐三千名，达官三十员名，铳手三十名，爪哇铳二十把并火药哨黄等项，及将指挥张麒哨，官军选委谋勇指挥二员，能干千百户四员"前来镇压。那燕起义在大军压境之下失败了。不过，欧阳必进总结这次战争的原因时说："其起乱之由，实因判官黄本静贪残无耻所致。盖其初散盐铁，失马鞭，即缚取牛，以激那燕之忿，继而赵坤文、王细恩被杀，又发票封仓，以为偿命之资，致将土舍黎芳冕等杀死，因遂激变诸黎构党，骤成海滨大患。"③

由此可见，明代76次的黎族武装斗争，事出有因，官吏的腐败，对黎族荼毒的残暴，逼使连年抗争不断。

明朝钱𥅆有《悯黎咏》云："……海南无猛虎，而有麈与麋。玄崖产珍木，种种称绝奇。斯物出异域，颇为中国推。以兹重征索，奔顿令人疲。穷年务采猎，为官供馈仪。若云近岁尽，无以充携持。直欲诉真宰，铲此苏民脂。物理有固然，忉怛令人思。叶落当归根，云沉久必起。黎人多良田，征敛苦倍蓰。诛求尽余粒，尚豢豨与豕。昨当租吏来，宰割充盘几。吏怒反索金，黎民那有此。泣向逻者借，刻箭以为誓。贷一每输百，朘削痛入髓。生当剥肌肉，死则长已矣。薄诉吏转嗔，锁缚不复视。黎儿愤勇决，挺身负戈矢。枪急千人奔，犯顺

---

① （明）张鏊：《交黎剿平事略》卷四《奏疏》，《玄览堂丛书》第十二册，第3—5页。

② （明）张鏊：《交黎剿平事略》卷四《奏疏》，《玄览堂丛书》第十二册，第27页。

③ （明）张鏊：《交黎剿平事略》卷四《奏疏》，《玄览堂丛书》第十二册，第30—31页。

非得已。赫赫王章存，令人弃如纸。"[1]一幅官逼民反的悲惨图，连奉命镇压黎民的士兵，也感到戚戚惨然。诗中写道："剖尸越丘阜，踏血腥川坻。白日暗西岭，瘴气昏余晖。翅鼠堕我前，饥鸟逐人归。征夫怀惨忧，涕泗沾我衣。黎人本同性，云何发祸机？神武贵勿杀，不在斩获为。熄火当熄薪，弭兵当弭饥。谁生此历阶？哲士知其非。"[2]对黎人的屠杀，只有哲人才能判断其非。而最高皇帝的"圣谕"，海岛的镇压者却"弃为纸"，成为一纸空文。繁重的经济掠夺，惨烈的屠杀，引起了黎族一次又一次的反抗。

丘濬对于明代人民反抗行为之多也作如是说："两广之贼徒所以倍蓰于前日者，其祸起于前日总戎者之滥杀无辜也。盖此辈是平民，方无事时，输赋税，供力役，养兵奉吏，将藉以为己之保障。一旦外寇入境，焚荡其室庐，戕杀其亲属，欲入城则闭门不纳，将入山则又与贼遇，怅怅一身，四顾无依，不幸为贼所掳，姑从之以延顷刻之命，贼劫持而虐使之，行则使负担，息则使樵爨，攻城则驱之，以当矢石，反奔则弃之，以遗官兵，侥幸不死，贼去之后，仍趋官府，输赋役如常时。其心固自诿曰：'我之从贼岂得已哉！他日贼平，我等俱故良民也。'忽闻大军之来，喜得更生，谓可以复见天日矣，大军既至，其真为贼者，皆相率遁入深山，了不可得顾，将不得已从贼者，甘言秘计诱而出之，杀以为功，由是不得已从贼者，皆甘心为贼矣。兴言及此，诚可悯伤。"[3]

四、土官制度的建立与黎族的治理

（一）明朝的土官制度

土官制度，至明朝最盛。但海南的土官称号与西南各少数民族又不相同，各地称为土司，而海南则称为土官。土司与土官，都是封建王朝对边疆民族地区所采取的统治措施，但是为何像云南、贵州、广

---

① （清）钟元棣创修、张嶲等纂修：光绪《崖州志》卷二十一《艺文志》，海南出版社 2006 年版，第 611—612 页。

② （清）钟元棣创修、张嶲等纂修：光绪《崖州志》卷二十一《艺文志》，海南出版社 2006 年版，第 611—612 页。

③ （明）《丘濬集·琼台诗文会稿》卷二十一《事宜》，海南出版社 2006 年版，第 4444—4445 页。

西、湖北……各地的少数民族地区设土司，而海南不设土司而仅设土官呢？这是明朝统治者所采用的另一统治方法。

《明史》卷三一〇《土司》传谓："西南诸蛮，有虞氏之苗，商之鬼方，西汉之夜郎、靡莫、邛、莋、嶲、爨之属皆是也。自巴、夔以东及湖、湘、岑峤，盘踞数千里，种类殊别。历代以来，自相君长。原其为王朝役使，自周武王时孟津大会，而庸、蜀、羌、髳、微、卢、彭、濮诸蛮皆与焉。及楚庄蹻王滇，而秦开五尺道，置吏，沿及汉武，置都尉县属，仍令自保，此即土官、土吏之所始欤。"[1] 这一段话，说明了土官的历史渊源。

到了明代，土官又称为土司，《明史》中说："尝考洪武初，西南夷来归者，即用原官授之。其土官衔号曰宣慰司，曰宣抚司，曰招讨司，曰安抚司，曰长官司。以劳绩之多寡，分尊卑之等差，而府州县之名亦往往有之。袭替必奉朝命，虽在万里外，皆赴阙受职。天顺末，许土官缴呈勘奏，则威柄渐弛。成化中，令纳粟备振，则规取日陋。孝宗虽发愤厘革，而因循未改。嘉靖九年始复旧制，以府州县等官隶验封，宣慰、招讨等官隶武选。隶验封者，布政司领之；隶武选者，都指挥领之。于是文武相维，比于中土矣。"[2] 从以上的阐述可以看出，土司与土官实质上是有区别的，土司的职位权力与土官并不一样。

所谓宣慰司，据《元史·百官志》载："宣慰司，掌军民之务，分道以总郡县，行省有政令则布于下，郡县有请则为达于省。有边陲军旅之事，则兼都元帅府，其次则止为元帅府。其在远服，又有招讨、安抚、宣抚等使，品秩员数，各有差等。"[3] 说明宣慰司的职权，不限于少数民族族群之间，而是指介于行省郡县之间的政权机构，掌握地方军政大权。

在明中叶之后，嘉靖年间，"以府、州、县等官隶验封（吏部验封

---

① （清）张廷玉等撰：《明史》卷三一〇《土司》，中华书局 1974 年版，第7981 页。

② （清）张廷玉等撰：《明史》卷三一〇《土司》，中华书局 1974 年版，第7982 页。

③ （明）宋濂等撰：《元史》卷九十一《百官七》，中华书局 1976 年版，第2308 页。

司），宣慰、招讨等官隶武选（兵部武选司），文职属布政司，武职属都指挥管辖"。这样一来，官职就"比于中土"，与全国的官职一致了。而土官则没有这般大的权限，土官一般指设置于府、州、县的土职官员，如土知府、土知州、土知县、土县丞、土典吏等，这些人的职权，仅限于管理自己族群中的事务。正如《天下郡国利病书》中所指出的："土舍之先僭名土官，实与西广、云、贵羁縻者事体不同。钦洪武旧制，革去元弊，土酋主郡如陈乾富犹降徙远郡通判，兵屯子孙尽复民役，或为峒首，仅授副巡检，州县得以制之。今之土舍峒首，岂敢复如昔日土官之僭，与有司分庭抗礼哉！"[①]这段话说得很明白，设土官而不设土司，是为了限制土官的权力。

不过，土司与土官，经常在称呼及述说中混淆不清，如《辞源》在"土官"条释文中有一说："统称土官，也叫土司"，认为土官与土司都是一样的官位。于是，在土司与土官的称呼上，常让理解者莫衷一是。

其实，海南黎区所设的土官，不能与云南、广西等地土司制度相比。嘉靖《广东通志》载："土舍之先僭名土官，实与西广云贵羁縻者事体不同。"[②]究其原因，在于较之云南、广西等地区，黎族首领力量薄弱，并未形成一股强大的政治力量。其次，是海南的地理位置及社会环境所使然，海南岛孤悬海外，如设土司，就可能成为一个独立王国，这是统治者最避忌的，所以只能设土官，由中央政府直接统治。吴永章在《中南民族关系史》中分析道："抚黎土官，仅限于在海南岛黎族中设置，名称亦繁多，有抚黎土官、抚黎通判、土官、土舍、粮长、长帅、峒首、头目、总管、黎总、哨管、峒长等等。而抚黎土官，由来已久。元代有黎兵万户府，明裁而改设抚黎官，类如土舍，'上按知府，下受巡检，爵虽不同，其职专以抚黎为事，不得与民事焉'。"[③]其实际内容，是防止土司之职，权力过于强大，而设土官制，把权力

---

① （清）顾炎武：《天下郡国利病书》，上海古籍出版社2012年版，第3418页。
② （明）黄佐纂修：《广东通志》卷六八《外志五》，海南出版社2006年版，第546页。
③ 吴永章主编：《中南民族关系史》，民族出版社1992年版，第408页。

范围局限于黎人一族而已。

王佐在《珠崖得失论》中也论及此事，他说："元用土酋之策，分割兵民，建置黎兵十三翼，翼置官千、百户，而设兵屯万户府。统属皆土酋，而世其官，联合州县豪酋峒长通为一家，争立主势以相逞，而视州县为外客，威权既夺，政令难行，州县日轻，兵屯日重，于是大种主势复起如汉世焉。卒乘元之季世，挟贼以乱。呜呼，此势不可长也！国朝洪武扫除元弊，土酋主郡者仅以降免徙远郡，佐贰兵屯子孙尽复民役，或为峒首，州县得以制之。三十年间，转乱为治。"[①] 这里王佐所言及的，是把明朝的平黎策与元朝相比，因元朝的"土酋之策"给予黎峒主的权力太大，无法驾驭，所以明朝要"扫除元弊"，不设土司，限制黎峒首领的权力，仅设土官，仅让黎酋自己管理自己，权力范围就缩小多了。克服了元朝存在的"彼主而我宾"的状态。

唐胄也指出历朝的经验教训，他说，由于海南岛的特殊环境，即"盖地颛岛无援，其势彼高而我下，彼内而我外，大海之险我与共之，桐乡所谓常与我为主宾是也。"也即是在"夷汉分治"的框架之下，朝廷所采取的二重管理体制的复合制政治结构，在统治海南岛的过程中，朝廷的力量与岛上黎峒的势力往往处于力量消长起伏的状况。他指出，在元朝是"彼主而我宾，唐宋则彼宾而我主，南朝主宾势敌，汉则彼全主而无宾矣"。这样历数上去，在汉代由于黎峒遍布全岛，王朝官吏的势力很难树立，再加上吏治贪污腐败无度，所以黎峒黎民群起而攻之，一年三叛，势在必然，而造成所谓"彼全主而无宾"的局面，汉王朝的政权无法在海南岛立足，而有贾捐之议，政权退出海南岛达五百多年之久。

所以从汉朝到明朝一千多年的岁月里，朝廷的力量与黎峒的力量消长的过程中，明朝吸取了历史的教训，统治者不会给予黎族过高的权力，采用与其他西南少数民族不同的政策，只在海南黎区设立土官

---

① （明）戴熺、欧阳灿总裁，蔡光前等纂修：万历《琼州府志》卷八《海黎志》，海南出版社2003年版，第433页。

而不设土司，目的在于削弱黎族土官管理的权力，力图通过土官的环节，让黎峒黎民帖服。

由此看来，明朝在海南岛不设土司而仅设土官，与"土司制度根本不同，仅为协助地方之职"[1]的意图就十分明显了。

明朝在黎区设立土官制度之后，利用土官为中介来控制或疏通黎峒。政府通过各处峒首，"凡遇公差役，征纳秋粮，有司俱凭峒首催办，官军征捕亦凭峒首指引"。[2]这是明朝对黎峒的定位。实际上，明朝也与历代王朝一样，从来没有承认过黎族这一族群在功能上有何独立之处，更没有以特许证的形式来赐给黎族独立地位。所以，如果有人以永乐皇帝的敕谕来与长吏对抗或争分土地的话，这些地方官吏就加以镇压。万历《琼州府志》载："因土人建议，本土招黎授官，有司吏民之中，又复一辈桀黠者应例新起。果有收藏敕谕窃柄之事，遂致不逞之徒借职名以与长吏抗，甚至争分土地人民，尤甚元弊。"[3]

（二）设土舍黎兵

明代从永乐年间起，在海南岛设立土舍制度，这是在卫所之下设立的地方武装。一方面，遇有调发，随军征进，专为前锋；另一方面，无事则派守各营，听管营官调度。实际上，设立土舍的目的，是以土舍峒首管辖黎民。明代土舍制度，是作为地方民族武装的组织，其军事职能，在于平时防黎，战时攻黎。由于土舍是黎族内部的成员，他们了解黎族的内部情况，可以利用他们招抚或分化黎峒的反抗活动。茅一桂《黎兵议》曰："复黎兵而以峒口民熟习弓箭者充当，有五便焉。盖原额黎粮约募兵八十名。今革募兵，即以编充黎兵之饷，则募兵一名之工食，可养黎兵二名，是得兵一百六十名矣。更以思马、卑纽、

---

① 吴永章主编：《中南民族关系史》，民族出版社 1992 年版，第 408 页。

② （清）明谊修、张岳崧纂：道光《琼州府志》卷二十二《海黎志》，海南出版社 2006 年版，第 888—889 页。

③ （明）戴熺、欧阳灿总裁，蔡光前等纂修：万历《琼州府志》卷八《海黎志》，海南出版社 2003 年版，第 433—434 页。

卑凹、普礼四图乡勇，选取一百二十名为之翼助，并统于州调度。尽革哨官名色，永不得以他哨钻谋代管，则上无科索而下乐为用，其便一。且募兵皆异棍惰民，挂名为守。本官之差役，本兵之闲游，不可稽查。若黎兵各有家室当业，无迁徙闲游之虑，而食官粮以自卫，身家乐守而守必固，其便二。又往年之土舍，即土官也，专督黎兵。彼得借兵威以弹压黎岐，故缓急可用。今不必别设官哨，选近黎民户有身家、识黎情、少有勇略者二人，立为正副土舍，稍假以冠带宠异之，总辖二峒，不必分任，以恣其推诿。仍于蒲芋、南头咽喉处所，各设一营，以扼其冲。其长沙等处，存为浮铺，以游兵往来巡逻哨探。且令切近居民联属守护，有事即兵，无事即农。此与募兵名存而实不足用者相去远矣，其便三。又黎兵苦于他哨之统辖，情不相安。兹以其所出之粮银，卫其所居之土地，以其素所信服之人，推为土舍以统驭之，更稍免其排门之差以鼓舞之，则近黎之民乐为兵，无不朝令而夕赴者，其便四。自乡老黎兵之名革，而近黎诸屯无所联属倚藉以自卫，是以居民逃亡，黎田荒芜，而粮多空赔。今复黎兵，则有可耕之地，无侵盗之扰。昔之逃散者，将渐复故土，而墟市可立，营堡益固，永可无黎患矣，其便五。此虽一得之见，实亦万全之策。主计者详之。"①

明代设土舍四十一所，辖黎兵多寡不等。如：

琼山土舍三。东黎土舍一，兵五十余名。西黎土舍二，黎兵共一百八十名。以粮编者率四石二斗出兵一名，募当者月钱七百五十。近日广、浙流徙多应募役。

澄迈土舍三。有西黎、南黎二都黎兵，派守定全、买玉二营。近亦募兵五十名，于西黎排门给食。

临高土舍四。黎兵拨守屯建、独木等营。近亦以逃民假黎者三百名，编兵轮守。

---

① （清）李琰纂修：《万州志》卷四《艺文志》，海南出版社 2004 年版，第 205—206 页。

定安土舍四。黎米每五丁石，金兵一名，共募兵一百十名，与土舍兵协守大坡、五岭等营。

文昌土舍一。黎兵五十名，土舍林桂督守白峙港。

乐会土舍二。王天挺部下黎兵一百名。近调守万州，惟林朝阳黎兵与保甲兵防守猪母岭营。

儋州土舍七。黎兵二百四十名，分守南巢八营。

昌化土舍二。

万州土舍三。黎兵二百八十名，防守南头营。嘉靖年间黎乱，土舍多被杀死，乃调乐会土舍黎兵防守沙牛坝营。

附万州黎兵。自嘉靖丁亥，副使范嵩议免多辉等九图民壮，编为黎兵三百七十二名，复选骁勇乡兵三百六十一名，并统以小甲四十一名，乡总甲各九名，令州巡捕官督同旗军兼守贡田、张家市营，后率为常。隆庆壬申，比照民壮编兵一百三十一名半，裁扣五十名半解府充饷，余八十一名存州守营。

陵水土舍一。

崖州土舍九。知州郑瑞星招谕罗活、抱由等村黎人，出官输纳衣帽，本州黎兵远不调发，惟征剿本处，乃征用之。万历四十四年，奉部复革去，易以粮长。

感恩土舍二。[①]

各州县的土舍，分布在黎区各地，朝廷自以为设立土舍，调度防御，"遇有调发，随军征进，专为前锋，无事则派守各营，听管营官调度"。[②]《天下郡国利病书》论及儋州黎时也说：儋州黎一分为三，"东黎属土舍峒首部领，南黎属州部属，其余自耕食，不属州"。土舍在各地以文、武两线互相配合，作为明朝政府在黎区的统治力量。土官上任之后，世代相传，世袭其职，而土官的子弟，也有机会进入学堂读书；甚而

---

① （明）戴熺、欧阳灿总裁，蔡光前等纂修：万历《琼州府志》卷七《兵防志》，海南出版社 2003 年版，第 332—333 页。

② （明）戴熺、欧阳灿总裁，蔡光前等纂修：万历《琼州府志》卷七《兵防志》，海南出版社 2003 年版，第 332 页。

升入太学。儋州符添庆授为土官，其孙符节应世其官，被选入昌化县学校读书，符节考试中举，例该升进太学，但他却辞去回乡继承土官一职，世世相引。丘濬曾写一篇《世引堂记》记述此事，可见世袭土官是黎族上层人物引以为荣的事，现录于此。

《世引堂记》

古儋大姓符氏，世居其乡之大里。里环其居，数十里间皆山菁溪洞，其中居民咸依焉以居。符氏之先系根紫贝，在胜国时，曾授符印为守土官。国朝永乐初，符添庆者，率其人朝阙廷。文皇帝嘉其功，授宜伦县令，以抚其人，世袭其职。及宗孙符节，应世其官，以俊选入昌化县庠为弟子员。今有司以充贡上春官，既引赴奉天门，试中，例该升进太学，循资出身。节叹曰："环我家村，总总之人，恃吾家以有生。吾一旦名系仕籍，游宦中州，吾之身荣矣，此数十百家，何以依乎？今幸朝廷有太学生不愿仕者赐冠带、授散官之比，盍归乎哉，以终我祖父之惠。"乃以其情言于天官。天官卿为请于朝，上曰"如比"。节将归，谒予而言曰："节自幼有志世用，潜心经史，而专门于《春秋》。初志固欲出一奋，以光大我宗祊也。但以祖父来官乡土，节忝为宗子，当继其职，而为一坊人所附。土俗，非其宗不属也。不得已，舍己之所业，以缔先世之所基。恒念先考无恙时，为屋数楹，中有黄堂，为祖宗栖托之地，旁有列馆，为会友读书之所。他日仕归，将为终老之计。今幸蒙圣恩，未老而荣归故里，将终焉于其中。伏请大人先生赐以一名，上述祖宗，下示子孙，以为不朽之托。非但符氏一族为幸，凡吾一方之山林草木，亦与有光焉。"予于节之大父元春有一面之雅，知其家世为详，乃名其堂曰"世引"，盖有取尔也。既而节请所以名之义。予曰："父子相继为世。引之为言，延也，长也，世世而引之，由一世而至千万世。自义章祖引而上之往者，曰以过；自仁章亲引而下之来者，曰以续。往者如水之归海，愈积愈深；来者如泉之出山，愈出愈有。引之又引，曷有终穷哉。且汝家岁时有事，于其先亦闻工祝之嘏辞乎？所谓祭承多福无疆，使汝受禄于天，宜稼于田，勿替引之者，即予名堂之义也。夫古来圣贤遭际，不出即处，不仕即农，农者躬耕稼穑以为养，仕者膺爵禄以为荣。稽乃祖乃父，世袭其官，不出其土，荣矣，养矣。汝今奉恩归旋，则所以荣而养者，不又引于无既耶？汝尚懋乃德，延师儒教汝之子弟，广圣化以率汝之甿庶，使汝子若孙，若曾，若玄、云、来，世世相引，敬承先志，丕振家声，善而继之，光而大之，引而申之，延而长之，永永勿替，以供汝祖宗之祀事，岂不伟欤？"节再拜，曰："敢不服膺至训，以贻厥孙谋？请持归刻之石，置之家祠，以垂示久远。"[1]

土官、土舍的设立，作为明代政权的二重管理体制，很难收到实效。

设立土官、土舍，明王朝是作为其政治体制中二元管理体制的良策，希望以此管辖峒首，转乱为治。但是，当土官、土舍势力不断增强之后，"事久玩愒反以黎岐为利"。[2]顾炎武《天下郡国利病书》曰："初以熟黎为藩篱，有土舍峒首以管束之，事久玩愒，反以黎、岐为利。"[3]其中详细指出：其一，弘治年间，符南蛇的反抗活动，损失官军，糜费钱粮巨万。其二，永乐四年（1406年），峒首赴京朝见，蒙赏，仍勒各黎首归峒安生乐业。时招主见敕谕全不露己，乃谓生黎归取敕书，各家收畜以为己物，因而窃柄。其三，土舍利用管理黎人的权柄，扩张自己势力，仗货以利肥家，"黩货者反倚之以干囊箧"。有子孙如临高王绍祖因袭不得，乃假官坐县，立万人屯，截路禁行，欲谋不轨。自立土舍数十年来，贪横之心，非独革官子孙，聿起奸刁，见土舍间有衰弱，窃据数黎，遂自立号角敌。有本峒首，今乘盛欺压而争雄长者；有本奴隶，今背主自立而称峒首者；或黎首附籍州县，而所主积恨异己者，以此互相侵夺，或引诱出没，使其罪坐所主；或左道仇杀，俾其利致旁收。这一切，皆因土舍之辈乘

---

① 彭元藻、曾友文修，王国宪总纂：民国《儋县志》卷八《海黎志》，海南出版社2004年版，第522—524页。

② （清）龙朝翊主修、陈所能等纂修：光绪《澄迈县志》卷五《海黎志》，海南出版社2004年版，第273页。

③ （清）顾炎武：《天下郡国利病书》，上海古籍出版社2012年版，第3417页。

机嫁祸，侵渔黎利所致。[①]而且，在官军镇压黎峒反抗的时候，有时土舍泄露给黎峒，而致大败而归。如《古今图书集成》中引按《琼州府志》载："正德七年，万州鹧鸪、龙吟等峒黎郑那忠等复出。先于弘治甲子杀督备指挥谷泰，后愈构乐会纵横、陵水黎亭等黎会应，势日昌炽。督府因被害民王昕等奏闻，始委兵备副使詹玺统官军兵约五千征剿。三月癸未，遣指挥王琥等四路分进，期癸亥会哨于中地草唱。为土舍泄机，贼多屯匿纵横峒大连山麓。西哨指挥赵槃曳兵走出熟黎长沙村，逗留不进。东南二哨指挥高焕、周世英，千户王韶等，是日亦止远营于太平村。随征指挥陈振入觅空村，见数贼，先驰归，倩随旗军皆遇害。既夕，贼乘劫民兵等营，杀伤数多。焕等遂挈往南山路出，惟北哨指挥王琥抵会所，见贼空巢，焚之。时玺驻扎于张牙市，闻太平营为贼劫，遂散师而归。黔驴技露，猛虎愈肆，是役之谓矣。"[②]

（三）防黎条议

明朝的官吏们特别重视加强对黎族统治的问题，除以土官制控制黎族之外，他们还提出种种统治黎族的策略，这是历朝所少见的。这些策略，归纳起来大致有下列几个方面。

第一，检讨黎族反抗原因，反对片面的武力镇压。

王佐在《进〈珠崖录〉奏》中附王副使权告示中指出："照得洪武永乐年间，本处地方俱系土舍管束，熟黎纳粮不当差，专令防守地方，以固藩篱，生黎不得生事，以此百姓安业，地方宁靖。后来在官不守法度，尽将革除，所有熟黎俱归版籍粮差，固一时拯救之法。奈何法久弊生，官吏贪酷，里老侵渔，土舍剥削，豪势军民之家贪置黎业，百计侵谋，以致熟黎失所，逃入生黎，日积月盛，藩篱敝毁；又

---

① （清）顾炎武：《天下郡国利病书》，上海古籍出版社 2012 年版，第 3417—3418 页。

② （清）陈梦雷编纂：《古今图书集成·广东黎人岐人部》，海南出版社 2006 年版，第 513—514 页。

有逃军、逃民、逃囚入黎煽惑为恶，酿成苟南蛇之祸。"① 户部主事冯颙也曾上奏说："永乐间，置土官州县以统之，黎民安堵如故。成化间，黎人作乱，三度征讨。将领贪功，杀戮无辜。迨弘治间，知府张桓、余濬贪残苛敛，大失黎心，酿成今日南蛇之祸。"② 当黎族起义遭欧阳必进大军镇压之后，欧阳必进在《预处兵后地方以图治安疏》也写道："是琼黎之变，非为无州县以统治之，实起于官州县者之非其人，州县官之贪肆，亦非为无法制以禁治之，实起于典法制者之无其官。查得琼州一府十县三州之地，止一分巡副使，其分守官原缺设，以分巡兼管。其初授而来也，每畏怯而甚迟；及遇有事故而去也，多欣幸而甚速。其在任则又公出住府之时多，而巡历考覈之日少。各州县每数年不一见上司入其境，闻其俗，察其政，而黎民亦懵懵然无所控诉，听有司之为，至其弗堪，则惟有反而已矣。"③ 因此，他们认为："官剿能捷而不能守"，"不在于多杀戮以为功，惟在于饬法制以善后"。必须在政治制度上防止任用非人，及革除贪官污吏生事刻剥，才不致伤民害物妄生事端。否则，戮杀人民，伤害军士，费耗钱粮是无济于事的。

第二，主张革去土舍峒首，加强各州县统治。

如欧阳必进提出在各州县设一参将官，"使各官吏俱任有专责，志有定向，遇有事故，不致缺人，如内地三司，然各州县虽在海外之远，而法度昭明，纪纲振肃，官吏有所畏而不敢肆，奸宄有所惮而不敢发"。④ 韩俊奏稿曰："为今之计，莫若革去土舍峒首，立以州县屯所，量拨在外军民，杂处于中防引。"⑤ 给事中郑廷鹄的建议更为详细，他在《平

———————

① （明）王佐：《鸡肋集》卷四《进〈珠崖录〉奏》，海南出版社 2004 年版，第114—115 页。

② （清）张廷玉等撰：《明史》卷三一九《广西土司》，中华书局 1974 年版，第8274 页。

③ （明）张鳌：《交黎剿平事略》卷四《奏疏》，《玄览堂丛书》第 41 页。

④ （明）张鳌：《交黎剿平事略》卷四《奏疏》，《玄览堂丛书》第 38 页。

⑤ （明）戴熺、欧阳灿总裁，蔡光前等纂修：万历《琼州府志》卷八《海黎志》，海南出版社 2003 年版，第 436 页。

黎疏》中提出："故百年之祸,皆土舍酿成之。黎将附籍州县,百计沮挠;有司或失黎心,多方煽惑。已成祸变,又走泄军机,若使向导我军,遂道迂回险阻,以致陷没。"[1]因此,他们认为革除土舍峒首,势在必行,这是作为加强政府统治的一项重要措施。

第三,主张召集新民,建立州县,开通道路,多兴学宫,治城郭,兴水利,采取多种于民有利的措施,驯服黎民百姓。

欧阳必进在《预处兵后地方以图治安疏》中提出对黎善后办法:"其终也,招集新民,定以约束,多兴学校,禁挟弓矢,复故地,设县所,授田庐,凿通衢,防阻塞,建参将于要地,使之画便宜,治城郭,兴水利,徙反侧,如前所云当经略者。"他认为:"顾惟地方久远之计,不在于多杀戮以为功,惟在于饬法制以善后"。他很清醒地提出一个比喻:"譬之身焉,彼既为编民,犹之手足肌肤也,惟风寒暑湿之失其养,而后震掉踯躅痿痹之患所由生;治之者惟去其疾之甚,调摄其元气,以渐复其初,而反其为吾用则已矣,若尽弃之,则何以为身也。"[2]欧阳必进的见解,与给事中郑廷鹄《平黎疏》中的建议大略相同。《平黎疏》中提出"经略三事",一是一劳永逸之计。认为在扫荡之后,"愿招集新民,定以约束,因其势而利导之,多兴学宫,禁挟弓矢",使黎族驯服。二是恢复启土之功。他认为:"德霞之膏腴,千家、罗活之饶足,招集之后,愿建州县,因以屯田,且耕且守,务庐其居,而东南其亩,又由罗活、磨斩开路,以达定安,由德霞沿溪水而下,达于昌化,道路四达,屋庐相望,井里既定,岂不为国家增拓舆地哉!"三是久任责成之道。他建议,建"参将府于德霞,联络州县,亦如马援故事,治城郭,兴水利,条奏便宜事务,以镇安人心"。[3]参将俞大猷在《图说》中更提出建立保甲制度,"渐次制其土舍,行令更为里长,该管

---

① 郑廷鹄:《石湖遗稿·平黎疏》,见《湄丘集》等六种,海南出版社2006年版,第233页。

② (明)张鏊:《交黎剿平事略》卷四《奏疏》,《玄览堂丛书》第十二册,第41页。

③ 郑廷鹄:《石湖遗稿·平黎疏》,见《湄丘集》等六种,海南出版社2006年版,第233—234页。

黎人就编属之，以为甲首，纳粮之外不得再加差役。其各州县掌印官，务将管下黎人严禁童女不得如前披发文身，男人务着衣衫，不得如前赤身露腿，其首各要加帽包网，不得如前簪髻倒颠。各村黎童之幼小者，设社学以教之，使其能言识字。每一年之间，守巡官查考各州县官，变化各熟黎几村，招抚过生黎为熟者几村，具呈抚按衙门，以为殿最。如此，经略渐次举行，熟黎既不得倚生黎以为祸，土舍亦不得假熟黎以生奸，不数年间，皆登州县之版籍矣"。① 黎国耀也建议编保甲，他说："琼州等县原设有排门乡盟兵，择其豪者为乡勇哨官或保长以领之。"②

第四，主张开通十字道路，开道立县。

户部主事吴会期，在奏议中提出："黎居良民五之一，宜以兵威削平之际，开通十字大路于其间。大约以道里计之，自府至崖千里而遥，自儋至万六百里而遥，此四至之境也。细度之，自府至沙湾三百里，自崖至罗活三百里，俱为坦途矣。其中未开通处，不过四百里耳。官军属武官领之，民兵属有司领之，士兵属乡保长领之，通力合作，相其溪壑，易其险阻，假以数月，而琼崖之路可由黎峒中行矣，儋、万之功则又杀焉。四路交达，度中建城，量地置堡，就堡立屯，以攻则取，以守则固矣。"③

海瑞根据他对海南黎族的观察，对于开十字道路，也提出了可贵的建议。嘉靖二十八年己酉（1549 年），参加乡试第三场考经史时务对策时，就写了一篇《治黎策》，提出有关海南黎族问题和解决的办法。他主张澄清吏治，以"开道立县"的政策缓和统治者与黎族人民的矛盾。他认为："故愚生以为今日之计，不过坚持开十字道之心，固执立州县之计而已。自此之外，虽议之之尽其方，处之之尽其术，皆下策也。何者？昔之议者，谓尽杀黎类为忍。而究其所以为说，不过曰：'禁

① （明）戴熺、欧阳灿总裁，蔡光前等纂修：万历《琼州府志》卷八《海黎志》，海南出版社 2003 年版，第 442—443 页。
② （清）萧应植修、陈景埙纂：乾隆《琼州府志》卷八《海黎志》，海南出版社 2006 年版，第 854 页。
③ 彭元藻、曾友文修，王国宪总纂：民国《儋县志》卷八，海南出版社 2004 年版，第 465—466 页。

商人之贸易，则黎无以为矢刃之资。'夫利之所在，人共趋之，虽死有所不顾，而况于铁首其戎者乎！是奸商虽不可不禁，而有不容于尽禁者矣。不过曰：'禁军民之逃亡，则黎无以深劫夺之毒。'夫徭役不扰，俯抑足资，固有乐之者，况于州县复为之驱乎！是逃亡虽不可不禁，而有不容于终禁者矣。不过曰：'治土酋之刻削，则黎无以为变乱之激。'夫读书知礼义者，浚剥良民，虽廉耻有所不顾，而况于土酋之无知者乎！是贪酋虽不可不惩，而有不容尽惩者矣。始终误宋者在一'和'字，姑为一时抚绥之计，不可以策黎也；革心宣化，效且迟于百年，官吏之迁陟不常，人性之贪暴不一，以一人之身而思一以德化之，不可以策黎也。所宜乘今日大军之势，首恶既平之后，开通十字大路。州县所之可移者移之，屯田之可自徙者徙之。迁良民之无田者佃其中，其不宜剿灭者徙之于外。夫然后为百年之计，而琼民享无穷之福矣。不然，今日赫然之举，复如前日收兵之速。剿除虽尽，于小民无所益也。又安知后日之不如今而复为民害乎？又不然而徒曰'革心宣化'云者，吾未见州县之不立，十道之未通，而可以革心宣化也。"[1] 当时，"此策书，传诵一时。其生平经济，留心时事，即于此见之"。嘉靖二十九年（1550年），海瑞入京会试。在会试中，他向朝廷上了《平黎疏》，这是《治黎策》的继续。他在《平黎疏》中，又进一步阐述了开十字道的建议。他认为，虽然兵威震叠，可奏功赏擢，"从而计久长，开通十字道路，设县所城池，中峙参将府兵备道，则立犄角之形，成蚕食之势矣，日磨月化，今日宁复有黎乎！夫得黎无益于地方，处黎或剧于计画，谓不足州县，置之可也……黎固方四百里地也，凡我兵征讨，无一次不捣巢穴，无一次不收成功，时异事殊，则又不可以危丛险阻，如贾捐之'雾露气湿，多毒草虫蛇水土之害，人未见虏，战士自死'请罢疏所称视之。故臣尝以为弘治十四年（1501年）开道立县，可无嘉靖二十年（1541年）大征；嘉靖二十年（1541年）开道立县，可无嘉靖二十九年（1550年）大征；大征后开道立县，可无岁岁雕剿，年年

守戍。诬之曰土地险恶，劳师无功，借口圣王不治夷狄之说者，皆庸人苟禄偷安，不肯身为地方当事托词也"。① 海瑞以历史上剿黎的惨痛教训，进一步向皇帝提出开通十字道路，以此缓和朝廷与黎族的矛盾，他语重心长地说："往不可谏矣，今距大征仅三岁，兵威之震慑于黎人尚存，遗黎之生聚犹寡，开道立县，今日可及为也。不然，数年后必一大变，一大变必用兵十余万，必费银数十万两，必残破地方，必毒痛赤子。功亏一篑，坐失事机，陛下将奚取哉！"② 海瑞所提的治黎策，可谓语重心长了。海瑞的建议，在于他对黎族这一族群的认识和同情。他认为，朝廷用强大的兵力压制黎族反抗，不是长远之计。他所提出的开道立县的治黎策，目的在于避免朝廷对黎族的杀戮，增强黎区自我发展的能力，在黎区传播汉族文化，加强黎、汉民族之间的往来，这样才能"永绝祸根，遗安万代"。③ 虽然海瑞是站在明王朝的统治立场上，为朝廷出谋献策，但其所献策略是有利于民族之间的团结和黎区的自我发展的。可惜，一来当时海瑞仅仅是一位举子，位卑言轻，二来明朝在嘉靖之后，已逐渐走向衰亡，对于朝臣的可行性意见，置若罔闻，没有付诸实施，以致朝廷对黎族统治的各种弊端，一直延续下来。

---

① 《海瑞集》卷一《奏疏》，海南出版社 2003 年版，第 113 页。
② 《海瑞集》卷一《奏疏》，海南出版社 2003 年版，第 113 页。
③ 《海瑞集》卷一《奏疏》，海南出版社 2003 年版，第 114 页。

第二章　明代海南政治

第一节　海南政区沿革

一、明代海南的三次建置

明朝自洪武元年（1368年）朱元璋称帝开始，传16帝，共276年零4个月。在这段时间里，海南行政区域的划分，经历了三次大规模的沿革。

（一）明代海南岛第一次建置

自洪武元年（1368年）至洪武三年（1370年），这是建国初期，琼州府的编制仿效元制，继元改置琼州路之后，洪武初改为琼州，不久升为府，领州三，县十。

《明史》卷四十五《地理六》："洪武元年十月改为琼州府，二年降为州。"

《明会典》卷十八："琼州府领州三，县十。即：琼州府领琼山县、澄迈县、临高县、定安县、文昌县、会同县、乐会县。儋州：昌化县。万州：陵水县。崖州：感恩县。"

正德《琼台志》卷二《沿革表》："洪武二年（1369年），琼州改安抚司为州，省琼山，复南建州为定安县，共领六县。崖州，改吉阳军为州，领县一。儋州，改南宁军为州，领县三。万州，改万安军为州，万安县为万宁，领县二。是年永嘉侯朱亮祖平乐会寇王观泰，四月改州，并隶如故。"

万历《琼州府志》："洪武二年，改为琼、崖、儋、万四州，省琼山，复南建州为定安县，复万安县为万宁。州仍名，令属县，隶广西如故。"

道光《琼州府志》卷首《沿革表》："洪武元年，改琼州路为琼州，仍属广西。改南宁军为儋州，万安军为万州，吉阳军为崖州，改南建州仍为定安县。"

《明一统志》卷八十二："洪武初，改为琼州，寻升为府，领州三、县十。"

以上六种说法，大同小异，现列表如下：

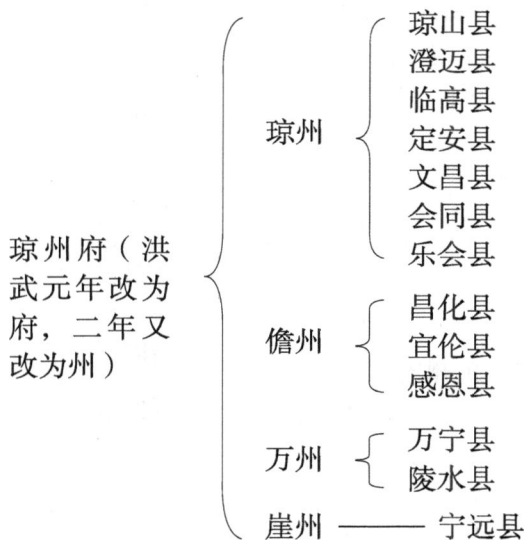

$$
琼州府（洪武元年改为府，二年又改为州）
\begin{cases}
琼州 \begin{cases} 琼山县 \\ 澄迈县 \\ 临高县 \\ 定安县 \\ 文昌县 \\ 会同县 \\ 乐会县 \end{cases} \\
儋州 \begin{cases} 昌化县 \\ 宜伦县 \\ 感恩县 \end{cases} \\
万州 \begin{cases} 万宁县 \\ 陵水县 \end{cases} \\
崖州 —— 宁远县
\end{cases}
$$

（二）明代海南岛第二次建置

自洪武三年（1370 年）至正统四年（1439 年），这一时期建制比较稳定。

《明史》卷四十五《地理六》："洪武三年（1370 年）仍升为府，领州三，县十。东北距布政司千七百五十里。"

正德《琼台志》卷二《沿革表》："洪武三年（1370 年），属广东行中书省管辖。先二年（1369 年）八月，分守指挥孙安请，至是年十一月始准升。复琼山县。共领州三、县十三。洪武七年（1374 年），布政行政行省为治广州。十九年（1386年），知州林茂请，割儋之感恩县属崖州。"

万历《琼州府志》卷二《沿革志》："洪武三年（1370年），升琼州为府（用分守指挥孙安议），领州三、县十三（复琼山），隶广东（元广东统于江西行中书省。洪武初沿元制。七年，改布政司）。十三年（1380年），割感恩县属崖州。"

道光《琼州府志》卷首《沿革表》："洪武三年（1370年），升琼州为府，改属广东，以儋、万、崖为属州，仍各领县。九年（1376年），属布政使司海南道。琼州府领县七：琼山、澄迈、临高、定安、文昌、乐会、会同。儋州领县二：宜伦、昌化。万州领县二：万宁、陵水。崖州领县二：宁远、感恩。"

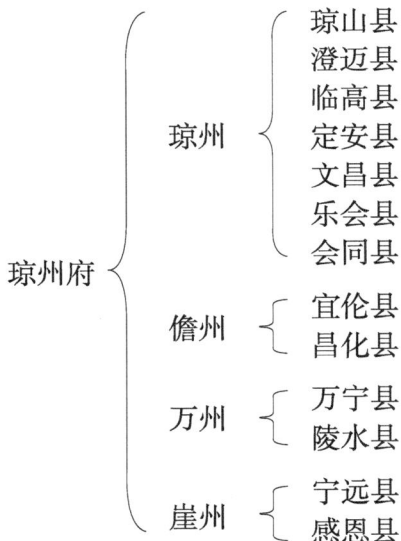

琼州府 {
　琼州 {
　　琼山县
　　澄迈县
　　临高县
　　定安县
　　文昌县
　　乐会县
　　会同县
　}
　儋州 {
　　宜伦县
　　昌化县
　}
　万州 {
　　万宁县
　　陵水县
　}
　崖州 {
　　宁远县
　　感恩县
　}
}

明代海南第二次建置，自洪武三年（1370年）至正统四年（1439年）。属广东布政使司。海南道治设琼州。

（三）明代海南第三次建置

自正统四年（1439年）至崇祯十七年（1644年）。

《明史》卷四十五《地理六》："正统四年（1439年）六月以州治宜伦省入"儋州。"正统四年（1439年）六月，以州治万安县省入"

万州。"正统四年（1439 年）以州治宁远县省入"崖州。

正德《琼台志》卷二《沿革表》："正统五年（1440 年），知府程莹请，省崖、儋、万三州之宜伦、万宁、宁远三附郭县，共领州三、县十。"

万历《琼州府志》卷二《沿革志》："正统五年（1440 年），省三州附郭宜伦、万安、宁远三县（知府程莹请）。领州三，县十。"

道光《琼州府志》："正统四年（1439 年），以州治宜伦省入儋州，万宁省入万州，宁远省入崖州。琼州府领三州十县。"

《明一统志》卷八十二："正统五年（1440 年），以宜伦县省入"儋州。"正统间，以万安县省入"万州。"正统间，以宁远县省入"崖州。

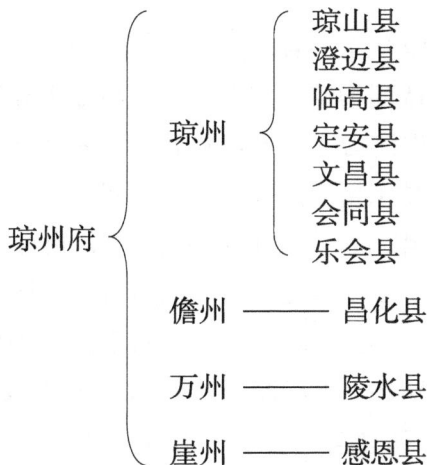

$$
琼州府
\begin{cases}
琼州
\begin{cases}
琼山县 \\
澄迈县 \\
临高县 \\
定安县 \\
文昌县 \\
会同县 \\
乐会县
\end{cases} \\
儋州 \longrightarrow 昌化县 \\
万州 \longrightarrow 陵水县 \\
崖州 \longrightarrow 感恩县
\end{cases}
$$

海南第三次建置，自正统四年（1439 年）至崇祯十七年（1644 年）明亡。此段期间，属广东布政使司海南道。

海南地域的建置，到了明代，已趋于完善，其变化调整过程中，也不影响明朝对海南的统治。同时，因为海南建置的变化，也与全国地方行政的变革有关，如开国之初，琼州府建置仍依元制，属广西行中书省。至洪武七年（1374 年），明朝设立广东布政使司，所以琼州府归属布政使司下。明朝广东布政使司领府九，即：广、肇、韶、南（雄）、惠、高、雷、廉、琼。而当时的广东五道，即：岭东、岭南、岭西、岭北、海南。

二、海南城市建筑的发展

海南城市发展到明代，城市建筑有了重大变化，主要表现在城墙结构上，由竹城逐渐向土城过渡。土城的建筑相继改为鸠工砌石，拓址甃石。以石头筑建，使城墙更加牢固。城内的建筑不是一次建成的，而是逐年不断完善的。

明代筑城牢固的原因，除了时代的发展需求外，还有守城防御的目的，防黎变及海盗，各个郡县都普遍筑城。

关于城池的建筑，万历《琼州府志》卷四《建置志》记载得比较详细，分述如下：

（一）琼山县

洪武己酉（1369 年），指挥孙安议请展。庚戌（1370 年），指挥张荣自旧西北隅至东南隅增筑，广六百丈，高二丈五尺，启门三，各置敌楼。南筑长堤，引溪为濠，出东城下，以达抱沦。甲寅（1374 年），复奏增广，自城北循东接至南隅，长三百四十四丈，高阔如旧。门上各建层楼，四隅仍建角楼。戊午（1378 年），指挥蔡玉复奏添筑，自西东角旋接西北，广袤四百余丈，通计周围一千二百五十三丈，高二丈七尺，阔二丈八尺，雉堞一千八百四十三，库铺共五十七，濠堑周回一千二百八十七丈，深三丈二尺，阔四丈八尺。成化癸巳（1473 年），副使涂棐改扁三门，丁酉（1477 年），佥事陈昭增筑栏马墙。

（二）子城

洪武甲子（1384 年），指挥桑昭于西城外增筑土城三百八丈，西、南、北亦启三门，上建敌楼。成化丁酉（1477 年），佥事陈昭复坚筑之，岁久倾颓。嘉靖戊午（1558 年），知府李慎砌以石，旋筑旋圮。乙丑（1565 年），参议曹天祐委知县曾任隆兴筑，乡参政郑廷鹄出夫佃，运石包砌。周围三百十二丈，高并堞一丈四尺有奇，基阔一丈二尺，上杀三之一。雉六百四十二，启门仍旧。

（三）海口城

在郡城北十里海口都，海港之南。洪武甲戌（1394 年），都指挥花茂奏筑防倭。乙亥（1395年），安陆侯吴杰始委千户崇实兴工。周五百五十五丈，高一丈七尺，阔一丈五尺，雉堞六百五十三，窝铺十九座，启门四，各建敌楼。东北临海，共砌石岸九十丈。复自东南延西北浚濠，长四百六十五丈，阔一丈五尺，深五尺。永乐戊戌（1418年），指挥牛铭复增石砌。成化丁酉（1477年），金事陈昭添筑。

（四）清澜城

旧在文昌县青蓝都，去郡城东南一百九十里。洪武壬申（1392年），委千户陈良领军兴筑，周围五百二十五丈，高一丈八尺，雉堞五百二十五，铺舍八。东、西、南三门各建敌楼，西门外筑月城。自北亘南浚濠，长二百一十七丈，阔二丈，深四尺。万历甲戌（1574年），陷于林凤。辛巳（1581年），千户朱炫与文昌知县罗鹗议迁南砲都陈家村，用砖石砌筑，周围三百五十丈，阔一丈，高一丈八尺，雉堞九百。启东西二门，上建敌楼，下设水关二，铺八，四阅月而工竣。内无守备，卑弱。己丑（1589年），湾叛，遂入空城。指挥高诜议徙官源，通叛刘世懋行勘，以乡官华士迥不便报罢。

（五）澄迈县城池

成化初（1465年），主簿杨祯始筑土城二里许。弘治戊申（1488年），知县韦裴甃砌以石，周围四百丈余，高一丈余，开三门。上各建楼，东迎恩，南归仁，西通潮，北建望海楼，因河为池。正德七年（1512年），知县李茂重修，增高雉堞一尺。

（六）临高县城池

正统八年（1443年），按察使郭智命知县徐瑄创，垒石为垣，周围六百丈，高一丈，谯楼门路俱备。正德间（1506—1520年），知县周让、梁高相继砌以石，增高二丈三尺，铺八，雉堞八百五十八，东西南三门，因河为池，北依山岸。嘉靖己酉（1549年），知县陆汤臣重建门楼铺舍。丙寅，通判杨表增东西门月城及建东西二关。隆庆戊辰（1568年），知县李栋增高雉堞二尺，广马路一尺。壬申（1572年），通判阮琳复浚壕堑。万历庚辰（1580年），县丞黄思德移北门于西巷，立市。

（七）定安县城

始成化丙戌（1466年），都御史韩雍案验开筑。戊子（1468年），通判陈度砌城基，周七百七十五丈。寻以工程浩大议罢。正德庚午（1510年）后，知府王子成、欧阳傅、谢廷瑞相继募工，运石包砌，至己卯（1519年）始完。周围五百九十三丈，高一丈四尺，雉堞一千一百九十二，启东、西、南三门，上各建楼城。北近江，余三面共浚濠三百余丈。嘉靖乙巳（1545年），创开北门。副使胡永成以不利复塞。

（八）文昌县

自元至顺迁治，未立城池。隆庆壬申（1572年），兵巡陈复升议委知县顾乃猷审计丁粮，运石包砌，周三百五十丈，阔一丈，高一丈五尺，雉堞七百，启南北二门，东一小门门楼三，铺十。西南滨溪水，东北以田为濠。万历壬辰（1592年），县丞蒋梯详议增高城垛、马道各三尺，南北二门，楼二，铺八。

（九）铺前土城

嘉靖甲寅（1554年），知府张子弘因贼焚掠，招兵营守，始立土城。隆庆后，为湾党所据。己丑（1565年），湾平，议设参将府。辛卯（1591年），参将邵曾和委文昌典史官汝宾、千户周宗彝，协兵民运土石，于旧城东山筑砌，周围一百八十五丈，阔半丈，高丈余，启南北二门，浚濠深广约二三尺，周围视其城，旋亦崩坏。壬辰（1592年），参将黎国耀议迁筑于李茂旧宅，今废。

（十）会同县

旧未有城，嘉靖庚戌（1610年）督抚欧阳必进始命知县陈儒筑砌，三门架楼，置匾：北拱极，东宾阳，南萃和。隆庆壬申（1572年），兵巡道陈复升亲勘兴筑，周四百丈，高一丈五尺，阔一丈。万历乙酉（1585年）坏于大水，知县徐应麟重加修茸，增铺十。

（十一）乐会县城

隆庆壬申（1572年），贼毁县治。兵宪陈复升躬勘城址，命知县张纲计工运石。纲忧去，复委卫经历蓝效署县督砌，周三百八十丈，横直百余丈，启南北二门。以甲戌春开筑，七阅月而工竣。万历丁丑（1577年），知县彭大化环凿以濠。已卯（1579年），典史袁光英复加浚之。

（十二）儋州城

洪武癸丑（1373年），指挥周旺用石包砌，周围四百七十二丈，阔一丈八尺，高二丈五尺，雉堞八百一十四，更铺一十七，启门四，东德化，南柔远，西镇海，北武定。各有敌楼。外筑月城，亦启小门。沿城开壕，周围四百七十七丈，阔五丈，深八尺。后守帅徐真、徐春等增饰门垣、楼铺、壕堑、吊桥。

（十三）昌化城

洪武辛未（1391年），指挥桑昭奏请开筑。丁丑（1397年），千户王隽烧砖砌，周围五百八十四丈，高一丈八尺，阔一丈五尺，雉堞五百五十五，更铺十八，启门三。东拱辰，南宁和，西镇海。北上建楼。永乐间（1403—1424年），指挥徐茂以石修砌，设敌楼四。正统乙丑（1445年），始迁县治，千户管成复凿石浚壕，深五尺，阔一丈五尺。

（十四）万州城

洪武癸丑（1373年），千户刘才奏请开展，周围四百三十六丈，高二丈，阔一丈五尺，雉堞六百六十，窝铺一十二，启门四，东朝阳，南镇南，西德化，北拱北。各建敌楼。外浚池，周围四百九十七丈，阔三丈，深七尺。成化辛卯（1471年），指挥李泰添筑月城，门楼外各有土吊桥。今皆崩坏。

（十五）南山千户所城池

洪武甲戌（1394年），都指挥花茂奏立于南山港西，只用木栅。永乐间（1403—1424年），署所事百户赵昱以南山港旧所屡侵倭寇，奏请移所。六十年（应是十六年即1418年）指挥张恕乃督工，于今岭黎乡马鞍山之北筑砌，包砖石，周围三百四十四丈，高一丈八尺，阔一丈五尺，雉堞三百九十九，铺八座，东西南北启门，上各建楼。浚池周回四百九十七丈，阔二丈五尺，深一丈。成化四年（1468年），指挥舒翼、千户王玉用砖增砌，加高尺许，填塞西门。

（十六）陵水县城

洪武甲戌（1394年），立于南山港西堑，用木栅。永乐戊戌（1418年），指挥张恕乃迁今所，砌以砖石，周围三百四十四丈，高一丈八尺，阔一丈五尺，雉堞三百九十九，铺八，启门四，各建楼。浚池周回四百九十七丈，阔二丈五尺，深一丈。成化戊子（1468年），指挥舒翼、千户王玉用砖砌，加高尺许，填塞西门。

（十七）崖州城

洪武丙辰（1376年），知州刘斌重加甃砌。甲子（1384年），儋州千户李迁复开展，自海南道起，至今西门止，共周五百十三丈五尺，高二丈，厚九尺。乙丑（1385年），千户李兴复以砖石包砌，仍设三门，各建敌楼，雉堞一百一十七，铺二十。外设壕堑，周五百五十七丈，深一丈五尺。己卯（1399年），千户周宗礼添筑月城。正统丙辰（1436年），千户陈政、洪瑜复立吊桥。成化戊戌（1478年），千户王桼增筑。弘治乙丑（1505年），千户胡徵扁其门，东阳春，西镇海。

（十八）郎勇城

在州东北八里黎贼出没之处。正德己卯（1519年），知州陈尧恩即高阜处城之，甃以砖石，高八尺，厚四尺，周围二百四十余丈，启三门，募兵防守。后以平定罢戍，而城犹屹然。

（十九）乐安新城

在州北，去州城一百五十里。万历丙辰（1616年），剿抱由、罗活二峒叛黎，继议善后招降，经题筑堡屯兵戍守。奉部覆议，允咨两院檄府署事监纪推官傅作霖、署理琼崖副总兵杨应春、知州张宿勘卜旧抱由口前瑞芝山正为乐安霞牒之冲（名烂红沟地方），建立砖城，周围四百丈，连南门、月城在内高丈二尺。建地城脚女墙高五尺，东西南城门三，南顺昌门，东绥定门，西镇安门。经始城务琼崖黎参将何斌臣又添设南靖远楼、北真武楼、南门月城小楼一座，城门敌台四座。

（二十）感恩县

正统年间（1436—1449年），先筑土城。正德初（1506年），副使王继枢奏易以石。乙亥（1515年），知县庞麟兴筑，未完。万历辛巳（1581年），知县秦仲权议迁县于三十里大雅坡，以旧治近海浮沙，风气不致，故迁。

（二十一）水会所城

在琼山林湾都，去城三百里。万历二十八年（1600年）平黎马屎，按察使林如楚题建，周围三百七十五丈，横阔七十二丈，启门三，东东安，南南平，西西安，上建楼四。

关于明代筑城情况，正德《琼台志》也有记载，但筑城时间的记录与万历《琼州府志》所记不一致。如澄迈县、临高县、定安县、文昌县、会同县、乐会县、儋州、昌化县、万州、陵水县、崖州等地，正德《琼台志》均有洪武二年（1369年）筑城的记载，其他资料，可互相参照。

三、乡村的都图制度

除了各府、县纳入国家建置之外，海南各乡村联民尚有乡里都图之名。所谓都图，"即古先王乡田同井，使百姓亲睦遗意也。"①而实际上，因海南黎族聚居乡村，明朝采取编入都图的管理形式，让黎峒成为其统治的基层组织，而峒长就成为基层的乡一级的官员了。

海南的都图版籍经常有移徙情况，没有固定，统治过程中，加以整顿，现据万历《琼州府志》所载，附录如下：

琼山县（乡七，各领厢都图共计一百零七）

丰好乡在县南，领厢都图十五：东厢一，东厢二，西厢一，西厢二，那梅都，丰好都，顿林都，渲洲都，海口一，海口二，上那邕，下那邕，博崖都，大来都，小来都。

五原乡在县西，领都图十三：五原一，五原二，上苍驿都，兴政都，上石山都，下石山一，下石山二，石岩都，烈楼一，烈楼二，大小英都，泰英都，禾丰都。

---

① （明）戴熺、欧阳灿总裁，蔡光前等纂修：万历《琼州府志》卷三《地理志》，海南出版社2003年版，第139页。

内义丰乡在县东南，领都图十三：（内兴仁三、振文田土高瘠多石，原作灾伤编）：兴仁一（旧那庆一，改今名），兴仁二（旧那庆二，改今名），振文都（旧卢浓，改今名），大摄一，大摄二，大摄三，那社一，那社二，万都一，万都二，苏寻一，苏寻二，苏寻三。

外义丰乡在县东，领都图二十三：东昌都（原下东岸二，改今名），上东岸都，下东岸，张吴一，张吴二，博茂一，博茂二，大林一，大林二，小林一，小林二，兴义一，兴义二，符离一，符离二，符离三，调塘一，调塘二，调塘三，调塘四，演顺一，演顺二，演顺三。

遵化乡在县南，领都图八：东谭都，洒塘都，大挺都，小挺都，大小偶都，托都，郑都，抱园都。

仁政乡在县西南，领都图十九：暂都，遵都，宅念一，宅念二，那环都，雷虎都，梁老都，永都，西谭都，梁陈一，梁陈二，原宅都，东洋一，东洋二，射钗都，苍原一，苍原二，西黎向化编差，林湾（近编差）。

永兴乡在县南，领都图十六：麻长都，白石都，博埋一，迈别都，里仁都（旧博埋二，改今名），独坡都，官隆一，官隆二，官隆三，官隆四，麻钗一，麻钗二，苍兴一，苍兴二，东黎一（向化久编差），东黎二（近增入）。

澄迈县［乡三。原分都五十四，天顺六年（1462年）减并四十六都，后又并四十五都，今存四十三］

贵平乡领都十一：坊廓都编图十，那留都编图九，万全都，七里都，了浪都，安仁都，倘驿都，那驿上都，那驿下都，冯陈都，文裔都。

恭顺乡领都九：丰盈都，多稔都，封平都，南楚都，那蓬都，那托都，吉明都，湳渚都，调读都。

永泰乡领都一十九：安宁都，王家都，谭观上都，谭观下都，富实都，那舍都，迈端都，新安都，保义都，保义东隅都，保义西隅都，曾家东隅都，曾家西隅都，水北都，水南上都，水南中都，水南下都，西江都。

疍籍：东水一都，东水二都。

四黎籍：西黎一都，西黎终都，南黎一都，南黎二都。

临高县（乡三，都图五十二）

永宁乡在县东南，领都图十八：县郭都一，县郭都二，县郭都三，县郭都四，县郭都五，博文都一，博文都二，石牌都一，石牌都二，那虞都一，那虞都二，那虞都三，那虞都四，马袅都一，马袅都二，马袅都三，马袅都四，马袅都五。

新化乡在县南，领都图二十三：探历都一，探历都二，探历都三，探历都四，蚕村都一，蚕村都二，蚕村都三，蚕村都四，蚕村都五，那绵都一，那绵都二，那绵都三，那绵都四，那绵都五，黎畔都编图九。

富罗乡在县北，领都图十一：东塘都一，东塘都二，西塘都一，西塘都二，西塘都三，西塘都四，英丘都一，英丘都二，英丘都三，英丘都四，英丘都五。

定安县（乡三，厢都里二十六）

东乡领厢都里九：东厢一里，东厢二里，李家都，居腰一都，黄竹都，南资都，黄坭都，那危都，石豆都。

西乡领厢都里六：西厢一里，西厢二里，博曲一里，博曲二里，高山都，西岸都。

南乡领都里八：新赛一里，新赛二里，新赛三里，南雷二里，南远都，南间二里，多河都，光螺都。

按：上系景泰三年县承钟政减并数，旧三十四图。

文昌县（乡三，厢一，都图三十六，厢都图共三十八）

安知乡在县东北，领厢都图十七：东厢都，西厢都，青蓝都一图，（民灶）青蓝都二图，青蓝都三图，（民灶）青蓝都四图，（民灶）青蓝都五图，水北都一图，水北都二图，（民灶）水北都三图，水北都四图，水北都五图，水北都六图，水北都七图，水北都八图，何恭都一图，何恭都二图。

临佃乡在县北，领都图十一：南溪都一图，南溪都二图，南溪都三图，南溪都四图，南溪都五图，迈犊都一图，迈犊都二图，迈犊都三图，迈犊都四图，迈犊都五图，迈犊都六图。

奉化乡，在县西南，领都图十：北山都，前山都，那廓都，白延都，多寻都，南阤都，迈陈都一图（民灶），迈陈都二图（民灶），迈陈都三图（疍户），迈陈都四图（疍户）。

会同县（乡一，都五，图二）

太平乡（在县东北）：端赵都，嘉会都，永安都，积善都，太平都，太平二图（灶户，原属文昌盐场税），太平三图（疍户，免差纳课）。

乐会县［坊二，乡十（内一作浦），都十］

东隅德化坊一图，西隅安定坊二图，中珠乡莫村都，莫七乡莫村都，博敖（即鳌——引者注）浦莫村都，下北偏乡南对都，上北偏乡南对都，白石乡愈村都，上大踢乡石井都，下大踢乡石井都，上小踢乡安仁都，下小踢乡安仁都。

儋州（旧宜伦县，分图十四，正统五年州自领，并作三十二图。嘉靖三十二年以抱驿图补昌化，今三十图）

东西厢（旧四图，今并为一图）。

上板乡在州北，领都图四：天堂都（旧五图，今并回一图），磨黎都（旧四图，今并回一图），那细都（旧三图，今并回一图）。

下板乡在州东北，领都图六：零春都一图，零春都二图，零春都三图（旧原七图，今并三图）。

仁温乡在州东南，领都图一十四：长吴都（旧三图，今并为一图），李许都（旧三图，今并为一图），新英都一图，新英都二图，新英三图（旧分九图，今并三图，俱疍户），大英都一图，大英都二图，大英都三图（旧十一图，今并三图），抱驿都一图，抱驿都二图，抱驿都三图，抱驿都四图，抱驿都五图（旧分十二图，今并五图。嘉靖二十一年拨二图补昌化），新兴都（正德七年拆抱驿都异姓，增为一图）。

仁丰乡在州西，领都图六：高麻都一图，高麻都二图，高麻都三图（旧分七图，今并为三），曾刘都（旧七图，今并为三图），薛官都（旧三图，今并为□图）。

此外有顺化都在州东南。（嘉靖十一年，知州萧弘鲁招抚高眼等峒黎人一千六百余家，立顺化都，编都分里，分粮一十五石）。

昌化县（厢一，乡二，都四）

厢一（东西厢）。

居仁乡在县南，领都二：英德都，南黎都。

由义乡在县北，领都二：北岸都，北黎都。

万州（厢都）

厢二（东北厢，西南厢），通化都，庆云都，福泽都，寿昌都，南港都，顺德都，富仁都，文德都，多陈都，多辉都，明德都，买扶都，黎兴都，卑凹都，卑纽都，普礼都，黎芋都，仁孝都，怀德都，宣义都，会通都。

陵水县（乡六，图九）

岭黎乡，兴调乡一图，兴调乡二图，岭脚乡一图，岭脚三图（俱灶户），那亮乡一图（民灶），那亮乡二图（灶疍），乌石乡，石岭乡。

崖州（二十一里）

东厢，西厢，南厢，北厢，伍都（以上五厢都俱附城）。五都，六都，七都（以上俱属董平乡，多管黎土舍，借在图眼版籍熟黎户）。黄流里，乐罗里，黎伏里，冲育里，佛老里（以上五里俱属乐罗都）。保平里，番坊里，望楼里，所三亚（以上四里属河泊所，番疍采鱼纳课，多佃食民田）。永宁乡，临川里（半灶户）。

感恩县（辖乡三，都图六）

中和乡在县西，领都二：安荣都一图，安荣都二图。

南丰乡在县南，领都一：义和都。

北富乡在县北，领都三：大南一图，大南二图，大南三图。[①]

乡都是管理海南黎族县以下的乡、村的基层组织机构，以此控制黎民的反抗行动。而这些乡、厢、都、里、图的组织，虽说有如先朝的井田制，但实际上黎民在深山野岭之间，散处山谷，不相统摄，就以熟黎来说，民黎杂处也难管理，一般黎峒均不入都图，由峒长

---

① （明）戴熺、欧阳灿总裁，蔡光前等纂修:万历《琼州府志》卷三《地理志·乡都》，海南出版社 2003 年版，第 108—113 页。

管理。

海南岛政权的建置，在元朝以前，进展比较缓慢，由于沿海地带交通比较方便，所以完成环岛建置较为方便，进入海南腹地的黎区，交通不便，生产力落后，政权体制的建设十分困难。到了明代，对于开发海南的管理，已逐渐深入黎区，黎区的管理也渐渐地纳入明朝社会的统治轨道了。

第二节　户籍与人口

一、户籍制度的管理

明朝十分重视户籍登记和管理工作，"太祖籍天下户口，置户帖、户籍，具书名、岁、居地。籍上户部，帖给之民，有司岁计其登耗以闻"。洪武十四年(1381年)，明朝在户帖制度的基础上建立了黄册制度。同时又确立了里甲制度，《明史·户口·田制》载："洪武十四年（1381年）诏天下编赋役黄册，以一百十户为一里，推丁粮多者十户为长，余百户为十甲，甲凡十人。岁役里长一人，甲首一人，董一里一甲之事。先后以丁粮多寡为序，凡十年一周，曰排年。在城曰坊，近城曰厢，乡都曰里。里编为册，册首总为一图。鳏寡孤独不任役者，附十甲后为畸零。僧道给度牒，有田者编册如民科，无田者亦为畸零。每十年有司更定其册，以丁粮增减而升降之。册凡四：一上户部，其三则布政司、府、县各存一焉。上户部者，册面黄纸，故谓之黄册。年终进呈，送后湖东西二库庋藏之。岁命户科给事中一人、御史二人、户部主事四人厘校讹舛。其后黄册只具文，有司征税、编徭，则自为一册，曰白册云。"[①] 黄册比户帖在详密的程度上又进了一步，在登记的过程中，以户为单位，然后登记各户的籍贯、姓名、年龄、丁口、田宅、资产，并按照各人不同的职业进行计算。《明史》载："凡户三等：曰民，曰军，

---

① （清）张廷玉等撰：《明史》卷七十七《食货志》，中华书局1974年版，第1878页。

曰匠。民有儒,有医,有阴阳。军有校尉,有力士,弓、铺兵。匠有厨役、裁缝、马船之类。濒海有盐灶。寺有僧,观有道士。毕以其业著籍。"[1] 对于黄册的编造,十年一造,由地方官核实丁口、田宅及资产的变动情况,将逐年累计的材料进行整理。

二、明代人口增长缓慢

明朝刚建立的时候,由于元末战乱,"版籍多亡"的缘故,一直没有比较准确的人口数字。明太祖推行黄册制度以后,洪武十四年(1381 年)在《明实录》中才第一次出现全国户口数:户 10654362,口 59873305。洪武二十六年(1393 年),户 10652870,口 60545812。至永乐元年(1403 年),户 11415829,口 66598337。22 年间户增 76 万多,口增 672 万余。[2] 这是明朝人口发展的最高峰,自此以后,人口的发展变化都比较缓慢。

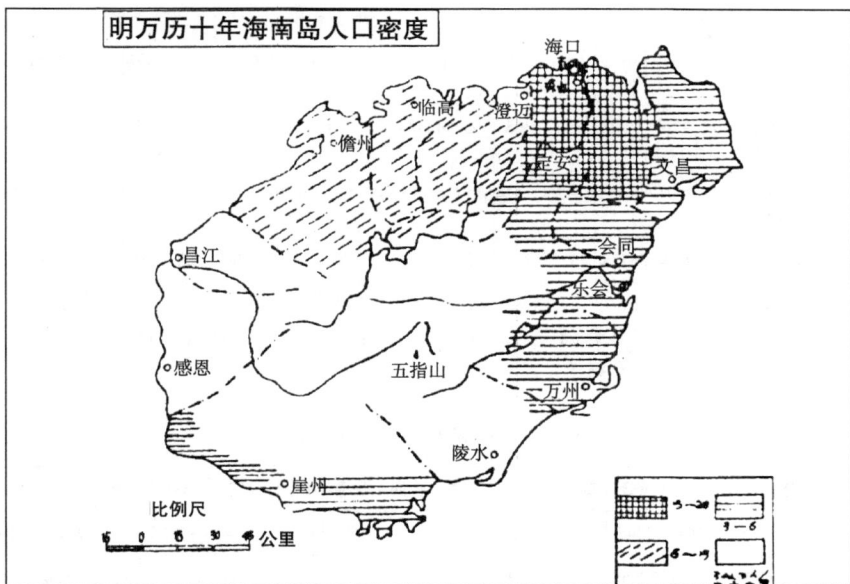

资料来源:康熙《广东通志》卷九《贡赋》。

---

① (清)张廷玉等撰:《明史》卷七十七《食货志》,中华书局 1974 年版,第 1878 页。

② 杨子慧主编:《中国历代人口统计资料研究》,改革出版社 1996 年版。

海南关于人口的管理和登记，与全国的规定相一致，现在能够看到的资料，以正德《琼台志》所载最为详细，康熙《广东通志·琼州府志》、万历《琼州府志》所载数字也与此相同。现以正德《琼台志》为依据，列表如下：

表2-1　洪武二十四年（1391年）

户及口	府总户口	琼山	澄迈	临高	定安	文昌	会同	乐会	儋州	宜伦	昌化	万州	万宁	陵水	崖州	宁远	感恩
户	68522	14932	8367	7985	4270	6276	1145	1783	13876	11932	1944	5539	4374	1165	4349	2760	1589
口	298030	82143	33538	34277	12901	24201	4050	7898	57387	49027	8360	17720	14302	3418	24915	10282	6633

正德《琼台志》按：户口据《方舆志》作户74649，是增6157也。口323888，是增66082也，今无稽云。

表2-2　永乐十年（1412年）

户及口		府总户口	琼山	澄迈	临高	定安	文昌	会同	乐会	儋州	宜伦	昌化	万州	万宁	陵水	崖州	宁远	感恩
户		88606	16228	8519	8638	4363	6770	1116	1716	13843	12359	1484	6545	4467	1178	4374	2785	1589
	民	71212																
	黎	17394	2169	2169	2707	954	308	无	433	4377	3417	960	157	84	73	4020	2025	1995
口		337479	82307	32917	36179	13925	22624	3517	9073	52645	45975	6670	18008	14472	3536	24898	18484	6414
	民	296093																
	黎	41386	5306	6244	6338	2329	739	无	998	9352	7421	1931	348	180	168	9732	4857	4875

正德《琼台志》按：户口据《永乐志》内归附黎户，即《外纪》所谓刘铭将借作眼抚黎民户，欺罔报作新招是也，其《成化志》于民户增1861，口增57，黎户增637，口增21731。今亦无稽云。

表2-3　成化八年（1472年）

户及口	府总户口	琼山	澄迈	临高	定安	文昌	会同	乐会	儋州	昌化	万州	陵水	崖州	感恩
户	54485	15682	7145	6526	3208	5049	873	1565	6063	624	3572	1098	2372	708
口	266304	75661	27668	37242	14290	17076	3597	10222	39074	3320	13870	3622	17584	3078

表2-4　弘治五年（1492年）

户及口	府总户口	琼山	澄迈	临高	定安	文昌	会同	乐会	儋州	昌化	万州	陵水	崖州	感恩
户	54705	14787	7741	6171	3563	5191	1002	1707	3955	670	3809	1071	2424	614
口	227967	78362	2777	3375	13119	12701	3184	13320	6192	2938	14435	3671	17892	1999

表 2-5　正德七年（1512 年）

户及口	府总户口	琼山	澄迈	临高	定安	文昌	会同	乐会	儋州	昌化	万州	陵水	崖州	感恩
户	54798	16907	7264	6231	3698	5205	1062	1768	3967	672	3809	1071	2435	709
民户	43174	14617	5885	4795	3575	3910	706	1464	2418	450	2941	689	1297	427
军户	3336	667	500	397	54	289	57	79	618	136	183	39	239	78
杂役户	7747	1505	641	1013	66	928	294	225	931	86	678	277	899	204
官户	10	9		1										
校尉力士户	48	10	7	4	11	7			5	1			2	1
医户	30	18		12										
僧道户	7	6		1										
水马站所户	816	276	59	44		12	28	36	80	22	56	51	116	35
弓铺兵祇禁户	1622	96	140	311	53	285	76	55	111	5	56	56	310	68
灶户	1952	291	44	332		284	98		340	32	326	61	105	39
疍户	1913	183	152	221		230	88	112	333	12	77	100	349	56
冶窑户	160	15	81	20		16	4		24					
各色匠户	1189	601	158	67	2	94		22	38	14	163	8	17	5
寄庄户	541	118	238	26	3	78	5				7	66		
口	250143	78838	27132	33282	13409	19297	3910	13447	20121	2600	14485	3687	17936	1999
男子	179524	57266	20892	28977	8757	12708	2650	8022	15078	1721	9011	2524	10586	1332
成丁	121147	36056	15607	17577	7050	8281	1967	4976	12511	1552	6521	2471	5316	1162
不成丁	58377	21210	5285	11400	1707	4327	683	3046	2567	169	2490	53	5270	170
妇女	70619	21572	6240	4305	4652	6589	1260	5425	5043	879	5475	1163	7350	667

资料来源：正德《琼台志》卷十《户口》。

表 2-6　万历四十五年（1617 年）

户及口	府总户口	琼山	澄迈	临高	定安	文昌	会同	乐会	儋州	昌化	万州	陵水	崖州	感恩
户	56892	17494	7307	6140	4442	5101	1264	2013	4136	855	3809	1022	2499	610
口	250524	82996	27199	24900	14450	20550	4278	12839	21546	3830	14496	3267	17426	1748

资料来源：万历《琼州府志》卷五《赋役》。

从以上各类数据中，可以了解到明代海南关于户口的统计及变化过程。虽然这里仅报告了洪武二十四年（1391 年）、永乐十年

（1412 年）、成化八年（1472 年）、弘治五年（1492 年）、正德七年（1512 年）、万历四十五年（1617 年）的统计数字，不过这些仍是今天研究明朝海南人口最基本、最重要的数据。并由此看到明代海南户口统计及人口变化过程中所出现的几个问题：

1. 明朝海南人口增长十分缓慢，甚至在 5 万与 6 万之间徘徊，并无任何显著变化。

2. 海南黎族与汉族之间的融合更为明显，由于明朝对黎族的抚慰政策，在永乐年间，黎人对明朝归顺者甚众，当黎峒首领率众朝贡时，朝廷就给予赏赐，正如正德《琼台志》所说："国朝义旗之临，民黎首目奔趋恐后，未尝妄杀一人，虽约户减二三万，而口则二十九万八千有奇，实几倍之。（如元临高户仅几一千，永乐间编民八千有余）百数十年以来，峒落化为都图。如琼山环郎、南岐洞今为西黎都，清水峒今为官隆都之类。"[①] 在永乐年间的户口登记，汉民与黎民分开统计，可见，当时这些黎族人口已归当地政府管辖，抚黎政策的成功见之于此。而且，政府已把黎族编成黎都图，如澄迈县把全县 139 黎峒编成 6 个黎都，每个黎都包含 10 个黎图，使民族之间自然同化。

3. 从正德七年（1512 年）的统计数据看，海南人口的男女性别比例失调情况比较严重，如全琼州府的男子成丁人数为 121147 人，而妇女仅有 70619 人，两者尚差 50528 人，妇人比成年男子少 23.3%。琼山县成年男子 36056 人，妇女仅 21572 人；儋州成年男子 12511 人，妇女仅 5043 人等，重男轻女的文化现象，在明朝已显现出来。由于男女比例失调，也约制了人口的增长；另一方面，在汉族移民中，多数是未婚或单身前来海南谋生，不作久居打算，不带家眷，所以也增加了男性比例。

4. 为什么明代人口增长率不高，甚至在永乐之后趋于下降呢？永乐之后，由于官府的腐败，黎族不堪被剥削，相继爆发黎族大起义，

---

① （明）唐胄纂：正德《琼台志》卷十《户口》，海南出版社 2006 年版，第 232 页。

朝廷派兵镇压，如嘉靖年间以那燕为首的黎民大起义，除战死者外，因被俘而当场斩首的就有 2234 人。万历年间的黎族起义，此起彼伏，使官兵望风披靡，一败涂地，但最终起义军被镇压，死伤十分惨重。不仅影响人口增殖，也使户籍管理工作受到一定影响。

5. 由于大陆汉族移民不习惯海南"瘴疠之地"的自然环境，人口死亡率高，也抑制了人口的增长。

不过，官府所公布的人口数字，也不一定十分准确。明朝中后期，统治阶级腐败，贪官污吏只知盘剥百姓，虽然政府要求年年核对黄册，年年呈报户口数字，可是下面的官吏不认真统计，也不认真按时上报，统计不实的情况比比皆是。但是迄今为止，也仅有这些历史数字，可以作为人们了解明代人口的根据，别无其他史料了。

第三节 田赋与徭役

明朝在统一全国之前，其征收赋税的标准是："赋税十取一，役法计田出夫。县上、中、下三等，以赋十万、六万、三万石下为差。府三等，以赋二十万上下、十万石下为差。即位之初，定赋役法，一以黄册为准。册有丁有田，丁有役，田有租。租曰夏税，曰秋粮，凡二等。夏税无过八月，秋粮无过明年二月。"[①] 明朝的两税法，分为夏税和秋税，所包含的税目十分繁杂琐碎，把许多附加杂项都加到两税中去。据弘治十五年（1502 年）记载，两税的税目多达 41 项。到万历年间，夏税秋粮的税目增加到 50 余种。

一、海南明代的田赋五倍于元代

明朝的田赋分官田和民田。"凡官田亩税五升三合，民田减二升，重租田八升五合五勺，没官田一斗二升。"[②] 这是明太祖定天下时所定

① （清）张廷玉等撰：《明史》卷七十八《食货志》，中华书局 1974 年版，第 1893 页。

② （清）张廷玉等撰：《明史》卷七十八《食货志》，中华书局 1974 年版，第 1896 页。

的税额。但以后在不同的年代及不同的地方，税额均根据当时当地的实际情况发生变化。

现根据正德《琼台志》所载，洪武二十四年（1391年）及正德八年（1513年）的田赋税收列表如下：

表2-7　洪武二十四年（1391年）田赋

府地名	官民田地山园塘总数	田	地	山园	塘	泥沟	车池	夏税	秋粮
琼州府	19856顷1亩3分7厘5毫	18941顷55亩3分3厘2毫	828顷70亩7分3厘2毫	23亩2分1厘	85顷52亩1分1毫	41座	10座	折收米56石3斗9升5合7勺3抄3圭，桑丝本色10斤2钱1分6厘6毫4丝，苎麻本色400斤1亩8钱8分	米96384石8斗2升2合1勺2抄3撮6圭
琼山	4835顷28亩5分4厘5毫	430顷57亩3厘6毫	502顷74亩2分9厘		31顷97亩3分			折收米4斗9升9合1勺5抄5撮，芝麻折收米3斗1合7勺4抄，黑豆折收米1斗9升7合4勺1抄5撮，桑丝本色所9两9钱1分1厘，苎麻本色37斤2两8钱8分	米17945石6斗5升3合7勺9抄3撮8圭
澄迈	1499顷92亩3分8厘1毫	140顷21亩3分4厘	90顷71亩5分9厘15毫	8顷99亩5分5厘		41座	10座	芝麻折纳米10石3斗7升6合6勺4抄6撮，桑丝本色7两2钱6分5厘8毫	本折米共12380石4斗7升8合7勺2抄2撮9圭，本粮米12379石9斗3升3合2抄2撮9圭，折苎麻米5斗4升5合7勺
临高	1160顷98亩3分6厘6毫	1535顷14亩7分9厘5毫	122顷65亩9分9厘1毫		3顷17亩5分8厘			芝麻折收米21石4斗1升37勺9抄2撮3圭，桑丝本色2斤14两7分5厘1毫	米7935石1斗5升6合5勺1抄9撮1圭
定安	1903顷82亩6分5厘4毫	1897顷89亩1分4厘8毫	5顷93亩5分6毫					苎麻本色363斤	米7385石5斗8合8勺7抄1撮8圭
文昌	3783顷70亩1分6厘2毫	3754顷79亩2分5毫	27顷97亩7分1厘2毫		93亩2分			桑丝本色10两5分9厘5毫	米22595石3斗8升8合4勺2抄1撮

府地名	官民田地山园塘总数	田	地	山园	塘	泥沟	车池	夏税	秋粮
会同	354 顷 19 亩 1 厘	253 顷 92 亩 1 厘	27 亩					桑丝本色 4 两 5 钱 2 分	米 22595 石 3 斗 8 升 8 合 4 勺 2 抄 1 撮
乐会	433 顷 97 亩 2 分 1 厘 7 毫	433 顷 58 亩 3 分 6 厘 7 毫	38 亩 8 分 5 厘					桑丝 6 两 6 钱 4 厘 3 毫	米 1639 石 3 斗 7 升 8 合 4 勺 5 抄 8 撮
儋州	2579 顷 70 亩 9 分 2 厘 8 毫	2515 顷 88 亩 5 分 8 厘 8 毫	34 顷 59 亩 2 厘	23 亩 2 分 2 厘	29 顷 1 分 1 厘			芝麻折米 24 石 1 斗 6 合 1 勺 3 抄 7 撮，桑丝本色 4 两 2 钱 5 分	米 11637 石 4 斗 1 升 4 合 2 勺 5 抄 9 撮 8 圭
宜伦	2252 顷 10 亩 2 分 8 厘	2207 顷 90 亩 1 分 8 厘 8 毫	21 顷 37 亩	23 亩 2 分 1 厘	23 顷 59 亩 8 分			芝麻折米 24 石 1 斗 6 合 1 勺 2 抄 7 撮，桑丝本色 2 两 4 分	米 10574 石 7 斗 5 升 1 合 7 抄 7 撮 8 圭
昌化	327 顷 60 亩 7 分 2 厘	307 顷 98 亩 4 分	13 顷 22 亩 2 厘		6 顷 40 亩 3 分			桑丝 2 两 2 钱 1 分	米 10626 石 6 升 3 合 1 勺 8 抄 2 撮
万州	1476 顷 51 亩 7 分 9 厘	1469 顷 8 亩 2 分	1 顷 12 亩 4 厘		6 顷 31 亩 5 分 5 厘			桑丝本色 4 两 4 钱 6 分 4 毫 9 丝	米 8617 石 6 斗 9 升 1 合 9 勺 8 抄 3 撮
万宁	1126 顷 27 亩 5 分 2 厘	1119 顷 90 亩 9 分 6 厘	16 亩 1 分 1 厘		5 顷 40 亩 4 分 5 厘			桑丝本色 2 两 7 分 4 厘	米 7111 石 2 斗 5 升 4 合 1 勺 4 抄 2 撮
陵水	350 顷 24 亩 2 分 7 厘	349 顷 17 亩 2 分 7 厘	15 亩 9 分 3 厘		91 亩 1 分			桑丝本色 2 两 3 钱 9 分 9 厘	米 1506 石 4 斗 3 升 7 合 1 勺 4 抄
崖州	1327 顷 90 亩 3 分 2 厘	1280 顷 46 亩 5 分 9 厘 8 毫	42 顷 30 亩 8 分 1 厘 3 毫		5 顷 12 亩 9 分 1 厘 1 毫			桑丝本色 2 斤 3 两	米 5082 石 2 斗 4 升 1 合 9 勺 6 抄 5 撮 2 圭
宁远	1024 顷 62 亩 6 分 4 厘 2 毫	985 顷 89 亩 2 分 7 厘 8 毫	35 顷 92 亩 9 分 5 厘 3 毫		2 顷 80 亩 4 分 1 厘 1 毫				米 3822 石 9 斗 7 升 9 合 9 勺 8 抄 2 撮 2 圭
感恩	303 顷 27 亩 6 分 8 厘	294 顷 57 亩 3 分 2 厘	6 顷 37 亩 8 分 6 厘		2 顷 32 亩 5 分			桑丝本色 3 斤 3 两	米 1249 石 3 斗 1 升 1 合 9 勺 7 抄 6 撮

资料来源：正德《琼台志》卷十一《田赋》。

表 2-8 洪武二十四年（1391 年）以后，历造比本造加减

年 号	苗（坛减）	夏 税	秋 粮
永乐十年（1412 年）造	减 231 顷 18 亩 8 分 5 厘 8 毫 6 丝	增 52 石 5 升 5 合 4 勺 4 抄 4 撮	减 4834 石 2 斗 5 升 5 合 1 勺 1 抄 8 撮 5 圭 6 粟
景泰三年（1452 年）造	缺	增 53 石 8 斗 8 升 1 合 9 勺 2 抄 6 撮	减 12229 石 8 斗 5 升 8 合 1 勺 5 抄 5 撮
成化八年（1472 年）造	增 114 顷 52 亩 1 分 3 厘 8 毫 4 丝 4 息	增 65 石 6 斗 2 合 2 勺 2 抄 6 撮	减 11939 石 5 斗 7 升 4 合 3 勺 4 抄 7 圭 8 圭 2 粟
弘治十五年（1502 年）造	增 435 顷 87 亩 9 分 2 毫 3 丝	增 94 石 6 斗 9 升 9 合 1 勺 7 抄 1 撮 2 圭，桑丝本色减 4 斤 5 两 1 钱 6 厘 6 毫 6 4 丝	减 10933 石 6 斗 9 升 7 合 5 勺 7 抄 1 撮 6 圭 2 粟 2 粒

表 2-9 正德七年（1512 年）重造，见实征税粮

府地名	官民田地山园塘总数	田	地	山园	塘	泥沟	车池	夏税	秋粮
琼州府	20295 顷 31 亩 7 分 1 厘 4 毫 3 丝	19296 顷 87 亩 8 分 1 厘 3 丝	904 顷 1 亩 6 厘	23 亩 2 分 1 厘	94 顷 19 亩 6 分 3 厘 4 毫，内塘官 1 亩 1 分，民 76 顷 45 亩 4 厘无耗	42 座	10 座（俱无耗）	米正耗 153 石 8 斗 7 升 8 合 8 勺 6 撮 1 圭，本色米 153 石 1 斗 1 勺 2 抄 6 撮 1 圭。零丝 2 两 7 钱 8 分 1 厘，改科米 7 斗 7 升 8 合科 6 勺 8 抄。丝 5 斤 11 两 1 钱 1 分，织绢 6 匹	米正耗 18087 石 1 斗 8 合 5 勺 4 抄 5 撮 9 圭 5 粟
琼山	4958 顷 52 亩 7 分 7 毫 5 毫 3 丝	4410 顷 18 亩 8 分 7 厘 3 毫 3 丝	515 顷 18 亩 1 厘 8 毫		33 顷 15 亩 9 分，（内官 3 亩 5 分，有耗）。			米正耗 8 石 6 斗 2 升 2 合 3 勺 8 抄 1 撮。	米正耗 18087 石 5 斗 5 升 9 勺 8 抄 3 撮 6 圭 3 粟
澄迈	1551 顷 15 亩 4 分 8 厘 4 毫（包括黎田）	1443 顷 2 亩 4 分 3 毫	98 顷 78 亩 3 分 8 厘 1 毫		9 顷 34 亩 7 分	42 座	11 座	米正耗 13 石 1 斗 3 升 7 合 4 勺 6 抄	米正耗 10373 石 2 斗 6 升 4 合 4 抄 8 撮 7 圭
临高	1749 顷 17 亩 4 分 4 厘	1606 顷 66 亩 5 厘 3 毫	138 顷 76 亩 6 分 7 厘 2 毫		3 顷 74 亩 7 分 1 厘 5 毫			米正耗 24 石 4 合 8 勺 3 抄 8 撮 3 圭，芝麻折米 23 石 2 斗 2 升 6 合 1 勺 5 抄 8 撮 3 圭，零丝 2 两 7 钱 8 分 1 厘，改科米 7 斗 7 升 8 合 6 勺 8 抄，丝本色 3 斤 12 两，织绢 4 匹	米正耗 7645 石 4 斗 6 升 7 勺 7 抄 8 圭
定安	1895 顷 32 亩 5 厘 6 毫	1880 顷 20 亩 6 分 3 厘	15 顷 11 亩 5 分 2 厘 6 毫					米正耗 11 石 6 斗 5 升 2 合 3 勺	米正耗 6712 石 4 斗 1 升 6 合 9 勺 9 抄 3 撮 7 圭

续表

府地名	官民田地山园塘总数	田	地	山园	塘	泥沟	车池	夏税	秋粮
文昌	3795 顷 60 亩 7 分 1 厘 2 毫	3761 顷 87 亩 1 分 5 厘 1 毫	32 顷 72 亩 2 分 6 厘	1 顷 1 亩 2 分,（内塘官 1 亩 1 分,民 1 顷 2 分,无耗）				米正耗 3 石 3 斗 1 升 6 合 4 勺 5 抄 4 撮 3 圭	米正耗 16243 石 6 升 2 合 8 勺 4 抄 1 圭 2 粟
会同	393 顷 12 亩 2 分 7 厘 7 毫	385 顷 29 亩 2 分 4 厘	6 顷 37 亩 7 分 4 厘 7 毫	1 顷 45 亩 2 分 9 厘,无耗				米正耗 20 石 4 斗 6 升 6 抄 1 撮 2 圭	米正耗 1266 石 5 斗 5 升 2 合 7 勺 6 抄 4 撮 4 圭
乐会	492 顷 56 亩 8 分 7 厘 5 毫	447 顷 48 亩 3 分 2 厘 2 毫	14 顷 20 亩 8 厘 3 毫	88 亩 4 分 7 厘（无耗）				米正耗 45 石 5 斗 8 升 4 合 6 勺 6 抄 4 撮 3 圭	米正耗 1647 石 9 斗 9 升 2 撮 2 圭
儋州	2302 顷 23 亩 3 厘 7 毫	2251 顷 95 亩 9 分 9 厘 7 毫	23 顷 21 亩 4分,山园 23 亩 2 分 1 厘	26 顷 93 亩 3 分 3 厘,(内官 67 亩 5 分,有耗)				米正耗 24 石 7 斗 5 升 2 勺 7 抄 7 撮	米正耗 9578 石 6 斗 9 升 8 合 8 勺 2 抄 5 撮 1 圭
昌化	314 顷 59 亩 5 分 5 厘	295 顷 30 亩 7 分 3 厘	13 顷 12 亩 2 分	6 顷 16 亩 8 分（内塘官 26 亩 6 分,有耗）				米正耗 1 石 8 斗 4 升 4 勺 7 抄	米正耗 1315 石 7 斗 3 升 9 合 5 勺 7 抄 9 撮
万州	1162 顷 90 亩 1 分 7 厘,包括黎田	1153 顷 41 亩 9 分 1 厘	3 顷 88 亩 4 分 1 厘	5 顷 59 亩 8 分 5 厘				米正耗 2 斗 5 升 6 合 8 勺	米正耗 6324 石 6 斗 3 合 3 抄 8 撮 4 圭
陵水	350 顷 61 亩 6 分 2 厘,包括黎田	349 顷 41 亩 9 分 9 厘	15 亩 9 分 3 厘	1 顷 3 亩 7 分				米正耗 2 斗 4 升 6 合 1 勺	米正耗 1503 石 6 斗 1 升 5 合 3 抄 9 撮
崖州	1102 顷 72 亩 6 分 8 厘	161 顷 47 亩 3 分 8 厘 6 毫	38 顷 62 亩 1 分 5 厘 3 毫	2 顷 63 亩 7 厘 9 毫					米正耗 3911 石 1 斗 4 升 2 合 5 勺 5 抄 9 圭
感恩	226 顷 76 亩 2 分,包括灶田	220 顷 57 亩 2 分 4 厘	3 顷 86 亩 4 分 6 厘	2 顷 32 亩 5 分（无耗）				桑丝本色 1 斤 15 两 1 钱 1 分	米正耗 848 石 9 斗 7 升 1 合 1 勺 5 抄 5 撮

资料来源：正德《琼台志》卷十一《田赋》。

明代官府所编造的黄册和鱼鳞图册，作为征收赋役的依据。其中鱼鳞册重在田赋，黄册重在徭役。换言之，鱼鳞图册作为征收田赋的根据，黄册是定徭役的根据，以此控制天下的户口、田地，增加赋税收入。赋税与户口紧密挂钩。因此，各地在科敛横溢、民深受其害的情况下，逋赋严重，人口大量逃亡。海南的税粮，也与全国情况一样，逃亡虚粮，伪报黎户的情况也普遍存在。正德《琼台志》云："洪武辛未（洪武二十四年，公元1391年）开造，秋粮96384石有奇。自后苗亩、夏税时或加多，而秋粮则未有并之。至户口，除永乐十年（1412年）伪报黎户归附外，他造亦未有，余至298000者。虽当时开创，尽地与人之严，然积今安养150余年之久，则所以开辟而生息者，亦其时矣。今称秋粮85459石有奇，然内逃亡虚粮至余8千；口25万1百有奇，见审连灶、疍、黎图存在逃故，共止余177000而已。"[①]

二、海南的税收及存仓数字

正德《琼台志》也作了详细记载。

琼州府见实征秋粮米正耗，岁该85459石9斗6升，每岁起运京、司、廉三处大约多则5万有零，少则4万不足。

起解京库折银米，岁3万石上下。正德十一年（1516年）35200石，十二年（1517年）、十四年（1519年）、十五年（1520年）共三年，俱34006石。先尽本府官田米22863石，欠则于民虚粮内石折出2升零凑解，每石折银2钱5分，就于该年粮长内选丁粮长上一二户充解。后司、廉解仿此。

起运京库，存半解司，以足军饷折银米，岁约一万石上下。正德十一年（1516年）15200石。十二年（1517年）18950石。十四年（1519年）、十五年（1520年）二年，俱5650石。先尽本府逃亡人户虚粮8030石折纳，欠于民粮内石折出1斗9升零凑解。每石折银5钱。金解例上。

折银解廉州府折俸米，岁约几万石上下。正德十一年（1516年）、十二年（1517年）、十四年（1519年）、十五年（1520年），俱

---

① （明）唐胄纂：正德《琼台志》卷十一《田赋》按语，海南出版社2006年版，第250—251页。

9000 石，于民粮拨运。每石折银 5 钱。金解例上。

存留运：

本处五仓及府、琼山二学仓米，岁约 4 万石。

府广丰仓，岁约 16000 石。（琼山约 8000，文昌约 4000，俱常运；澄迈约 1500，定安约 700 或多有至 3000 上者，临高约 600 或多至 3000 上者，儋州约 900，乐会约多至 1000，少则七八百石，俱间运。）

府学仓，岁约七八百石，间有派二三百石者，俱琼山殷实图分上纳。

琼山县学仓，岁约三四百石，间有无派者，亦系本县殷实图分上纳。

儋州大丰仓，岁约 3000 石（文昌、临高、崖州约各 1000 石，俱间运）。

昌化广储仓，岁约 5600 石以上（定安约 3800 石，感恩约 650 石，会同约 1100 石，俱间运）。

万州广积仓，岁约 4000 石以上（崖州约 1000 石，文昌约 1900 石，临高约 1200 石，俱间运）。

陵水县南丰仓，岁约 4800 石以上（文昌约 1000 石，感恩约 800 石以上，万州约 1000 石，临高约 900 石，崖州约 1000 石，俱间运）。

军储清澜二仓，并各州县存留仓，收贮本处米约 13200 石。[①]

当时海南岛的田赋，除留本地外，还输往高、廉各地。正如《明史》所指出的："永乐中（1412 年前后）……广东琼州黎人、肇庆瑶人内附，输赋比内地。"[②] 海南岛上的田赋，除夏秋粮食外，商税及其他苛捐杂税也十分繁重。

三、土贡

土贡，就是把本地的特产上贡给政府。元代以前，土贡方物比较简单，只挑选海南几件特产每年进贡。明代开始未闻有私贡，至永乐三年（1405 年），抚黎知府刘铭，率各州县土官入贡马匹、黄蜡、麇

---

① （明）唐胄纂：正德《琼台志》卷十一《起运》，海南出版社 2006 年版，第 251—252 页。

② （清）张廷玉等撰：《明史》卷七八《食货二》，中华书局 1974 年版，第 1895 页。

皮、土香、蚺蛇皮、良姜、益智子。后知府黄重用，是为例，三岁一贡，其数无常，剥黎徼功。后革土职，贡亦随废。

明代各地土贡数字，见表2-10。

这些土贡，项目繁多，费数繁重。海南僻地险海，"每年上纳除纳获批单外，其间或海上被风失落，或料价高贵、奏告添办，或弃批逃回，或揭债赔纳，告扰户丁，经年不绝"。如琼山县唐儒海洋沉失官银千余两，两监追将二十年，累死户丁三人，倾家累户，只赔得一半。李铦惠因债打死人命。薛蓁解纳二次，尚有不完，似此者难以枚举。而且海南离大陆遥远，京师万里，至省城二千余里，如崖州到府亦一千余里，解官解户，每经一年零六七个月得完回。冲寒冒暑而死亡疾病者，不可胜数。又且官多缺员，部运又委别官代其署印，是致事多因循废弛。是时知府谢廷瑞上奏上纳贡税的艰辛，并要求明皇帝体恤海南地处海外边远地带，将琼州府粮料价银只解布政司，与腹里府分委官带运，以减轻人民的负担。[1] 因此，弘治十七年（1509年）在朝廷宽贷中，免琼山海吞田粮二顷零。

四、徭役

明代徭役分为正役和杂役两大类。正役即里甲，"以一百十户为一里，里分十甲曰里甲。以上、中、下户为三等，五岁均役，十岁一更造。一岁中诸色杂目应役者，编第均之，银、力从所便，曰均徭。他杂役，曰杂泛。凡祇应、禁子、弓兵，悉金市民，毋役粮户。额外科一钱、役一夫者，罪流徙"。[2] 而杂役，自里甲正办外，其余皆为杂泛，亦称杂役，《明史》载："凡役民，自里甲正办外，如粮长、解户、马船头、馆夫、祇候、弓兵、皂隶、门禁、厨斗为常役。后又有斫薪、抬柴、修河、修仓、运料、接递、站铺、牐浅夫之类，因事编金，岁有增益。嘉、隆后，行一条鞭法，通计一省丁粮，均派一省徭役。一条鞭法行十余年，规制顿紊，不能尽遵也。天启时，御史李应升疏陈十害，其三条切言

---

① （明）唐胄纂：正德《琼台志》卷十一《田赋》，海南出版社2006年版，第263—264页。

② （清）张廷玉等撰：《明史》卷七十八《食货志》，中华书局1974年版，第1904页。

表 2-10 明代土贡一览表

品种\地区	琼州府	琼山	澄迈	临高	定安	文昌	会同	乐会	儋州	万州	崖州	备注
麂皮	490张，张价银200文	118张	65张	80张	42张	37张		17张	53张	50张	28张	
羊皮	40张，张价银50文					32张		8张				
生漆	800斤，斤价银6分或8分	204斤	108斤	130斤	56斤	72斤	10斤	20斤	88斤	74斤	38斤	
又生漆	1775斤，斤价钱40文或银8分	416斤	245斤	287斤	134斤	160斤	37斤	53斤	184斤	166斤	93斤	
翠毛	143个，个价钱100文	36个	19个	23个	11个	13个	2个	3个	15个	14个	7个	
鱼胶	195斤3两1钱1分2厘	20斤9两6钱	21斤3两2钱	38斤14两3钱4分1厘		25斤3钱7厘	6斤6两3钱	4斤5两4分	42斤3两	16斤8两1钱	20斤1两2钱2分4厘	
翎毛	66962根	7058根	7411根	13000根		8584根	2165根	1488根	14469根	5899根	6888根	
槟榔	500斤，斤价银4分	182斤	87斤	108斤	48斤	75斤						
大腹子	550斤，斤价银4分	192斤	97斤	117斤	59斤	85斤						
大腹皮	100斤，斤价银2分	29斤	15斤	18斤	16斤	22斤						
黄蜡	193斤，斤价银2钱	224斤	109斤	125斤	58斤	85斤	25斤	30斤	99斤	88斤	50斤	
茶芽	349斤8两	128斤4两	63斤	77斤	37斤4两	42斤	11斤	17斤	45斤	42斤	30斤8两	
今添茶	143斤8两，斤价银2钱											
叶茶	143斤8两，斤价银8分5厘	36斤	20斤	24斤	10斤	11斤	3斤	4斤	15斤	11斤4两	9斤4两	

资料来源：正德《琼台志》卷十一《田赋》。

马夫、河役、粮甲、修办、白役扰民之弊。"①

落实到海南岛的徭役情况，据正德《琼台志》所载，琼州府所辖州县里分多寡不等。内琼山、澄迈、临高、定安、文昌、乐会六县，儋州、万州二州，俱十年一编。乐会、昌化、陵水、崖州、感恩五州县，俱五年一编。间有黎图，自无编差。盐亶人丁，免其办盐课及例免田粮外，其该差，都图府州县躬亲清审。见表2-11、2-12。

以上银差、力差，各徭役均有规定银数。此外，驿递马夫属于粮差，琼台等驿递及陵水县马夫共540名。每攒造之后，只计粮朋凑编佥。每夫一名，驿分繁者编米80石，简者米70石。每石岁出银一钱，十年而终。如繁者该银8两，内推户粮多者为正，户主之余贴照粮出办交与，类纳六两作雇人工食二两通收在官，为买马置船铺陈之需。驿简七十石者仿此。

还有民壮属于丁差，琼山等十三州县民壮共1965名，每十年攒造之后，只计丁编佥，诸户朋凑至30丁为一名，推户丁多者为壮丁应当，余29丁贴之，月该1日。这些规定，是弘治末年副使王槛所定。

此外，还有借倩夫，每图十老，内除见年、催粮、均徭三老外，余七老每日各供夫一名，号曰排年夫。成化二十三年（1487年），张守英迁移府治，暂起应工，后遂为例。②

海南赋役浩繁，不过，自张居正于万历九年（1581年）全面推行一条鞭法之后，琼州也施行了一条鞭法，将赋税、徭役各个项目合并为一条编派，正如万历《琼州府志》所说："琼昔赋役浩繁，自条鞭法行，一应派额合为一条计，岁用若干，丁石若干，通融均派，依粮定银，数既易知，又附征于粮，事已而民不扰，诚简易画一之良法哉！得古人烹鲜之意矣！"③

---

① （清）张廷玉等撰：《明史》卷七十八《食货志》，中华书局1974年版，第1905—1906页。

② （明）唐胄纂：正德《琼台志》卷十一《田赋》，海南出版社2006年版，第269—276页。

③ （明）戴熺、欧阳灿总裁，蔡光前等纂修：万历《琼州府志》卷五《赋役志》，海南出版社2003年版，第283页。

表2-11　明代徭役一览表

总银及名役	马夫	合雇皂隶	膳夫	直厅门子	库子	水手	清军书手	贴解户	珠池合雇	学斋夫	门子库子
琼州府　总银　力二差，凡2587役合得银差凡942役共银7081两	80名	26名	4名	4名						10名	各7名
琼山　并属凡343役	40名	9名	2名	2名		40名	12名	2名		6名	各3名
澄迈　并属凡180役	40名	9名	2名	2名				1名	8名	6名	各3名
临高　并属凡244役	40名	9名	2名	2名	3名	30名		3名		6名	各3名
定安　凡116役	20名	5名	2名	2名		12名		3名		6名	各3名
文昌　并属凡226役	40名	9名	2名	2名		5名		2名		6名	各3名
会同　凡122役	20名	5名	2名	2名						6名	各3名
乐会　凡97役	20名	5名	2名	2名	3名	2名				6名	各3名
儋州　并属凡246役	30名	10名	3名	2名				1名		8名	各4名
昌化　凡83役	20名	5名	2名	2名						6名	门子3名 库子2名
万州　并属凡210役	30名	8名	3名	2名						8名	各4名
陵水　凡90役	20名	5名	2名	2名		1名				6名	各3名
崖州　并属凡263役	30名	8名	3名	2名						8名	各4名
感恩　凡115役	20名	5名	2名	1名						6名	门子3名 库子2名

资源来源：正德《琼台志》卷十一《徭役》。

表2-12 明代徭役一览表

县	仪从库子	皂隶	弓兵	典史皂隶	禁子	存留仓斗级	预备仓门子	馆夫	巡检司弓兵	递运所防夫	守巡道门子	公馆门子	铺兵	解户兵	渡夫	城隍山川社稷贤先儒祠共无祀共门子（灵山、景贤门子）	照磨所皂隶	经历司皂隶	课税司巡拦	琼台驿廪库子	银差雇募力差二项共银子数（布政司、按察司禁子）
琼州府	广盈库子4名 架阁仪从各1名	20名	35名		10名	儒学仓2名 广丰仓斗级10名		8名	清澜30名	15名	各2名	1名	53名	2名	10名	各1名	4名	4名	8名		25名
琼山	耳房、库子各1名	12名	30名	2名	10名	篇学仓斗级2名	预备仓1名	2名	30名		分巡1名	1名	28名	1名	6名	1名	兵备府门子1名 海口公馆门子1名	海口公馆门子1名	8名	8名	
澄迈	财帛库1名	10名	20名	2名	6名	2名	1名				各1名	1名	28名	3名		1名				西峰2名	
临高	财帛库1名	10名	30名	2名	6名	2名	1名		田牌博铺共60名		各1名		10名	2名	3名	1名					
定安	1名	10名	16名	2名	5名	2名	1名				各1名		8名	2名	8名	1名					
文昌	1名	8名	16名	2名	6名	2名	1名	4名	青澜铺前60名		各1名	1名	31名	2名	10名	清澜仓斗级4名				宾宰长陂二驿廪库子各2名	
会同	1名	8名	10名	2名	5名	2名	1名		调器30名		各1名	1名	16名		26名	1名					
乐会	1名	8名	16名	2名	5名	2名	1名				各1名	1名	10名		6名	1名					
儋州	财帛库1名	10名	20名	吏目2名	6名	大丰仓6名	1名	各2名	安海镇南30名			分巡道共1名	58名	1名	4名	1名				归姜、田头、大村二驿各2名	
昌化	财帛库1名	8名	8名	2名	4名	广储仓斗级4名	1名	各2名			各1名		11名		2名	1名					
万州	1名	8名	16名	吏目2名	5名	广积仓斗级4名	1名	各2名	莲塘、牛岭司弓兵60名		各1名	1名	37名	8名	8名	1名				多陈、乌石二驿廪给子各1名	
陵水	1名	8名	10名	2名	5名	南丰仓2名	1名				各1名		15名		3名	1名					
崖州	财帛库1名	10名	16名	吏目2名	6名	军储仓6名	门子1名	各2名	抱岁、通远、藤桥30名		各1名	1名	55名	3名	1名	1名				德化、义宁、都许、太平四驿库子各1名	
感恩	1名	8名	7名	2名	3名	际留仓2名	1名		延德30名		各1名		19名			公馆共1名					

资源来源：正德《琼台志》卷十一《徭役》。

84

第四节　职官制

一、明代地方官制

明代海南地方官制，是由中央一贯而下的。

明初，地方官制沿袭元朝行中书省制度，但撤销"路"一级建制，改路为府。地方建制只存府（州）、县两级。

洪武九年（1376年）撤销行中书省，省的行政权属承宣布政使司、提刑按察使司、都指挥使司，合称三司。三司分别隶属于朝廷。地方机构是府、县两级，直隶州与府平行，一般州与县平行，府设知府一员，正四品。同知一员，正五品。通判无定员，正六品。推官一员，正七品。经历司经历一员，正八品。知事一员，正九品。照磨所照磨一员，从九品。检校一员。司狱司司狱一员。

知府掌一府之政，宣风化，平狱讼，均赋役，以教养百姓。同知、通判分掌清军、巡捕、管粮、治农、水利、屯田、牧马等事。推官理刑名，赞计典。经历、照磨、检校受发上下文移，磨勘六房宗卷。

县设知县一员，正七品。县丞一员，正八品。主簿一员，正九品。属下有典吏一员。知县掌一县之政，凡赋役，岁会实征，十年造黄册，以丁产为差。赋有金谷、布帛及诸货物之赋，役有力役、雇役、借倩不时之役，皆视天时休咎，地利丰耗，人力贫富，调剂而均节之。岁歉则请于府若省蠲减之。凡养老、祀神、贡士、读法、表善良、恤穷乏、稽保甲、严缉捕、听狱讼、皆躬亲厥职而勤慎。若山海泽薮之产，足以资国用者，则按籍而致贡。县丞、主簿分掌粮马、巡捕之事。典史典文移出纳。如无县丞，或无主簿，则分领丞簿职。

在府、县两级地方政权中，还设有一些专业的管理机构，府县境内设巡检司。巡检、副巡检，俱从九品，主缉捕盗贼，盘诘奸伪。设驿，驿丞典邮传迎送之事。凡舟车、夫马、廪糗、庖馔、裯帐，视使客之品秩，仆夫之多寡，而谨供应。巡检、驿丞，各府州县有无多寡不同。有稅课司，府曰司，县曰局。大使一员，从九品，典稅事。凡商贾、侩屠、杂市，皆有常征，以时榷而输其直于府若县。凡民间贸田宅，必操契券请印，乃得收户，则征其值百之三。又设织染杂造局，大使一员，副使一员。河泊所官，掌收鱼税；闸官，坝官，掌启闭蓄泄。

府设儒学。府，教授一员，训导四员。州，学正一员，训导三员。县，教谕一员，训导二员。教授、学正、教谕，掌教诲所属生员，训导辅佐。

设医学。府，正科一员，从九品。州，典科一员。县，训科一员。洪武十七年置，设官不给禄。

阴阳学。府，正术一员，从九品。州，典术一员。县，训术一员。亦洪武十七年置，设官不给禄。

还设府僧纲司，都纲一员，从九品，副都纲一员。州僧正司，僧正一员。县僧会司，僧会一员。府道纪司，都纪一员，从九品，副都纪一员。州道正司，道正一员。县道会司，道会一员。俱洪武十五年置，设官不给禄。[①]

二、明代海南职官设置

明代职役，天下皆同，不过各地官员的增签减定，则视官之繁简。明代治理海南的职官，均由朝廷派遣。

（一）本府

知府一员，同知一员，通判一员，推官一员，府堂额设直堂门子四名，皂隶二十名，弓兵三十五名。

经历司经历一员，知事一员，皂隶各二名，直厅皂隶四名。照磨所照磨一名，检校一员，皂隶各二名，直厅皂隶四名。儒学教授一员，学分四斋，额设生员，廪膳、增广各四十名。司狱司司狱一员，税课司大使一员，广丰仓大使一员，广盈库无官，有条记库子四名。架阁库库子一名。仪从库库子一名。阴阳正术一员。医学正科一员。僧纲司都纲一员，道纪司都纪一员。府六房有：吏房、户房、礼房、兵房、

---

① （清）张廷玉等撰：《明史》卷七十五《职官志》，中华书局 1974 年版，第 1849—1853 页。

刑房、工房。房、科司吏各一名，共九名。

（二）三州

州各知州一员，州同知，惟儋州一员，万州、儋州同知，正统间裁革。州各判官一员，吏目一员，儒学学正一员。

（三）十县

县各知县一员。皂隶四名，自知县至典史皆同。县各县丞一员，主簿一员，各典吏一员，各儒学一员，训导二员。

琼山

清澜巡检司巡检一员。琼台驿丞一员，海口递运所大使一员，河泊所河泊一员，六房司吏六名，典吏十二名，承发房、架阁库、铺长司吏、儒学司吏、巡司、递运司、驿吏、河泊攒典各一名。

澄迈

澄迈巡检司、西峰驿、河泊所、阴阳训术、医学训科各一名。六房承发、架阁、铺长，吏俱同琼山。

临高

博铺、田牌二巡检司、河泊所、阴阳、医学、官吏诸役俱与澄迈同。

定安

阴阳、医学官同上县。六房吏、户、礼共司吏一名，兵、刑、工共司吏一名，典吏房、承发房、架库房、铺长司吏各一名。

文昌

清澜仓大使、吏使一员。攒典一名，斗级四名。铺前、青蓝二巡检司，宾宰、长岐二驿，河泊、阴阳、医学、六房承发、架阁、铺长吏诸役，俱与澄迈同。

会同

调嚣巡检司、阴阳、医学、官吏诘役俱同文昌。六房承、架、铺等吏同定安。

乐会

阴阳、医学官、六房承发、架阁、铺长吏、直厅门子、皂隶、仪从、库子、禁子、典史厅皂隶，存留仓斗级，预备仓门子，俱同会同。惟布按二分司门子各一名，弓兵十六名。

昌化

广储仓、官吏、斗级与文昌清澜仓同。阴阳、医学官，六房承发、架阁，铺长吏，俱同定安。

陵水

牛岭巡检司，南丰仓斗级二名，乌石驿库馆同多陈，马夫二十五名，阴阳、医学，官吏诸设俱同各县。

感恩

延德巡检司，阴阳，医学，六房承发、架阁，铺长吏，俱同陵水。

总各地所设官吏，上官一百七十名，吏二百九十五名，役一千八百二十七名。所谓有官有吏，有吏斯有役，百役出于民，欲宽民者在省役，欲省役者在省官而已。①

海南户口，据葛剑雄主编的《中国人口史》载："洪武二十四年（1391年）琼州府户口 68522 户，人口 291030 人，户均人口数 4.2，在籍人口 291030 人，实际人口 37.5 万人。与杭州府相比，洪武二十四年（1391 年）户数为 216165 户，人口数为 700792 人，比琼州府户数多了 4 倍多，而官吏的配备也仅按中央规定。"②海南人口稀少，官吏繁多，100 个人口就有一个吏卒管辖，冗官冗员数量多。知府谢廷瑞在奏稿中说："本府地方，外环大海，内包黎峒，特以周遭一带之地，设立一府、三州、十县、一卫、十一所，及大小英、感恩等六场，隶海北提举司。然计其图籍，军、民、灶、疍、黎不满百图，人丁见存逃故，共只一十七万七千余丁，秋粮八万五千四百余石，校之苏、松、江浙，不过一中县而已。"指出海南地少人稀，而"上官一百七十员，吏二百九十五名，役一千八百二十七"。官吏役数之多，与人口比例，远远超过内陆省份。

由于官吏人数繁多，使岛上"财赋仅充岁用，而无复赢余。徭役

---

① （明）唐胄纂：正德《琼台志》卷二十八《职役》，海南出版社 2006 年版，第 603—604 页。

② 葛剑雄：《中国人口史》第四卷，复旦大学出版社 2000 年版，第 141 页。

供应繁难，而民每告病"，使人民不堪重负。在官吏差役人数中，虽曾裁减州县同知等官，但尚有可革去而未尽革，可裁减而未尽减，又有应该废置以便民而未及议处者。谢廷瑞详细地算了一笔账，说明冗吏冗役的数目。

第一，府税课司额官吏二名，每年徭编巡检八名，共该工食银四十两正。计其额办钞钱，四季共只折银三十四两四钱九分三厘，连闰则三十七两三钱六分，一年课钞之入，实不足以偿官吏徭役之费。

第二，各县地广人稀，可革去而未及革去者，如：崖州德化驿与抱罗巡检司并设，南到该州仅七十里，北至义宁驿三十里，额编马夫不敷，将定安县粮米编补，隔越千余里。又如：儋州镇南巡检司与田头驿并设，南至大村驿安海巡检司四十里，北至州治四十里，官吏每缺，地方不堪要害，此则可革去而未及革去者也。

第三，人员少而吏员多，可减而未尽减。如乐会、陵水、感恩、昌化等县，俱系裁减衙门，人才稀少，各学生员不过四五十名，或六七十名，俱系额设训导二员，与全设县无异。

第四，可废置而未及废置。如归姜驿，南至儋州四十里，北至临高县六十里，共不过百里，马夫四十名，俱临高县民粮编金；馆夫库子四名，系儋州均徭编金。合无移于适中去处，以便临高之人应役。

谢廷瑞的详细分析，说明了明代琼州冗官冗吏的弊病，再加上官吏中不良者，贪污剥夺，更使民众不堪重负了。

第三章　明代海南经济的发展

第一节　农业与水利

一、农业

明代在农业生产上虽然比过去朝代有所发展，但是农业生产工具仍然沿袭旧习俗，在黎区照旧是刀耕火种。王士衡在《劝麦说》中谈到定安的农业状况时说："今本处（定安）多荒地，桑麻蔬菜皆少，何婪惰若是！天下各处才无雨便车水……今我地方有水处亦不车。甚至溪水拍岸，岸上田多焦枯折裂。一遇旱干，便即付之无可奈何，坐受其困……今我附近乡人，全不知耘为何事，间有知者，亦仅耘得一遍，田间野草反多过于苗……全然不复以粪为事，其视人粪轻弃如土。夫农卤莽而种之，天亦卤莽而报之。想在它年，米谷平，不知艰苦。近年饥荒，流移者众，其幸而不濒死者，亦曾吞饥忍饿，或典田卖地，或赊钱借债，或质当男女，受了万千苦恼。"[①]

王士衡，明成化十三年（1477 年）举于乡，游太学，为丘濬所器重。弘治元年（1488 年）选中书舍人。嘉靖元年（1522 年），致仕家居，年八十卒。他所写这篇《劝麦说》，真实地反映了明代海南岛上的农业状况。由此看来，明代的海南农业，除了沿海一些交通较方便的地

---

① （清）吴应廉创修、王映斗总纂：光绪《定安县志》卷七《艺文志》，海南出版社 2004 年版，第 565—566 页。

区，因大陆移民多，生产水平较高外，大多数地方，尤其是黎族地区生产还是十分落后的。正德《琼台志》也有同样的记载："盖郡东界田不及西界，故荒年多取充给于西。取西界田不及黎田，故河下每日米船多出黎村。然耕作皆甚卤莽。东田瘠，虽粪至有用骨者，然皆望天，不事桔槔。西田肥，至有不用粪。黎田至有不用耙者。每岁耕作，惟取据农家口诀、五行，以为趋避弛张之宜。"[①]

吴郡顾岕，于嘉靖年间（1522—1527年）在儋耳任职，写下《海槎余录》一书，亲笔实录当年儋耳风土人情及人民生活，其中一条写及儋耳农田状况："儋耳境山百倍于田，土多石少，虽绝顶亦可耕植。黎俗四五月晴霁时必集众斫山木，大小相错，更需五七日，皓洌则纵火，自上而下，大小烧尽成灰，不但根干无遗，土下尺余亦且熟透矣。徐徐锄转种棉花，又曰贝花；又种旱稻，曰山禾，米粒大而香可食，连收三四熟，地瘦弃置之，另择地所，用前法别治，大概地土产多而税少，无穷之利盖在此也。"[②] 这是所谓"刀耕火种"的实况记录，也是黎区稻田种植的一般情况。

对于海南田地的耕种，顾岕还说："海南之田凡三等，有沿山而更得泉水曰泉源田，有靠江而以竹桶装成天车，不用人力日夜自车水灌田者曰近江田，此二等为上，栽稻二熟；又一等不得泉，不靠江，旱涝随时曰远江田，止种一熟，为下等。其境大概土山多平坡，一望无际，咸不科税，杂植山荑、棉花，获利甚广，诚乐土也。"[③] 海南黎区粮食种植，多杂种，在山坡地上，杂植山荑、棉花。其耕山之法，不仅是明代如此，就是延续到400多年后的现代，有的边远山区也维持这种状态。

不过由于海南良好的天气环境，稻作农业，一年可两熟或三熟，除本地生产稻米外，由于明代中西交通已进入一个新的阶段，从海外

① （明）唐胄纂：正德《琼台志》卷七《风俗》，海南出版社2006年版，第145—146页。

② （明）顾岕撰：《海槎余录》，载《中国史学丛书续编》，（台湾）学生书局1975年版，第383页。

③ （明）顾岕撰：《海槎余录》，载《中国史学丛书续编》，（台湾）学生书局1975年版，第393页。

传入广东的新作物品种很多，比较重要的粮油作物有番薯、玉米、花生大粒种，经济作物有烟草、菠萝、辣椒、南瓜、番茄、甘蓝、莴苣、洋葱、香芹等。因海南是海上交通的门户，所以高产作物番薯也传入海南岛，因"海南岛有大面积砖红壤和砖红壤性红壤，海滨砂土等适于番薯生长，渐次广种于台地丘陵"。还有玉米，"海南山区里的黎苗族人，不少人靠玉米为生，是刀耕火种的主要作物之一"。①

还有一种鸭脚粟，据正德《琼台志》载：正统间（1436—1449 年）始种，有数种。吐穗壮如鸭脚，大者如鹰爪，呼广粟；粒似黍稷而紫黑，品味稍粗粝。夏种秋熟为大熟，冬种春熟为小熟。又一种，种六十日即熟，土人给食、造酒，省米谷之半。

《外纪·诗》云：五谷皆养生，不可一日缺。谁知五谷外，又有养生物。茫茫大海南，落日孤凫没。岂有万亿足，陇亩生倏忽。初如凫足撑，渐见蛙眼突。又如散细珠，钗头横曲屈。草部非所同，谷部靡公共。乃知天地心，养人非一种。三月方告饥，催租如雷动。小熟三月收，足以供迎送。八月又告饥，百谷青在陇。大熟八月登，恃此以不恐。琼民百万家，菜色半贫病。每到饥月来，此草司其命。闾阎饱伴饼，上下足酒浆。岂独济其暂，亦可赡其常。薏苡名珍珠，虚名误忠良。稗莠虽可食，苟且充饥肠。若与此方驾，二物当服厢。草部在所珍，强名之曰粟。持此问司啬，可曾在所属？这首诗反映了明代海南岛上粮食尚不能自给自足，在青黄不接的季节，就以鸭脚粟充饥。其他的农副产品，如稻黍（俗语名狗尾粟）、稷麦、荞麦、珍珠麦、金黍、牛黍、菽、芝麻、天南星、薯、蓣、莳良、绑头、饱杨、甜娘、南椰面、钟槌子等。②

除粮食作物外，海南的土特产也颇负盛名，有"东路槟榔西路米"的民间俗语。自古以来，许多州县以槟榔为业，多种槟榔以资输纳。"槟

---

① 转引自司徒尚纪：《海南岛历史上土地开发研究》，海南出版社 1992 年版，第 141—142 页。

② （明）唐胄纂：正德《琼台志》卷八《土产上》，海南出版社 2006 年版，第 153—160 页。

椰出文、万、琼、会、崖、乐六处。树如椰而小，含胎吐花，香远而清。夏结青子，次春红熟，状如柿子。取其实，合浮留叶及灰食之，辟腥、消食、除瘴。俗重此物，凡交接以为先客。"① 椰子也是海南特产，以文昌椰树最多。又如儋州、文昌、崖州种植棉花，出产吉贝；琼山西界种植苎麻、赤麻等。

二、水利

唐代以前，海南水利无可考。自宋开宝年间修溉之后，元人渐知潴洩，到了明代，政府对兴修水利倍加重视，"相地之宜，观水泉之会，疏流决壅，障以陂渠，泻以川浍"。② 使海岛上各地的农田灌溉，有了更好的保障。

根据万历《琼州府志》卷三《水利》记载，海南各县拥有塘、闸、坝、陂、圩岸、泉、沟水堤、江、河等 148 处，其中：

（一）琼山县 29 处，灌溉农田数目有记载者共 101930 亩，有的没记载灌溉数字。如义丰堤闸，"熟田者十万余顷"。塘水陂、壅水灌田十余顷。五原塘闸，引水灌田六十顷。

（二）澄迈县 9 处，灌溉农田数目有记载者共 4500 余亩，有的没有记载，其中如渹坑陂灌田千余亩，博市泉灌田数千亩，潭涝泉灌溉田二千余亩。

（三）临高县 2 处，灌田 15 亩，其中那新陂筑塞灌田 5 顷，那隆陂筑堤灌田十余顷。

（四）定安县 3 处，灌田 28 顷，其中潭览溪灌田 5 顷，巡崖溪灌田二十余顷，买抄沟灌田三顷有余。

（五）文昌县 6 处，有记载者共灌田 3 顷 200 余亩，其中如涩塘陂灌田 3 顷 50 亩，潭牛陂灌田百余亩。

（六）会同县 6 处，有记载者共灌田十余顷，如牛浸水堤灌田 3 顷

---

① （明）唐胄纂：正德《琼台志》卷九《土产下》，海南出版社 2006 年版，第205 页。

② （明）戴熺、欧阳灿总裁，蔡光前等纂修：万历《琼州府志》卷三《地理志》，海南出版社 2003 年版，第 95 页。

余，端赵堤灌田 5 顷等。

（七）乐会县 18 处，无记载灌田数字。

（八）儋州 3 处，有记载者灌田二千余顷。其中如大江灌田千顷余，滴丹坝灌田千余顷。

（九）昌化县 5 处，无记载灌田数。

（十）万州 30 处，无记载灌田数。

（十一）陵水县 4 处，每处灌田数百亩或数十亩不等，其中如大河水灌水田数百亩，巡司沟灌田数十亩。

（十二）崖州 25 处，有记载者共 1600 余顷，多数有记载灌田数字。如埋鹅坡灌田百余顷，仰重沟灌田二百余顷，都陂灌田一千余顷。

（十三）感恩县 8 处，无记载灌田数字。

关于水利的历史记录，正德《琼台志》所载又与万历《琼州府志》略有出入。

正德《琼台志》载：明正德元年（1506 年），海南岛的小型水利设施共有 76 处。按当时县州划分，其中：琼山县 26 处，崖州 16 处，万州 11 处，儋州 6 处，澄迈县 4 处，文昌县 3 处，昌化县 3 处，陵水县 3 处，临高县 2 处，定安县 1 处，乐会县 1 处；按设施种类划分，其中：筑陂开沟引水的 44 处，开沟引用泉水的 17 处，筑小山塘的 10 处，修筑堤坝防洪的 6 处，筑栅安装水车升水的 3 处。据明嘉靖三十六年（1557 年）黄佐纂修的《广东通志》记载，海南岛水利设施共有 71 处，共灌田面积约 7300 公顷。摘记如下："琼州府琼山县水二、圩岸三、陂九、塘五，共灌田 1800 公顷；澄迈县塘一、陂三，共灌田 20 余顷；临高县陂二，灌田 50 余顷；定安县水一，灌田 20 余顷；文昌县陂三；会同县堤四，灌田 10 余顷；乐会县塘一；儋州江二、泉三、坝一，共灌田 2400 余顷；昌化县江一、塘二；万州渠一、陂八，共灌田 1000 余顷；陵水县沟一、水一、河一；崖州陂八、沟八，共灌田 1840 余顷。"[①]

明代的水利，多属开沟引水。其中尤以在河溪中筑陂开沟引水为

---

① （明）黄佐纂修：嘉靖《广东通志》，海南出版社 2006 年版，第 342—343 页。

多，其次是引用泉水。这些水利设施，施工简便，耗资不多，在民间较晚举办。

根据道光《广东通志》及有关史料记载，明代海南建设的部分筑陂开沟引水工程有：

宣德五年（1403年），崖州知州林黻筑埋鹅陂，灌田百余顷。

正统二年（1437年），任崖州宁远县（今属三亚市）主簿的梁开，曾率领民众大兴水利。据《崖州志》记载："崖人不知水利，正导民筑陂灌田三千余亩。开伏沟、探沟、引望楼河水灌九年、四所、乐罗、罗马等处田一万余亩。引抱旺塘水灌那罗、抱责等处田一千余亩。今大雷、乐罗诸沟，皆其遗绩也。"梁开当年的筑陂开沟，多已不存。现尚存保留下来的仅有大雷沟（今称上雷沟）和乐罗沟（现叫新沟），均在乐东县境内。这两条水沟，目前仍继续发挥着它的灌溉效益。由于筑陂开沟，大兴水利，崖田变一熟为二熟，连年丰收。后人一直纪念着梁开的功绩。

天顺六年（1462年），崖州知州筑石牙陂，灌田50余亩。

成化二年（1466年），崖州筑解元陂，五年（1469年）筑抢里陂、大郎芒沟等。

弘治二年（1489年），崖州知州林铎筑仰重沟，灌田200余顷，又筑抢架沟、桥门沟（一名望楼沟）；弘治十年（1497年），知州林铎导崖州乡民筑水南沟，灌田百余亩；弘治十七年（1504年）崖州乡人筑达陇沟，灌田百余顷。

正德十四年（1591年），崖州知州陈尧恩开大官沟，引漳水归后河，开马丹沟，灌田百顷；又凿南北二沟，南沟长15里，北沟长5里，"旁通互引，元燥之地，皆成活壤"。

嘉靖三十一年（1552年），乐会县知县鲁彭指挥乡老修筑密泽陂（一名莲陂）。

明代修筑的引水工程，还有一些史书中未注明年代，如万州知府谭进，自石络河导禄益溪水作陂车引泮田；万州乡人文子昌，捐资开筑掘甬陂，灌田500余亩；乡耆文应宗，筑吴候陂，灌田400亩。

明代著名清官海瑞，对兴修水利十分重视。隆庆四年（1570年）海瑞任应天巡抚时，正月，以工代赈，疏浚吴淞江；二月，以同样方法疏浚白腊河。活饥民十三万，垦江、河两岸熟田四十余万亩。隆庆五年（1571年），海瑞被罢官回家乡琼山闲居，虽身居山林，却心念国事，他对海南的水利事业依然十分关心。据王国宪编的《王氏族谱》载，海瑞在闲居时不闲，他带领琼山县谭文青草村一带群众，于十里外的藤竹垄发现水泉，挖沟引水，流经长坡、乐安、南伯、美瑞四村，受益农田千余亩，农作物获得好收成，百姓感激不尽。海瑞当年开挖官隆渠道的遗迹迄今尚可辨认，百姓立碑纪念。该碑文为清代琼州人王承烈所写，现存于《杨斋集》中，碑文如下：

青草海忠介公祠碑

古人兴利，以水利为大。崔援宰汲，开浍以灌民田。郑浑治沛，筑陂以利稻田。召信臣之通沟，范廉之储水，邓农之兴鸿都陂，李吉甫筑平津堰，皆能兴利。一时泽及百世，民之报德，没世不忘。然此皆仕官时所为，至致仕而归，未闻广兴水利，如在官之日者。岂其力有不能，志有不逮哉。噫，此吾乡海忠介公，所以不可及也。公抚吴时，塞吴淞江口，开白茆河，三月成功。其利民之政，卓卓大著，世所共知。吴人春秋祭之，至今勿替。而于告养在籍时，凡清丈田亩诸事，有益于地方者，无不为当道言之。观其上唐敬亭太守诸书，指陈农田利弊，言详且尽。观其开官隆田沟，自昌华桥长坡前至鸡头墩，逶迤十余里，灌田千百顷，民到于今受其赐。岂非士大夫居一乡，则益一乡，居天下则益天下之善政哉。然公之广兴水利，有益于天下者，人尽知之。至有益于乡里者，人不能尽知之。此吾乡官隆一里之建庙，所以至今始创也。且今日去公之世，三百有余年。遗泽之在人，亦三百有余年。何以前人利其利而忘其利，后人利其利而不忘其利，岂民情有今昔之殊。当时则忘，没世则思，势使然也。况今日人情日变，此疆彼界，有利于己者开之，不利于己者塞之，在所不免。今考公遗制，田原犹是，流水依然。及追远寻源，其上流已有时通塞，不能尽如当日开浚之旧。倘再经数传，安保能尽如今日哉。今建专祠报公盛德，俾官隆之人咸知田沟之利出公手创，非人人所自私，而不敢阻塞。公在天之灵，实式凭之。庶人心知所畏敬，而享其利于无穷也。创建者谁，吾族邦宏、福宪、俊钦诸伯叔。于例得书名，勒诸贞珉，永垂不朽。[①]

这通碑文，记下了海瑞兴修水利的功绩。王承烈在海瑞逝世三百多年后，盛赞海瑞开官隆田沟的功绩，他说："自昌华桥长坡前至鸡头墩，逶迤十余里，灌田千百顷，民到于今受其赐。岂非士大夫居一乡，则益一乡，居天下则益天下之善政哉。然公之广兴水利，有益于天下者，人尽知之。"海瑞兴利水利的理念付诸行动，从吴淞口至白茆河，回乡后开浚官隆田沟，令"官隆之人咸知田沟之利出于公创"，于是当地百姓立碑纪念，永垂不朽。

第二节　畜牧业与手工业

一、畜牧产品输向大陆

明代海南在冬天农闲之暇，还保持着远古围猎的习俗，十分壮观。顾岕的《海槎余录》记载得颇为生动详尽："黎俗二月十月则出猎。当其时，各峒首会遣一二人赴官告知会，但出，每数十村会留壮兵一二十辈守舍，男妇齐行，有司官兵及商贾并不得入，入者为之犯禁，用大木枷胫及手足，置之死而不顾，何其愚也。猎时，土舍峒首为主，聚会千余兵，携网百数番，带犬几百只，遇一高大山岭，随遣人周遭伐木开道，遇野兽通行熟路，施之以网，更参置弓箭，熟闲之人与犬共守之，摆列既成，人犬齐奋叫闹，山谷应声，兽惊怖向深岭藏伏，俟其定时，持铁炮一二百，犬几百只，密向大岭举炮发喊，纵犬搜捕，山岳震动，兽惊走下山，无不着网中箭。肉则归于众，皮则归于土官，上者为麞皮，次者为鹿皮，再次为山马皮，山猪食肉而已。

---

① 王承烈：《杨斋集·碑铭》，载《北泉草堂遗稿》，海南出版社 2004 年版，第206—207 页。

文豹则间得之也。"①明代海南黎区的狩猎活动，仍保持古风。村峒集体行动，人数众多，武器充足，气势浩大，山岳震动。狩猎收获，大家均分。仅有的区别是，肉归于众，皮归于土官，而土官所得珍贵的兽皮，或自己享用，或作为礼品、贡品献给官家。

除狩猎活动外，山区的畜牧业也比以前发达，如牛的养殖，在宋代，苏轼写过一篇《书柳子厚牛赋后》，言及是时广东高州、化州载牛渡海贩卖情况："百尾一舟，遇风不顺，渴饥相倚以死者无数。牛登舟皆哀鸣出涕。既至海南，耕者与屠者常相半。"②而到了明代，则相反，"今肇庆、新兴客反岁货牛于琼，以给广左右"。③可见明代海南畜牧业已开始发达了。明代牛税课征得最多的是定安、琼山、澄迈、儋州、万州、临高、文昌等几个州县，会同、昌化、乐会等县，也有记明渡海牛税银。④这又从另一侧面说明畜牧业已开始从海南输往大陆。

二、手工业停滞不前

明代的手工业与元代以前没有多大变化，从明人的笔记看，如顾岕《海槎余录》记录下几种：

鹦鹉杯：即海螺，产于文昌海面，头淡青色，身白色，周遭间赤色数棱。好事者用金厢饰，凡头、胫、足、翅俱备，置之凡案，亦异常耳。

玳瑁：产于海洋深处，其大者不可得，小者时时有之，其地新官到任，渔人必携一二来献，皆小者耳，此物状如龟鳖，背负十二叶，有文藻，即玳瑁也。取用时必倒悬其身，用器盛滚醋泼下，逐片应手而下。但不老大则其皮薄不堪用耳。

桄榔：木类，树抄挺出数枝，每枝必赘青珠数条，每条不下百余夥。计一树可得青珠百余条，团团悬挂，若伞盖然，可爱也。其木最重，

①（明）顾岕：《海槎余录》，载《中国史学丛书续编》，（台湾）学生书局1985年版，第389—391页。
②《苏轼文集》卷六十六《题跋·书柳子厚牛赋后》，中华书局1986年版，第2058页。
③（明）唐胄纂：正德《琼台志》卷九《土产下》，海南出版社2006年版，第183页。
④ ［日］小叶田淳：《海南岛史》，学海出版社1979年版，第132页。

番舶用为枪，以代铁。其钟重锋芒侔于铁也。色类花梨而多综纹。

椰子树：初栽时，用盐一二斗，先置根下，则易发，其俗，家之周遭必植之，木干最长，至斗大，方结实，当摘食时，在五六月之交，去外皮，则壳实圆而黑润，肉至白，水至清且甜，饮之可祛暑气。今行商悬带椰瓢，是其壳也。又有一种小者端圆，堪作酒盏，出于文昌、琼山之境，他处则无也。① 这些，都以当地的土特产加以制作，成为手工用品。

又（明）罗曰褧著《咸宾录》："女工纺织，得中国彩帛，拆取色丝和吉贝织花，所谓黎锦被服及鞍饰之类，精粗有差。"② 这种黎锦的制作，是传承明以前的传统纺织工业，到了明代，所产有黎锦、黎单、黎幔等不下十余种，有的非常精美，以府城、儋州、崖州最多，其他州县次之。

海南的纺织品，素以精美著称，明代有葛布、蕉布、麻布、兼丝、丝绸、水绸、土绸、棉布、胡椒布、双絟布、鹅毛布、吉贝布、广幅布、素被、青被、油红（以上三被俱出儋州）。花被、假被（俱出琼山）、帐房（即被）、帨（素花假锦）、黎幔（一名幕，金丝者为上）、黎褊。③ 纺织是海南手工业的精品。

其他各类器用也制作得具有海南特色，如马尾小帽、缠棕、藤器、漆器、雕带、黄村席、红竹簟、椰冠、鸬鹚杓、鹦鹉杯、铜鼓、黎金、黄子木柱杖、老鸦扇（出临高）、槟榔皮扇、金刚子、瓦器等。海南的金、银、铜、漆器制作精巧，木、皮、雕作在明代已制作十分优良，尤其是藤作，出万州，穿织俱精致，擅名天下。历年都作为官司货贡。④

明代海南的手工业，承前启后，因地制宜，品种精美多样，具有浓郁的地方特色。

---

① （明）顾岕：《海槎余录》，载《中国史学丛书续编》，（台湾）学生书局 1975 年版，第 392—400 页。

② （明）罗曰褧著、余思黎点校：《咸宾录》，中华书局 2000 年版，第 229 页。

③ （明）戴熺、欧阳灿总裁，蔡光前等纂修：万历《琼州府志》卷三《地理志》，海南出版社 2003 年版，第 129—130 页。

④ （明）唐胄纂：正德《琼台志》卷九《土产下》，海南出版社 2006 年版，第 213—215 页。

第三节　商业与商税

一、活跃的岛内商业活动

明代海南的贸易活动，空前活跃，不论在岛内的墟市，还是通向大陆的贸易，以及对外的商业活动都远远超越过去任何朝代。

明代的钟芳说："尽崖之封内，出入者各屏弓矢，牧畜恣于野，商旅歌于途，垦田尽于荒莱，贸易通于深谷。"[1] 又，明代的俞大猷说："黎岐居于三州十县之中，与吾治地百姓鱼盐米货相通，鸡鸣犬吠相闻。"[2]

民国《儋县志》云："旧志谓村市为墟。墟者，虚也。有人则满，无人则虚，而村市满时少，虚时多，故谓之墟。柳子厚《童区乙传》云：'虚所卖之。'又诗云：'青箬裹盐归洞客，绿荷包饭趁墟人。'即此也。"[3]

明朝，黎区与外州县之间，交通往来进行贸易，已比过去方便多了。正如海瑞的《平黎疏》所说："若琼则内之黎岐与外州县百姓，鸡犬相闻，鱼盐米货相通。其间虽多峻岭丛林，彼之出入往来，自有坦夷道路。"[4]

黎族的墟市，在宋代已初见规模，到了明代，从朝廷而下，由政府开设墟市，给予民间更多方便。《明神宗实录》载："两广总督奏：琼州府添设抚黎通判一员，驻扎水蕉、大会，抚戢黎、岐，编甲立籍，开设墟市。"[5]

由于官府开设墟市，而使岛上的墟市贸易更加活跃。明代罗曰褧的《咸宾录》载："熟黎能汉语，变服入州县墟市，日晚鸣角结队以归。"[6]

---

① （清）明谊修、张岳崧纂：道光《琼州府志》卷三十九《艺文志》，海南出版社 2006 年版，第 1716 页。

② （清）陈梦雷编纂：《古今图书集成·广东黎人岐人部》载《地理志·海南》，海南出版社 2006 年版，第 562 页。

③ 彭元藻、曾友文修，王国宪总纂：民国《儋县志》卷二《地舆志·客俗》，海南出版社 2004 年版，第 136 页。

④ 《海瑞集》卷一《平黎疏》，海南出版社 2003 年版，第 111 页。

⑤ 《明实录·神宗实录》卷二六三。

⑥ （明）罗曰褧著、余思黎点校：《咸宾录·南夷志》卷之八《黎人》，中华书局 2000 年版，第 229 页。

顾岕的《海槎余录》："黎村贸易处近城则曰市场，在乡曰墟场，又曰集场。每三日早晚二次，会集物货，四境妇女担负接踵于路，男子则不出也。其地殷实之家，畜妻多至四、五辈。每日与物本令出门贸易，俟回收息，或五分三分不等，获利多者为好妾，异待之。此黎獠风俗之难变也。"[①]

道光《万州志》云："记云：日中则市，南越谓市为墟，柳柳州诗'缘荷包饭趁墟人'是也。夫市之所在，人多则满，人少则虚。万市虚时良多，从其俗呼亦云当矣。"[②]黎族贸易会集场皆妇女负货出门，男子不参与，故人皆多畜妻。每逢墟市，买则满时少，虚时多，这是墟市的普遍现象。不仅是万州墟市如此，其他墟市也然。赴市者则到此交换，有所求于市而来，满足而归。所谓聚则满，散则虚。丘濬在《岐山八景诗序》云："琼城之东，两舍许有胜地曰条岐，其山谓之岐山……越田而南有墟市焉，乡人云贸易者恒长集于是。"又《山市晓晴诗》云："晖晖晴山照山隈，野市柴门趁晓开。木屐穿花游子至，绿荷包饭远人来。化居有道晨常集，挂杖无钱晚始归。"[③]

明代海南的墟市，还有一项任务，即征收牛税。据万历《琼州府志》载："墟市原以通贸易，非以征牛税。万历二十八年（1600年），因剿黎马屎，雷州府同知署府事兼监军万煜议各税助饷，始定市中牛税，申详院道。原议事竣即止，今因增兵设饷，遂援为例。间无牛处，收米谷猪鸡等杂货充之。但商贾聚散靡常，税额难定。"[④]这里说明了墟市收税及墟市中"商贾聚散靡常"的状况。至于海南岛上的各州县墟市，各志书所载不一。正德《琼台志》所录是"非大集不录"，而万历《琼州府志》记录得比较详细。现根据万历《琼州府志》统计如下：

---

① （明）顾岕：《海槎余录》，载《中国史学丛书续编》，（台湾）学生书局1985年版，第399页。

② （清）胡端书总修，杨士锦、吴鸣清纂：道光《万州志》卷三《舆地略》，海南出版社2004年版，第281页。

③ 查《丘濬集》缺此二诗，转引自王兴顼注，载《丘海二公合集》卷四。

④ （明）戴熺、欧阳灿总裁，蔡光前等纂修：万历《琼州府志》卷四《建置志》，海南出版社2003年版，第210—211页。

琼山县：东门外市等 47 个市。

澄迈县：东门市等 21 个市，还有过去七里市等 9 市已废。

临高县：县门市等 3 个市。

定安县：县前市等 27 个市。

文昌县：南斤市等 25 个市。

会同县：县门市等 12 个市。

乐会县：县门市等 4 个市。

儋州：州前市等 16 个墟市。

昌化县：中和市等 2 个市。

万州：东门市等 12 个墟市，其中有 4 墟是疍民杂通交易，2 墟是疍灶民鱼米交易，2 墟是疍灶民交易。

陵水县：十字街市等 3 个市。

崖州：西门市等 7 个市。

感恩县：市在县衙，人民甚少，舟楫不通贸易亦寡。

各州县的墟市，多为黎区与汉区的互通有无，由此可知，黎族民众已具有初步的商业意识。

二、商税

明代初期的商税征收比宋、元时期有所减轻，征收手续也比较简约。《明史·食货志》曰："关市之征，宋、元颇繁琐。明初务简约，其后增置渐多，行赍居鬻，所过所止各有税。"[1] 明代各种商品皆收税，"惟农具、书籍及他不鬻于市者"[2] 可以免税。"凡商税，三十而取一，过者以违令论。"[3] 各类商品即按时价定出 1/30 的交易税，当时全国估定税额的商品大约有 200 多种。

海南杂税有 12 项，据正德《琼台志》所录，见表 3-1。

---

① （清）张廷玉等撰：《明史》卷八十二《食货志五》，中华书局 1974 年版，第 1974 页。

② （清）张廷玉等撰：《明史》卷八十二《食货志五》，中华书局 1974 年版，第 1974 页。

③ （清）张廷玉等撰：《明史》卷八十二《食货志五》，中华书局 1974 年版，第 1975 页。

表 3-1　明代海南商税表

地区\类别	琼州府	琼山	澄迈	临高	文昌	会同	乐会	儋州	昌化	万州	陵水	崖州	感恩	备注
茶课并引油钞	22锭473文	8锭1贯20文	2贯37文	5锭1贯600文	2锭1贯773文			5锭2贯550文						澄迈、临高二县,今全县无课
关油钞	4贯600文		出澄迈无征											
起税钞	9锭3贯620文			出临高无征										
酒醋钞	116锭304文	17锭11文	8锭1贯214文	16锭4贯500文	40锭4贯			19锭1贯840文		6锭4贯320文	6锭4贯320文			实征万州欠400文,陵水欠2贯590文,澄迈全无
赁房钞	60锭540文	34锭2贯250文	1锭4贯160文全无	5锭1贯130文欠17文	5锭3贯630文欠文	3贯600文欠1贯文	2贯250文	2锭240文	6锭3贯540文欠3文	2锭343文欠400文	460文欠1锭	180文欠15文	3贯680文	总数3贯395文
窑冶钞	156锭1贯653文	23锭375文	60锭10文	17锭3贯768文	19锭2贯500文	5锭2贯文		30锭						澄迈今全无征
地利钞	9锭3贯620文	9锭3贯620文	9锭3贯620文	9锭3贯620文				9锭3贯620文	9锭3贯620文	9锭3贯620文	9锭3贯620文	9锭3贯620文	9锭3贯620文	总数减额97锭791文
纸札钞	19锭334文			出临高无征										

续表

类别＼地区	琼州府	琼山	澄迈	临高	文昌	定安	会同	乐会	儋州	昌化	万州	陵水	崖州	感恩	备注
翎毛	1万根	2000根	1000根	1000根	1000根	1500根		500根	1000根	500根	1100根	400根			按：翎毛，本府额贡连闰共征72542根，河泊所岁征已足其数，州县杂课内又有上课1万根，今亦无征。
杂皮	540张	100张	60张	50张	50张	60张		40张	45张	25张	50张	20张	40张		按：本府工房额办小皮贡，该皮490张，羊皮40张，共530张。例岁均平钱内给贡，不下即是前料，且数又加10张，不下即是前料，惟后别称杂皮，而非今贡麂与羊也。
丝农桑丝	5斤11两1钱1分，内折织绢6匹，今折征本色米12石			8石，纳该县存留仓										4石，纳本县际仓	按：上丝桑茧惟出临感二县，已见田赋，夏税下，但注折丝者，竟近日转丝为米，黄册以旧未报，故不列也。
户口食盐钞	46832锭2贯500文，折纳钱468325文	16768锭3贯500文，折纳钱167687文	6368锭3贯500文，折纳钱63687文	2844锭2贯500文，折纳钱28444文	4326锭2贯500文，折纳钱43265文	938锭3贯文，折纳钱9386文	1488锭3贯500文，折纳钱14887文	2922锭2贯500文，折纳钱29224文	1840锭2贯文，折纳钱1844文	280锭，折纳钱2860文	4343锭4贯500文，折纳钱43439文	2819锭4贯500文，折纳钱28198文	1627锭2贯文，折纳钱16274文	293锭2贯文，折纳钱2930文	按：上户口食盐，自正德七年（1512年）惯造以后，至乙亥（1515）方值闰岁，故特举其年数以例后。

资料来源：正德《琼台志》卷十一《田赋》。

正德《琼台志》按语云:"上杂课凡一十二项,内关油全无征,翎毛、杂皮未卜即否工料,余茶课、起税、酒醋、赁房、窑冶、地利、纸札、丝农桑、户口食盐九项,虽州县实征内与额增减,然皆岁解府库,以给官员俸钞,共 48419 锭 3 贯 210 文,折钱 484197 文,换银共 691 两 7 钱 1 分。"[1]

明代的商品交易税名目繁多,而且时有改变,洪武二十年（1387年）,朱元璋又将课税征收定额改为实征制。他在批复户部奏请时说:"商税之征,岁有不同,若以往年既为定额,苟有不足,岂不病民。宜随其多寡,从实征之。"[2] 所以税课司衙门税收是根据实际情况而有所裁减,不是每年都是同样数目。

第四节 造船业与海上贸易

一、造船业

海南古代水运工具制造十分丰富多样,也有独创。浮水葫芦、扎制筏排、烧刨独木舟,都有一套令人赞叹的工艺。海南的缝合船,已载入《中国船谱》。苏轼曾云:"番人舟不用铁钉。止以桄榔须缚之,以橄榄糖泥之,泥干甚坚,入水如漆。"[3]

海南的造船业,在明代也颇具规模,清人纽秀《觚剩续编》卷二载:崇祯十五年（1642 年）,海述祖在海口造的出海商船,"治一大船,三年乃成。首尾约二十八丈,桅高二十五丈"。这艘大船的首尾长约 28 丈,桅高 25 丈,可见海南造船技术已相当发达。又据道光《琼州府志》载:明成化七年辛卯（1471 年）,百户林富往省打造战船,驾回备倭。

《琼州府志》有载:"万历丁巳（1617 年）,道府会同参将详议,

---

[1] （明）唐胄纂:正德《琼台志》卷十一《田赋》按语,海南出版社 2006 年版,第 262 页。

[2] 《明实录·太祖实录》卷一八五。

[3] 海南省地方志办公室编:《海南省志·交通志》,海南出版社 2010 年版,第 2 页。

奉院批允，以后年例打造兵船，于白沙寨立厂，取材于本处地方，或转运于附近吴川等地方，以专其责。府为监督，而委官分理，至于价值，又不必妄希节省，拘执成例。估计大小船号通融增补，务在足敷材料、工匠诸费，期于造作坚厚，可为兵家战守之利而已。盖监视在府，则官无浮克，工无隋窳，打造于近地，则人免跋涉，船免驾回，而查点之规，膠舟之虞，自不致于贻戾也。"① 可见，明代白沙寨已成为造战船的基地。

二、海南与大陆的贸易

屈大均《广东新语》中说："'东粤之货'，其出于九郡者，曰'广货'；出于琼州者，曰'琼货'，亦曰'十三行货'。"② 屈大均是明末清初人，所记载的多是明代事实。"琼货"在明代，已是与远销海外的"广货"相昆仲，形成富有海南岛特色的冠以琼字号的"琼货"。

海南输往大陆的"琼货"更多的是农产品，最著名的有下列几种。

槟榔：海南"以槟榔为命"，琼俗嫁娶，尤以槟榔之多寡为辞。有斗者，甲献槟榔则乙怒立解，至持以享鬼神，陈于二伏波将军之前以为敬。旧志四州皆产，以会同（今海南琼海）为上，乐会（今海南琼海）次之，儋、崖、万、文昌、澄迈、定安、临高、陵水又次之。而槟榔又是海南最珍贵的货物，诸州县皆以槟榔为业。岁售于东西两粤者十之三。于交趾、扶南十之七，以白心者为贵。③ 王佐的《槟榔》诗曰："九夏霜花自作春，三秋青子渐宜人。云笼瑞凤巢中卵，雨洗骊龙颔下珍。簇簇万房看去好，圆圆千颗摘来新。庄翁待价闲开圃，海贾寻村远问津。清望已闻天北极，高情惟恋海南滨。若于赤县评佳果，合与青皇作外臣。四海分身皆有泽，九州开眼更无邻。"④ 诗中叙写贾客专程到海南的村

---

① （清）明谊修、张岳崧纂：道光《琼州府志》卷十七《经政志》，海南出版社2006年版，第755页。

② （清）屈大均：《广东新语》卷十五《货语》，中华书局1985年版，第432页。

③ （清）屈大均：《广东新语》卷二十五《木语》，中华书局1985年版，第628—630页。

④ （明）王佐：《鸡肋集》卷二《槟榔》，海南出版社2004年版，第72页。

村落落收购槟榔的盛况，十分令人瞩目，在明代，槟榔不仅输入大陆，而且已远输海外交趾、扶南各国，成为外贸的珍贵货物。

椰子：树高数丈，槟榔、桄榔之属也。实小者如括蒌，大者如西瓜。有粗皮包之。皮内有圆壳，润而坚硬，厚二三分。壳内有白肉，瓢如凝雪，味甘如牛乳。瓢内空处有浆数合，清美如酒。其壳磨光有斑缬点纹，横破之可作壶，纵破之可作瓢杓。又可作冠。……又一种小者，其壳可作数珠，价逾沉香，中土甚宝贵之。皮可绞缆，为用甚溥。所以皮壳之利较大于肉。新鲜的椰子，每岁白露后落子，即航货于广。而小种椰子，价逾沉香，中土甚宝贵之，已告诉人们小椰子作为商品的价值了。①

波罗蜜：干湿胞二种，剖之若蜜，其香满室，出临高者佳。间有根结地裂，香出尤美……宣德十年（1428 年），内使岁取充贡，民甚苦之。正统改元，圣后临朝禁止。波罗蜜不仅作贡品，而且传之海外。②

木类有乌木，产万州、崖州，性坚老者纯黑色。鸡翅木：出崖州、文昌、陵水，白质黑章，纹如鸡翅，用为杯盏盘匣诸器。虎班木：即乌蛇，产文昌、崖州，其纹理似虎斑。花梨木：产崖州、文昌，紫红色，与降真香相似，亦有微香，其花有鬼面者可爱，广人多以为茶酒盏床料。黄杨：货于广，品劣广西。

香类：香生黎山者品有四：曰沉香、曰蓬莱、曰脱落、曰黄熟。产州县者品有七：曰白木香，曰土檀香，曰龙骨香，曰降真香、曰鸡虱香，曰鸡骨香，曰海漆香。

红豆：一名相思子，藤生，售诸京钿首饰。

吉贝：一名攀枝，西路多，岁货诸广，土人用杂绵织布及被帨。

高良姜：出产儋州。高良姜茎叶似姜而大，高一二尺，花红紫如山姜。《一统志》：出崖州、昌化。史唐崖州，宋南宁、吉阳俱贡。

---

① （清）吴应廉创修、王映斗总纂：光绪《定安县志》卷一《舆地类》，海南出版社 2004 年版，第 111—112 页。

② （明）唐胄纂：正德《琼台志》卷八《土产上》，海南出版社 2006 年版，第 171 页。

通草：取以饰物。

麻：货及海北。

藤：有赤藤、黄藤、白藤（又名圆藤）、苦藤、青藤、牛八藤、土藤、圭藤。圆藤作为贡品。

琼芝菜：一名石花，文昌多京苏机房皆用之，岁利亚于槟榔。

水牛：会同、乐会及黎村多，肇庆、新兴货客岁至，则银价廉落。

皮类：作为贡品的有麝皮、沙水牛皮。此外有山马皮、鹿皮、蚺蛇皮、獭皮、檀蛇皮、鲨鱼皮等作货物卖出。

其他类：鱼膘、翠毛、黄蜡作贡品。蜂蜜、浮石、车渠、青螺、盐、珠等货物运大陆。□帽，货及广，惟葵蓑售诸海北。

这些经济作物，有的"岁货诸广"，有的贩运闽广，有的运往海北，转贩各地。至于纺织品，如吉贝、绩麻、织布、花幔等都是海南对大陆作为贸易之资；海南的藤织品以万州最著名，白经黑纬，或粗经细纬，其图案有人物、山水、花卉，十分美观。漆器有垒漆、雕漆，皆运销两广。

明代海南以本岛特产为货，经商大陆，商业活动已比较频繁。在明朝洪武初年，已有海商从海南贩香货入京师，据《明实录》载：（洪武三年八月）己巳，琼州海商以香货入京，道溺死，有司请验数，征其什一入官。上曰："其人既不幸死，将谁征？令同行者与鬻之而归，所货资于其家。"[1] 其商贸交易地点，不仅是两广、福建，而且已到南京。在入琼定籍的人员中，如孔氏家族孔承裕之子孔宏集、孔宏林落籍琼山，他们就是渡琼经商而来的。有的商人来海南经商发财之后，为寺庙铸铜鼓为祝，如天宁寺铜鼓，"款云大明成化十二年广州府番禺县客人李福通铸造"。[2]

明朝末年，崇祯十年也有广东商人在海南万州铸钟祈祀。1984年，陵水出土一座铁钟，钟上铸字："广府新会县商人区伯煦、刘九锡虔诚铸洪钟一口重二百余斤。奉万州东山万封峒三宝观音前祈求生男进

---

① 《明实录·太祖实录》卷五五。

② （清）明谊修、张岳崧纂：道光《琼州府志》卷四十三《杂志》，海南出版社2006年版，第1949页。

财福寿绵长，崇祯十年十二月吉日立。”[①] 自古以来，海南土特产及手工业品运往岛外的多数是闽粤客商。当时客商出入海南岛十分频繁，丘濬曾说：“琼郡，自昔号为乐土，而以易治闻于天下也久矣……奇香异木，文甲毹毿之产，商贾贸迁，北入江、淮、闽、浙之间，岁以千万计，其物饶也。”[②]

三、海南与海外的贸易

在明代，自明成祖永乐年间（1403—1424年）郑和下西洋之后，南海诸国朝贡不绝，而南海诸国的朝贡与国际间的贸易有着密切关系，即所谓朝贡贸易，而海南岛是海上交通要道，南海诸岛各国的朝贡及互市船舶多数由此经过，如民国《儋县志》卷六《诸夷入贡事例》载：“番贡多经琼州。暹罗国，洪武三十年（1397年）、正统十年（1445年）、天顺三年（1459年）继贡象方物；占城国，宣德四年（1429年）贡方物，正统二年（1437年）又贡，十二年（1447年）贡象，十四年（1449年）贡方物，天顺七年（1463年）贡白黑象，成化七年（1471年）贡象、虎，十六年（1480年）又贡虎，弘治十七年（1504年）贡象，正德十三年（1518年）又贡；满剌加，弘治十八年（1505年）贡五色鹦鹉。各遣指挥、千百户、镇抚护送至京。”[③] 顾炎武的《天下郡国利病书》曾记录诸番与琼州的历程：“自化州下水，至海口四日程，从州东至东三十里渡海抵化州界，地名岗州，通闽浙。从州东南陆行一百四十五里抵海至诸蕃国。从州南陆行一百七十四里至递角场，抵南海，汎海一程可至琼州。从州西陆行一百五十里，汎海水路至安南国。故诸蕃国县东洋琉球等国，被风飘多至琼。”注云：“琼州东至海南一百二十里，其南崖州去海最近云。”这段水路，如遇风暴，十分危险，但番舶因经常来往，水路熟悉，顾岕的《海槎余录》曾记载：“千里石塘，在

---

① 《陵水文史》第二辑。

② （明）《丘濬集·琼台诗文会稿》卷十二《送琼郡叶知府序》，海南出版社2006年版，第4124页。

③ 彭元藻、曾友文修，王国宪总纂：民国《儋县志》卷六《诸夷入贡事例》，海南出版社2004年版，第333页。

崖州海面之七百里外，相传此石比海水特下八九尺，海舶必远避而行，一堕即不能出矣。万里长堤出其南，波流甚急，舟入回流中，未有能脱者。番舶久惯，自能避，虽风汛亦无虞。"① 张岳崧也提及番舶遇难情况："予往闻邑人（文昌）濒海居者，洋番巨舰猝遇飙击石啮，浮沉漂泊，货贿狼藉不得顾，里恶因以为利，剽夺攘窃，视舟人呼号喘息莫之救。幸有援手者，卒倾其货，哀丐流离，无所告语。"② 他给其九弟子明诗云："大瀛海以外，汝游知通衢。暹罗过交海，去去常如归。习险轻涛澜，逐利无锱铢。"③ 从以上各类书籍的记载可知，海南地处交通要道，在明代番舶往来已十分频繁了。

明代张翰的《松窗梦语》中说："粤以东，广州一都会也。北负雄、韶，兵饷传邮，仰其权利。东肩潮、惠，内寇外夷，为患孔棘。高、廉、雷、琼，滨海诸夷，往来其间，志在贸易，非盗边也。"④ 这里点出琼州与滨海诸夷的往来。由于海南的物产"兼华夷之所产，备南、北之所有。木乃生水，树或出酒，面包于榔，豆荚于柳。竹或肖人之面，果或像人之手。蟹出波兮凝石，鳅横港兮堆阜。小凤集而色五，并鹜游而数偶。修虾而龙须，文鱼而鹦嘴。鳞登陆兮或变火鸠，树垂根兮乃攒金狗。鼬缘树杪而飞，马乘果下而走。鱼之皮可以容刀，蚌之壳用以盛酒。波底之砂，行如郭索。海澨之贝，大如玉斗。花梨靡刻而文，乌槠不涅而黝。椰一物而十用其宜，椰三合而四德可取。木之精液，爇之可通神明。身之氄羽毛，制之可饰容首。有自然之器具，有粲然之文绣"。⑤ 在这历来被视为穷荒僻壤之地，竟有如此奇物，这些

① （明）顾岕：《海槎余录》，载《中国史学丛书续篇》，（台湾）学生书局1985年版，第407—408页。
② （清）张岳崧：《筠心堂文集》卷十《太学生云耀望墓志铭》，海南出版社2006年版，第319—320页。
③ （清）张岳崧：《筠心堂文集》卷二《子明九弟航海至端州》，海南出版社2006年版，第30页。
④ （明）张翰：《松窗梦语》卷四《商贾记》，载《历代文人笔记中的海南》，海南出版社2006年版，第134页。
⑤ （明）《丘濬集·琼台诗文会稿》卷二十二《南溟奇甸赋》，海南出版社2006年版，第4460页。

珍奇土产,多为商人运载出海交易物品,如琼山人陈宗昱,家有海艘,取鱼网得番货,悉令输之官,人服其识。① 海南商人自备船只出海贸易,已有史记录。在明代,南洋诸岛口岸,与南海一带地区来往甚密,"如吕宋、噶罗巴诸岛,闽广流寓,殆不下数十万人,则南洋者,亦七鲲、珠崖之余壤"。② 海南岛与南洋诸岛建立埠头,流通百货已十分密切。在明初(洪武七年三月癸巳),暹罗斛国使臣沙里拔来朝贡方物,自言本国令其同奈思里侪剌悉识替入贡,去年八月舟次乌诸洋,遭风坏舟,漂至海南,达本处官司,收获漂余苏木、降香、儿罗绵等物来献,省臣以奏,上怪其无表状,诡言舟覆,而方物乃有存者,疑必番商也。③ 番商从海路到中国来,为了偷税漏税,经常不直接往广州市舶司停泊,而是在海南各州县港口寄泊,走泄细货,偷漏税银,于是海南与沿海各省一样,私人海上贸易十分活跃。海南岛上物资之运出,南洋各地运来的货物,互相进行贸易往来。因此,明代海南的海港也比历代增加,如:

琼山县:海口港、神应港、小英港、东营港、博茂港、烈楼港。

澄迈县:东水港、石礑港、泉凿港、麻颜港。

临高县:博铺港、黄龙港、石碑港、博顿港、新安港、博白港、吕湾港、乌石港。

文昌县:清澜港、抱凌港、陈村港、赤水港、长岐港、郭婆港、抱虎港、铺前港、石栏港。

会同县:调懒港、欧村港、冯家港。

儋州:莪漫港、顿栅港、禾田港、黄沙港、田头港、乾冲港、涌滩港、大村港、大员港、小员港、新长港。

昌化县:乌泥港、沙洲港、英潮港、南港。

万州:港门港、南港、小渡港。

---

① (清)明谊修、张岳崧纂:道光《琼州府志》卷三十六《人物志》,海南出版社 2006 年版,第 1570—1571 页。

② (清)徐继畬:《瀛环志略》卷二,文物出版社 2007 年版,第 27 页。

③ 《明实录·太祖实录》卷八八。

陵水县：水口港、桐栖港。

崖州：新地港、大蛋港、望楼港、罗马港、田尾港、毕潭港、高沙港、临川港、抱岁港、番坊港、龙栖港。

感恩县：小南港、大南港、北黎港。

这些港口，经常有商舶往来，如万州的港门港注云："上有小庙，一石船三番神，商舟往来，祷之灵应。"陵水县的桐栖港注云："县南十五里，外有南山，商船番舶泊于此。"崖州的新地港注云："通海船。"大蛋港注云："客商泊船处"。望楼港注云："番国贡船泊此。"毕潭港注云："占城贡船泊此。"这些港口，番船经常停泊于此。又如万州的独州岭，海舟多泊，南国诸番修贡道，视此为准，州治向之。①

丘濬在《学士庄记》中记录了当时商船林立的情况："学士庄四周，距半舍许，舟沿溯其中，往来樯帆，其末越林表而出，可数也。吾郡以海为疆界，自此北至海，道仅十里，所谓神应。海口是为港门，帆樯之聚，森如立竹，汪洋浩渺之间，山微微如一线，舟杳杳如寸苇。"②

不过，在明代，海南岛不是重要的通商口岸，西方商人来中国进行贸易，他们的船都经由大海向东南沿岸商埠，不复靠近海南岛，所以海南岛和西方国家接触较晚。世宗嘉靖年间曾有佛郎机（即葡萄牙）船停泊到海南，道光《琼州府志》载："世宗嘉靖四十三年（1564年）五月，佛郎机夷船三艘泊铺前港，海贼施和率众攻之，佛郎机桅折，避入港。"③但据查，此次佛郎机船之来海南，与贸易完全无关，乃是途经海南时被风浪漂流而至。该船中有驾驶者甲哥（Balthagarr Gago）于嘉靖四十一年（1562年）（时间与《琼州府志》所载有出入）十二月十日，从卧亚发出的信中，记下此次遇险经过："1560年（嘉靖三十九年）十月，从平户出航的马雷耳·梅东沙的船，航行

---

① 以上港口资料，俱见（明）戴熺、欧阳灿总裁，蔡光前等纂修：万历《琼州府志》卷三《地理志》，海南出版社 2003 年版，第 57—91 页。

② （明）《丘濬集·琼台诗文会稿》卷十九《学士庄记》，海南出版社 2006 年版，第 4361 页。

③ （清）明谊修、张岳崧纂：道光《琼州府志》卷十九《海黎志》，海南出版社 2006 年版，第 804 页。

十二日之后，在中国沿岸，简直有七昼夜为暴风高浪所翻弄，失掉帆樯，折断楫橹，船员们在绝望之中，好容易漂到了海南岛。"[1] 这次葡萄牙船到海南，是完全因风暴关系在海南停泊，不是商业贸易的原因。

四、南海航线的重要节点——海南岛

中国在南海"丝绸之路"的航线，从南海起航，途经今天的越南、泰国、马来西亚、缅甸，远航至黄支国（今印度康契普拉姆），再取道斯里兰卡返航。到了明代，海上丝绸之路又进一步发展；在传统的从南海到印度洋的航线上，郑和下西洋的船队七次往来，把中国商品带到东南亚、印度半岛、波斯湾沿岸、阿拉伯半岛以及东非的许多国家，在经济与文化交流方面产生了巨大的影响。

（一）海南所辖的南海诸岛是郑和下西洋必经的航线

我们从郑和留下的《郑和航海图》上可以明显看到，其航线经过海南琼州府的海域。在万州外海独猪山岛旁的航线上，注有"独猪山

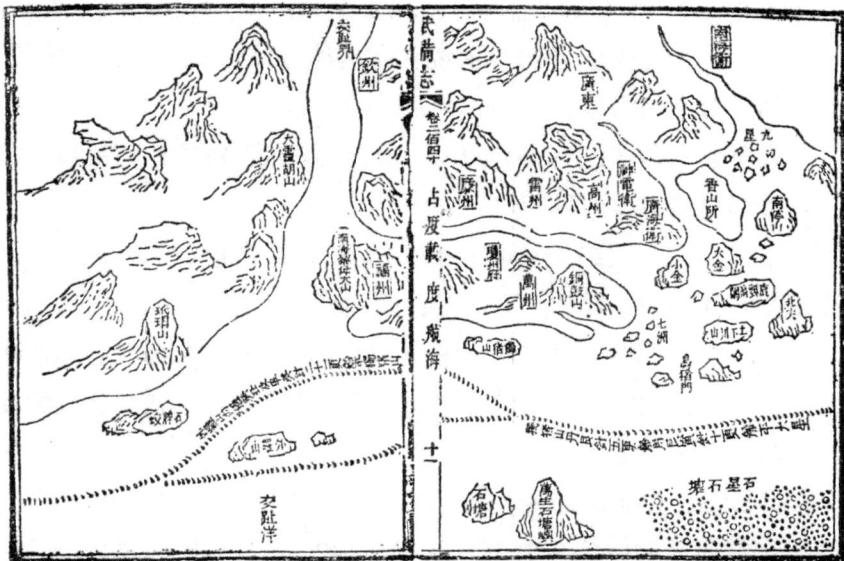

资料来源：（明）茅元仪辑：《武备志》卷二百四十《郑和航海图》之十一、二十二幅。

---

① ［日］开卫：《西方美术东渐史》，转引自王兴瑞：《海南岛古代交通史略》。

丹艮针五更船用艮寅针十更船平大星"字样，接着是"外罗山为癸丑及单癸针二十一更船平独猪山"。

郑和的宝船经过海南岛，永乐三年（1405 年）六月，明成祖命郑和及王景弘"将士卒二万七千八百余人，多赍金币。造大舶，修四十四丈、广十八丈者六十二。自苏州刘家河泛海至福建，复自福建五虎门扬帆"[①] 出海，经广东南海依次历遍南洋诸国，这次航线从江苏刘家河出发，沿海岸边经福州、泉州、加禾千户所（厦门），经广东省南澳山（今南澳岛）、大星尖（今广东省惠东县东南小星山岛对面突出之海角处）、独猪山（即独州山，今海南省万宁县东南三大洲岛）到七洲洋（海南七洲列岛），然后到达占城、爪哇、苏门答腊、锡兰山（锡兰）、古里（今印度喀拉邦北岸的卡利库特 Caliant）、旧港（今巨港 Palembang）等国家地区。永乐五年（1407 年）七月，返回到南京向明成祖复命。[②] 除了第二次在广东启航出发外，其他各次下西洋都经过南海，也就是说，从江苏出发，到福建五虎门放洋后，均是经广东的南澳岛、大星尖、独猪山（现海南大洲岛）、七洲洋（现海南七洲列岛）而到达南洋各国，这说明海南岛海域与郑和下西洋的关系极为密切。海南岛海域有关郑和下西洋的地名有：

郑和群礁，位于北纬 10°09′—10°25′，东经 114°13′—114°44′。这是南沙群岛最重要的群礁之一。

永乐群岛，在北纬 15°46′—17°07′，东经 111°11′—112°06′内。明永乐至宣德年间，郑和七下西洋，因此以永乐命名。

晋卿岛，位于北纬 16°28′，东经 111°44′。明永乐五年（1407 年）施晋卿（一名施进卿）在三佛齐协助郑和擒海盗有功，被封为宣慰使，故以其名为岛名。

宣德群岛，位于北纬 15°43′—17°00′，东经 112°10′—112°54′范围内。宣德原是明宣宗朱瞻基的年号（1426—1435 年）。明宣宗时经

①（清）张廷玉等撰：《明史》卷三十四《郑和传》，中华书局 1974 年版，第 7766 页。

②《明实录·太宗实录》卷七一。

营西洋甚力，郑和第七次下西洋就是在明宣德年间。

景宏岛，位于北纬9°53′，东经114°20′。王景宏（亦作王景弘）是明朝宦官，随郑和下西洋，任副使（郑和第二次、第三次、第七次下西洋时都同行）。

马欢岛，位于北纬10°44′，东经115°48′。马欢，回族，郑和七次下西洋，他参与第四次、第六次和第七次航海，至南亚沿海诸国，任通译，著有《瀛涯胜览》，记载航海见闻。

费信岛，位于北纬10°49′，东经115°50′。明成祖永乐，宣德年间，费信作为三保太监郑和的随行人员通使西洋，多次航经南海诸岛。他前后四次出使西洋，历览海外诸国人物、风土、出产，以所见所闻撰成《星槎胜览》，共二集，前集记亲历诸国，后集采辑所成，逐国分叙咏以诗篇。据序文所言，成书时当在正统元年（1436年）。为研究南海诸岛以及中西方海上交通重要参考资料。近人冯承钧曾根据现存版本整理校注。《星槎胜览》一书记载有："俗云，上怕七洲，下怕昆仑，针迷舵失，人船莫存。"当是穿越南海诸岛的经验之谈。

尹庆群礁，在北纬8°48′—8°55′，东经112°12′—112°53′范围内。尹庆出使爪哇、满剌加、柯枝、古里等国，较郑和为早，且与以后郑和下西洋相配合。

南海诸岛这些岛屿的命名，一部分是晚清时期留存的，一部分是民国时期确定的，这证明，海南所辖的南海诸岛是郑和下西洋的必经航线。[①]

（二）海南充当明朝朝贡贸易中转站

海南是中国最南的领土。它充当亚洲和大洋洲的中途站，是亚洲东北部各港口通往东南亚、非洲、西亚和欧洲的海洋航线必经之地，为我国同菲律宾、印度尼西亚、马来西亚、新加坡等国往来的纽带。明代黄省曾所写的《西洋朝贡典录》中关于占城国的记录写道："其

---

①　广东省地名委员会编：《南海诸岛地名资料汇编》1987年版，第296—300页。

国在广州之南可二千里。南际真腊，西接交趾，东北临大海。（福州长乐五虎门张十二帆大舶，西南善风十昼夜程。）由福州而往，针位：取官塘之山。又五更取东沙之山，过东甲之屿。又五更平南澳。又四十更平独猪之山。又十更见通草之屿，取外罗之山。又七更收羊屿。（海行之法，六十里为一更，以托避礁浅，以针位取海道。）"①这其中四十更经过的独猪之山，即上文说过的海南岛万宁县东南海上的大洲岛。又同书关于暹罗国的记录："其国在占城西可一千五百里。由漳州而往，针位：见南澳，取东董之山，山之状如唐冠。又取铜鼓之山。又经独猪之山。又取外罗之山……"②这里所说的铜鼓之山即今海南省文昌市东北海岸之铜鼓角。独猪之山即海南岛万宁县三大洲岛，又名独珠山。从这二则记录看，可知海南岛是通往东南亚丝绸之路的必经岛屿。清代陈伦炯的《海国闻见录》载："琼之大洲头过七洲洋，取广南外之咕哔啰山而至广南，计水程七十二更，交阯由七洲西绕而进厦门至交阯，水程七十四更，七洲洋在琼岛万州之东南，几往南洋者必经之所。"③

明朝的朝贡贸易，实际上是官方的对外贸易，因为海外诸国入贡，许附载方物与中国贸易。因此国家设市舶司，置提举官，洪武年间，设宁波、泉州、广州市舶司，广州通占城、暹罗（今泰国）、西洋诸国。在广州这一航线中，海南岛经常是朝贡船的中转站。如《明实录》中载：

洪武七年（1374年）三月癸巳，暹罗斛国使臣沙里拔来朝贡方物，自言本国令其同奈思里侪剌悉识替入贡，去年八月舟次乌诸洋，遭风坏舟，漂至海南，达本处官司，收获漂余苏木、降香、儿罗绵等物来献。④

---

① （明）黄省曾著、谢方校注：《西洋朝贡典录校注》卷上，中华书局2000年版，第1—3页。
② （明）黄省曾著、谢方校注：《西洋朝贡典录校注》卷上，中华书局2000年版，第55—56页。
③ （清）陈伦炯：《海国闻见录》《文渊阁钦定四库全书》，第594—858页。
④ 《明实录·太祖实录》卷八八。

天顺四年（1460年）七月丁丑，占城国副使究村则等奏："蒙本国王差委，同王孙进贡。至崖州，与象奴先来。今王孙及正使人等在广东未至，闻三司官留与方物同行，诚恐迟误。"上命礼部遣人乘传，谕广东三司，先以金叶表文同王孙起送至京。①

成化二十二年（1486年）十一月癸丑，巡按广东监察御史徐同爱等奏："占城国王子古来攻杀交阯所置伪王提婆苔，交阯怒，举兵其压境，必欲得生提婆苔。古来惧，率其王妃王孙及部落千余人，载方物至广东崖州。"事下礼部复议，上曰："古来以残败余息，间关万里，提携眷属投附中国，情可矜悯。其令总兵、镇守、巡抚等官加意抚恤，量与廪饩，从宜安置，毋致冻馁。仍严密关防之。"②

成化二十三年（1487年）元月辛酉，命南京右都御史屠滽往广东谕占城国王古来。总督两广军务右都御史宋旻奏："古来在崖州，坚欲入朝赴诉交阯侵虐之害，且言其所还州县皆荒僻凋弊之区。"事下，兵部复议，谓古来辞与安南国前所奏者不同，命多官集议。③

弘治八年（1495年）九月戊子，暹罗国夷人挨凡等六人，舟被风飘至琼州府境，广东按察司以闻。命给之口粮，俟有进贡夷使还，令携归本国。④

弘治十年（1497年）九月乙巳，先是，江西南城县民万轨商往琼州，因飘风流寓暹罗为通事，屡以进贡来京，至是乞回原籍，且欲补充暹罗通事在京办事。⑤

万历《琼州府志》载：凡番贡，多经琼州，必遣官辅护。暹罗国洪武三十年（1397年）、正统十年（1445年）、天顺三年（1459年）继贡象、方物。占城国宣德四年（1429年）贡方物，正统二年（1437年）又贡，十二年（1447年）贡象，十四年（1449年）贡方物，天顺七年（1463

① 《明实录·英宗实录》卷三一七。
② 《明实录·宪宗实录》卷二八四。
③ 《明实录·宪宗实录》卷二八六。
④ 《明实录·孝宗实录》卷一〇四。
⑤ 《明实录·孝宗实录》卷一三五。

年）贡白、黑象，成化七年（1471 年）贡象、虎，十六年（1480 年）
又贡虎，弘治十七年（1504 年）贡象，正德十三年（1518 年）又贡。
满剌加弘治十八年（1505 年）贡五色鹦鹉。各遣指挥、千百户、镇抚
护送至京。①

　　明朝的朝贡贸易在政治上采取怀柔政策，并不完全以发展海上贸
易、增加财政收入为目的。正如丘濬所说的："盖用以怀柔远人，实
无所利其入也。"② 因此，对外国前来贸易者，只允许以"朝贡"为名
义，附带贸易前来，所以必须遵循贡期、贡道、朝贡人数的规定及
持有明朝颁给的"勘合"，本国的表文等证明文件。只准官方与官方
接触，但实际上"贡船"与"商船"有时很难分辨，"朝贡"与"贸
易"兼重，在这一海上的贸易当中，海南岛已充当了中转站的重要
角色。

　　明朝海南籍的官员，也参加到海上丝绸之路朝贡活动的行列。海南
著名人士丘濬，在成化二十一年（1485 年）送同乡林荣出使满剌加国
（今马来西亚马六甲）时，为他写一篇序送行，在《送林黄门使满剌
加国序》中写道：

　　　　皇明之化，与天同远，地所限者，舟以通之。凡在覆载之中，
　　有血气者，无不臣属。非若前代但羁縻之，仅通贡赋而已。其四夷
　　之酋长皆受封爵于朝，有所更代，辄遣使请天子特遣近臣持节往封
　　之，视内地藩翰焉。於乎！皇化一何盛且远哉。且三代盛时，其疆
　　域西不尽流沙，南不尽衡山，东不尽东海，北不尽恒山，地尽即止。
　　汉始通西域，开西南夷，皆由陆以通。隋唐以来，航海之使始至，
　　然皆自君长其国，未有受天子命者，有之，肇自今日。然多因其故
　　而封之，惟满剌加之有国，实我文皇帝始为之开疆启土者也。其地
　　在中国西南大海之外，旧属于暹罗斛国。永乐初命中贵驾巨舰自福

———————————

　　① （明）戴熺、欧阳灿总裁，蔡光前等纂修：万历《琼州府志》卷八《海黎志》，
海南出版社 2003 年版，第 408 页。
　　② （明）《丘濬集·大学衍义补》卷二十五《治国平天下之要》，海南出版社
2006 年版，第 467 页。

唐之长乐五虎门，航大海西南行，抵林邑，又自林邑正南行八昼夜抵其地，由是而达西洋古里大国，八艘遍往支阿舟、榜葛剌、忽鲁谟斯等处，逮其回也，咸至于是聚齐焉。岁己丑，遣使封其酋为王，建以为国，自是凡易世，必请封于天朝，世以为常。乃成化辛丑，其国王卒，子当嗣位，遣使臣备方物来请封，上命礼科给事中林荣仲仁为正使，如故事持节以行有日。众以为仲仁此行，乘长风，泛洪涛，经万余里外，真所谓汗漫之游天下之大观者，咸赋诗壮之，谓予乡先达，不可以无言。昔司马子长上会稽探禹穴，窥九疑，历吴、楚之墟，齐、鲁之都，以观其所谓名山大川者，归而大肆厥辞，然所游不出九州之中，而犹大有所得如此，矧仲仁兹行，越中国之外境，所历者皆天下之绝踪诡观者哉？予闻满剌加之地，诸番之会也。凡海外诸夷，岁各赍其所有，于兹焉贸易，种类怪诡，物产珍异，其尤异者，距其境西南舟行约十馀日，有幹（韦枼）国者，即所谓溜山也。海水倾注，其名为溜，水势渐下，力不能胜，一芥舟行，误入其中，即沉下而无所底止，神仙家所谓蓬莱弱水，殆近是与？又去古里西南，舟行历三阅月，有所谓默伽国者，即所谓天方也。域中人物，大异于常，俗尚和美，民物繁富，而无贫苦者，物产珍美，色色有之，罔有欠缺，且地无雨雪霜雹，惟夜注浓露，以滋物生，浮屠氏所谓极乐世界，似指是与？仲仁至彼诸番会集之地，诰封礼毕，宣布圣天子德威，徐观其会通而询察之，重译其言，遍访其俗，将必有瑰奇之见，诡异之闻，所以开广其心胸，增益其志识者矣。呜呼！天下事何所不有，惟不见耳。归而尚历历以告我。[①]

文中可知丘濬对满剌加的国情十分了解，他详细地向林荣介绍，并嘱咐他在该地完成国家交给的外交使节任务之后，"徐观其会通而询察之，重译其言，遍访其俗，"一定会有"瑰奇之见，诡异之闻"，希望林荣回来时把这一切一一告诉他。可惜的是，林荣也犯了是时各国使者同样的错误，在出使过程中，所带的物货太多，以致船到

---

① （明）《丘濬集·琼台诗文会稿》卷十一《送林黄门使满剌加国序》，海南出版社 2006 年版，第 4088—4090 页。

交趾之占壁啰，误触铁板沙，船坏溺水而死。明代黄衷《海语》卷下载：成化二十一年（1485年）乙巳，宪庙遣给事中林荣行人黄乾亨备封册之礼，以如占城官治大舶一艘，凡大舶之行，用小艚船一选熟于洋道者数十人驾而前，谓之头领。大舶之后，系二小船，以便樵汲，且以防虞，谓之快马，亦谓脚艇。是役也，军民之在行者千人，物货太重，而火长又昧于经路，次交阯之占壁啰，误触铁板沙，舶坏，二使溺焉，军民死者十九。[①] 林荣未能到达满剌加国完成使命，中途触礁身亡，也是因朝贡贸易中带物货过多而造成的灾难。

五、海南丰富多彩的海洋文化

在海外贸易的发展过程中，不少船只沉没在海南岛周围海域。文昌县龙楼镇宝陵附近海域发现一艘明代沉船，初步探明船体长约15米、宽约7米。船里装满物品，已出水的有：铜锣19面，形制相同，面径50厘米、深15厘米；"永历通宝"铜钱20斤；铅丹20多包，每包作四方粽子形，边长12厘米、厚2.5厘米，表面黑褐色，里面深红色，已胶结成块状；此外还有铁锅、铜簪、铜片、铜手镯、铜耳挖、铜丝等。在琼海县博鳌港附近海域也发现一艘明代沉船，船体埋在沙中，大小不明。左右船舷装有铜炮多门。已出水的三门，形制相同，炮身长150厘米、内口径10厘米；炮筒中部附有活动叉，叉上端两环套在炮筒中部的两圆栓上，可以活动，下端足插在船舷上。这可能是一艘兵船。[②] 海南岛海域的南海诸岛，到了明代，已成为船泊海外的重要旅站。1974年及1975年，广东省博物馆和广东省海南行政区文化局，曾连续对西沙群岛作了两次文物调查，发现一千多年间在岛上海下遗留了大量的历史遗迹和遗物，呈现了海南丰富多彩的海洋文化。

仅就已发掘的明代海洋文物来进行考察：

---

① （明）黄衷：《海语》卷下《铁板沙》，《文渊阁钦定四库全书》，第594—131页。

② 广东省博物馆、广东省海南行政区文化局：《广东省西沙群岛第二次文物调查简报》，载《文物》1976年第9期。

表 3-2 西沙群岛岛上 1974 年及礁盘上采集瓷器登记表（明代部分）

地点	名称	数量	大小和完残情况	时代	内容	其他
北岛北面沙滩	青花碗	1	残留底部，径 5 厘米	明万历	白胎坚致，碗内底部鼓起，画青花蟹一只，颇生动。底有"永保长春"四字钱文款。	经海水冲刷光滑。景德镇民窑出产。
甘泉岛西北部	青白釉碗底	1	圈足，径 5.5 厘米	明代晚期	白胎，青白釉，圈足和碗里底部有一圈露胎，微呈红色。	
金银岛西北礁盘边缘	青花大盘	1	底部残件，底径约 20 厘米	明嘉靖	胎质坚致细白，釉色泛青，圈足断面呈三角形，内倾，盘心画青花飞凤、火焰、盘外壁画缠枝莲花。	周身粘一层珊瑚。景德镇民窑产品。
金银岛西北礁盘边缘	青白釉盘	1	残留大半，口径 22.5 厘米，高 5.8 厘米，底径 10.3 厘米	明代晚期	白胎，青白色釉水甚薄。直唇，沿下微向内折，腹较深，圈足，盘心有一块圆形入。	周身粘有一层珊瑚。

资料来源：广东省博物馆：《广东省西沙群岛文物调查简报》，载《文物》1974年第 10 期。

表 3-3 西沙群岛北礁发现铜钱统计表（明代部分）

时代	名称	数量（枚）
朱元璋	大中通宝	47
明太祖	洪武通宝	2851
明太祖	永乐通宝	49684
	阴阳神灵	1

表 3-4 大中通宝和洪武通宝分类表

名称	币值	北面文字符号										
		渐	福	洛	豫	桂	北平	星月符号	一钱	二钱	三钱	光背
大中通宝	小平	3					1					9
大中通宝	折二	7		1	1			1				22
大中通宝	折三											2
洪武通宝	小平	67	39			3	11	17	10			629

名称	币值	北面文字符号										
		浙	福	洛	豫	桂	北平	星月符号	一钱	二钱	三钱	光背
洪武通宝	折二	4	1		1					2065		
洪武通宝	折三										4	
合计		81	40	1	2	3	12	18	10	2065	4	662

资料来源：广东省博物馆：《广东省西沙群岛文物调查简报》，载《文物》1974年第10期。

至1975年3—4月间，广东省博物馆及广东省海南行政区文化局又组织了第二次调查发掘。在《广东省西沙群岛第二次文物调查简报》中有明显写出明代的记载：

全富岛：在全富岛西北的礁盘边缘，采集了71件唐至明代陶瓷器。其中明代碗13件。仿龙泉窑青釉瓷器，与北礁发现的一种明代青白釉碗器形相同，俗称"墩子式"碗。这些唐至明代的青釉陶瓷器大都产自福建。

南沙洲：南沙洲在永兴岛北面，在南端沙滩和附近礁盘上散布着许多明清瓷器。由于海浪冲激，瓷器大都残破，有些还胶粘在礁盘的珊瑚石上。这次采集的有明代白釉小杯2件；明代蓝釉小杯2件，内施白釉，外壁灰蓝釉。青花瓷器采集的数量较多，有明代小杯4件。

北岛：上次调查曾在北岛的北面沙滩采集到1件明万历蟹纹青花水碗残件，这次又在原地采集到30件，都是残破的碗底。其中明青花碗27件残片，白胎细洁，白釉光润，青花色泽较深，花纹先用深色勾线，后用较淡的青料平涂。碗分大小两式，底心画花卉、葡萄、菊石、蕉石、桃、灵芝和蟹纹、连弧纹等。有一件画釉上彩折枝菊花，彩已剥落。碗外壁画花卉图案。圈足内双圈线中写"宣德年造""嘉靖年制""永保长春""长春富贵""万福修同"双排款和"永保长春""长命富贵""天下太平"钱形款。

蓬勃礁：蓬勃礁是西沙群岛东南角的一座大暗礁，也叫浪花礁。海南岛崖县渔民在礁盘上劳动时发现一件明代的铜熨斗。熨斗呈圆筒形，斜口，卷沿，平底。两侧沿下有半凸起的环。细圆把手安在斜面高的一侧，上面饰兽面纹，中空，顶端卷沿。器外饰饕餮纹和细密的云雷纹。底径13厘米、残留8厘米、把长10厘米。

北礁上明初沉船留下的铜钱、铜锭等遗物：

铜钱：12公斤，另有铜钱和珊瑚石胶结体大小共十几块，铜钱能看出文字的有1995枚。其中属于明代的有朱元璋铸"大中通宝"3枚，明初"洪武通宝"108枚，"永乐通宝"1215枚。

铜锭：24块（69公斤）。大多是长方形，底平，表面弧圆，大小不等，大块重7公斤，小块重0.5公斤。

铜镜：5块残件，其中1块有模糊不清的花纹。

铅锌锭：1块（0.5公斤）。经初步化验，主要成分是铅、锌、锡以及铜、铁等；里面还夹有乳白色的钙、镁等。

1974年所见的这批大量遗物在组成上相同，应是同一沉船的遗留。沉船时代在明永乐年间的中后期，应和当时郑和船队有密切的关系，很可能就是郑和船队中的一艘在这里触礁沉没。

表3-5 西沙群岛第二次文物调查陶瓷器统计表（明代部分）

	永乐群岛的全富岛	宣德群岛		北礁
		南沙洲	北岛	
青釉瓷器	13			
青白釉瓷器				19
单色彩釉瓷器		2		2
青花瓷器		4	27	491
白釉瓷器		2		10
釉瓷器				3

表3-6 西沙群岛礁盘、沙滩采集瓷器登记表（明代部分）

地点	名称	数量	大小和完残情况	内容
全富岛西北礁岛	青釉碗	13	底径5.8—8厘米	红胎粗糙，内底宽平，上壁较直。圈足内倾，足壁甚薄。
南沙洲滩和礁岛	白釉小杯	2	口径4.3厘米，高2.3厘米	白胎，侈口圈足。

续表

地点	名称	数量	大小和完残情况	内容
南沙洲滩和礁岛	蓝釉小杯	2	口径4厘米，高2厘米	白胎，内施白釉，外壁灰蓝釉，器形与上相似。
南沙洲滩和礁岛	青花小杯Ⅰ式	2	口径5厘米，高4厘米	侈口圈足，杯身斜直，外壁画两行青花竖线纹，每组由三短线组成。
南沙洲滩和礁岛	青花小杯Ⅱ式	2	口径5厘米，高2.3厘米	器形同上，外壁画青花纹。
北岛沙滩	青花大碗	4	残片，底径5—6厘米	碗内底边画连弧纹、蓝石等式花纹，外壁画花卉图案。圈足内双圈线中写"万福信同""长命富贵"等双排款和钱形款。

资料来源：广东省博物馆、广东省海南行政区文化局：《广东省西沙群岛第二次文物调查简报》，载《文物》1976年第9期。

1974年和1975年，广东省博物馆与广东省海南行政区文化局的考古工作者在永乐群岛、甘泉岛、金银岛、晋卿岛和宣德群岛的永兴岛、赵述岛、北岛和东岛诸岛屿及沙洲、礁滩进行的考古发掘中，所获得的大量明代的瓷器和瓷片，其中多见明代的青花碗，青白釉碗底，尤其是北礁盘上的铜钱，明代沉船遗址的铜钱、铜锭等，这些文物的发现，是明代开发海洋历史的见证。

在南海诸岛中，还有一些明代庙宇，如永兴岛的"孤魂庙"遗址，属于明末清初的建筑遗址，琛航岛的"娘娘庙"遗址，属于明代，用珊瑚石垒成，庙内供一座明代龙泉窑观音像。"孤魂庙"又名"兄弟孤魂庙"，渔民中流传一段古老的传说，明朝海南岛108位渔民，到西沙群岛去捕鱼，遇到海上贼船被杀害，后来又有渔民去西沙群岛，中途遭遇狂风巨浪，他们祈求108位渔民兄弟显灵保佑，遇救后，渔民在永兴岛立庙祭祀。这一民间传说，反映了明代海南海上活动。在南海采集到的海下发掘物，显示了南海诸岛是当时向国外进行贸易的交通要道。《明史·食货志》载："洪武初，设于太仓黄度，寻罢。复设于宁波、泉州、广州。宁波通日本，泉州通琉球，广州通占城、暹罗、西洋诸国。"[①]

---

① （清）张廷玉等撰：《明史》卷八十一《食货志》，中华书局1974年版，第1980页。

海南是广州通向外洋的中转站，人们从海底、海礁采集的文物中，可以了解到明代海南的海洋文化的丰富多彩，并为南海"丝绸之路"研究提供了重要的文物。

第五节 海南渔民独创更路簿 [①]

海南岛渔民在历史上独创的"南海更路簿"（以下简称"更路簿"），在没有完备航海地图和导航设施的年代，作为指导渔捞实践活动的实用工具书，曾经发挥过海洋捕捞中不可或缺的巨大作用。在海图和卫星导航普及以后，它成为历史。然而，其作为中国南海海洋文化遗产的价值，不可低估；特别是在维护国家南海主权和海洋权益中起着应有的作用。

一、更路簿

1987 年以前发现的更路簿共有 12 种，另外有一种带有更路簿性质的 1935 年老渔民符宏光绘制的《西南沙地理位置略图》。历史上到底存在过多少种更路簿，至今无法统计。

现存在 1987 年以前发现的这 12 种更路簿抄录或收藏人中有 9 种是琼海市潭门镇人氏，有 3 种分别是文昌市东郊镇、铺前镇和清澜镇人。但这两个市的抄录、收藏者又有交叉。如 1921 年苏德柳（潭门人）本在扉页上注明是"抄自文昌"。而苏德柳本开始处，"立东海更路"："自大潭过东海……"，渔船出发的始发站是大潭。"大潭"即合水水库出海口潭门镇隔着浅海外面大片珊瑚礁盘所面对的大潭。因此，"苏本"显然是琼海渔民首创！可以推断，琼海潭门渔民创造了"苏本"，后来由文昌渔民传抄过去，在潭门地区却消失了；于是潭门人苏德柳父亲又自文昌抄回！不管历史上存在过多少种更路簿，传抄情况多复杂，显然更路簿是由琼海市的潭门渔民与文昌市东郊镇、铺前镇和清澜镇的渔民所创造的。

---

① 本节及本章的"附"的内容，参见周伟民、唐玲玲：《南海天书——海南渔民"更路簿"文化诠释》，昆仑出版社 2015 年版。

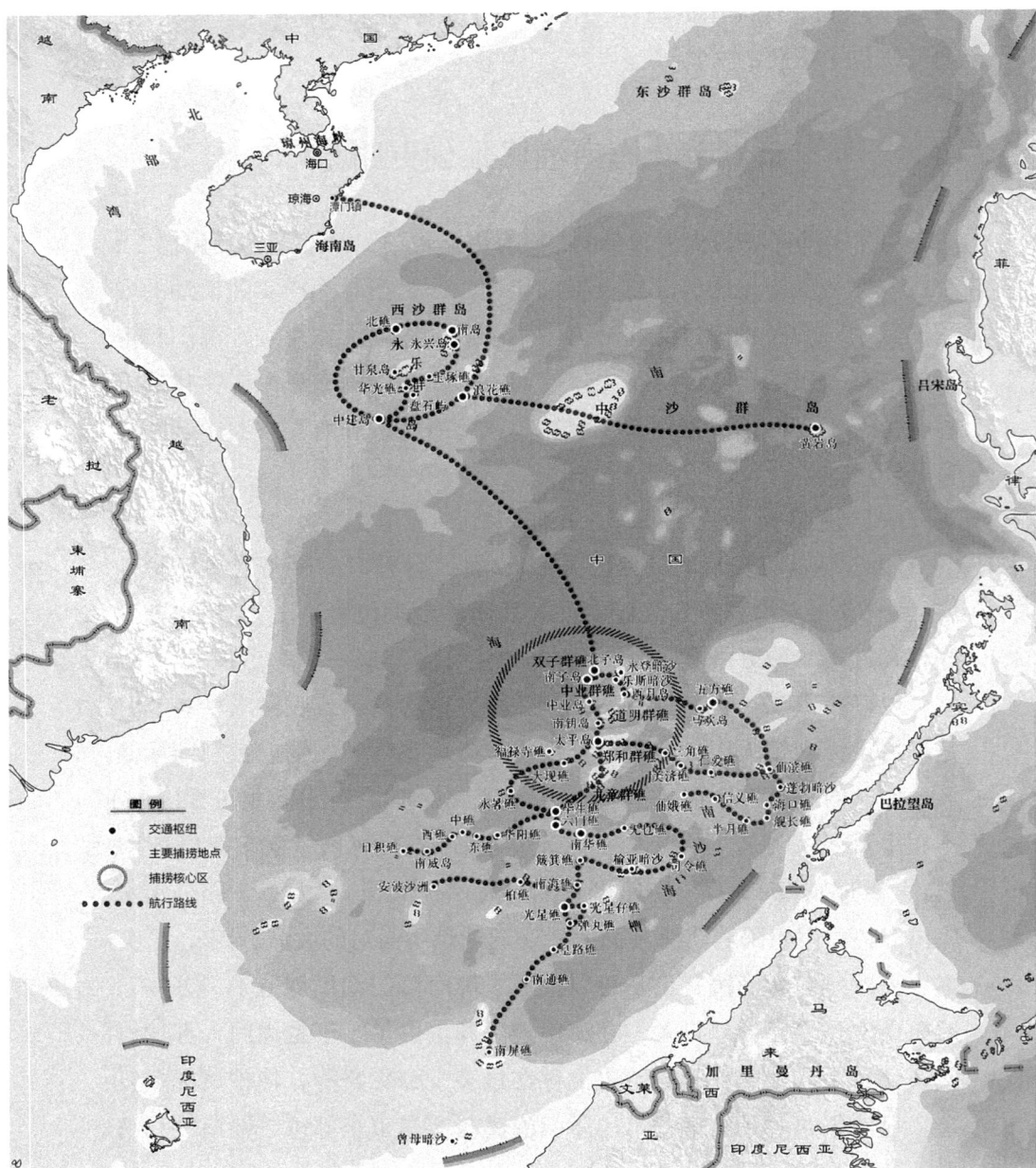

延续至今的更路簿作业航线（中国国家地理杂志社 制作）

2010 年以后，笔者在潭门镇等处又发现了 12 种更路簿。其中，苏承芬独创到中沙群岛的《中沙水路簿》最为重要。而他记录到黄岩岛为五条更路，确证黄岩岛是海南渔民传统的捕捞地，是中国领土。在中沙群岛的黄岩岛，是苏承芬父子两代经常去捕捞的地方。苏承芬说，自从他当上船长独立出海之后，经常去黄岩岛进行捕捞作业。黄岩岛海产丰富，有砗磲、公螺、海参等，每次捕捞都有很大的收获。他有时候一年去几次，有时隔一两年才去。黄岩岛是一个海产品种类及产量极其丰富的渔场，每次去都可捞很多东西回来。他说在黄岩岛上捞砗磲，那是最大的贝类，捞上来后，先割去肉，然后，留下贝壳。收割时，要注意其闭壳时手别被夹住。砗磲的壳内是洁白色的，有很高的观赏价值。

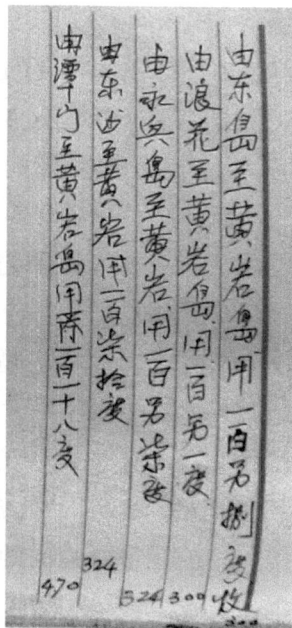

老船长苏承芬的更路簿
贺喜拍摄

相信在老渔民手中，肯定还会挖掘出新的抄藏本。

上述诸镇的渔民为什么要创造更路簿？更路簿产生的历史背景是什么？概括地说有四点：

1. 上述各镇的土地条件不适合于耕田，而所面对的海域又极适宜于"耕海"。

这些镇的所在地，都是在珊瑚礁滩所形成的海边，土层浅薄，而且都是海沙堆积，不宜农耕，特别是明清到民国时期，化肥极少且昂贵，所以，居民们的生活不能在土地中获得供给。而海边又特别适宜于渔捞，如铺前镇的海岸边，从北面的新埠港、铺前港到东寨港，都是浅海，鱼虾丰美。清澜镇和清澜港也是一样，潭门镇更为特殊。沿着海边绵延几公里的浅海隔岸半海里处形成了几公里长的珊瑚礁，阻挡大海的海浪拍岸，让浅海风平浪静；海域内水质肥沃，鱼虾丰富。潭门居民

明代成化初年 ① 迁来以后，就以渔捞为生；浅海锻炼了潭门人的一身渔捞本事，随着社会的发展，他们不满足于浅海渔捞，逐渐趋向西沙，特别是南沙。

2. 当地海神信仰的精神支撑。

海洋波涛万顷，特别是到了南海以后更是如此。在船只仅靠风帆的时代，人在大海中的命运常遇不测，渔民心灵中祈求超自然力的海神保护非常迫切。

文昌市渔民一般是信奉妈祖、108 兄弟公 ② 或外加水尾圣娘。而最具特色的是潭门，这里渔民将普遍性的海洋信仰和本土的精神资源相磨合，让本地渔民出海有安身立命的安全感！他们将 108 兄弟公和本地的"山水二类五姓孤魂"一起供奉。这里的"兄弟"与"孤魂"指的是壁画前面的两座神位：右座"108 兄弟之神位"，左座"山水二类五姓孤魂之神位"，神位前面都有一只相同规格的香炉。经征询潭门镇麦邦奋会长，这五姓孤魂是本地渔民将外地的无主孤魂收留供奉，他们与兄弟公一道协力救助遇难渔民，神通广大，有求

① 据潭门镇苏德柳家藏《苏氏族谱》记载，祖宗是在明代成化四年（1468 年）迁到潭门的。

② 关于 108 兄弟公遇难的时代和情节，在海南的民间传说中有多个版本，但没有书面记录。书面记录仅见（法）苏尔梦《巴厘的海南人：鲜为人知的社群》一文，指出："所谓'一百零八兄弟'实际上是一群海南籍海上商人，他们在安南经商后正在回国途中。（1851 年）在顺化水域被贪婪的越南海岸巡警杀害，尸体被抛入海中。这些商人们的灵魂升入天堂后，便担负起保护航海者安全的使命。在海南的铺前（1864 年）和清澜（1868 年）这两个与南洋贸易往来密切的海港，首先建起了奉祀他们的神庙。（参见 A Bonhomme，"*Le Temple de Chieu—ung*"，*Bulletin des amis du vieux Hue1*，3，Juillet—Septembre 1914，第 191—209 页。除了介绍在 1887 年竣工的顺化昭应祠外，作者还提供越南编年史片断的译文，它记录事件的经过，以及大约在 1890 年一个海南学者撰写的关于 108 个牺牲者的长篇传记，西贡海南会馆的领袖们仍然拥有《兄弟公遇难始末》，它重述 108 名商人的悲惨故事。）后来这两座神庙都被毁坏了。海南人在越南、马来西亚和泰国沿岸，即海南人迄今到达过的几乎所有地方，都为兄弟公单独建庙或在其他海南寺庙中拜祭他们。（在新加坡和西贡，把兄弟公的牌位引进奉祀天后宫的时间无法肯定。在曼谷，祭祀兄弟公的昭应庙建于 1871 年。参见 Wolfgang Franke，Pornpan Juntaronanont，Chun Yin and Toe Lee Kheng：《泰国华文碑铭汇编》，（台北）新文风出版社 1998 年版，第 65—76 页。）全文载周伟民主编：《琼粤地方文献国际学术研讨会论文集》，海南出版社 2002 年版。

必应。

当地渔民出海，据以在心灵深处得到慰藉与支持。是故，庙里香火颇盛。

3. 当地渔民历代"耕海"所铸就的性格。

渔民们共同的性格特征体现在他们经常口头说的三句话："再大的风浪也是船底过！""宁可死在海里也不死在家里！""踏平南海千顷浪！"他们世代闯南海，对大风大浪司空见惯，习以为常。

这些话，印证了当地渔民之所以能创造更路簿的倔强的民间性格。

4. 在历史上，大海培养和造就了一批识字的、多年在南海航行积累了丰富的经验而且在海难中又幸存下来的、有百折不挠的事业和历史使命感的船长。他们将自己的航海经验加以总结并不断在实践中加以修正、完善，形成了更路簿。

因此可以说，更路簿是上述诸镇渔民先辈历代不耕田而耕海，并在与大风大浪搏斗中用血汗乃至生命凝固成的生产实践的结晶。

为什么叫"更路簿"？

"更"是表示航海时所走的里程，也表示 360 度中的角度。

"路"，指道路或途径。大海茫茫无际，不像在陆地上"走的人多了就成了路"，海路是看不见、摸不着的，只能以地名间的间距来标示"路"。于是更路簿中的路，是一种虚拟的形态，它只有跟"更"和罗盘结合起来才能体现。"更"在与"路"联系时，就赋予里程含义。

更路表示里程，见于明代正德庚辰年（1460 年）作序的黄省曾《西洋朝贡典录·占城》。[①] 其中说："海行之法，六十里为一更"。后来《东西洋考·舟师考》用马欢的说法是把一日一夜分为 10 更："如欲度道

———————

① 此前的 1416 年《瀛涯胜览·占城国》曰"昼夜分为十更"，1436 年《星槎胜览》占城条曰"昼夜以善搋鼓十更为法"。"更"都是时间概念。这也证明"更"用于航海是在郑和多次下西洋之前的事。见（明）费信著、冯承钧校注：《星槎胜览校注》，中华书局 1954 年版，第 2 页。

理远近多少，准一昼夜风利所至为十更。"清乾隆年间陈伦炯《海国闻见录》亦说"每更约水程六十里"（见"南洋记"）。

更路还要靠针位指示才能航行。针位是罗盘指示的。罗盘装在一个普通的圆形木盒内，结构很简单，中间是指南针，罗盘把圆周分成二十四等份，用四维、八干、十二支等二十四个字表示各等份的方位。古代罗盘，将罗盘圆周的二十四个字，分别从"子"和"午"两字开始，把"子、壬、亥、乾、戌、辛、酉、庚、申、坤、未、丁"，和"午、丙、巳、巽、辰、乙、卯、甲、寅、艮、丑、癸"分成对称两部分。把两部分相对的字"子午""壬丙""巳亥""乾巽""辰戌""乙辛""卯酉""甲庚""寅申""艮坤""丑未""癸丁"分成十二组，每组表示两个相反方向，于是便构成了二十四方向。在使用相对的两个字时，是用正向还是反向，每条更路包含的起讫地点、针路和更数，在确定航向时，船长心中有数。

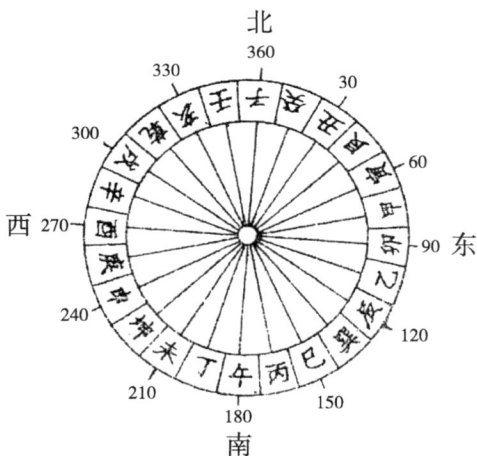

罗盘中的24个字，将圆周360度分开；子向正北、午向正南、卯向正东、酉向正西，相近的左右两个字之间形成一个锐角，有15°，这个锐角又可分成五部分，每部分是3°。但这些细分为3°的"线"在罗盘表面上不出现，驾驶员凭经验据上述的海流、风向等具体情况灵活掌握。

因为风帆船全靠着风力作驱动，海航中风向和网速等影响大，虽然航行的距离、时间在更路簿中都用更数表示，但船行路线多是走"之"字形路线，一更一般是 10 海里，变化却是绝对的。故而，不同的更路簿在相同的两地间的条文中更路数据往往不同，如潭门到西沙北岛，苏德柳本和卢洪兰本标示是 15 更，而李魁茂本则标示 17 更。

"簿"，就是今天说的"本子"。

在没有时钟计时的情况下，渔船在茫茫大海中远航，特别是夜晚，怎样计时？约定俗成，一昼夜分为 10 更，一更是多久？渔民通常是点燃香条，"以焚香几支为度"。一更烧几支香。

海航或者进港时要知道水深，上引明代黄省曾《西洋朝贡录·占城》明确指出："以托避礁浅。"黄省曾说的"托"，是古代航海测海水深浅的长度单位。据张燮在《东西洋考·舟师考》所说，托是方言，"谓长如两手分开者为一托"。[①] 托即探水用的驼的讹音。打水深浅的目的，是为避礁、浅，以免触礁或搁浅。一托约为 1.5 米，即一人双臂伸直的长度。驼，用长绳系铁铊投入海中探测深浅，叫"打水托"。

而探海流的方法是将湿炉灰捏成团抛入流水，如稍有溶解即下沉谓之正常，若溶解极快或被冲走则是异常。

概括地说，更路既表时间又表航向和里程，"火长"把渔船特点、海水流向、流速、风向、风速和所需时间融为一体，综合考虑，加以自然修正而成。因此，现代船舰航行，不能使用更路簿。

二、更路簿的形成

更路簿形成，是时代的发展决定的。

中国是面向海洋的国家。远在新石器时代，中国人早已在南海一带活动。出土的文物中，有肩石斧、有段石锛分布于广东、广西、台湾、海南岛及东南亚一带，说明中国人航海活动范围在今南海一带。

汉代起，南海有通过中南半岛经过印度洋到地中海沿岸的海上通

---

① （明）张燮著，谢方点校：《东西洋考·舟师考》，中华书局 2000 年版，第 170 页。

道，简称海上丝绸之路。最早的书面记载是《汉书·地理志》："自日南、障塞、徐闻、合浦船行……"① 对于南海海上丝绸之路这条黄金海道，汉代在《汉书》记录以前，已经是经过千百次航行的经验总结，然后肯定这种走法最为便捷；因为当时开通了与东南亚、南亚、大洋洲、非洲、欧洲等地的贸易。到了唐代，曾任鸿胪卿，主持和各族往来朝贡并熟悉边疆山川风土，又勤于搜集资料的地理学家贾耽，对南海远航有更为详细的记载。《新唐书·地理志》附录贾耽所记南海通各国的水路，是当时南海航行的通道。②

　　南海这条黄金海道，是中国历代航海家、渔民及海盗们所勘探出来的。因为南海水下的礁、滩特别复杂，古来有"千里长沙""万里石塘"之称，这是海上航行的危险地带。东汉扬孚的《异物志》记载说："涨海崎头，水浅而多磁石。徼外大舟锢以铁叶，值之多拔。"③ 这是中国最早记载南海的海况。此后，各个历史时期典籍都有南海海道的记载。例如：三国时万震《南州异物志》载："东北行，极大崎头，出涨海，中浅而多磁石。"④ 宋代赵汝适《诸蕃志》载："暇日阅《诸蕃图》，有所谓石床、长沙之险，交洋、竺屿之限。"⑤ 这些文献所说的崎头、磁石、石床及长沙等，指的是南海中珊瑚礁或珊瑚岛的周围由珊瑚碎屑构成的浅滩、沙洲、暗沙等，石床、石塘、长沙及前面有时加上"千里""万里"等，都是指南海中的岛、礁、沙、洲的形成过程，都与珊瑚虫的活动有关，所以这些古地名有时是泛指南海诸岛，有时是专指其中的一些群岛，或某一群岛；同一个古地名，在不同时代、不

---

　　① （汉）班固撰：《汉书》卷二十八《地理志下》，中华书局 1962 年版，第1671 页。

　　② （宋）欧阳修、宋祁撰：《新唐书》卷四十三《地理志》，中华书局 1975 年版，第 1153—1154 页。

　　③ （明）唐胄纂：正德《琼台志》卷九《土产下·药之属》，海南出版社 2006 年版，第 197—198 页。

　　④ （宋）李昉：《太平御览》卷七九〇，《四夷部十一·句稚国》，中华书局 1960 年版，第 3501 页。

　　⑤ （宋）赵汝适、杨博文校释：《诸蕃志校释·赵汝适序》，中华书局 2000 年版，第 1 页。

同的文献中所指的地域有的又不相同。总而言之，所说都是南海水道的险阻。

到了明代的永乐年间郑和下西洋时，《郑和航海图》中明确绘出石塘所在地。

长沙、石塘都是南海，也是海南渔民征服而经常出入进行渔捞生产的地区。

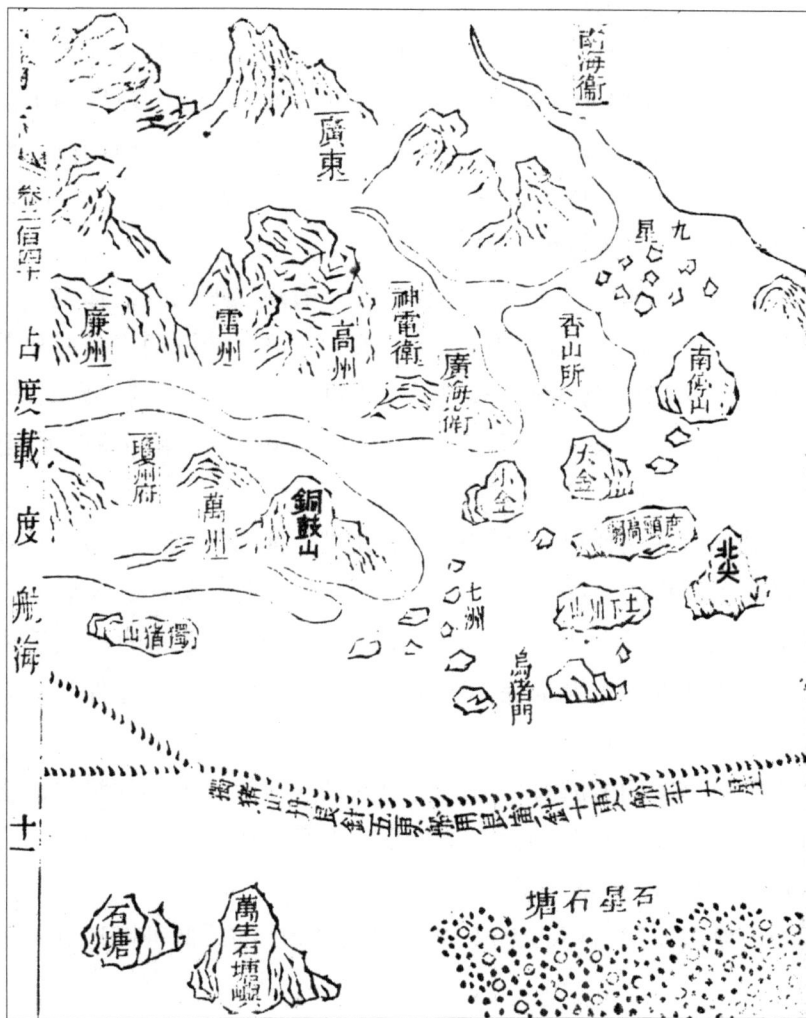

明代《郑和航海图》之十一幅（1405—1421 年）

资料来源：（明）茅元仪辑：《武备志》卷二百四十《郑和航海图》

据考古资料，甘泉岛有唐宋居住遗址，出土了大量的铁锅碎片、烧煮食物的炭灰烬、瓷器和陶器碎片、铁刀和铁凿残片，还有吃剩的鸟骨和螺蚌壳。当时活动的应是渔民。明代海南人王佐所著《琼台外纪》已经失传，但道光《万州志·卷三·舆地志·潮汐》转述了《琼台外纪》的话，说"州东长沙、石塘，环海之地，每遇铁飓，挟潮漫屋、淹田，则利害中于民矣"。[①] 证明当时西、南沙群岛上有田园房屋，他们很可能是海南渔民的先人。今天，在永兴岛、石岛、东岛、赵述岛、南岛、北岛、晋卿岛、琛航岛、广金岛、珊瑚岛、甘泉岛等处，还有明、清两代遗存的小庙14座。这些神庙供奉的是海南文昌、琼海等市县信仰的天妃、观音、108兄弟公及五姓孤魂等。有些神庙还保存有神像。如琛航岛上的"娘娘庙"中供奉的瓷观音像，是明代的龙泉窑烧制的。北岛的小庙中供有木制的神主牌。

南海诸岛小庙中，有些还悬有对联、横匾。如永兴岛孤魂庙的对联是："兄弟感灵应，孤魂得恩深。"这副对联，与潭门文教村兄弟庙的对联"兄弟联吟镜海清，孤魂作颂烟波静"互相呼应，异曲同工，都是祈求"海不扬波"。和五岛上娘娘庙的对联是："前向双帆孤魂庙，庙后一井兄弟安"。门额是"有求必应"。

可见渔民在明代以前就在南海诸岛进行渔捞生产。不过，这些可能是产生更路簿的外部条件，还不是更路簿产生形成的必然证据。

由于南海自古以来是沟通西太平洋与印度洋之间的海上重要通道，我国古代航海家及渔民不断探索这条黄金海道的安全路线。航海家和渔民的航海，有同有不同。

关于航海家们的航海，他们使用的是航海针经书；而渔民航海的路线记录是"更路簿"，记录的路线包括国内和国外两部分，国内更路又包括西沙群岛和南沙群岛两组。

先说航海家们所用的针经书。由向达校注的《两种海道针经》序

---

① （清）胡瑞书总修，杨士锦、吴鸣清纂：道光《万州志》卷三《舆地略》，海南出版社2004年版，第285页。

中说："古代航海家往返于汪洋无际波涛山涌的大海中，对于各地路程远近、方向、海上的风云气候、海流、潮汐涨退、各地方的沙线水道、礁石隐现、停泊处所水的深浅以及海底情况，都要熟悉。航海的人要知道路程远近和方向，是不消说的了；还得知道风云气候，不仅台风飓气，就是平常的风暴、风向不对，也足以使海船大大为难。海流、潮汐也很重要，古代谈到台湾落漈，往往为之色变，即是一例。海船抛舡，怕碰上铁板沙、沉礁，也是知道停泊处所是泥底、石底还是石剑，怕走椗或弄断椗索。所以一定要知道水道、沙线、沉礁、泥底、石底、水深水浅等等，诸如此类，这是一本很复杂而又细致的账，掌握不了，就无从在大海中航行。"①

对航海家航海经验的总结，中国有悠久的历史传统。班固的《汉书·艺文志》中著录有《海中星占验》十二卷、《海中五星经杂事》二十二卷、《海中五星顺逆》二十八卷、《海中二十八宿国分》二十八卷、《海中二十八宿臣分》二十八卷、《海中日月慧虹杂占》十八卷等。这些典籍，总结出汉代出南海航向印度洋航道的经验。而关于航行中由指南针定位，则至北宋才有记载，如北宋朱彧说："舟师识地理，夜则观星，昼则观日，阴晦观指南针，或以十丈绳钩取海底泥嗅之便知。"②吴自牧的《梦粱录》也说："全凭南针，或有少差，即葬鱼腹"。宋代已有专书记载航海路线用指南针导航的状况。

到了明代，有另一批"航海家"——水手们据自己航海的经验编写出水路簿。《渡海方程》是现在所见到的中国第一本刻印的"水路簿"。1936 年，向达对这本水路簿作鉴定时，推测其年代约在明代隆庆、万历之间（1567—1620 年）。③

1959 年 2 月，向达校注了《两种海道针经》，称为《海道针经（甲）顺风相送》《海道针经（乙）指南正法》。这时，向达作出另一结论，

① 向达校注：《两种海道针经》序言，中华书局 2000 年版，第 2 页。
② （宋）朱彧：《萍洲可谈》卷二《四库全书》，第 289 页。
③ 田汝康：《〈渡海方程〉——中国第一本刻印的水路簿》，载《中国帆船贸易和对外关系史论集》，浙江人民出版社 1987 年版，第 127 页。

认为《顺风相送》完成于十六世纪。[①]

　　向达写道：这里刊布的《两种海道针经》都是从英国抄回来的。原本都是旧抄本，原藏于英国牛津大学的鲍德林图书馆（Bodleian library）。甲种封面上旧题有"顺风相送"四字，今即取为书名。《顺风相送》的副叶上有拉丁文题记一行，说此书是坎德伯里主教牛津大学校长劳德大主教（Arch·laud）于一六三九年所赠。一六三九年为明崇祯十二年。据说劳德曾收购到欧洲一所耶稣会大学的藏书，有好几种中文书，《顺风相送》是其中的一种。[②]

　　但是，对向达 1936 年和 1959 年先后两年所作的两个结论，中外学术界都存在不同学术观点：英国鲍德林图书馆休斯（E.R.Hughes）认为其与 15 世纪初郑和多次远洋航行有关。[③] 戴文达（J.J.L.Duyvendak）依据该书无署名无年代序言的内容，支持休斯的意见，同样认为这是明代初年郑和七次海外航行的产物。[④] 李约瑟博士则把这本水路簿的完成年代推溯到 15 世纪上半叶，即郑和远洋航行的末期。[⑤]

　　田汝康经过一系列缜密论证之后，得出新的结论：所谓《顺风相送》，实际上是中国第一本刻印的水路簿《渡海方程》的传抄本。《渡海方程》是根据远在 15 世纪上半叶郑和多次远洋航行之前的一些水路簿编纂成书的，首次刻印时期是在明嘉靖十六年（1537 年）。这个传抄本虽然保存了原刻本的某些基本内容，但在传抄过程中又有取舍地作了添加和省略。因为绘制困难，即使已经被列入传抄本目录中的"山形水势深浅泥沙地礁石之图"却被省略了。这应该是原本的主要内容部分。[⑥]

---

　　① 　向达校注：《两种海道针经·序言》，中华书局 2000 年版，第 4 页。
　　② 　向达校注：《两种海道针经》，中华书局 2000 年版，第 3—4 页。
　　③ 　E.R.Hughes *The Bodleian Quarterly Record*,Vol.VIII,No.91,1936 Autumn, 第 233 页。
　　④ 　J.J.L.Duyvendak *Toung Pao*,Vol.34,1938, 第 230 页。
　　⑤ 　以上材料均引自田汝康：《中国帆船贸易和对外关系史论集》中《〈渡海方程〉——中国第一本刻印的水路簿》一文。原书 1987 年浙江人民出版社出版。
　　⑥ 　田汝康：《〈渡海方程〉——中国第一本刻印的水路簿》，载《中国帆船贸易和对外关系史论集》，浙江人民出版社 1987 年版，第 128 页。

　　所以，田汝康指出：以"顺风相送"为名的水路簿从未见于中国古籍记载，也从未为任何人所引用过。明代航海指南之类书之反复见于各种记载的，只有《渡海方程》及《海道针经》。而根据《日本一鉴桴海图经》的说法，这两本书实际上"同出而异名"。①

　　笔者认为田汝康的结论是正确的：《渡海方程》是中国第一本水路簿，而且是根据郑和下西洋之前的一些水路簿编纂成的。

　　而更路簿的产生并形成，不是一朝一夕的事，是距海南岛由近及远、更路由少到多的一个长期积累过程。

三、更路簿与《渡海方程》及《海道针经》的递属关系

　　如果说，上文举证海南渔民在明代以前即到南海活动，有渔民活动就意味着产生更路簿，这是更路簿产生的外证。下文则是以列举更路簿本身的内容与两种针经书的关系作为论证，证明它们之间存在深层次的递属关系。这是内证。

　　1. 指引航路方法相同。《两种海道针经》（以下简称"针经"）与《更路簿》（以下简称"更"）都是指导海洋中航行的航路，与陆地走路不一样："行路难者有径可寻，有人可问。"而航海，"则海水连接于天"，"莫能识认"。②所以，"针经"与"更"两者在航海者航路操作程序中完全一致。这不是偶然巧合。两者所叙每条航路都有四个要素：起点、终点、针位和更数。起点和终点很明确；"针经"是航路，"其正路全凭周公之法"③，即都使用罗盘定方向。传说中罗盘是周公创造的；其实，我国自北宋晚期起，海上行船才使用罗盘，以指导航线。因为文献中记载航海使用罗盘针，始于北宋末年朱彧《萍洲可谈》及徐兢《宣和奉使高丽图经》；记载航海使用罗盘针位，实始见于本书。④后来明代张燮在《东西洋考·舟师考》中明确将针位

---

　　① 郑舜功：《日本一鉴桴海图经》，民国二十八年影印本，第1页。
　　② 向达校注：《两种海道针经·序言》，中华书局2000年版，第21页。
　　③ 向达校注：《两种海道针经·序言》，中华书局2000年版，第21页。
　　④ 参见（元）周达观著、夏鼐校注：《真腊风土记校注》，中华书局2000年版，第23页。

分为"单针"和"缝针",他说:舟师在大海航行,"独持指南针为导引,或单用,或指两间。""单用"即单针、正针,"或指两间"则为缝针,即两正针夹缝间之一向。其实,单针或缝针在元代永嘉周达观《真腊风土记校注》的"总叙"里面说的自温州开洋,"行丁未针",即是正针,单针;后面的自真蒲"行坤申针"过昆仑洋,即是缝针,是指南针中坤申之间的向度。这样,"针经"和"更"中都用,前者如《福建往交趾针路》中"用坤申及单申"七更船平南澳山[1]等等,即用缝针坤申,西南向西南偏西,然后单针申,西南偏西方向。"更"中也一样,苏德柳本第四章,舟在铜鼓岭开,"用单丁加乙线未,五更取大洲,大洲外过用丁未平取赤好",即先用单针丁南偏西,然后过大洲用缝针丁未,西南偏西方向。至于更数,两者都在起点和终点之间航行的时间和距离。一天 10 更,一更 60 海里。此外,航路中船员探测水深、观察海流和抛艉等的方法,都大体一样。

2. 两者有些航路是相同的,但记叙略不相同。试对比三段文字:

《顺风相送·定潮水消长时候》:

> 船若近外罗,对开贪东七更船便是万里石塘,内有红石屿不高。如是看见船身,便是低了,若见石头可防。若船七洲洋落去贪东七更,船见万里石塘似帆船样,近看似二、三个船帆样,可防牵船。使(驶)一日见外罗山,千万记心耳。[2]

《海道针经·指南正法·序》:

> 若过七洲,贪东七更则见万里长沙,远似艉帆,近看似二、三个船帆,可宜牵舵。使(驶)一日见外罗对开。东七更便是万里石塘,内有红石屿不高,如是看见艉身低水可防。[3]

苏德柳抄本更路簿第三章《驶船更路定例》:

> 舟过外罗七更是长线,连石塘内,北有全富峙、老粗峙、世江

---

① 向达校注:《两种海道针经》,中华书局 2000 年版,第 49 页。
② 向达校注:《两种海道针经》,中华书局 2000 年版,第 27—28 页。
③ 向达校注:《两种海道针经》,中华书局 2000 年版,第 108 页。

峙、三足峙，又有尾峙。舟东见此七峙^①，急急转帆，用甲庚卯酉驶回。

这三段水路或更路放在一起来看，是很有意思的。《顺风相送》是明初水手的亲历，描述万里石塘很准确，说是有两个特征："内有红石屿不高"，"近看似二、三个船帆样"。但《指南正法》明显是抄录《顺风相送》，抄录者可能没有到过现场，故将万里长沙包含了"近看似二、三个船帆"，又说"东七更便是万里石塘，内有红石屿不高"。这样，"东七更"是万里长沙，同一个"东七更"又有万里石塘，一处地点就有了两个地名，而且是两个大群岛叠在一起，这显然是万里长沙为万里石塘之误。而苏德柳抄本《更路簿》的作者是海南人，对西沙群岛十分熟悉，重新描述了石塘地段中的"红石屿"和那"二、三个船帆样"即是全富峙等七个小岛和沙洲，显得十分主动而且描述清晰。

3. 对于国外更路，两者相同的更多。

海南更路簿中过去有人统计过，有 108 个外国地名；《两种海道针经》至少有 63 个。这显然两者是有一种内在联系的。^②

4. 再试对比另外三段文字。

《顺风相送·定潮水消长时候》：

> 船身若贪东则海水黑青，并鸭头鸟多。船身若贪西则海水澄清，有朽木漂流，多见拜风鱼。^③

《海道针经·指南正法·序》：

> 慎勿贪东贪西，西则流水扯过东，东则无流水扯。西则海水澄清，朽木漂流，多见拜风鱼。贪东则水色黑青，鸭头鸟成队……

张燮《东西洋考·水醒水忌》：

---

① 这里石塘即西沙永乐群岛。"七峙"，即此段文字中四峙，其中"三足峙"包括琛航岛、广金岛和一圆峙（甘泉岛），如此方足七峙之数。

② 何纪生：《〈水路簿〉初探》，载《南海诸岛地名资料汇编》，广东省地图出版社 1983 年版，第 541 页。

③ 向达校注：《两种海道针经》，中华书局 2000 年版，第 27 页。

> 凡行船，可探西，水色青，多见拜浪鱼，贪东则水色黑，色青，有大朽木深流及鸭鸟声。①

苏德柳抄本更路簿《驶船更路定例》：

> 如船外罗东过，看水醒三日，且看西面，船身不可贪东。前此舟近西，不可贪西。海水澄清，并有朽木漂流，浅成挑，如见飞鸟方正路。

这四段文字，说的是自西沙群岛到越南的更路，其关于飞鸟，不论是鸭头雁或其他鸟，以及"海水澄清"，可能都是海中经常有的自然现象，但"有朽木漂流"，却可能是最早的渔民当时看到的，或为偶然从越南方面漂流来的，不可能长期在海中漂流。这足证是一种对更路的传承或照抄。

上述关于《两种海道针经》，特别是《顺风相送》与海南渔民南海更路簿深层关系的举证，可以作出推论：海南渔民首创南海更路簿，最早是受到郑和下西洋之前福建外海船员水手的一些水路簿的影响，而开始萌生并逐渐把自己在南海海上渔捞经验积累形式更路簿。然后在明中叶普遍流传、推广，盛行于明末、清代和民国。因此，海南渔民的南海更路簿的出现在时间上与福建船员水手最早的水路簿并不差多少年。

可以得出结论：南海更路簿形成于郑和下西洋之前的明初，盛行于明中叶、清代及民国初。而在19世纪30年代外国海图风行以后，更路簿为海图所取代，退出了历史。而海南渔民南海更路簿性质是为渔民的实用而产生和流传的；它的特色是更路略于国外而详于南海，国外更路主要为了渔捞产品的贸易；南海，特别是南沙群岛，更路密布如织，各抄本所记同一海区的"更路"，多少不一，最多的是王诗桃本有279条，而蒙全洲口述本是87条，见表3-7。

---

① （明）张燮著、谢方点校：《东西洋考·舟师考》，中华书局2000年版，第189页。

表 3-7　18 种抄本所记航线数比较

序号	《更路簿》抄本	航线条数（条）
1	《顺风得利》（《王国昌抄本》）	东海：42，北海：209（共计：251）
2	《林鸿锦抄本》	东海：59，北海：162（共计：221）
3	《注明东、北海更路簿》（麦兴铣存）	共计：135
4	《东海、北海更路簿》（《李根深抄本》）	共计：151（内南沙更路 112）
5	《苏德柳抄本》	东海：29，北海：106，广东、海南岛、中南半岛、南洋更路：54（共计：189）
6	《许洪福抄本》	北海：153，东沙头：67（共计：220）
7	《定罗经针位》（《郁玉清抄本》）	东海：35，北海：65（共计：100）
8	《西、南沙更簿》（《陈永芹抄本》）	西沙：16，南沙：83（共计：99）
9	《西、南沙水路簿》（蒙全洲口述，麦穗整理）	西沙：13，南沙：74（共计：87）
10	《卢洪兰抄本》	东海：66，北海：120（共计：186）
11	《彭正楷抄本》	东海：17，北海：200（共计：217）
12	苏承芬祖辈传承抄本《更路簿》	东海：29，北海：115（驶船更路例：10，共计：144）
13	苏承芬据航海经验修正本《更路簿》	中沙：65，西沙：192，东沙：5（共计262）
14	王诗桃抄本《更路簿》	东海：61，北海：183，琼州行船更路：35（共计：279）
15	郑庆能藏本《广东下琼州更路志录》	共计：18
16	郑庆能藏本《琼岛港口出入须知》	共计：30
17	郑庆能藏本《琼州行船更路志录》	共计：50
18	李魁茂抄本《更路簿》	共计：53

　　这足证它的特色更路略于国外而详于南海，这与针经书中详于国外而略于国内是特色所在。

四、更路簿的历史意义和价值

（一）渔民更路簿所保存的南海地名的俗名，在海南地名学上的意义和价值

地名是海南渔民生产活动中必需的标志。上文所说渔民在南海范围内广泛的活动可以清楚地看出南海诸岛中主要岛礁都有海南渔民的命名。

海南渔民对这些岛礁的命名，是按照自己的经验，用本地的俗语，约定俗成，为南海上的岛礁沙洲命名的；这些俗名，据专业工作者调查整编，除了将一个岛礁有几个俗名的（永兴岛有6个俗名）仍算一个，这是一名多写的原因外，共计有136个地名命名，其中东沙群岛1个，西沙群岛38个，南沙群岛97个。中沙群岛水深，渔捞困难，未发现渔民俗名存在。1973年海南行政区水产局、国营南海水产公司和海南水产研究所等单位组成的联合小组，在对琼海潭门镇的老渔民作调查、地名收集和到西沙群岛进行实地考察的基础上，编写了《西、南、中沙群岛渔业生产和水产资源调查报告》，其中记下了这些海域的俗名，如猫驻岛（即永兴岛）、猫兴岛（东岛）、七连岛（七连屿）、船暗尾（西沙洲）、长峙（北岛）、石峙（中岛）、三峙（南岛）、红草一（南沙洲）、红草二（中沙洲）、红草三（北沙洲）、园峙（甘泉岛）、大三脚岛（琼航岛）、三脚峙仔（广金岛）、干豆（北礁）等65处俗名，仅次于更路簿中所列俗名。这些渔民命名的俗名在新中国成立前公开出版的书刊中有记载，如陈天锡编《西沙岛、东沙岛成案汇编》及《调查西沙群岛》等书提到当年琼东县李德光等呈报的"承领经营吧注岛及吧兴岛种植、渔业计划书"上，附有一幅"西沙群岛图"。图上有双帆、长岛、吧注、吧兴、吧兴谷、三圈礁、干豆、鸭公、银岛、四江、三脚、二圈礁、老粗、圆岛、尾岛、大圈礁、白岛仔、半路18个地名，每个地名前均注明"琼人俗名"或"俗名"。[1]这些

---

① 参见刘南威：《南海诸岛琼人俗名》，载《中国南海诸岛地名论稿》，科学出版社1996年版，第39页。

俗名，是根据"更路簿"条文中的起讫地点、针位及更数、渔民填绘的有琼人俗名经纪录确定的。

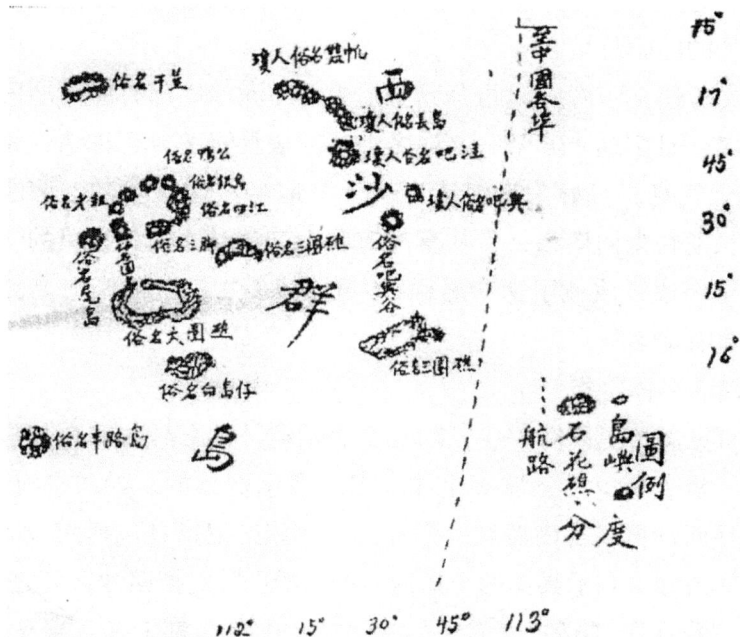

西沙群岛图（商人李德光呈文附图）

资料来源：刘南威：《中国南海诸岛地名论稿》，科学出版社1996年版。

这些俗名，有的是以地貌命名的，如眼镜铲、双帆、长峙、三角、三脚峙、裤裆、锅盖、乌串；有的是以气候命名的，如东海、北海（利用季风命名）；有的是以水文命名的，如劳牛劳（"流不流"谐言）；有的是以当地生长的植物命名的，如红草一、红草峙、老粗峙；有的是以海产命名的，如墨瓜线、赤瓜线、巴兴、咸且（咸健的谐音）；有的是以位置命名的，如东头乙辛、西头乙辛、半路峙、尾峙等；有的是以数字命名的，如双门、六门、双峙、五风等。还有的是以顺序命名、以颜色命名、以传说命名等，多种多样，富有形象特色，表示了一处地名的特征。这些地名，从取名到公认，都经历了一个漫长的历史过程，是渔民数百年间约定俗成的产物。海南渔民用他们的智慧和辛勤的劳动征服了波涛汹涌的南海，根据自己所经历的路线特点，创造了丰富多彩、各具特色的俗名。也因为有了这些俗名，则有了地方的标识，船行就方便了。这从一个侧面证实更路簿是海南渔民南海渔捞活动的经验总结。

上文所述，南海广阔的海域上主要的岛洲沙礁都有海南渔民所赋予的俗名，且多达 136 个；这许多俗名，全是海南方言称谓，具有浓厚的乡土气息，可称为南海诸岛"土"地名。这些俗名，是他们祖祖辈辈长期在南海诸岛一带从事航海和生产活动而熟悉这里的一岛一礁，约定俗成，成就了这些名称。《更路簿》中记载的南海诸岛琼人俗名，具有诸多特点。

1. 命名具体定指

在所见的《更路簿》中，除几个表示群体地名外，其余都是表示具体岛、洲、礁、沙、滩等个体地名。表示群体的，如"东海"，定指是包括西沙群岛在内海域的俗称，"北海"，定指是包括南沙群岛在内海域的俗称。表示具体的个体地名如"干豆"，定指西沙群岛之北礁，"巴注""猫注""猫岛""猫住""琶注""巴岛"都定指永兴岛。"园峙"定指甘泉岛，"大筐"定指华光礁，"丑未"定指诸碧礁，"黄山马"定指"太平岛"，"铁峙"定指"中山岛"等。

2. 位置确定

《更路簿》中的地名，对具体岛、洲、礁、沙、滩间的相对位置，是通过针位（航向）和更数（距离）确定下来的，因而相对位置比较准确。

3. 形象生动

《更路簿》中的地名，是在渔民祖辈熟悉岛礁特征的基础上命名的，因而多以形象命名，能望文知义。如把环礁称为"筐"，把南威岛称为"岛仔峙"，把司令礁称为"眼镜铲"，把安达礁称为"银饼"，把仙宾礁称为"鱼鳞"等。

4. 沿用至今

《更路簿》中的地名，是渔民"约定俗成"，自己确定，共同承认，从生产中来，又在生产中使用。所以在未经官方核定时，也能祖辈相传，沿用下去。如把西沙群岛和永乐群岛称为"石塘"，和北宋以后古籍载西沙群岛为"石塘"相一致。南海诸岛琼人俗名，至迟在明代已经形成，在古代图籍记载的南海诸岛"古"地名中，如"珊瑚洲""长沙""石塘""千里（或万里）长沙""万里（或千里）石塘""九乳螺洲""南澳气""红毛浅"等，有的只泛指南海诸岛，有的或指其中一二个群岛。这些渔民使用的地名是古代劳动人民给南海诸岛的名称，通过口授或手抄方式留传下来，可以说是古代南海地名的组成部分。这是渔民的创造，也于此说明"更路簿"乃渔民世代南海作业集体经验的结晶，弥足珍贵！

更路簿中的俗名，有着不可低估的意义和价值。

1. 渔民的南海海域俗名，为 1983 年我国政府公布 287 个标准地名提供了部分依据。

渔民的俗名，不但数量大而且覆盖幅度大；136 个俗名的存在，遍布在南海诸岛上。国家公布的标准地名 287 个，除去水道标准地名 13 个和中沙群岛标准地名 37 个外，东、西、南沙群岛共有标准地名 241 个，而渔民俗名却有 136 个，不足 2 个标准地名就附有 1 个渔民俗名。而南沙群岛公布的标准地名 184 个，其中附有渔民俗名的有 97 个，有一半以上的岛礁滩都有渔民俗名。这足以证明，渔民俗名为国家确立南海标准地名奠定了群众基础。

2. 证明我国渔民对南海诸岛开发的历史久远。

渔民俗名，是随着渔民经营南海的生产需要而逐渐形成，也随着渔捞生产的发展而增加并且扩大流传范围；渔民俗名覆盖的幅度，也必然是因从业人员代代相传而蔓延。如今整个南海海域都遍布渔民俗名，证明了我国渔民对南海的开发经营是有着悠远的历史的，俗名也是渔民开发南海的见证。

3. 有南海航运史和南海生产、生存史的价值。

渔民创造俗名时，目的是记叙地域，便于称谓和交流，但俗名一旦产生，它就在航海史上显示出价值。因为风帆时代，渔船航海没有精确的海图和先进的航海仪器设备，主要靠罗盘针位，所以这些俗名，固定了南海航海史上的方位和航向。同时，它们也满足了渔民南海生产、生活和长期生存时，沿途识别岛礁的需要。如鱼鳞（仙宾礁）、牛车英（牛车轮礁）、簸箕（簸箕礁）等一大批俗名都能满足航海中做辨别岛礁、确定船位的需要。又如半路线（半路礁）等说明处在两岛礁中间相对位置。此外，渔民俗名还起着指导生产、生活和长期生存的作用，如无乜线（无乜礁）、咸舍（咸舍屿）等是说水产品不多，"咸舍"海南方言是过分节俭之意；全富（全富岛）则是水产丰富；赤瓜线（赤瓜礁）、墨瓜线（南屏礁）、鸟仔峙（南戌岛）都因物产而得名。

（二）更路簿不仅指引渔民出海，也是海南一部分华人出洋的途径

海南华人出洋，是一种社会历史的特有现象；这种现象，是不同历史时期，国际、国内及海南岛内部的政治、经济及社会状况变迁等方面综合作用的具体反映。

海南华人出洋，据学者研究，大略有四次高潮：

1. 1842 年鸦片战争结束，《南京条约》签订后。

2. 1860 年第二次鸦片战争结束后。

3. 1927 年至 1937 年第二次国内革命战争（十年内战）期间。

4. 20 世纪 20 至 30 年代英国在新加坡建立远东最大海空军基地，需要大量劳工及家务劳动者。①

这四次出洋高潮，因为海南岛环岛皆海，海途四通八达，故出洋者所走的途径也五花八门；多数是从海口乘轮船出洋，也有取道广州出洋。在田野调查时，有老渔民说：渔船联帮出海，在第二年春夏之交有一条船被委派代表这帮船到新加坡出卖渔货，有人事先跟船长约定，说是上岸以后居留新加坡，或转他国，临时居留，不回海南岛，

---

① ［新加坡］韩山元：《海南人出洋及新加坡海南社团特点的研究（提纲）》，载《琼粤地方文献国际学术研讨会论文集》，海南出版社 2002 年版，第 42 页。

船长回船时也不再等候。有时，也有在当地或者马来西亚、泰国等国家的琼侨，或因省俭火轮的船票费，或因故急需回海南而不能久候船期的，也常搭乘渔船回海南。不过，不论是去程或回程，都是同乡镇的裙带。相比较而言，出洋走更路簿渔船的毕竟是少数，而且多是不带护照的。

（三）更路簿在海南南海交通史和海外贸易史方面，都有一定的印证作用

更路簿是南海渔民在耕海的过程中，开发和经营西、南沙群岛的历史见证。海南渔民在更路簿中，由特定的人（海南渔民）用特定的文字（海南方言字）和特殊的方式（文字、地图）描绘出特定地区（由海南岛至西沙群岛、南沙群岛等各岛礁）的航海图。这种航海图在世界上是独一无二的，是南海渔民所创造的（参看《1918 年我国渔民在南沙群岛双峙所画的地图》[1]），它是海南渔民开发西沙群岛、南沙群岛的历史见证。

（四）更路簿与其他史料的印证作用

更路簿连同中国的历史典籍、南海考古的发现以及老船长的口述历史，这四者在互相印证，证明南海诸岛及其邻近海域是中国人民最早发现、最早命名、最早开发经营和长期由政府进行有效管辖。

五、更路簿的局限性

南海更路簿，是海南渔民长期在南海海域进行渔捞和住岛的生产经验总结，它不是科学意义上的航海指导书。使用更路簿，很大程度上依靠罗盘和"火长"的个人航海经验；罗盘放在渔船上，因为海浪的冲击，渔船航行时前后颠簸，虽然罗盘针一般不受影响，但如果风浪太大，船左右摇晃，罗盘往往会发生误差以至失灵，这时，渔船有可能误行方向。渔船在大海中远航，半夜火长换班，也可能误认针位。在田野中，有不止一位船长都说，某某船因此而往回驶，直到看见出

---

① 上引郭振乾文附图。

发港时才发现渔船是驶回头船。也有时渔船到新加坡卖鱼货，行驶了很长时间后发现渔船又回到了出发时的南威岛。

在以后的历史时期，更路簿对于渔民出海生存作业起到了非常大的作用，也从一个角度反映了先民在南海生产生活的范围，无意间为今天提供了一份南海诸岛属于中国的有力证据。

第六节 盐业及盐税

一、明代海南盐业概况

煮海之利，历代都由官府管制。明洪武初年，即立盐法，置局设官。当时，设置盐课提举司有广东、海北、四川、云南等。海北提举司管理高州、雷州、廉州、琼州4府盐事，辖15场，其中6场在琼州，即大小英感恩、三村马袅、乐会陈村、博顿兰馨、新安、临川，各设盐场大使一员，六场原额正丁共5024丁，办盐不等，共盐6253引312斤8两，每岁运赴海北新村盐仓上纳。正统七年（1442年），知府程莹奏准每盐一引折米一石，共米6253石7斗8升，合2勺5抄，在本府上仓。弘治年间（1488—1505年），每米1石，例折银3钱，共银1876两1钱3分4厘3毫7丝5忽，赴本府广盈库投纳，支给军饷。[1]

海南因与大陆横隔琼州海峡，所生产的盐运输不便，所以以盐换米于海南各仓中纳，以避免远地运输之苦。《明实录》载：洪武十年（1377年）冬十月庚午，儋州大丰仓副使李德新言："琼州府军饷每岁俱于广东漕运，经涉海洋，往来艰险。宜以盐引发下琼州府，转发儋、万、崖三州，召商以米于海南各仓中纳，付与盐引，就场支给，庶免漕运之劳。"于是命户部定其米数：琼州府每引米二石，儋州米一石八斗，万州米一石五斗。[2]这是以钞代盐制演变为以盐代粮制。在明代的边

---

[1] （明）唐胄纂：正德《琼台志》卷十四《盐场》，海南出版社2006年版，第326页。

[2] 《明实录·太祖实录》卷一一五。

防卫所，其军士月盐，大都是由盐政衙门直接支给。海南军士纳米支盐形式，《明英宗实录》卷七九载："琼州府，海外极边，控制诸番诚为要地，粮饷之积不可不备，而其所属新安等盐场，自永乐至今积盐甚多，无商中贩。请敕廷臣熟议，令彼灶丁暂停煎办，听本处军民每盐一引于所属州县仓纳米五斗，以近就近，支作户口食盐，俟其尽绝仍旧煎办，庶官民两利，边储者有积"。[①] 由此看来，海南所行的纳米支盐，因不受户口盐额的限制，军士与民人均可以米易盐，不过所支的盐仅作为食用，不能渡海贩卖。

二、明代食盐的开中制度

明初对食盐实行开中制度，即根据财政的需要，出榜招商，应招商人把官府需要的实物输送到边防卫所或指定地点，从而取得贩盐的专利执照——盐引，然后凭盐引到指定盐场支盐，并在指定盐区域内销售。

《明史·食货志》云："洪武三年（1370年），山西行省言：'大同粮储，自陵县运至太和岭，路远费烦。请令商人于大同仓入米一石，太原仓入米一石三斗，给淮盐一小引。商人鬻毕，即以原给引目赴所在官司缴之。如此则转运费省而边储充。'帝从之。召商输粮而与之盐，谓之开中。"[②] 可见，开中制是商人以力役和实物向官府换取食盐的专卖权的制度。因为明朝户口食盐，是由地方官府卖盐，收其盐价，因此商人借开中制承运的盐货，很难介入盐的销售领域。但在官府无盐配给民户的情况下，户口盐制实际上已失去存在价值，在"民不可一日食淡"的自然压力下，商盐的行销就必然取代官府的户口食盐。[③] 海南出产的海盐，基本上在户口盐制下，由地方府县官府给散征价，为官卖盐，缴纳盐税，以支给军饷。

据正德《琼台志》记载："洪武初年，灶户除正里甲正役纳粮外，其余杂泛差徭并科派等项，悉皆蠲免。后来州县官吏不体盐丁，日办

---

① 《明实录·英宗实录》卷七九。
② 张廷玉等撰：《明史》卷八〇《食货志四》，中华书局1974年版，第1935页。
③ 郭正忠主编：《中国盐业史》，人民出版社1997年版，第625页。

三斤，夜办四两，无分昼夜寒暑之苦，科役增害。至正德元年（1506年），盐法佥事吴廷举查申各该旨敕及抚按区处事例：自正德四年（1509年）以后，灶户赋役除十年一次，里甲正役依期轮当，并甲内清出军人照旧领解，其办盐一丁，准其二丁帮贴。每户除民田一百亩不当差役，多余人丁佥补。逃故灶丁多余田土，扣算纳银，不许编充民壮、水马站夫、解银大户等役。其买绝民户田粮，随其粮之多寡，编其差之大小，只令雇役出钱，不当力役，有妨煎盐。区处甚为周悉，有司能继体行之，其不为晒沙淋卤之苦，解酷暑于一吹哉。"①这是海南盐丁的状况。也就是说，对于民间豪富奸猾之徒，将田诡寄灶户户内，或将民户诡作灶户名色，或将各县灶户姓名寄庄者多搬奸计，躲避差役者逐一清查，问罪改正。如若再有前弊者，查访得出，就便验丁收充灶户，以补逃故原额，并通行各府，但有盐场灶户去处，一体施行。这样一来，灶户不致亏损，奸弊亦可清革。不过，在明代，灶丁生活仍处于苦累之中，如天顺年间（1457—1464年），感恩场禾丰、杜村三廒灶丁被海寇杀掠，遗下正丁230丁，共盐230引30斤，俱发大小英、感恩、铺前四廒赔纳。奏准大引折米1石，小引折米5斗，不拘父子每丁岁办课米1石5斗5升。嘉靖末（1566年前），又惨罹兵寇，逃死者众，额丁亏损，各场官复每丁加派花灯及火工、灶甲、栅长等役，灶丁苦累。万历八年（1580年），御史龚懋贤复为榜以禁横征，并奏裁临川大使并入新安。今见征课米4833石3斗9升6合2勺6抄，共银1450两1分8厘8毫7丝8忽。万历九年（1581年），禁私贩，盐灶丁赴盐法道告，纳银充饷。每年感恩、马袅、乐会各税银五两，小民肩担背负以资衣食者不在禁例。

万历四十五年（1617年），查点大引414丁，每丁办盐615斤，折米1石5斗3升7合，折银4钱6分1厘；小引365丁，每丁办盐410斤，折米1石2升5合，折银3钱7厘。大小引正办人丁779丁，

---

① （明）唐胄纂：正德《琼台志》卷十四《盐场》，海南出版社2006年版，第328页。

其盐引米银额数仍旧。[①]

三、盐税

海南近海百姓煮海水为盐，远近取给。明代有六个盐场，生产有一定规模。《明会典》卷三十五在"海北盐课提举司"中，有关海南的盐课司有六个，即大小英感恩场盐课司，临川场盐课司，三村马留袅场盐课司，官寨丹兜场盐课司，白沙场盐课司，博顿兰馨场盐课司。[②]在正德《琼台志》及《琼州府志》中，没有"官寨丹兜场"盐课司。今据正德《琼台志》及万历《琼州府志》所列各场丁引米银如下。

大小英感恩场，去琼山县西北十里大小英都。洪武二十五年（1392年），设大使，曾子直建厅、门各一座，辖下六廒（大英、小英、感恩、铺前、禾丰、杜村）。原额办盐正丁838丁（原额644丁，永乐间，客人吴皮洪首出演顺都二图私煎，净民黄钦等194丁）。共盐1071引50斤，折米1071石1斗2升5合，该银321两3钱3分7厘5毫。

三村马袅场，离临高县北五十里马袅都。洪武二十五年（1392年），盐丁侯如章建。原额办盐正丁1109丁，共盐1417引230斤，折米1417石5斗7升5合，该银425两2钱7分2厘5毫。万历二十四年（1596年）征课米1288石4斗2升5合，每石折银3钱，该银386两5钱2分7厘5毫。万历四十五年（1617年）仍旧。

陈村乐会场，去文昌县南五十里迈陈都。洪武二十五年（1392年），灶老符绍志创。原额办盐正丁802丁，共盐1026引112斤8两，折米1026石2斗8升1合2勺5抄，该银307两8钱8分4厘3毫7丝5忽。万历二十四年（1596年）征课米495石5斗7升1合2勺6抄，银数仍旧。万历四十五年（1617年）同。

博顿兰馨场，在儋州西五里大英都。洪武二十五年（1392年），

---

① （清）明谊修、张岳崧纂：道光《琼州府志》卷十四《经政志八·盐法》，海南出版社2006年版，第643—644页。

② （明）李东阳等重修：《明会典》卷三十五，《文渊阁钦定四库全书》，第617—379页。

灶老谢亨建。永乐间，大使郑喜修。原额办盐正丁 1497 丁，共盐 1913 引 270 斤，折米 1913 石 6 斗 7 升 5 合，该银 574 两 1 钱 2 厘 5 毫。万历二十四年（1596 年），征课米 1359 石 1 斗 2 升 5 合，共银 407 两 7 钱 3 分 7 厘 5 毫 1 丝 3 忽。

新安场，在万州南四十里新安都，洪武二十三年（1390 年），灶老崔均和建。成化八年（1472 年），大使罗润重修。原额办盐正丁 611 丁，每丁办盐 1 引，共盐 610 引 160 斤，折米 610 石 9 斗，该银 183 两 2 钱 7 分，派添银 3 分 4 厘，水脚银 1 两 9 分 3 厘，又添派 84 两。万历四十一年（1613 年），议并入榔仓抽补抵额。

临川场，在崖州东一百里临川村。洪武二十五年（1392 年）设，灶老钟仕那创建。原额办盐正丁 167 丁，共盐 214 引 90 斤，折米 214 石 2 斗 1 升 5 合，该银 64 两 2 钱 6 分 7 厘 5 毫。万历二十四年（1596 年），征课米 215 石 2 斗 5 升，银 64 两 5 钱 7 分 5 厘，今仍旧。[①]

在明代，盐法大坏，余盐盛行，往往正盐未派，先估余盐，商灶俱困。奸黠者借口官买余盐，夹贩私盐，法禁无所施。海南的情况又比其他地方特殊，可以将余盐自煎自卖。嘉靖《广东通志》中说："其盐田灶户自煮。"[②] 海南自古未设盐商，由灶户自煎自卖，如果设盐商的话，盐的价格就提高了，山区的黎人淡食难堪，又乏钱购买，恐生不测，故历代如此。

第七节　渔业与渔课

一、渔业

明代海南政府和渔民，沿着本岛海岸线和沿海的诸多港湾，逐渐形成一批渔港，如海口、铺前、清澜、青葛、潭门、博鳌、港北、坡头、新村、三亚、莺歌海、八所、昌化、海尾、新港、海头、新英、白马井、

---

① 录自（明）唐胄纂：《琼台志》，第 326—328 页及（明）戴熺、欧阳灿总裁，蔡光前等纂修：万历《琼州府志》，第 253—255 页。
② 嘉靖《广东通志》卷三十二《军饷》条。

新盈、调楼及西沙群岛永兴渔港等。

渔民们不局限于本岛的渔港捕捞，在更路簿的指引下，将船开到南海诸岛捕鱼、采参，并在岛上居留。商贾开始有近居琼海"采海""贩珠"的踪迹。汉族移民陆续移向海南沿海地区，进行渔货捕捞和通商贸易。据家谱记载，潭门苏氏的祖宗是明代成化四年（1468年）迁到潭门从事渔业捕捞的。[1]海南岛的珠玑、玳瑁、犀角、广幅布和热带果品也因此而声闻中原。此后，南海一直是海南岛海洋渔业的生产海域。

今天的潭门镇，明代时即有任职官吏和知识分子用诗歌高歌潭门。如当时的会同县（后改名琼海）知县刘廷桂，江西人，进士出身，治县颇有政绩，史称"政和民安"[2]，他有《大海澄潭》诗："百川争学海，何处可朝宗？豚浪连潮雨，鲸鳞起夜风。远天浮水碧，旭日射波红。夕阳空潭影，观澜悟道通。"诗中说到当时的潭门，豚鱼、鲸鱼很多："豚浪连潮雨，鲸鳞起夜风。"[3]据"会同县志"记载，潭门的渔产品丰富，有鲨鱼、皂泥、贴石、金鳞和龙虾等。

此外，又有著名的博鳌港湾，位于琼海市嘉积镇之南20千米，万泉河、九曲江汇合该港湾后入海。博鳌港湾古代已辟为渔港，别名北鳌港、古名北鹅港，是由明朝北鹅的小商贩在港口处搭棚经商而得名。渔港的渔产品很多。

三亚港在明代，主要是为防海寇和缉私而于此设水师巡海。同时也盛产鱼虾。

明代的渔业资源，据正德《琼台志》及万历《琼州府志》记载，当时鱼类有：龙、蛟、鲤、细鳞、鲫、草鱼、龄鱼、斑鱼、黄锋、鲇鱼、塘虱、泥鳅、镰刀、鳗鱼、鲟鱼、斋鱼、鳍鱼、黄花、偶鱼、刀鱼、马鬃、黄鱼、鲳鱼、马膏鱼、骨鳈、鲨鱼、燕鱼、蜡鱼、暨鱼、带鱼、巴榔、

---

① 据苏德柳家藏《苏氏族谱》。

② 据乾隆《会同县志》，海南出版社2006年版，第104页。

③ 余俊贤：《琼东县志》，琼东县志重印即续编增补资料委员会编印，1984年，第118页。

勒鱼、面条、西纲、跳天、鳜鱼、蒲鱼、竹叶、屐鳍、鞋底、金钱、麻鱼、钱、鳍白、飞鱼、红鱼、倒挂、翻车、河豚、含嘶、鲯鱼、海猪、乌贼。

另外，水族有：龟、鳖、鼋、鲨鱼、玳瑁、田鸡、虾、蟹、蚌、蛤、蛏、海镜、蚬、海狮、蛤蜊、螺、江珧、车螯、蚝、流螺、水母、鹦鹉螺、海胆、九吼、蚶等。[①]

明代淡水捕捞用的渔具种类繁多、构造复杂，这些生动地反映在王圻著《三才图会》中。该书绘图真切，充分显示了广大渔民的创造性。它将渔具分为网、罾、钓、竹器四大类，很多渔具沿用至今。

中国渔民到南海诸岛从事渔业生产活动，源远流长。明以前，随着中国造船业的发展，以及指南针的发明，并制造罗盘应用于航海，使中国具备了经由海路开展对外贸易和邦交联系的方便条件。南海诸岛即在这些航海过程中被发现和开发、经营并长期由政府管辖。此后，中国东南沿海渔民即相继前往生产和居留，历代延续。[②]

明代洪武三年（1370年），在广州宋代市舶亭旧址，设置广东市舶司，专通"占城、暹罗、西洋诸国"，并对海南进出港口的船舶进行监管及征收关税。

明代洪武二十八年（1395年），设琼州课税司，负责管理海事和收取船舶税。接着又设河泊所，专管收渔税事务。这是中国历史上征收渔税的开始。

正德末年（1521年），由于葡萄牙殖民者在广东沿海侵略骚乱，朝廷宣布实行"海禁令"，禁止沿海居民、商人出海贸易。海南的对外贸易受到影响。直到隆庆元年（1567年），海禁开放，民间获得合法贸易。海南的对外贸易日见生机。

---

① （明）唐胄纂：正德《琼台志》卷九《鱼之属》，海南出版社2006年版，第192—194页。

② 海南省地方志办公室编：《海南省志·渔业志》，海南出版社2009年版，第61页。

二、渔课

明代开始收渔税，于是在各地设河泊所，系专设的办课衙门。在《明会典》中"琼州府"条下载有七个河泊所，即琼山县河泊所、澄迈县河泊所、文昌县河泊所、临高县河泊所、崖州河泊所、儋州河泊所、万州河泊所。[①] 这里所记载的仅有七所。正统七年（1442 年），"令湖广所属府县河泊所岁办课钞不及三千贯，油鳔、黄白麻不及三千斤，翎毛不及十万根者，但裁革，该办课税归并附近河泊所管，无河泊所处令府州县带办"。"成化十八年（1482 年），奏准湖广河泊所，凡课税少者，印记许附近河泊所带管，原设官起送别用，止存吏一名，同带管官办钞。"[②] 可见当时河泊所的设置，常因收渔课的多寡而合并或重设，并不固定。

海南的渔课，主要由疍户负担。万历《琼州府志》云："本朝设官河泊，其职于鱼者，专其取于疍也。法分三等：科以船者，船罢则止；科以礵者，礵变则迁；科以户者，丁尽户绝而课不改额焉。"[③]而海南的渔课，除捕鱼外，还比附海菜、鱼鳔、翎毛、翎鳔。而且所设河泊所，因地处海岛，所以设置的河泊司，除定安、乐会外，共设 11 处，但也时设时废。洪武十六年（1383 年）是设所最多的一年。正德《琼台志》载："国朝洪武十六年（1383 年）本府除定安，乐会二县，共设河泊所凡一十一处，后废会同、昌化、陵水、感恩四处，附县带管、课凡鱼米，比附海菜、鱼鳔、翎毛、翎鳔计六项。"

关于海南渔课数额，见表 3-8。

---

① （明）李东阳等重修：《明会典》卷三十二《文渊阁钦定四库全书》，第357—617 页。

② （明）徐涛等奉敕撰、李东阳等重修：《明会典》卷三十二《户部十七》，《文渊阁钦定四库全书》，第 357—617 页。

③ （明）戴熺、欧阳灿总裁，蔡光前等纂修：万历《琼州府志》卷五《赋役志·鱼课》，海南出版社 2003 年版，第 251 页。

表3-8　明代海南渔课

渔课类别	琼州所	琼山所	澄迈所	临高所	文昌所	会同县	乐会县	儋州所	昌化所	万州所	陵水所	崖州所	感恩所	备注
渔课米	连闰7632石3斗4升3合8勺2抄 该7632石3斗4升3合8勺2抄，折银解府转解布政司支给官员俸钞	649石9斗9升，折银9解府支给官员俸钞	740石5斗4升5合，折解府银转解布政司支给官员支给官员俸钞	1012万6斗4升5合，搬运广储昌化仓并该县仓存留	829石3斗4升，纳本县存留仓	215石5斗3升2合3勺，纳本县存留仓	209石1斗5合，原运陵水南丰仓纳，今折银解府转解布政司交纳	2001石4斗2合5勺，肉停征米881石9斗，实征米1119石4斗7升3合2合5勺，纳本州大丰仓	157石5斗2升2抄，肉停征93石8斗5升，实征63石7斗2合5勺，纳本县储仓	516石3斗6升2合8勺，合纳本州广积仓，并运崖州军储仓	314石3斗3升4合8勺，纳本县南丰仓	620石1斗4升，纳本州军储仓	338石1斗7升9合2勺，内无征米162石7合9勺，实征米176石1斗9合2勺，纳本县际留仓	景泰六年（1455年）奏准，分额有米176石1斗，纳本县际留仓（感恩所）
比附钞	比附钞405锭4贯350文，解府支给官员支给俸钞	钞106锭980文	钞7锭320文	钞77锭875文	钞13锭4贯625文有征钞3贯558文，无征2锭1贯67文	钞4锭1贯79文		钞165锭96文	钞37锭70文有征钞1锭4贯60文，无征钞21锭1贯10文	钞20锭	钞3锭150文	钞17锭3贯655文	钞3锭3贯520文	
海菜钞	海菜钞连161近5两1钱1分1厘6毫9丝，折银9解部都水司转内府交纳		23斤7两2钱8分	32斤2两5钱7分5厘5毫		钞42锭	6斤8两5钱5分2厘5毫	62斤8两7钱	5斤7两6钱2两7钱	20斤2两5钱8毫4丝	11斤5两5钱5分8毫5次			
翎毛	翎毛连闰82246根9根1分2厘3丝	折色8926根1分2厘4毫	本色7406根	本色10297根8厘1丝	折色7474根	折色2179根8分7厘7毫	折色2091根9分1厘6毫2丝	本色21015根	本色1694根	本色6464根2合5厘	本色3414根6分7厘	折色6162根	折色5122根	
翎鳔	翎鳔连闰折收麻933斤13两5分3分9厘2毫2丝	270斤14两4分7厘5毫	266斤7两7钱5分			77斤11两2分1厘2毫2丝						80斤3两1钱8分6厘7毫	298斤12两5钱3分3厘4毫	

资料来源：正德《琼台志》卷十一《田赋》。

关于明代海南岛渔课一项，小叶田淳分析得比较中肯，他说："根据清朝初年的赋役全书所记载的，万历末年的鱼课米，万州、崖州除外，大约是 4950 石，而以儋州、临高为最高，每石由州县纳银 3 钱 5 分，或者是 3 钱 3 分 3 厘，鱼膘翎毛银也各别征课，其中还追加水脚银，同时不管如何，遇闰（闰月之分）的话，照例要加银。根据乐会县为例，万历二十八年，鱼课减少 16 石 8 斗 5 合，临高、感恩等地也有很少的减额。至于乐会的鱼课米，运到陵水的广丰仓（都没有河泊所）折合银钱以后，解到府里，最后交纳给布政司。但是万历二十八年以后，在博鳌边海课征而充作兵饷。讲到鱼课米折银解司以后充作军饷，这件事情在嘉靖《广东通志》（卷三十三）军饷一条里面说得非常清楚。其他各州县方面，这时候也不再交纳给藩库，而一并充作兵饷了。"①

———————

① ［日］小叶田淳：《海南岛史》，张迅齐译，（台湾）学海出版社 1979 年版，第 129 页。

附：使用更路簿期间海南渔民出海生存状况三守则

海洋神秘莫测，张燮在《东西洋考》中曾经感叹："洄沫粘天，奔涛接汉，无复崖埃可寻，村落可志，驿程可计也。"[①]

更路簿早在明代初期就有海南渔民使用，明中叶以后，随着出海范围的扩大，更路簿有了更广泛的使用。

海南渔民在南海渔捞作业，世代相传。他们在每年十一月到十二月间东北风起，自清澜、潭门等东海岸渔港起航，途经西沙群岛，有些船就留在西沙群岛作业，更多的船是在永兴岛等地进行生活补给，再起航到南沙群岛进行渔捞活动，待到次年四五月间西南风起，渔航满载而归（渔货到国外出售见下文）。这种渔捞生产规律，因为使用木帆船，靠季风作动力，渔捞期间不能受台风影响。

这种规律性的渔捞生产活动，以文昌、琼海二市为多，文昌的铺前、清澜、东郊、文教、龙楼等港口及附近的墟镇村庄；琼海则是潭门为主，长坡等渔民也有；此外，岛东南部的陵水、万宁、三亚等市县和岛西北的儋州、临高以及广东阳江也有渔民出海。

据 2000 年 11 月出版的《文昌县志》载："据老渔民说，抗日战争前（文昌）去西沙、南沙诸岛海域的渔船每年有 30 多艘，500 至 800 人，均男性。"但东郊镇似乎又略有不同，如笔者 2012 年秋多次作田野调查时，据老船长郑庆能口述，后来他的大儿子、跟随他出海的船员郑辉又一再强调，说文昌的东郊镇渔民，一般是在近海捕鱼，捕马鲛鱼等渔货，或到七洲列岛附近下钩海钓，几乎世代都不到南沙。因为他们的渔船比较小，设备也大不如潭门渔民。细读郑庆能所提供的三种《更路簿》也没有记述到西沙、南沙、中沙群岛捕捞的内容。而潭门渔民都出远海，到西沙、南沙、中沙群岛去。

---

① （明）张燮撰、谢方点校：《东西洋考·前言》，中华书局 2000 年版，第 11 页。

表 3-9 文昌县近海渔场、渔汛与主要渔获物概况

渔场名称	渔场位置	水深（米）	底质	汛期（月）一般	旺汛	作业种类	主要渔获物及生产情况	作业船数
飞鱼刺网渔场	18° 30′ — 25° 55′ N 110° 30′ — 112° 40′ E	20至160		2—5	3—4	飞鱼流刺网	飞鱼，船产 7—10 吨	30至130只
七洲铜鼓灯光渔场	19° 33′ — 20° 03′ N 111° 06′ — 111° 20′ E	20至75	沙礁石	4—9	5—7	灯围扛缯为主，次刺钓	兰园脂眼鲱夜产一般15—40担	30至140只
清澜门至冯家前渔场	19° 26′ — 19° 35′ N 110° 4′ 5— 111° 08′ E	30至70	沙泥	1—10	1—3 7—9	3-4 指8 指刺网和钓	金枪鱼，刺网日产50—250斤，钓日产40—60斤	120至350只
抱虎和沙卡渔场	20° 04′ — 20° 25′ N 110° 55′ — 111° 25′ E	30至60	沙泥	2—9	5—8	拖鱼、拖虾为主，次 3-4 指刺网	鱼或鱼虾米，拖鱼日产一般 30 担，拖虾日产 400 斤	10至70只
铺前湾渔场	20° 03′ — 20° 06′ N 110° 05′ — 110° 34′ E	10至40	沙或沙泥	10—4	11—1	马鲛鱼刺网	马鲛、赤鱼，日产一般 30—80 斤，毛虾200—400 斤	20至60只
西沙近海渔场	西沙群岛礁盘海域	10至200	珊瑚礁	11—4	12—2	钓刺业扛缯业	马蛟、金枪、石斑，一般日产 200—400 斤	20至70只

资料来源：文昌市地方志编纂委员会编：《文昌县志》，方志出版社 2000 年版。

通过对历史上更路薄的研究发现，海南省渔民特别是琼海市潭门镇渔民在南海渔捞活动中，世代相传着三项出海生存基本守则，具体如下。

一、联帮出海，但父子不同船

到西沙、南沙去的渔船是越造越大；清代中晚期，特别是渔货可以输出东南亚出售，并且购回日用洋货而盈利丰厚的民国时期，渔船一般都改原先的单桅、十数吨船，变为二桅或三桅的风帆船，二桅船重二三十吨，甲板上放四只舢板；三桅船载重三四十吨，甲板上放五只或七只舢板。渔船上人员分工明确，各司其职。详见下文。

一般是四条船或五条船结成一帮出海，每条船上人员互相配合，

一帮船驶向西沙，然后分散，驶向南沙，在不同的作业线上进行作业，相约在清明或什么时日在某岛礁集合。田野调查时老船长们都说集合地点一般多选南沙群岛的日积礁（渔民俗名为西头乙辛）。这个礁距新加坡、马来西亚近。

每条船一般是二三十人，在南沙分散捕捞。经过几个月"站峙""行盘"作业，各船渔货都十分充足，到相约集合地点，推举一条船，其他各船派代表若干，乘被推举船，并将渔货搬上该船，该船多出的船员分头乘各船回海南岛。代表船则开往新加坡或马来西亚或泰国出售海产品，然后将卖得的现款再购买洋油、布匹包括火柴等等海南岛紧缺日用品运回海南出售。

其他各船，或有比较残次的渔货，包括蚝壳等也运回海南处理，因为这些东西还可以卖出价钱。

渔捞使用舢板。到达目的岛礁后，舢板全部放下海，船员们每条舢板分乘四五人，由舢板头摇桨。如果采马蹄螺，因南海水体清，能见度达 10 米左右，舢板头指点船员下水捞取。这种劳动，强度大，危险性也大；潜水到深海捕捞的话，消耗体力极大；裸眼捞采，伤害眼睛。如果遇到鲨鱼，受伤或丧命！当年渔民们的生存状况是很不好的，但为了养家糊口，世代如此。

对于渔捞生产，很多人误认为是捕鱼，其实，潭门渔民只是捕海参、马蹄螺、海龟、海人草、砗磲和牡蛎（蚝）等。不捕鱼，顶多捕来当天吃。

联帮船出海，除上述分工的作用外，还因为有"父子不同船"的规矩。

田野工作中，潭门渔协麦邦奋会长等朗声说：渔民传统，到了南沙，隆冬季也大热，下海作业全裸，一则天热，二来也省得裤子。但渔民传统是父亲的裸体决不能让儿子看见。是故"父子不能同船"！但是，这里面还有深层次的不便明言的原因，也是渔民们的避讳。因为南海风云诡谲，即使非台风季节，南沙也时常突发"黑风暴"，渔船也可能遇到不测。父子不同船，意味着一家人的传宗接代不断。联帮出海还有此作用。

关于联帮出海，田野工作中老船长们都郑重地指出，一帮四或五条船，要在出海之前，民主选举出平时威信高、航海经验丰富而且出售海产品时又有主见的人当帮主。又因为南海的海况及海盗都变幻莫测，一帮船遇到共同的重大问题时都听帮主决策，如老船长苏德柳就常被选为帮主。

二、船长绝对权威

田野调查时，渔民所述渔船上分工大体与传统记载相一致："每舶舶主为政，诸商人附之，如蚁封卫长，合并徙巢。亚此则财副一人，爰司掌记。又总管一人，统理舟中事，代舶主传呼。其司战具者为直库，上樯桅者为阿班，司椗者有头椗、二椗，司缭者有大缭、二缭，司舵者为舵工，亦二人更代。其司针者名火长，波路壮阔，悉听指挥。"[1]

民国以前，船上还配备武器；也与传统相当："弓矢刀楯战具都备，猝遇贼至，人自为卫，依然长城，未易卒拔焉。"[2]

过去，渔船上的船长分两种。一种是渔船属于渔栏主所有，船员都是渔栏的雇工，船长由全体船员共举经验最丰富、威信最高又具权威的船员任船长，全船立誓服从；另一种，船长是渔船所有者，他拥有渔船，自任船长，然后招商分红，像上引文字说的"诸商人附之"。船长掌管全船，又设账目和事务管理人员，技术工种分五种：一为火表（航工、大公），管罗盘，负责驶船，工资较高。二为大缭，是二手，管理全船渔民的劳动。三是阿班，管中桅（即主桅）。四是头碇，管前桅和舢板。五是舢板，一般劳动力，参加水下捕捞和日常劳动，人数最多，工资最低。全船人员一般24—25人，少则22—23人，多则27人。渔民出海以半年为一期，出海前要备足各种生产资料和基本食品。

上文说到，更路簿与明初福建船员水手最早的水路簿有递属关系，因为《东西洋考》许多地名抄自明初水路簿，这里所有的船上任职诸

---

① 张燮撰：《东西洋考》卷九《舟师考》，中华书局2000年版，第170—171页。
② 张燮撰：《东西洋考》卷九《舟师考》，中华书局2000年版，第170页。

多名称，诸如"阿班""头碇""大缭""火表"（"火长"）等，是一脉相承的！

船在出发之前，船长负责筹措足够全船人员在海上生活半年的各种生产生活资料。生产资料中除了船上应具的锚碇以外，还要有遇到大风时"下尾扣"的大缆绳等。生活必需品是柴、火、水、米以及油盐等。其中柴及水到了西沙时还可以在有些岛上补充若干，而火柴或打火铁、火石等一定备足，而且遇浪时不致受潮；米是要备三四千斤。据田野调查所得，有经验的船长还备几百斤黄豆，海上长豆芽，以补充植物纤维和维生素，以避免浮肿病和红眼病。一路上钓鱼做菜及汤。船上还备两头肥猪。一头在路上慢慢用；另一头则到了南沙后，选个有淡水的岛，放养着。在耳上系红绳或剪开叉以便不与其他船的猪相混淆。春节时，渔船回来休息三天，杀猪过年。

船上最少要备三只罗盘，放在船中部，子午线对准船的中轴线。火表用二只，船长用一只。

每当渔船在南沙偶然遇到"黑风暴"或回航时遇到早到的台风，这时是对船长的全能考验，因为全船生命财产安全，全凭他掌握。田野调查时，老渔民述说到遇风暴时，船在大海中颠得厉害，或风暴刮得船到处乱漂，最怕是碰上礁尖，全船会覆没。这时，为了减缓船速，是下头碇还是下尾扣？很有讲究。特别是尾扣，将大碗口粗的缆绳三根绞成一股，有几丈长，两头系在船尾两侧的木桩上系牢，然后缆绳投入大海，海浪将缆绳冲成一个在大海中的半圆圈，阻力极大，这样阻止船的漂流速度。但这也有另一层危险，即海流迅速变化，尾扣冲入船底，容易叩击船底而致险。

还有，当船偶然被冲上礁盘时，为了减轻船的负重，往往要将船上所有能丢弃的东西，包括几只舢板，统统投入大海。

诸如此类。这许多偶发性的海上危险，最为考验船长的识见与胆色。船长的判断要正确才能避免危险。

渔船进港或下锚，船长也关照。渔船在黑夜行驶或进港时，用长绳曳铁铊投入水中探测深浅，叫"打水托"，一托等于1.5米，约为一个双臂直伸之长度。此法虽不很准确，但简便易行。而探海流的方法是将湿炉灰捏成团抛入流水，如稍有溶解即下沉谓之正常，若溶解极快或被冲走则是异常。西沙和南沙属珊瑚岛礁。近岛海水较深或为石底，抛锚泊船困难。因此，船长首先选择位置，锚上后还要附加木锭以稳定船只。

如果四条船相约一帮出海，到西沙后分头出发生产，各船所走的路线各不相同，船长怎样选择"最佳路线"？

一般说来，渔船到了西沙，一般都在永兴岛、东岛等添加淡水及柴草等。经过了生活补给再起航到南沙的双子岛（奈罗），即北子岛（渔民俗名奈罗上峙或奈罗线仔）、南子岛（渔民俗名奈罗下峙或奈罗峙仔）为第一站，再起航向南到中业群岛，主要指中业岛（铁峙）为第二站，再南航到道明群礁，主要指南钥岛（第三峙）为第三站。到了第三站以后，渔船船长要思考自己这次出海主要是想捞什么海产为主，然后选择东头线、南头线或者西头线。东头线也有直接从南子岛分出的。不管选择哪条线路，在进入主岛以后，船长要分配船员下到各岛去进行生产。（见苏承芬笔记本书影）。例如，以其主要渔捞航路所经计算：走南头线的，在渔船进入南沙群岛时从北至南经双子群礁、中业群礁、道明群礁进行渔捞时，可经岛礁16个，主要渔捞产品以马蹄螺（公螺）、海参、砗磲为主，海龟次之。东头线航路自西向东，所经岛礁约23个，渔捞产品以马蹄螺为主，砗磲、海参次之，海龟最少。南头线航路从北至南所经岛礁约33个，渔捞产品以海参为主，马蹄螺、砗磲次之，海龟较少。如在赤瓜礁捞取赤瓜海参、榆亚暗沙（深筐）产黑白参、司令礁（眼镜）等岛礁产砗磲。西头线航路从东北至西南所经主要岛礁约9个，渔捞产品以马蹄螺、海参为主，砗磲次之，海龟少（见以下所附海南岛渔民历年在南沙群岛生产作业活动示意图及"东头线、南头线、西头线主要岛礁渔捞产品初步调查"）。①

---

① 参见郭振乾：《南海诸岛的开发者》，《海南暨南海学术研讨会论文集》，（台湾）"中央图书馆"台湾分馆编印，1996年。

海南岛渔民在南沙群岛捕捞生产的三条作业线（东头线、西头线、南头线）如下：

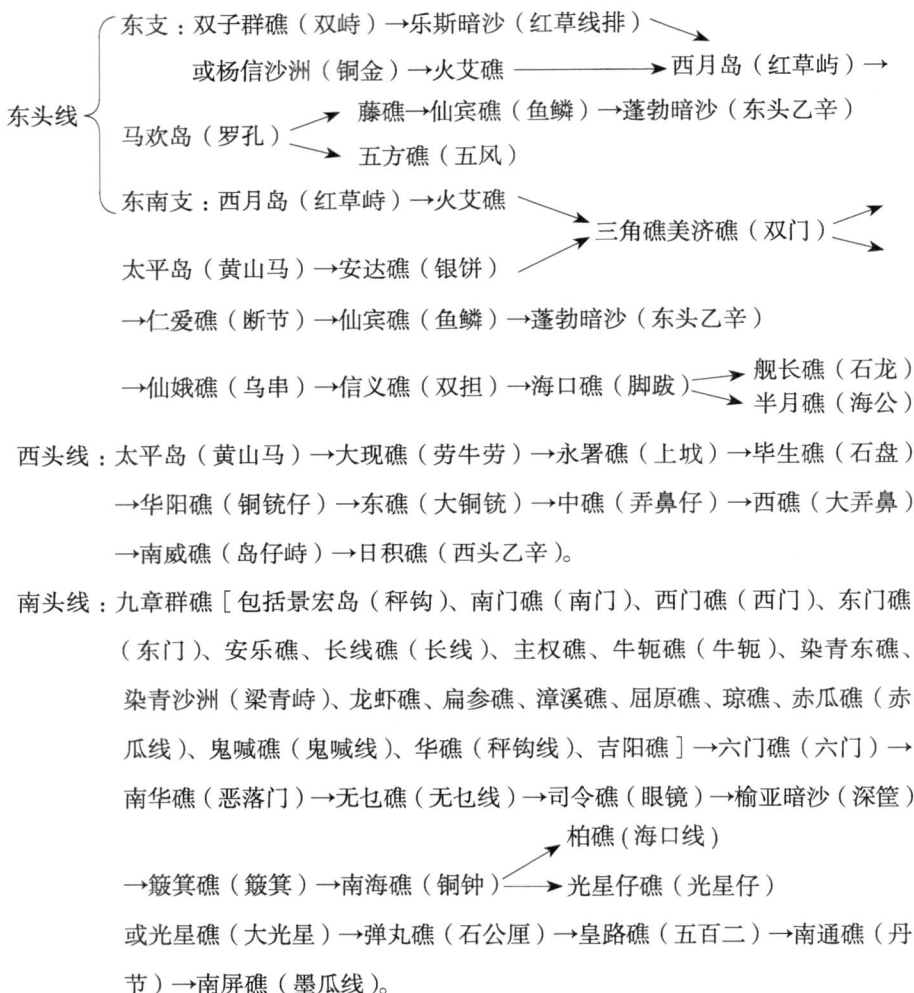

东头线
　东支：双子群礁（双峙）→乐斯暗沙（红草线排）
　或杨信沙洲（铜金）→火艾礁 ────→ 西月岛（红草屿）→
　马欢岛（罗孔）　藤礁→仙宾礁（鱼鳞）→蓬勃暗沙（东头乙辛）
　　　　　　　　　五方礁（五风）
　东南支：西月岛（红草屿）→火艾礁
　　　　　　　　　　三角礁美济礁（双门）

太平岛（黄山马）→安达礁（银饼）

→仁爱礁（断节）→仙宾礁（鱼鳞）→蓬勃暗沙（东头乙辛）

→仙娥礁（乌串）→信义礁（双担）→海口礁（脚跋）
　　　　　　　　　　　　舰长礁（石龙）
　　　　　　　　　　　　半月礁（海公）

西头线：太平岛（黄山马）→大现礁（劳牛劳）→永署礁（上峙）→毕生礁（石盘）
　　　　→华阳礁（铜铳仔）→东礁（大铜铳）→中礁（弄鼻仔）→西礁（大弄鼻）
　　　　→南威礁（鸟仔峙）→日积礁（西头乙辛）。

南头线：九章群礁［包括景宏岛（秤钩）、南门礁（南门）、西门礁（西门）、东门礁
　　　　（东门）、安乐礁、长线礁（长线）、主权礁、牛轭礁（牛轭）、染青东礁、
　　　　染青沙洲（梁青峙）、龙虾礁、扁参礁、漳溪礁、屈原礁、琼礁、赤瓜礁（赤
　　　　瓜线）、鬼喊礁（鬼喊线）、华礁（秤钩线）、吉阳礁］→六门礁（六门）→
　　　　南华礁（恶落门）→无乜礁（无乜线）→司令礁（眼镜）→榆亚暗沙（深筐）
　　　　　　　　　　　　　　　　柏礁（海口线）
　　　　→簸箕礁（簸箕）→南海礁（铜钟）──→光星仔礁（光星仔）
　　　　或光星礁（大光星）→弹丸礁（石公厘）→皇路礁（五百二）→南通礁（丹
　　　　节）→南屏礁（墨瓜线）。

海南岛渔民历年在南沙群岛生产作业活动示意图

资料来源：广东省地名委员会编：《南海诸岛地名资料汇编》，广东省地图出版社1987年版，第65页。

表 3-10　东头线主要岛礁渔捞产品初步调查

岛礁名称		渔捞产品				备注
标准名	渔民俗名	马蹄螺	海参	砗磲	海龟	
贡士礁	贡士线	马蹄螺	海参	砗磲		
西月岛	红草峙		海参			
乐斯暗沙	红草线排	马蹄螺	海参	砗磲		海参为墨瓜参（芳参）
马欢岛	罗孔	马蹄螺			海龟	
费信岛	罗孔仔	马蹄螺	海参	砗磲		
五方礁	五凤	马蹄螺	海参	砗磲		东头线渔船多先来此
三角礁	三角	马蹄螺		砗磲		
禄沙礁	禄沙	马蹄螺		砗磲		
美济礁	双门	马蹄螺	海参	砗磲		主要渔捞场所之一
鱟藤礁	鱟藤	马蹄螺	海参	砗磲		主要捞马蹄螺、砗磲
仙娥礁	乌串	马蹄螺				
信义礁	双担	马蹄螺				
海口礁	脚跋	马蹄螺		砗磲		盛产
牛车轮礁	牛车英	马蹄螺	海参			
仙宾礁	鱼鳞	马蹄螺				
舰礁	石龙	马蹄螺	海参	砗磲		产量不大
仁爱礁	断节		海参	砗磲		盛产

表 3-11　南头线主要岛礁渔捞产品初步调查

岛礁名称		渔捞产品				备注
标准名	渔民俗名	马蹄螺	海参	砗磲	海龟	
双子群岛	双峙	马蹄螺	海参	砗磲	海龟	包括：贡士礁、北子岛、南子岛、北外沙洲、奈罗礁、东南暗沙、东北暗沙、北子暗沙
中业群礁	铁峙线排	马蹄螺	海参	砗磲	海龟	包括：铁峙礁、梅九礁、中业岛、铁线礁
南钥岛	第三峙	马蹄螺			海龟	从西沙到南沙这是第三站，故有第三峙之称，从此分头作业
敦谦沙洲	黄山马东	马蹄螺	海参			

续表

岛礁名称		渔捞产品				备注
标准名	渔民俗名	马蹄螺	海参	砗磲	海龟	
安达礁	银锅	马蹄螺	海参	砗磲		
鸿麻岛	南乙		海参		海龟	
赤瓜礁	赤瓜线		海参			产赤瓜参
南华礁	恶落门		海参	砗磲		
榆亚暗沙	深筐		海参			黑白参最多
司令礁	眼镜	马蹄螺	海参	砗磲		砗磲较少
光星仔礁	光星仔	马蹄螺	海参	砗磲		
南海礁	铜钟	马蹄螺		砗磲	海龟	盛产
毕生礁	石盘		海参	砗磲		在此加工海参
柏礁	海口线	马蹄螺	海参	砗磲	海龟	主要渔捞场所之一
安波沙洲	锅盖峙	马蹄螺	海参	砗磲		
弹丸礁	石公厘	马蹄螺	海参	砗磲		海参为黑尼参
皇路礁	五百二	马蹄螺	海参	砗磲		海参产量不多
南通礁	丹节		海参			海参为赤瓜参
南屏礁	墨瓜线		海参			海参为墨瓜参
半月礁	海公	马蹄螺	海参			主要渔捞场所之一，盛产

表 3-12　西头线主要岛礁渔捞产品初步调查

岛礁名称		渔捞产品				备注
标准名	渔民俗名	马蹄螺	海参	砗磲	海龟	
大现礁	劳牛劳	马蹄螺	海参			西头线第一站
毕生礁	石盘		海参	砗磲		在此加工海参
华阳礁	铜铳仔	马蹄螺				
东礁	大铜铳	马蹄螺	海参	砗磲		
中礁	弄鼻仔			砗磲		
西礁	大弄鼻	马蹄螺	海参	砗磲	海龟	在此晒海参
南威岛	鸟仔峙	马蹄螺	海参		海龟	常由此去新加坡出售赤瓜参、红参、马蹄螺
日积礁	西头乙辛					

　　参见郭振乾：《南海诸岛的开发者》，《海南暨南海学术研讨会论文集》，（台湾）"中央图书馆"台湾分馆编印，1996 年。

三、更路簿是航海的经典，但也要灵活运用

更路簿是海南渔民海航的经典，渔船离不开更路簿，但是，更路既表时间又表航向和里程，传统的一天分为10更，也有的说一天分12更船，后船看不见前船桅顶里程为1更，约合40华里，通常一天航行五更船，也有一天开六七更船的。

更路簿的经典性，体现在海航中。火长运用更路簿，一般不会出差错。但更路的运用，要把渔船的特点、海水流向流速、风向风速和所需时间融为一体加以自然修正，要灵活运用，特别是遇到横风横流时尤其如此。如南沙群岛柏礁（海口线）至光星仔礁（光星仔）（见南沙群岛"示意图"东经114°、北纬8°），本应用乾巽的，因光星仔礁在柏礁正东南方，却用壬丙子午线，成了北南向，偏角达38°。又如柏礁至南海礁（铜钟）（经纬度同上），本应是乙辛的成了乾巽添辰戌，偏差18°。为什么偏差角这么大都能到达目的地呢？正好说明渔民非常熟悉西、南沙群岛海域的生产条件，把木帆船特点、海水流向流速、风向风速与中途岛礁障碍以及所需时间融为一体，加以自然修正。[①]

---

① 参见郭正乾：《南海诸岛的开发者》，《海南暨南海学术研讨会论文集》，（台湾）"中央图书馆"台湾分馆编印，1996年。

第四章　明代海南军事

第一节　军事建置

海南岛四面环海，海岸线长达 1927.6 千米。北控海南海峡与雷州半岛接壤，西距东京湾与越南遥望，是通向东南亚各岛的桥梁。明代置琼州隶属广东省之后，在南方军事上更居重要地位。明政府在海南军事上给予了相当程度的重视，包括建立卫所，设立地方治保组织、设置水陆募兵等，海南地方还有土舍民兵，另有驿站与铺舍，除服务于岛内外贸易之外，还方便政府在战时传递军情、转运军需。

一、海南卫所设置几经变迁

明洪武初年，建统军元州府，不久改大都督府。洪武十三年（1380年），改大都督府为中、左、右、前、后五军都督府，分统诸军司卫所和在外各都司。

都司即都指挥使司，设都指挥使一人，正二品。都指挥同知二人，从二品。都指挥佥事四人，正三品。都司掌一方之军政，各率其卫所隶于五府，听于兵部。责任是管理一个军事区的武官考选，地方卫所兵训练，卫所屯田，地方巡警，军器保管，漕运等工作，并可以与布政使、按察使共同对中央与地方重大问题提出建议与意见。而卫所是明朝兵制的基础，也即明朝军队的基本组织形式。

据《明史》载："明以武功定天下，革元旧制，自京师达于郡县，皆立卫所。外统之都司,内统于五军都督府。"[1] "天下既定,度要害地,系一郡者设所,连郡者设卫。大率五千六百人为卫,千一百二十人为千户所,百十有二人为百户所。"[2]

洪武五年（1372年）,置亲王护卫指挥使司,每府三护卫,卫设左、右、中、前、后五所；所,千户二,百户十。围子手所二；所,千户一。[3] 洪武二十六年（1793年）,定天下都司卫所,共计都司十有七,留守司一,内外卫三百二十九,守御千户所六十五。及成祖在位二十余年,多所增改。其后措置不一。[4]

海南属广东都司,设有万州千户所,儋州千户所,崖州千户所。据万历《琼州府志》所载,海南卫所的设置,也几经变迁,其更改原因,除为海防御工作任务外,更多的是为了镇压海南黎族起义反抗。海南卫所设立情况分别如下:

洪武二年（1369年）,设分司镇兵一千余名。

洪武三年（1370年）,立东西二所,军千余名。

洪武五年（1372年）,改分司为卫。

洪武六年（1373年）,改东西为左右所。

洪武七年（1374年）,添置中、前、后三所；军三千名,随拨前后二所于儋、万二州守镇。

洪武十年（1377年）,又设中左所。

洪武十七年（1384年）,加设崖州守御所。

洪武二十年（1387年）,添立后所,改中左所为前所,儋万所为守御所。

---

① （清）张廷玉等撰:《明史》卷八十九《兵一》,中华书局1974年版,第2175页。

② （清）张廷玉等撰:《明史》卷八十九《兵二》,中华书局1974年版,第2193页。

③ （清）张廷玉等撰:《明史》卷八十九《兵一》,中华书局1974年版,第2194页。

④ （清）张廷玉等撰:《明史》卷八十九《兵一》,中华书局1974年版,第2196页。

洪武二十四年（1391年），增置清澜、昌化守御所。

洪武二十八年（1395年），立南山守御所。是年，拨后所于海口守御。

万历二十八年（1600年），拨军三百于水会所守御。

万历四十三年（1615年），调兴长兵及广西药弩手于崖之乐定、乐安防守。[①]

万历年间的军事调拨及卫所变更，是以镇压黎族大起义为目的。正如正德《琼台志》所说："宋人称琼自古无战场，言贼无大势，举即扑灭也。自元以兵官付土人，启至顺之衅，我朝奸孽窃土职，致蛇贼之大乱，势与前大殊矣，可不为之备乎！"[②]

又《明史》载："洪武六年，儋州宜伦县民陈昆六等作乱，攻陷州城。广东指挥使司奏言：'近儋州山贼乱，已调兵剿。其儋、万二州，山深地旷，宜设兵卫镇之。'"[③]

《太祖实录》："洪武六年（1373年）七月，广东都指挥使司奏言：'近儋州山贼作乱，已调兵制捕，获海船十八艘，杀贼二千二百七十余人，生擒五百二十四人。其儋、万二州，山深地旷，宜设兵卫镇之。'诏置儋、万二州守御千户所。"[④]

海南卫的建立，还有防御倭寇劫掠的任务。《宪宗实录》载："升监察御史涂棐为广东按察司副使，提督兵备，分守琼州府地方。时巡抚广东都御史吴琛等奏'琼州孤悬海外，所辖州县凡十有三，原设海南一卫及在外儋州等六千户所，去广城二千余里，分巡、分守官经年不一至，遇有警急，猝难驰报，乞专任副使一员提督兵备，防御倭寇。'兵部为之复请，故以命棐。"[⑤]

---

① （明）戴熺、欧阳灿总裁，蔡光前等纂修：万历《琼州府志》卷七《兵防志》，海南出版社2003年版，第321—322页。

② （明）唐胄纂：正德《琼台志》卷十八《兵防上》，海南出版社2006年版，第397页。

③ （清）张廷玉等撰：《明史》卷三百十九《广西土司三》，中华书局1974年版，第8271页。

④ 《明实录·太祖实录》卷八三。

⑤ 《明实录·宪宗实录》卷七七。

海南卫所旗军的设置，规模也较庞大。海南卫辖内外十一所，其额设旗军一万五千九百二十七名。大率每军十名，立一小旗。五小旗立一总旗。二总旗为百户所，共旗军一百一十二名，领以百户一员。十百户所为千户所，共旗军一千一百二十名，谓之正卒。又有羡卒，各所多寡不一。如儋州则二百三十一名，南山则二百名，谓之伍外军，每所设正副千户镇抚各一员统之。卫属五所，该正军五千六百名，统以指挥使、同知金事、镇抚等官，推选一员专掌军政，余以充备倭、巡捕、督备、督操、督屯之任。外所加置吏目，并隶本卫及广东都司前军都督府。

卫所旗军又分左所、右所、中所、前所、后所、清澜守御所、万州守御所、南山守御所、儋州守御所、昌化守御所、崖州守御所、水会守御所等。外计六所，分东西二路。东路清、万、南三所，西路儋、昌、崖三所。各遣指挥一员，就近调度，谓之督备。又有通督二路者，谓之提督，后改总督。成化十五年己亥（1479年）后，改两路提督为总督，以指挥石英担任。其路分有急在卫及两路军互调帮守，随时地为增减，轮罢不一。若央巡捕、守备、守御，不论指挥、千百户，皆得充委，但所委地有广狭，有统军巡捕者，有单备一所者，有通捕三所者，有专督崖感者，有专督儋昌者，有兼督西三所并临高地方者，有调崖、清、南三所军合守万州者，有以卫军守备南山，复调清、昌化军帮守者，有以卫军并儋、昌军把守崖堡者，有戍守昌化者，哨守临高者，有扎守文昌铺前木栏地方者，有哨守琼、澄、定三县黎村者。随带旗军多至六百名，少亦不下百名。惟西路自副使王倬提兵深入后，稍就安辑，卫军及东路各军不入其境，督备指挥只带随捕卫军五十名。[①]

洪武二年（1369年）八月，置海南卫，各州设置，时间不一。

1. 万州守御千户所。

正德《琼台志》载："洪武六年（1373年），贼陷儋州，指挥张

---

① （明）戴熺、欧阳灿总裁，蔡光前等纂修：万历《琼州府志》卷七《兵防志》，海南出版社2003年版，第322—325页。

荣建议立所防御。"① 也有提到洪武七年甲寅（1374 年），"千户刘才开设，守镇创厅堂门廊仓局。戊辰（1388 年），指挥桑昭改守御所"。洪武二十年（1387 年）改守御千户所。

《大明一统志》琼州府公署条：记所"在州治西"，崖州守御千户所、清澜守御千户所、昌化守御千户所、南山守御千户所俱隶属海南卫。② 所治万州，明代万州即今海南省万宁市。

2. 儋州守御千户所。

洪武六年（1373 年）七月，广州司奏议后只是先调海南卫前所于儋州，仍称海南卫前所，洪武二十年（1387 年）才正式命名为守御千户所。改为儋州守御千户所后仍隶海南卫。儋州即今儋州市西北新州。

3. 崖州守御千户所。

正德《琼台志》载："洪武十五年（1382 年）壬戌，有制以安置官吏户丁充军，起发崖州，置守御所，至甲子洪武十七年（1384 年）始开设。"③

《太祖实录》："洪武十七年二月甲申，置崖州守御千户所。"④

《大明一统志》："在州治西，洪武十七年建。"⑤ 所隶海南卫，治今海南三亚市西北崖城镇。

4. 海口后千户所。

洪武二十年（1387 年）七月庚戌，"置海口千户所于琼州府琼山县"。⑥《明史》卷九十《兵志二》广东都司下无此所，但《地理志六》有"琼山，北滨海，有神龙港，亦曰海口渡，有海口守御千户所，洪武二十年十月置"。如所隶海南卫，治在今海南海口。

---

① （明）唐胄纂：正德《琼台志》卷十八《兵防上》，海南出版社 2006 年版，第405 页。

② （明）李贤修：正德《大明一统志·琼州府》，海南出版社 2006 年版，第 13—14 页。

③ （明）唐胄纂：正德《琼台志》卷十八《兵防上》，海南出版社 2006 年版，第400 页。

④ 《明实录·太祖实录》卷一六二。

⑤ （明）李贤修：《大明一统志·公署》，海南出版社 2006 年版，第 13 页。

⑥ 《明实录·太祖实录》卷一八六。

5. 南山守御千户所。

《太宗实录》载："永乐十七年（1419 年）夏四月庚子，从广东海南卫南山守御千户所于马鞍山，以旧治在浮沙地，城垣不坚故也。"①

万历《琼州府志》载："在陵水县治南，洪武乙亥（1395 年），指挥花茂奏设于南山港。永乐间，百户赵昱奏迁今治，建厅、幕、门廊、仓局。"②

6. 昌化守御千户所。

正德《琼台志》载："洪武二十四年（1391 年），指挥桑昭以昌化县乌泥港东，倭寇数登岸劫掠，奏于地置昌化所，筑城守御，号为西路三所。"③

《大明一统志》载："在昌化县治北一十里。洪武二十五年（1392 年）建。"④

《英宗实录》中则说，昌化所与昌化县本并不同治，"正统六年（1441年）五月甲寅，广东昌化县去昌化守御千户所十里许，运粮者必三渡河然后至所，县有急所亦不能赴援。至是，徙县治及儒学于所城内，设分司于东门，馆驿于西门"。⑤

7. 清澜守御千户所。

亦称清澜或青蓝守御千户所，最早建于洪武二十四年（1391 年），洪武二十七年（1394 年）八月正式设置。⑥

正德《琼台志》载："洪武二十四年（1391 年），指挥桑昭奏于清澜置守御千户所。次年，委官筑城开设，号为东路三所。"⑦

---

① 《明实录·太宗实录》卷一六二。
② （明）戴熺、欧阳灿总裁，蔡光前等纂修:万历《琼州府志》卷七《兵防志》，海南出版社 2003 年版，第 358 页。
③ （明）唐胄纂:正德《琼台志》卷十八《兵防上》，海南出版社 2006 年版，第 406 页。
④ （明）李贤修:《大明一统志》，海南出版社 2006 年版，第 13 页。
⑤ 《明实录·英宗实录》卷七九。
⑥ （明）戴熺、欧阳灿总裁，蔡光前等纂修:万历《琼州府志》卷七《兵防志》，海南出版社 2007 年版，第 357 页。
⑦ （明）唐胄纂：正德《琼台志》卷十八《兵防上》，海南出版社 2006 年版，第 403 页。

《大明一统志》载："在文昌县东南三十里，洪武二十四年建。"①

万历《琼州府志》载："清澜城，旧治在文昌县青蓝都，去郡城东南一百九十里……万历甲戌（1574年），陷于林凤，辛巳（1581年），千户朱炫与文昌知县罗鹗议迁南？都陈家村。"②

原治在今海南文昌县东，辛巳为万历九年，这一年迁治，即今文昌县清澜。

8. 所隶海南卫水会守御千户府。

万历二十八年建。万历《琼州府志》："水会所城，在琼山林湾都，去城三百里。万历二十八年平黎马矢，按察使林如楚题建。"③

万历《琼州府志》："万历二十八年（1600年），拨军三百于水会所守御。是年平黎，按察使林如楚筑水会所城，调后所千户刘国祖、清澜所百户黄允成统内四所及清万儋军三百名守之。"④

二、地方治保组织

在地方治保组织方面，有巡检司，《明史》载："巡检司。巡检、副巡检，主缉捕盗贼，盘诘奸伪。凡在外各府州县关津要害处俱设，俾率徭役弓兵警备不虞。初，洪武二年，以广西地接瑶、僮，始于关隘冲要之处设巡检司，以警奸盗，后遂增置各处。十三年二月特赐敕谕之，寻改为杂职。"⑤海南巡检司是在全国巡检司设置的背景下成立的，而且经常因"剿黎"需要而增革。

如洪武三十五年（1402年）八月丙寅，"增设……琼州府苗山、莲塘二巡检司……副巡检各一员"。⑥

正统四年（1439年）六月庚寅，"省广东琼州府儋州附郭宜伦县、

---

① （明）李贤修：《大明一统志》，海南出版社2006年版，第13页。

② （明）戴熺、欧阳灿总裁，蔡光前等纂修：万历《琼州府志》卷四《建置志》，海南出版社2003年版，第133页。

③ （明）戴熺、欧阳灿总裁，蔡光前等纂修：万历《琼州府志》卷四《建置志》，海南出版社2003年版，第139页。

④ （明）戴熺、欧阳灿总裁，蔡光前等纂修：万历《琼州府志》卷七《兵防志》，海南出版社2003年版，第321—322页。

⑤ （清）张廷玉等撰：《明史》卷七十五《职官》，中华书局1974年版，第1852页。

⑥ 《明实录·太宗实录》卷一一。

崖州附郭宁远县、万州附郭万宁县，俱入本州。改古儋、田头、归姜、大村、大员五马驿，归姜、安海、镇南、白石四巡检司并河泊所隶儋州；太平、潮源、德化、义宁、都许五马驿，抱岁、藤桥、通远三巡检司并河泊所隶崖州；万全、多陈二马驿，莲塘巡检司并河泊所隶万州。调宜伦县土官知县黄骥，县丞刘健、符显宗，主簿赵原于昌化县，宁远县土官县丞陈迪、邢京，典史王均于感恩县，俱仍抚黎，流官悉召回部。从本府知府程莹言三州地狭民少故也"。①

正统八年（1443年）十一月丙子，"革广东琼州等府定安等县所属宁村，定南、铜鼓、兔颖、石山、归姜、白石、思良、九峰九巡检司"。②

海南巡检司据万历《琼州府志》所载，一共有十二司，即：

青宁巡检司，在定安西南四十里，当西南入黎要路，万历二十七年立。弓兵八名。

青蓝巡检司，在文昌县东六十里抱陵港青蓝头北岸。弓兵十名。

铺前巡检司，在文昌县一百二十里迈犊都铺前港东。弓兵十名。

澄迈巡检司，在澄迈县西十里那托都。弓兵十名。

田牌巡检司，在临高县南二十里。万历四十年，迁王宗没官坟横村。弓兵十名。

博铺巡检司，在临高县北三十里英丘都。弓兵十名。

牛岭巡检司，陵水县北二十里兴调都。弓兵二十八名。

安海巡检司，儋州西南八十里抱驿都大村驿左。弓兵十二名。

镇南巡检司，儋州西南四十里抱驿都田头驿左，弓兵十一名。

通远巡检司，崖州东即凤岭，去州一百里。弓兵八名。

藤桥巡检司，崖州东宁乡，去州二百里。弓兵八名。

抱岁巡检司，崖州西乐罗村，去州一百里。弓兵八名。

以上共十二司，原来还设有琼山的石山，澄迈的兔颖、铜鼓，临高的定南，定安的宁村，儋州的白石、归姜，万州的莲塘，乐会的调嚣，

①《明实录·英宗实录》卷五六。
②《明实录·英宗实录》卷一一。

感恩的延德，这些地方俱陆续奉文裁减，所以没有载入。①

明代巡检司在洪武之后，各设有副巡检之职，由黎人担任，原因是明朝统治海南之后，废除元朝所设的黎兵万户府，屯田万户府，凡由黎族土酋主管的州县，一律革免其职务。那么管理黎人则实行以峒管黎的办法。

顾炎武《天下郡国利病书》载："洪武初，尽革元人之弊，土酋主郡者元帅陈乾富以降免罪，徙为广西平乐通判，州县各另除官，不用土人，兵屯子孙，尽革为民，以峒管黎。"

当明朝军队进入海南之后，在洪武六年（1373 年）、洪武十年（1377 年）、洪武二十八年（1395 年）、洪武二十九年（1396 年）均有黎峒群起反抗。因此建文二年（1400 年）庚辰三月壬辰，广东公差大理寺丞彭与民等奏言："琼州府所属周围俱大海，内包黎峒，民少黎多，其熟黎虽是顺化，上纳秋粮，各项差役俱系民当。其生黎时常出没劫掠，连年出镇征剿，为害不息。今询访各处熟黎，俱有峒首，凡遇公差役，征纳秋粮，有司俱凭峒首催办，官军征捕，亦凭峒首指引，今所属各有防黎及备倭巡检司，如将各处峒首，选其素能抚服黎人者，授以巡检司职事，其弓兵就于黎人内佥点应当，令其镇抚熟黎当差，招抚生黎向化，如此则黎民贴服，军民安息矣。诏如所请，明年（1401 年）五月十一日，琼州府宁远县、藤县巡检司添设副巡检黄旗，通远巡检司添设副巡检黎让。十月十一日，万宁县莲塘巡检司添设副巡检王钱，陵水县苗山巡检司添设副巡检符森。其后永乐中虽复洪武官制，独两广及荆南土人为副巡检者，仍权留云。"②

三、水陆募兵的设置

水陆募兵设置的名额，因不同营寨的"黎情"而额度不一样。因为这种募兵跟地方治保组织的任务一样，同样是防守黎峒的"暴乱"。

---

① （明）戴熺、欧阳灿总裁，蔡光前等纂修：万历《琼州府志》卷七《兵防志》，海南出版社 2003 年版，第 328、359 页。

② （清）顾炎武：《天下郡国利病书》，上海古籍出版社 2012 年版，第 3392—3393 页。

关于水陆募兵的设置有：

白沙水寨，官兵一千八百二十二员名。

杨威四营并水蕉等陆黎营官兵二千九百七十员名。

杨威四营官兵一千七百七十五员名。

杨威前官兵五百二十八员名。

杨威后官兵三百二十三员名。

杨威左官兵四百四十一员名。

杨威右官兵三百九十一员名。

水蕉、大会、太平、南略、日南、长沙六黎营官兵，共一千一百九十五员名。

水蕉、大会营官兵四百七十九员名，内除九十一员名协守乐平营。

太平营官兵一百七十员名，又黎粮目兵七十一员名。

南略营官兵一百七十九员名。

日南营官兵一百八十一员名。

长沙营官兵一百五员名。

乐平营官兵九十员名。

乐安营善后崖黎、抱由贼巢兴长官兵三百九十六员名。

乐定善后崖州、罗活贼巢广西药弩手屯兵三百员名。①

官府所设的水寨、营堡，其防守对象是黎峒起义。

此外，在郡县还设立民壮，边郡设土（乡）兵，或称机兵。顾炎武《天下郡国利病书》"民壮"条曰："洪武初（1368 年）立民兵万户府，简民间武勇之人，编成队伍，以时操练，有事用以征战，事平复还为民，有功者一体升赏。正统十四年（1449 年），令各处招募民壮，就令本地官司率领操练，遇警调用，事完仍复为民。天顺元年（1457 年），令招募民壮，鞍马器械悉从官给；本户有粮与免五石，仍免户下二丁，以资供给，如有事故，不许勾丁。弘治二年（1489 年），令

---

① （明）戴熺、欧阳灿总裁，蔡光前等纂修：万历《琼州府志》卷七《兵防志》，海南出版社 2003 年版，第 325—327 页。

选取民壮，须年二十以上，五十以下精壮之人，州县七八百里者，每里金二名；五百里者，每里三名；三百里者，每里四名；一百里以上者，每里五名。春秋每月操二次，至冬操三歇五，遇警调集，官给行粮，其余照天顺元年例。"[1]海南于洪武三年（1370 年）庚戌，设民兵万户府。正统十四年（1449 年）已巳，始令招募民壮。天顺元年（1457 年）丁丑，令官给鞍马器械，免其丁粮。弘治二年（1489 年）已酉，立教场，设都长统领。弘治三年（1490 年）庚戌，副使陈英复革都长，省民壮，另金千百长，名色如千百户所之例。弘治五年（1492 年）壬子，罢民壮为机兵。弘治七年（1494 年），立金民壮法。弘治十年（1497 年）丁巳，御史王哲革千百长制，回机快听捕官操用。弘治十七年（1504年）甲子，副使王继始行丁编法。定通府民壮二千一百九十五名。嘉靖十六年（1537 年）丁酉，御史戴璟复行粮编法，募骁勇以充之。定为民壮一千六百八十三名。嘉靖二十一年（1542 年）壬寅后，陆续议抽民壮四百十六名，放班充饷。因增民壮为一千九百零五名。隆庆元年（1567 年）丁卯，立白沙寨，扣充水兵七百名。隆庆六年（1572年）壬申，奉户部咨，裁扣济边三百八十一名。因立陆营，悉扣充饷，于是哨守未足。督府殷正茂乃议增兵守城，每二名加编一名，共增九百五十二名半。并旧额民壮二十四名，俱扣给陆兵，惟存防守城池库狱民壮八百名。万历四年（1576 年）丙子后，停止增编，仍存琼山三十七名，充为防守，别将拨补防守民壮四十九名扣充兵饷。万历十五年（1587 年）丁亥，奉勘合，免扣济边，并豁额编，以苏民困。万历十九年（1591 年）辛卯，议裁防守民壮二十五名半，解济边饷，惟存七百三十六名半，并扣充饷。共金民壮一千五百三十名半为额。[2]

不过原编民壮初意，本以征守，但是，后来则在官唯供迎送，程勾摄，及递文移而已，甚或派诸私衙，以为薪水之役，其在营堡储路官司，多受贿卖，间至有一人而包当数役。民壮性质，已不断发生变化。

---

① （清）顾炎武：《天下郡国利病书》，上海古籍出版社 2012 年版，第 3154 页。

② （明）戴熺、欧阳灿总裁，蔡光前等纂修：万历《琼州府志》卷七《兵防志·兵制》，海南出版社 2003 年版，第 329—331 页。

四、土舍与民兵

在琼州府里，还设有土舍四十一所，辖黎兵多寡不等，遇有调发，随军征进，专为前锋，无事则派守各营，听管营官调度。其中琼山土舍三，澄迈土舍三，临高土舍三，定安土舍四，文昌土舍一，乐会土舍二，儋州土舍七，昌化土舍二，万州土舍三，陵水土舍一，崖州土舍九，感恩土舍二。

海南的黎兵，朝廷利用其"以黎制黎"镇压黎民起义，另外，还调黎兵去攻打越南或大陆，镇压农民起义。钟芳《平黎碑记》载："弘治以前，每调儋黎征钦、廉逋寇"。[①]

还有保甲乡兵的设置，明朝利用乡兵镇压黎族起义。隆庆元年（1567年），初操乡兵。万历五年（1577年），兵巡舒大猷令各川县各立乡兵，复遣同知杨继文等分行查点。琼州府合属乡勇二万零四百八十名，精兵三千四百七十名。万历九年（1581年）辛巳，陵水知县吴道亨立土哨，制衣甲以练乡兵。万历十八年（1590年）庚寅，二院奏行挑选乡勇，给粮操练。

民兵的设置，也即置兵于民，可以随时加以精减淘汰老弱，收其精悍，保存民兵的实力。

除基层民兵外，明朝在各州县还设有营寨，如琼山县存营新旧凡十三堡，寨一，烽堠九。澄迈有寨二、营七、烽堠二。临高有营八，烽堠十九。定安有营十一。文昌有营八，堡二，烽堠二十三。会同有营一，堡、烽堠七。乐会有营二，烽堠四。儋州有寨二，营十七，烽堠二十九。昌化有营一，堡三，烽堠十五。万州有营新旧十二，堡四，烽堠八。陵水有营十二，堡四，烽堠十。崖州有寨二，营十，堡十，关隘，烽堠。感恩有营三，堡四，烽堠三。各州县还设有教场、演试亭，以训练士兵。

五、驿站与铺舍

驿站之设，早在殷商时代已经出现，春秋战国时期，驿递制度又

---

① （明）钟芳：《钟筠溪集》卷九《平黎碑记》，海南出版社2006年版，第188页。

有所发展，各地设有邮驿。到了汉代，各地有传舍，通路上每三十里，置驿一所，供歇宿；又置邮亭供传递文书；唐还于水路设水驿，驿有驿田，设驿长，置备车、马、船，并派当役驿夫。宋代每十里或二十里设邮铺，有邮卒传递文件，大路上并设马递铺。元驿传称站赤，组织规模极大。明各地都设驿站，有水驿、马驿和递运所；又置急递铺传送公文。驿站备人夫、马骡、车船并措办廪给口粮，供应传递文书人员及过境官员。由所在地州县编派站户支应，或随粮派夫役，或随田派马匹、车船。①

由于琼崖千里环海，地老天荒，到了宋代之后，开发的步伐刚刚起步，宋志书里仅有驿站的零星记载，但是在被贬官吏的诗歌中，也呈现宋代已有驿站的痕迹，如苏轼离开海南北归时，写《澄迈驿通潮阁二首》其二云："余生欲老海南村，帝遣巫阳招我魂。杳杳天低鹘没处，青山一发是中原。"《名胜志》（查慎行注）载："通潮阁，乃澄迈驿阁也。"《旧志》载："通潮阁，一名通明阁，在澄迈县西。"② 由此可见宋代海南澄迈县有"澄迈驿"或曰"通潮驿"。

又宋代觉范禅师因护送佛逆旨于政和元年（1111 年）南谪朱涯，政和三年（1113 年）十一月自澄迈北渡，居海岛三年，在海南时经常写诗抒发忧郁情怀，其中有一首《出朱崖驿与子修》，诗的题目也提到"朱崖驿"。丁谓贬海南时，作《途中盛暑》："山木无阴驿路长，海风吹热透蕉裳。"杨万里赋《归姜驿》五律句云："岚气秋还热，归姜晚暂栖。云随一海至，日在万山西。密树通泉过，荒林使径迷。登高发长叹，清世说生黎。"③ 在这些诗作中，可见宋代已有多处驿站。

胡铨（澹庵）被贬海南后，写了《题琼州临高县茉莉村》，其中有句云："眼明渐见天涯驿，脚力将穷地尽州。"这里的"天涯驿"似泛指，

① 夏征农主编：《辞海》，上海辞书出版社 2009 年版，第 2720 页。
② 《苏轼诗集》卷四十三《葛延之赠龟冠》，中华书局 1982 年版，第 2364—2365 页。
③ （清）聂缉庆、张延主修，桂文炽、汪瑔纂修：光绪《临高县志》卷二十四《艺文类》，海南出版社 2004 年版，第 580 页。

而不是海南岛上有一名为“天涯驿”。又一释，“天涯驿”在广西钦州西南。但联系到诗意，似乎不是指广西钦州，而是定指海南岛。

宋代以前，海南岛的驿站，据正德《琼台志》载：“星轺[琼山]、澄□□□、伦江[儋州]系宋驿；烈楼、白沙[俱琼山]系元驿。”又赵汝适《诸蕃志·海南》载：“在吉阳军郡治之南，有海口驿，商人舣舟其下，前有小亭为迎送之所。”① 由此可见，海南驿站之设，非自明朝始，不过明代以后志书才有记载而已。明以前古籍未载，无法考证。

海南的驿站，在明代，初见于正德《琼台志》。同时《明会典》《读史方舆纪要》《古今图书集成》等书都有记载海南驿递的状况。

正德《琼台志》唐胄记：“琼环海为郡，北始琼山，南极崖州，道虽分东中西三路，然皆自北抵南，东西横则各限黎海。故驿因方分列，而铺舍亦随以书。”

《琼台志》中的记载，比较其他古籍详细得多，兹列于下。

琼台驿，在琼山县西北隅土城外。先洪武三年（1370年），设于大城内西南隅。洪武十八年（1385年）主簿李子强议请驿基为县治，乃迁此，创建正厅、穿堂、两廊、门房。天顺七年（1463年），副使邝彦誉命驿丞叶学重修，凿月池于二门外。正德六年（1511年），副使詹玺、知府欧阳傅再葺（廪给库子8名，馆夫8名，马夫60名，马6槽）。

东路六驿，原十二驿。弘治甲子（1504年），副使王檵奏革文昌、永丰、温泉、万全、顺潮、潮源附州县六驿，夫马、廪粮俱州县办给，只存六驿。

宾宰驿，在文昌县何恭都。西北去琼台驿80里，东南去文昌县60里。先洪武三年（1370年），知县周观设。成化十年（1474年），知县宋经迁于基石。成化二十三年（1487年），驿丞余祯修葺（廪给库子2名，馆夫2名，马夫40名，马4槽）。

长岐驿，在文昌县白延都。北去文昌县60里，西南去会同县70

① （宋）赵汝适：《诸蕃志》卷下《海南》，中华书局2000年版，第218页。

里。先洪武三年（1370年），知县周观建。洪武二十四年（1391年），因拓清澜千户所城，知县魏绍文迁今治。成化十年（1474年），知县宋经修葺（馆、库、马并夫俱同宾宰）。

多陈驿，在万州莲塘村。东去乐会县70里，西去万州50里。先洪武三年（1370年），万宁知县黎恕设于多陈都。弘治年间（1488—1505年），知州李恭迁今治（廪给库子一名，余同长岐）。

乌石驿，在陵水县乌石乡。东去万州40里，西北去陵水县40里。洪武间（1368—1398年），署县丞汤良弼建。弘治间（1488—1505年），知州李恭重修（马夫25名，马2槽，余同多陈）。

太平驿，在崖州藤桥村。东北去陵水县200里，西去都许驿200里。洪武三年（1370年），知县甘义创于藤桥东。成化间（1465—1487年），知州徐琦迁今治（马夫20名，余同乌石）。

都许驿，在崖州怀义乡。西去崖州180里。洪武元年（1368年），知县甘义创。成化间，知州徐琦修（馆库夫马同上）。

西路六驿，原十一驿。弘治甲子（1504年），副使王檝奏革通潮、珠崖、古儋、昌江、县门附州县五驿，夫马、廪粮俱州县办给，只存六驿。

西峰驿，在澄迈县那莲都。东至澄迈县50里，西至临高县70里。洪武三年（1370年），知县刘时敏立，后知县韦裘、卢晖继修（库子2名，馆夫2名，马夫40名，马4槽，同宾宰）。

归姜驿，在儋州谭乐都。东去临高县190里，西去儋州40里。洪武初，宜伦叶尹建（馆、库等同西峰）。

田头驿，在儋州西南镇南巡检司之右。东去儋州90里，西去大村驿100里。洪武三年（1370年），知县叶世华建（廪给库子、馆夫、马夫、马俱同归姜）。

大村驿，在儋州西南安海巡检司之右。西南去昌化县100里。洪武三年（1370年），知县叶世华立（馆、库等同田头）。

义宁驿，在崖州西黄流都。北去感恩县110里，南去德化驿30里。洪武三年（1370年），知县甘义创，后知州徐琦、何冈修（库子1名，馆夫 2 名,马夫 35 名,马 3 槽)。

德化驿,在崖州西乐罗村。东去崖州 70 里。先洪武三年(1370 年),知县甘义建于抱拖村。永乐间(1403—1424 年)迁今治。成化间(1465—1487 年),知州徐琦重修(库子、馆夫、马夫、马俱同义宁)。

北路

递运所,在琼山县北 10 里海口都。洪武九年(1376 年)创,递公文渡海抵徐闻沓磊驿(船 2 只,防夫 15 名,马 2 匹,夫 40 名)。

在记录了三路驿站之后,唐胄加按语指出:明代的"白沙(沿元)、博吉(陵水)、大南、甘泉(俱感恩)、大员(儋州)系旧革;文昌、永丰、温泉、万全、顺潮、潮源、通潮、珠崖、古儋、昌江、县门十一驿系副使王橪新奏革者。兹特附录于此,使后有所考"。

除驿站外,各路还有铺舍,琼州府四路铺舍共 125 所,均在洪武三年创立。邮亭中设,翼以两廊,铺门前开牌额。外立宿房,居邮亭之后。日晷在邮亭之前。每铺设铺司一名,专掌簿历。铺兵四名,常川走递。迨至宣德间(1426—1435 年),知府徐鉴于府门一铺特增兵二名,成化间(1465—1487 年),副使涂棐总修一新。司兵随铺增减。[1] 这里因铺舍名称较多,不再列举。

万历《琼州府志》也有关于明代驿传沿革的记载,有的地方叙述较为详细,可作为正德《琼台志》的补充。

郡旧设琼台等二十九驿及海口递运一所,例置夫马船只,籍水马砧户八百一十有六充之,十岁一编,周年递替,料以粮派,夫以丁金。(每米一石派银三钱。)正统间革去白沙、博吉(琼)、甘泉(陵)、太南(感)四驿。弘治间,儋州监生王□□□□□□驿。正德初,副使王橪奏革文昌(文)、永丰(会)、温泉(乐)、万全(万)、顺潮(陵)、潮源(崖)、珠崖(临)、古儋(儋)、昌江(昌)、县门(感)等附州县十一驿(马夫俱出州县)。始计粮朋签定为马夫五百四十名(琼台六十名,海口

---

① (明)唐胄纂:正德《琼台志》卷十四《驿递》,海南出版社 2006 年版,第 328—331 页。

递运所及宾宰、长岐、多陈、西峰、归姜、田头、大村七驿各四十名，义宁、德化各三十五名，乌石驿、陵水县各二十五名，都许、太平二驿各十名）。每名编米八十石（每石出银一钱）。简僻者编七十石（义宁、德化、都许、太平四处）。各追银二两为置船二只，只递运所，买马四十八匹（琼台六匹，义宁、德化各三匹，海口、乌石、都许、太平各二匹，余各四匹）。及铺陈什物之需。嘉靖初，裁革德化一驿，增减马夫（增太平、都许各二名，减归姜、田头、大村各十名。嘉靖末复减西峰、多陈各十五名）。合二十五州县驿递共编银二千一十八两（量编宽裕银三百两在内，以实在民米四万六千二百七十二石七斗六升均派）。后再革长岐、宾宰、乌石三驿（以举人陈表等建议裁革）。戊午，奉扣马价、廪粮、铺陈共银八百二十六两六钱九分，解济边饷（廪粮、马价半解，铺陈全解。崖知州盛赉汝以支用不敷，议免米粮铺陈。感恩知县麦春芳亦以邑小民疲，通详免解。后总督吴桂芳议改司饷，寻留白沙船兵之用）。已未，复以田头、大村二驿并镇南、安海二巡检司带理（马夫通抽放班）。辛酉，再减义宁、都许、太平马夫共四十七名（知州盛赉汝以民疲驿简议减）。隆庆戊辰，复奉部札裁革递运一所，西峰、归姜、多陈三驿（马夫通追充饷，惟递运所四十名以二十名贴琼台驿。至万历丙子，以推官刘学易查，奉部札免编）。及以都许、太平二驿并附通远、藤桥二巡司兼理，酌议发驿银四百七十二两一钱八分外（琼台三百九十一两一钱八分，田头、大村、义宁各二十两，都许、太平各十两）。通追充饷。万历壬午，概革田头（以发驿银二十两半存该州，半贴大村支用）。并因灾报，酌减琼台、大村二驿多余银八十四两四钱三分六厘，以苏民困（议减大村六两，琼台七十八两四钱三分六厘免编）。今除各州县夫马派均平廪粮，出徭差，与全革各驿免编外，见存琼台、义宁二驿，及巡司带理大村、都许、太平三驿，与裁革充饷递运一所，西峰、归姜、田头、多陈四驿，共编马夫二百五十二名（递运所二十名，琼台六十名，归姜、田头、大村各二十名，西峰、多陈各二十五名，义宁十二名，太平、都许各十名）。该银一千八百九十九两五钱六分四厘（琼山琼台驿四百一两五钱六分四厘，递运所一百六十两，澄迈西峰驿及万州多陈驿各二百两，临高编归姜驿二百四十两，儋州田头、大村二驿共四百七十四两，崖州义宁八十四两，都许、太平各七十两。按：今惟琼山发驿三百一十三两七钱四分四厘，儋州发驿二十四两，存州十两，崖州发驿四十两存州，合得九十六两七钱六分外，余银一千四百一十五两六分，通解充饷）。①

《明会典》中所载海南岛上的驿递，关于琼州府的记载，仅列驿名，不过《明会典》把副使王檝奏革的驿名都全部录下：

琼山县：琼台马驿、白沙水驿

澄迈县：通潮马驿、西峰马驿

文昌县：宾宰马驿、长岐马驿、文昌马驿

乐会县：温泉马驿

会同县：永丰马驿

临高县：珠崖马驿

崖州：太平马驿、都许马驿、德化马驿、义宁马驿、潮源马驿

感恩县：县门马驿

儋州：古儋马驿、田头马驿、归姜马驿、大村马驿、大员马驿

昌化县：昌江马驿

万州：万全马驿、多陈马驿

陵水县：顺潮马驿、乌石马驿

所载驿名，与正德《琼台志》相符。②

清代顾祖禹的《读史方舆纪要》中，与各书对照写下下列各驿，颇具参考价值：

琼台驿：在府西北隅土城外。自此而东七十里为宾宰驿，又四十里为文昌驿，东达万州之路。由琼台驿而西，四十里为澄迈县之西峰驿。又西七十里为临高县之珠崖驿，为西南达儋、崖二州之道。

---

① （明）戴熺、欧阳灿总裁，蔡光前等纂修：万历《琼州府志》卷五《驿传》，海南出版社 2003 年版，第 278—280 页。

② 李东阳等重修：《明会典》卷一一九，《文渊阁钦定四库全书》，第 618 册，第 187—188 页。

宾宰驿：县西北六十里。又县南四十里有长岐驿。《明会典》有文昌驿。三驿皆革。

归善驿：州东四十里。又镇南巡司西有田头驿，安海巡司西有大村驿。《舆程记》：州城外有古儋驿。又由归善驿而东六十里为临高县之珠崖驿，大村驿而南三十里为天员驿，又四十里为昌化县之昌江驿，此州境达琼、崖之道。

多陈驿：万州东五十里。《舆程记》："州城北有万全驿，又东北四十里为多陈驿。又北四十五里接会同县界之温泉驿。"

乌石驿：县西四十里。又西即崖州之都许驿。《明会典》：县又有顺潮驿，与乌石俱革。

义宁驿：在州城西。又西北七十里有德化驿。又都许驿，在州东百八十里。《志》云：州东藤桥村有太平驿。又潮源驿，《名胜志》云：在州城外，自会城至此凡二千五百五十里，东去陵水县陆路三百里。《舆程记》云：由感恩县县门驿八十里至甘泉驿，又南八十里至义宁驿，东行六十里为德化驿，又东一百里为潮源驿。似有误。①

书中把各驿之间的联系路程写得较为详细。

此外，《古今图书集成》中琼州府部的"驿递考"，记载也十分详细，内容多根据正德《琼台志》进行梳理而已。

古驿道

明代在海南岛设布政分司，系广东省承宣布政使司的派出机构之一，长官称参政或参议，掌管海南粮储、屯田、清军、驿传、水利和抚民等事。驿传政务下设驿丞 29 员（每驿 1 员），未入流，执邮传、车马、仪仗、迎送之事。后驿站与急递铺合一，十里一铺，设驿卒以传递公文。

海南原设 29 驿，经裁革至弘治十七年（1504 年）仅存 13 驿。按驿道方向分为东路 6 驿、西路 6 驿、中路 1 驿、北路 1 所。海南设铺舍 125 所（一说为 126 所），为驿站的辅助和补充，短途拉力递送公文。

①（清）顾祖禹：《读史方舆纪要》卷一〇五《广东六》，中华书局 2005 年版，第 4773—4785 页。

东路全程 555 公里：琼州（琼台驿）——（宾宰驿）——文昌——（长岐驿）——会同（琼东）——乐会——（多陈驿）——万州（今万宁）——（乌石驿）——陵水——（太平驿）——（都许驿）——崖州（走全程需花 9 天半）。

西路全路 560 公里：琼州（琼台驿）——（西峰驿）——澄迈——临高——（归姜驿）——儋州——（田头驿）——（大村驿）——昌化——感恩——（义宁驿）——（德化驿）——崖州（走全程需共 9 天）。

中路从府门总铺起，历谭押铺至会同县约 305 公里，行程大致是：一日至定安南，一日至会同西。横半日至澄迈东，横二日至文昌。中路未设 6 驿所，设有 9 铺。

北路一所：海口都递运所，在琼山县北 5 公里海口都，于洪武九年（1376 年）创建，可递送公文渡海到徐闻县沓磊驿。

表 4-1　明代海南驿站设置一览表

县属	驿站名	设置地点	兴废简况
琼山	琼台 白沙 星轺 烈楼	府城西北隅土城外 府城北 5 公里	明洪武三年置 元驿，后废 宋驿，后废 元驿，后废
文昌	宾宰 文昌 长岐	琼台驿东 40 公里 宾宰驿东 30 公里 县南 30 公里	明洪武三年置，清革 明初置，弘治革 明洪武三年置，清革
澄迈	西峰	县西 25 公里那蓬那	明洪武三年置
临高	珠崖	东离西峰驿 35 公里	明弘治年间革
儋州	归姜 田头 古儋 大村 伦江 天员	儋州东 20 公里潭乐都 州西 州城外 州西南，离昌化 50 公里 大村驿南 15 公里	明洪武设置 明弘治年间革 明洪武三年置 宋驿，后废 古废驿
昌化	昌江 大南	天员驿南 15 公里 昌江驿南 20 公里	明弘治年间革 古废驿

续表

县属	驿站名	设置地点	兴废简况
崖州	义宁 德化 都许 太平 潮源	州西黄流都 州西乐罗村 州东 90 公里怀义乡 州东藤桥村 州城外	明洪武三年置 明洪武三年置 明洪武初置 明洪武三年置 明弘治年间革
万州	多陈 万全	莲塘村 州城北	明洪武三年置 明弘治年间革
会同	永丰 温泉	县北 距多陈驿 22.5 公里	明弘治年间革 明弘治年间革
陵水	顺潮 乌石	县西 20 公里乌石乡	明弘治年间革 明置，清革
感恩	甘泉 县门驿	县南 40 公里 感恩	古废驿
琼山	海口都 递运所	琼山县北海口都	明洪武九年设

资料来源：海南省地方志办公室编：《海南省志·交通志》，海南出版社 2010 年版，第 12—13 页。

　　明代海南岛上的驿递机构，已初具规模。驿站递送使客、飞报军情、递送公文、物质等任务，十分迅捷。驿站的配置及驿路的分布，与岛上的交通路线有着密切的关系。要研究明代海南岛上的政治、经济、军事及交通路线，必须重视研究驿站机构的设立及驿路的安排。

　　在明代，海南的贸易活动，空前活跃，不论在岛内的墟市，还是通向大陆的贸易，以及对外的商业活动都远远超越过去任何朝代。海南岛与南海诸国的朝贡与国际间的贸易也有着密切的关系，蕃舶往来也十分频繁。南海诸岛各国的朝贡及互市船舶多次由此经过。因此，在海南岛上，驿传机构的设立，递送使客的任务，转运军需及商务流转的需要，都需要驿站来承担。因此，对于驿站的设立，人夫的设置，马、驴、船、车、什物等项的备用，都要经常进行整治或差人点视，一旦有人夫、马、驴、船、车、什物损坏缺少，要及时修理补买，同时会对驿所官吏论罪处分。要保证随时需要，就能即时供应。例如各驿马夫，须置铜铃，遇有紧急公务，将急带马上前，路驿分专一听候铃声，随即供应，不致妨误。

驿站是官办的邮传机构，每个驿站设有驿丞、典邮传递送各类事宜，有的大一点的驿站还由各县衙门修建驿所，如琼台驿，在洪武十八年（1385年），主簿李子强议请驿基为县治，创建正厅、穿堂、两廊、门房。天顺七年（1463年），副使邝彦誉命驿丞叶学重修，凿月池于二门外。正德六年（1511年），副使詹玺、知府欧阳傅再葺。《明史》载："驿丞典邮传递送之事。凡舟车、夫马、廪糗、庖馔、褥帐，视使客之品秩，仆夫之多寡，而谨供应之。支直于府若州县，则籍其出入。（巡检、驿丞，各府州县有无多寡不同。）"[1] 驿站之设，由各地政府负责修建及管理。这标志着军队实际控制的地域。所以说，这些宣达政令的驿站，是中央政府有效统治边远地区的象征，其政治意义不可轻视。

驿站及畅通的驿道使全岛交通畅通，在商业经济活跃的海南岛，商贾人士，在商业运输的过程中，经常买通驿丞贩商贸，使驿路成为商品流通的便捷通道，所以明代与前朝相比，为了商业经济的扩大发展，对保证驿路畅通及配置驿站的各项建设显得更加重视，由此可知，驿站的设立与海岛经济的开发有着十分密切的关系。

明代在镇压黎族反抗活动中，为了飞报军情，转运军需，驿站的置设和驿路的畅通，在军事行动上起着关键性的作用。

明代初期，由于政治的稳定，经济的发展，所以驿传在上传下达的正常运作中，促进了社会经济的发展，但是到了晚明，由于政治的腐败，驿政也日益衰落。明《神宗实录》载：户科左给事中萧崇业奏驿递事宜，神宗有"四方驿递疲弊，小民困苦至极"[2]等语，说出神宗对驿递已弊端丛生，官吏贪污驿站费用，驿夫因生活困苦而纷纷逃亡等弊端十分忧心。在海南也是一样，如长岐、宾宰、乌石三驿，因廪粮被扣而被裁革。感恩知县麦春芳，亦"以邑小民疲，通详免解"。后又再减义宁、都许、太平马夫共四十七名，知州盛赍汝以民疲驿简

---

[1] （清）张廷玉等撰：《明史》卷七十五《职官四》，中华书局1974年版，第1852页。

[2] 《明实录·神宗实录》卷四二。

议减。终明一代，虽仍有驿道、驿站在运行，但至崇祯年间，驿站建设已逐渐式微，已呈现"支应之苦，破亡之状"，"益之锱铢，民不堪命"。[①] 到了晚明，驿政腐败，驿站已逐渐倒闭，驿递制度与明王朝一起归于灭亡。

明代海南的铺舍分四路，共 125 所，洪武三年（1370 年）创立。

府门总铺：附琼山县治东一里。东路历张吴铺至崖州，共 1110 里。西路历二水铺至崖州，共 1120 里。中路历谭押铺至会同县，共 305 里。北路至环海铺 10 里。

东路铺：有张吴、藤桥等 54 所。

西路铺：有二水、白沙等 61 所。

中路铺：有谭抻、居丁等 9 所。

北路铺：环海，海口都。去县十里，渡海北接徐闻沓磊铺。[②]

除驿站及铺舍的交通站建设外，明代在交通上另外的措施，是重视桥梁的建设，包括各地津渡的设立，方便民间的交通。这些桥梁的建设，有官办，更多的是民办，乡人自己捐钱筑桥，津渡设而涉川利，这些桥梁津渡，有的是明代始建的，有的是前代早已建立，但到了明代又重新修建。其中有：

琼山县：有桥梁 40 处，津渡 15 处。

澄迈县：有桥梁 20 处，津渡 6 处。

临高县：有桥梁 6 处，津渡 1 处。

定安县：有桥梁 4 处，津渡 7 处。

文昌县：有桥梁 7 处，津渡 13 处。

会同县：有桥梁 3 处，津渡 2 处。

乐会县：有桥梁 2 处，津渡 10 处。

儋州：有桥梁 10 处，津渡 4 处。

昌化县：有桥梁 1 处，津渡 2 处。

---

① 《海瑞集》卷二《驿传申文》，海南人民出版社 2003 年版，第 199 页。

② （明）唐胄纂：正德《琼台志》卷十四《驿递》，海南出版社 2006 年版，第 328—333 页。

万州：有桥梁 12 处，津渡 9 处。

陵水县：有桥梁 6 处，津渡 2 处。

崖州：有桥梁 16 处，津渡 7 处。

感恩县：有桥梁 3 处，津渡 1 处。

这些桥梁、津渡的建设或修理，远远超过以前各朝代。[①]

第二节　海防

一、明代海防政策

明太祖朱元璋在建国初期，即留心海上的交通。收复广东、海南之后，改市舶司于宁波、泉州、广州。宁波通日本，泉州通琉球，广州通占城、暹罗、西洋诸国。永乐三年（1405 年），"以诸番贡使益多，乃置驿于福建，浙江、广东三市舶司以馆之。福建曰来远，浙江曰安远，广东曰怀远"。[②]但明太祖为了防海盗，海禁甚严，影响了海上交通及对外贸易。明成祖朱棣即位后，执行了放松海禁的政策，他一方面派遣使者到海外诸国，另一方面奖励海外诸国对中国的朝贡贸易。永乐元年（1403 年）后历时 28 年，郑和七次下西洋访问了东南亚、印度半岛、阿拉伯和东非 37 个国家，郑和舰队在变幻莫测的大洋里"云帆高涨，昼夜星弛，涉彼狂澜，若履通衢"。[③]郑和打开走向世界的航线，不仅吸引了更多国家来中国朝贡和经商，也促使东南沿海的大批中国人移居南洋。这一冲向世界的浪潮，对海南岛的影响是重大的。

但是，随之而来的是倭寇和海盗的猖獗。于是，在沿海建立卫所、巡检司，筑城堡、墩台、烽堠，派兵守城。[④]杨理的《琼管论》中也指出，

---

① （明）戴熺、欧阳灿总裁，蔡光前等纂修：万历《琼州府志》卷四《建置志·桥梁（津渡附）》，海南出版社 2003 年版，第 196—210 页。

② （清）张廷玉等撰：《明史》卷八十一《食货志》，中华书局 1974 年版，第 1980 页。

③ 《天妃神庙应记》碑文。

④ （明）郑若曾撰、李致忠点校：《筹海图编》，中华书局 2007 年版，第 233—240 页。

海南岛上“设海向卫统内千户所五，外守御千户所六，各海口咸置烽堠瞭戍，指挥部军统辖之，名曰备倭巡捕巡司，分散布列，海寇望帜而知有备”。

明代对海盗倭寇的防御，有完备的设置。比如，设备倭巡视海道副使、备倭都指挥，沿海地区巡海水军，加以防患。

《御制文集·劳海南卫指挥敕》：“曩自勘定以来，人皆臣服，然当此之际，必居安虑危，方称保民之道。前者命尔？兵炎地，固守疆圉，朕恐尔恃沧海之险，旷城隍之高深，忘备肆逸，特遣人往谕。且沧海之旷也，人将以为险，朕谓非险也。其海淀迤西及南诸番蛮？国无大小，环而王者，不知其数矣。海之旷，吾与共之。设有扬帆浮游，奚知善恶者耶？必加严备，乃无警于民。策之善者，汝其慎之。”

官卫指挥一员，专掌巡海，听广东海道副使、备倭都指挥节制。所辖内外十一所，每所官各一员，督所管军船常于所部海面巡视，有警辄行申报。

旗军一千一百七十名：

内五所，国初该一千名，正统以后渐减，今五百名：左所旗军一百名，右所旗军一百名，中所旗军一百名，前所旗军一百名，后所旗军一百名。

东三所，原六百名，宣德以后渐裁，今三百名：清澜所一百名，万州所一百名，南山所一百名。

西三所，原六百名，宣德以后渐革，今三百七十名：儋州一百五十名，昌化所一百名，崖州所一百二十名。

战船二十三名：内五所各一只，外六所各三只。

洪武庚午，差中所千户崇铭、后所百户林茂，往广东打造战船，驾驶回卫，与同指挥翟兴出海备倭。成化辛卯，差百户林富往广打造战船二只，驾驶回卫备倭。（上造船。）按：据此则成化初以前，船皆广造，远则费多，且浮克难稽。今本处匠作能造，尤便矣。

洪武癸酉，后所百户林茂驾驶备倭船，装运盐课赴京。永乐癸未，前所百户刘玉领军驾船装运高良姜药材。景泰庚午，指挥周玮督领官军驾战船五只,往新会追赶海贼。(上差船。)按:船主备倭本境,他急权宜调应,似不为害。若杂遣赍运,劳军弛备,则非矣。

烽堠:《方舆志》:旧制无烽堠,今于沿海紧关去处设立一百六十座,差兵夫昼夜瞭望,遇警放烟,稽古制也。今减东西路烽堠,只八十五座列后。

东路烽堠三十五:白沙、芒芋、东营、铺前、七星北岭、抱虎(上属内五所,旗军十二名。)、抱凌、赤水、杨桥、大场、中场、调炳、村门、盐芋、冯家、哆喃、调懒、赤石、博敖(上属清澜所,旗军二十六名。)、南港、莲岐、莲塘、大塘、乌鱼、新潭、杨调、陵水(上属万州所,军人十六名。)、牛岭、水口、黎庵、南山、石赖、高沙、淡水(上属南山所,军人十一名。)

西路烽堠五十:白庙、东水、石礦、马袅、博浦、乌石、白崇、黄龙、博顿(上属内五所,旗军十七名。)、顿积、神硐、峨峏、峨曼、楠滩、楠浦、楠卜、洋浦、新英、大英、南庄、田头、沙沟、煎茶、誓村、永村、大村(上属儋所,旗军二十四名。)、新港、大员、小员、北港、南港、马岭、鱼鳞、小南、赤砍、赤石、抱牌、白沙(上属昌化所,旗军十三名。)、榆林、三亚、临川、白石、甘露、南山、郎栖、抱罗、望楼、佛老、黄流(上属崖所,军人十一名。)

营堡:弘治七年,掌卫指挥张翊议于崖州立望海、榆林二堡,感恩立深田、岭头二堡,昌化立鱼鳞洲、吉家散、小洲塘三堡,清澜所立冯家、冯桥二堡、万州所立莲塘、乌石二堡。南山所仍修牛岭堡,防御海寇。

儋州洋浦、禾田二港,倭寇常登此岸,劫掠乡村。旧有军营守御。

洪武二十年,海寇登海口岸,指挥花茂奏设城池,移后千户所官军守御。洪武二十三年,海寇登昌化棋子湾岸,指挥桑昭奏筑昌化千户所城池隄备。洪武二十四年,指挥桑昭以清澜海港边临大海,尝有倭寇泊舟,侵掠居民,奏立守御所,军一千名以备御。洪武二十五年,倭船侵掠万州,指挥桑昭奏拨军一千名,委千户俞凯董领筑城守御。洪武二十七年,以南山濒临大海,尝有倭寇泊舟登岸,都指挥花茂奏设千户所，拨官军一千员名守御。洪武二十七年，都指挥花茂迁调器巡检司于太平都南臂村，以防海寇。①

二、海外贸易滋生的倭寇和海盗

明代初年，为了巩固政权的统治，防止海外侵略，实行海禁政策，明太祖定制"片板不许入海"②，有私下出诸番互市者必置之重法。但在实行海禁的同时，"朝贡"贸易仍然进行。而且，民间商人也在海路上出入，与勾倭人及佛朗机诸国人互市。他们与官府权势者互相勾结，在海上进行走私，大获其利。《明史·朱纨传》载："闽人李光头、歙人许栋踞宁波之双屿为之主，司其质契。势家护持之，漳、泉为多，或与通婚姻。假济渡为名，造双桅大船，运载违禁物，将吏不敢诘也。"③虽然明太祖在位期间下达 6 次禁海令，企图以官方垄断中外贸易的朝贡贸易，实现对外的羁縻和对内的控制。明人王圻曾说："通华夷之情，迁有无之货，减戍守之费。又以禁海贾，抑奸商，使利权在上。"④这一说法，点破了明朝统治者海禁的目的。但海禁并不理想，私人海外贸易是民间生活的需求，仅靠政令无法阻断。

随着东南沿海地区商品货币经济的发展，民间从事海外贸易的要求愈加强烈。在海外，西方殖民者继续东来，开始了他们在东方海上进行殖民征服和贸易垄断的竞争历程。国内外形势的变化，加速了明王朝独占朝贡贸易的衰亡，以民间海商为主体的海外贸易活动应运而生。而朝廷对于民间的贸易又竭力加以限制和打击，以强大武力进行扼杀。这样，民间的海外贸易只有破禁而出，采取亦商亦寇的方式从事武装贩卖活动，与政府的禁制进行强烈的抗争，给予明王朝闭关自守的海禁政策以猛烈的冲击。谢肇淛谓："广东惠潮、琼崖狙狯徒，

---

① （明）唐胄纂：正德《琼台志》卷二十一《平乱》，海南出版社 2006 年版，第 465—468 页。

② （清）张廷玉等撰：《明史》卷二百五《朱纨传》，中华书局 1974 年版，第 5403 页。

③ （清）张廷玉等撰：《明史》卷二百五《朱纨传》，中华书局 1974 年版，第 5403 页。

④ 王圻：《续文献通考》卷三一《市籴考·市舶互利》。

冒险射利、视海如陆，视日本如邻室耳，往来交易、彼此无间。"①从洪武到崇祯的276年间，海盗活动连绵不断，而且规模大，先后出现许多实力强大的海盗海商集团。明太祖期间，为了征剿海盗，除实行海禁外，强行迁徙东南海上岛屿居民，尽"墟其地"，如在广州，官兵出海攻剿三灶山海盗刘进与"通番为乱"的吴进添，强迫三灶山居民迁徙内地，使三灶山变为荒岛。官兵镇压海盗，迫害岛民，激发岛民反抗，更多人因此而参加海盗活动。②这些海盗也被称为海寇商人。因此说，海寇商人是明王朝厉行海禁政策的产物。海寇商人从事武装贩卖活动，严禁则商转为寇，亦寇亦商；禁弛则寇转为商，亦商亦寇，剿则远走海外，客居异国；抚则招安为官，亦官亦商。所谓倭寇，也是海寇商人的一支，在明初，倭寇尚未酿成大乱，到了嘉靖时，中国海盗与倭寇合流，中国人数居多，其倭人数寡。由于明王朝政治腐败，官邪政乱，迫民为盗，所以，沿海"小民好乱者，相率入海从倭。凶徒、逸囚、罢吏黠僧，以及衣冠失职书生，不得志群不逞者，皆为奸细，为之响导"。③郑晓说："闽、浙、江南北、广东人皆从倭奴，大抵贼中皆我华人，倭奴直十之一、二"。④也有人认为倭人仅占20%，80%是沿海一带的海盗。他们披着倭寇的外衣，在海上从事亦寇亦商的海上贸易活动。海盗与倭寇合流，使东南沿海城乡遭受严重的破坏。海南岛地势十分特殊，一方面，海南岛是联结东南沿海与东南亚地区的纽带，明代东南亚地区各国通向广州贡道的中转站，"凡番贡多经琼州"，他们到了琼州之后，由琼州官府辅护。而通向东南亚一带海道的海盗活动十分活跃，海南道也成为海盗通向东南亚的必经之地；另一方面，海南岛孤悬海外，远离朝廷政治中心，正如当时巡抚广东右副都御史陈濂在奏章中所说：

> 海南海北二道，地理纡远，边方多事，按察司官更番出巡者，

---

① 谢肇淛：《五杂俎》卷四《地都一》。
② 郑广南：《中国海盗史》，华东理工大学出版社1998年版，第163—164页。
③ 佚名：《嘉靖东南平寇通录》。
④ 郑晓：《吾学编》四《皇明四夷考》上卷《日本》。

多托故迁延，或到彼即回，以致所司事有申达者，往复旬月，动失机宜。①

又巡抚广东都御史关琛等奏：

琼州孤悬海外，所辖州县凡十有三，原设海南一卫，及在外儋州等六千户所，去广城二千余里，分巡、分守官经年不一至，遇有警急，猝难驰报。②

可见，沿海地区法令推行十分困难，无数的海岛海湾使得整治滨海水路的海令条规成为一纸空文，官吏对海南岛沿海的巡查，经年不一至，海南岛的政治管辖十分松弛。这样的特殊情况，海南岛成为南海海盗的避难所和驻扎休息的理想的地方。他们自由自在地在海南沿海地带活动，或登岛找寻粮食进行骚扰劫掠，海南岛周围的众多岛屿，漫长的海岸线，四通八达的航线，与海外交通的方便等条件，都有利于海盗的活动，使海南岛成为海盗的天然基地。因此，把海南的海盗活动与江浙一带相比，更具有时间长、活动频繁的特点。

明代是海南岛上倭寇及海盗活动的活跃时期，这时期的海盗武装活动，比以前各代活动的次数更多、规模更大，而且已跨越国界。关于海南明代海盗骚扰概况，就各类志书所载分述如下：

（一）洪武元年（1368 年）到永乐二十二年（1424 年）明代开创期的倭寇与海盗

从洪武到永乐，56 年间战争不断。沿海倭寇袭扰，早在元朝末年已经开始，所以朱元璋和朱棣着力加强海防建设。但是海上终归风险激荡。明代倭寇的入侵，最早在洪武二年（1369 年），是时，明朝海防体制尚未建立，沿海地区城池、寨堡也未完整修缮，沿海卫水师舰队十分薄弱。因此，洪武年间，朱元璋加强沿海兵力的战船的建设。永乐年间，朱棣进一步完善朱元璋所建立的沿海防卫体系。

这一时期，倭寇海盗侵扰次数频繁，但都遭到官军的追捕，洪武时期兵力尚能主动追捕，但到永乐时期，因海南岛兵力薄弱，不能有

① 《明实录·宪宗实录》卷七三。
② 《明实录·宪宗实录》卷七七。

效进行剿捕，时胜时败，有时连城中人口、粮食军器皆被劫掠。

洪武三年（1370年）八月庚辰，海盗陈志仁、林公望等攻陷陵水等县，官军讨捕之，斩公望等，余党遁去。①

洪武五年（1372年），海贼罗已终寇雷琼，署都指挥金事杨璟督军追捕，千户汪满、周旺、王清等至钦州乌雷门，获桂黄三舍、苏称高等五百八十七人，已终为兵所杀，余党悉溃。②

洪武六年（1373年）七月乙卯，广东都指挥使司奏言："近儋州山贼作乱，已调兵剿捕，获海船十八艘，杀贼二千二百七十余人，生擒五百二十四人，其儋、万二州山深地旷，宜设兵卫镇之。"诏置儋、万二州守御千户所。③

洪武十一年（1378年）四月十四日，倭寇儋州沿海乡村。④

洪武十五年（1382年），倭犯万州。指挥翟兴于独洲洋获到寇首钟奴欧等，并船六十只。⑤

洪武十九年（1386年）五月十九日，倭寇儋州新英、洋浦诸港。⑥

洪武二十年（1387年）贼登海口，指挥花茂奏设城防守。⑦

洪武二十三年（1390年）倭寇登海口岸，指挥翟兴擒获贼愍寇等，并船只。⑧

洪武二十三年（1390年），海寇登昌化棋子湾岸，指挥桑昭奏筑

---

① 《明实录·太祖实录》卷五五。

② （明）戴熺、欧阳灿总裁，蔡光前等纂修：万历《琼州府志》卷八《海黎志·海寇》，海南出版社2003年版，第395页。

③ 《明实录·太祖实录》卷八三。

④ （清）明谊修、张岳崧纂：道光《琼州府志》卷十九《海黎志三·海寇》，海南出版社2006年版，第801页。

⑤ （明）唐胄纂：正德《琼台志》卷二十一《海寇》，海南出版社2006年版，第471页。

⑥ （清）明谊修、张岳崧纂：道光《琼州府志》卷十九《海黎志三·海寇》，海南出版社2006年版，第801页。

⑦ （明）戴熺、欧阳灿总裁，蔡光前等纂修：万历《琼州府志》卷八《海黎志·海寇》，海南出版社2003年版，第395页。

⑧ （明）唐胄纂：正德《琼台志》卷二十一《平乱·海防》，海南出版社2006年版，第471页。

昌化千户所城池隄备。①

洪武二十四年（1391 年），指挥桑昭以清澜海港边临大海，尝有倭寇泊舟，侵掠居民，奏立守御所，军一千名以备御。②

洪武二十五年（1392 年），倭船侵掠万州，指挥桑昭奏拨军一千名，委千户俞凯董领筑城守御。③

洪武二十七年（1394 年），以南山濒临大海，尝有倭寇泊舟登岸，都指挥花茂奏设千户所，拨官军一千员名守御。二十七年（1394 年），都指挥花茂迁调器巡检司于太平都南窜村，以防海寇。④

永乐九年（1411 年）二月丁巳，广东都指挥使司奏："比倭贼攻陷昌化千户所，千户王伟等战败被杀，军士死亡甚众，城中人口食粮、军器皆被劫掠，而副总兵都指挥李珪及海南卫所遣领兵指挥，千百户徐茂等，初不严兵备，贼至又不救援，贼去亦不追剿，罪当死。"上曰："此不可宥，姑令捕寇赎罪，如寇不获，皆斩。"⑤

又永乐九年（1411 年），倭攻陷昌化，指挥徐茂领军戍守，千户王伟战没，百户王升等追至潮州西头湾获之。⑥

永乐九年（1411 年）四月，贼登陵水、崖州，百户王英战没。⑦

永乐十一年（1413 年）二月，百户尹敬等追贼，至独洲洋陷没。⑧

---

① （明）唐胄纂：正德《琼台志》卷二十一《平乱·海防》，海南出版社 2006 年版，第 468 页。

② （明）唐胄纂：正德《琼台志》卷二十一《平乱·海防》，海南出版社 2006 年版，第 468 页。

③ （明）唐胄纂：正德《琼台志》卷二十一《平乱·海防》，海南出版社 2006 年版，第 468 页。

④ （明）唐胄纂：正德《琼台志》卷二十一《平乱·海防》，海南出版社 2006 年版，第 468 页。

⑤ 《明实录·太宗实录》卷一一三，第 1333 页。

⑥ （明）戴熺、欧阳灿总裁，蔡光前等纂修：万历《琼州府志》卷八《海黎志·海寇》，海南出版社 2003 年版，第 395 页。

⑦ （明）戴熺、欧阳灿总裁，蔡光前等纂修：万历《琼州府志》卷八《海黎志·海寇》，海南出版社 2003 年版，第 395 页。

⑧ （明）戴熺、欧阳灿总裁，蔡光前等纂修：万历《琼州府志》卷八《海黎志·海寇》，海南出版社 2003 年版，第 395 页。

永乐十九年（1421 年），贼犯昌化，百户王玘、陈通、朱延等御之。①

又永乐十九年（1421 年），贼登昌化提，百户王玘、陈通、朱祯等立功。二十一年（1423 年），蒙恩宥放回。②

（二）洪熙元年（1425 年）到弘治十八年（1505 年）明代守成期的倭寇与海盗

在这 80 年时间里，广东沿海海盗在进行"亦盗"活动的同时，也进行亦商活动，海盗寇掠广东沿海州县较频繁，到海南次数较少，海南的督备指挥守边不备，出海征剿，时常战败。

宣德六年（1431 年），指挥周振领军六百名，于儋、昌、崖地方巡捕倭寇。③

宣德八年（1433 年），倭犯儋州、昌化，指挥高升督官军金凯等守备。④

宣德九年（1434 年），据清澜，千户陈忠、刘□等坐死。⑤

宣德九年（1434 年），倭寇登清澜岸，据所城池，千户刘某、陈某逃窜。后以失机典刑，委雷州卫百户范著署印。⑥

天顺五年（1461 年），春正月戊申，勅巡抚两广、右佥都御史叶盛得奏："海南贼五百余徒占据城池，烧劫军民房屋财物，且此贼皆官舍军余，必知虚实，若不速除，恐滋蔓为患。"勅至："尔即督调官军、民壮，驰往琼州，相机抚捕，毋因循怠惰，纵贼殃民。"⑦

---

① （清）明谊修、张岳崧纂：道光《琼州府志》卷十五《海黎志》，海南出版社 2006 年版，第 802 页。

② （明）戴熺、欧阳灿总裁，蔡光前等纂修：万历《琼州府志》卷八《海黎志·海寇》，海南出版社 2003 年版，第 395 页。

③ （明）唐胄纂：正德《琼台志》卷二十一《平乱·海寇》，海南出版社 2006 年版，第 468 页。

④ （明）戴熺、欧阳灿总裁，蔡光前等纂修：万历《琼州府志》卷八《海黎志·海寇》，海南出版社 2003 年版，第 395 页。

⑤ （明）戴熺、欧阳灿总裁，蔡光前等纂修：万历《琼州府志》卷八《海黎志·海寇》，海南出版社 2003 年版，第 395 页。

⑥ （明）唐胄纂：正德《琼台志》卷二十一《平乱·海寇》，海南出版社 2006 年版，第 472 页。

⑦ 《明实录·英宗实录》卷三二四。

成化元年（1465 年），海寇登澄迈县县治，民居烧毁一空。①

成化二年（1466 年），寇入石礜港，备倭百户项钦战败。御史龚以守边不备，律降海安所小旗。②

成化三年（1467 年）十月，镇守广东太监陈瑄等奏："去年十月寇入临高县港，掠民财，县丞陈瑛仓卒率众御之，为所杀。"上命兵部行令瑄等速追捕之，并巡按御史查勘失机将士，奏闻究治。③

弘治四年（1491 年），东路指挥崔毕等巡海，获贼坤喇谢提等男妇百余。④

弘治六年（1493 年）八月，寇犯陵水南峒，杀人，副使瞿俊逮系，指挥千百户石英等降级有差。⑤

弘治七年（1494 年），番贼于东三所（即清澜千户所、万州千户所、南山千户所）擒掳人船。副使瞿俊问，拟督备指挥石英、守堡千户汪清军备不设，贼侵入境掳人者律充军。奏奉圣旨，以情轻降三级，英正千户，清总旗。⑥

弘治十二年（1499 年），海贼寇儋州。指挥周远擒获吴球等十八人，黑膀船四只，器械三百六十九件。⑦

弘治十六年（1503 年），琉球蔡伯鸟等出没东路地方，督备指挥李序捕获。⑧

① （明）唐胄纂：正德《琼台志》卷二十一《平乱·海寇》，海南出版社 2006 年版，第 468 页。

② （清）龙朝翊主修、陈所能等纂修：光绪《澄迈县志》卷五《海黎志·海寇》，海南出版社 2004 年版，第 255 页。

③ 《明实录·宪宗实录》卷三九。

④ （明）戴熺、欧阳灿总裁，蔡光前等纂修：万历《琼州府志》卷八《海黎志·海寇》，海南出版社 2003 年版，第 396 页。

⑤ （明）戴熺、欧阳灿总裁，蔡光前等纂修：万历《琼州府志》卷八《海黎志·海寇》，海南出版社 2003 年版，第 396 页。

⑥ （明）唐胄纂：正德《琼台志》卷二十一《平乱·海寇》，海南出版社 2006 年版，第 473 页。

⑦ （明）戴熺、欧阳灿总裁，蔡光前等纂修：万历《琼州府志》卷八《海黎志·海寇》，海南出版社 2003 年版，第 396 页。

⑧ （明）戴熺、欧阳灿总裁，蔡光前等纂修：万历《琼州府志》卷八《海黎志·海寇》，海南出版社 2003 年版，第 396 页。

弘治十八年（1505年）春，百户阎清巡海，追贼至石礁港战没。指挥徐爵领军生擒一十七人，申报给赏。①

（三）正德元年（1506年）到嘉靖四十五年（1566年）明代祸乱期的倭寇与海盗

嘉靖期间，海盗与倭寇合流，全国海盗活动走向高潮。由于明王朝政治腐败，官邪乱政，人情愤恨，沿海地带居民纷纷出海当海盗，东南沿海，海寇劫掠甚为猖獗，海南也难逃此劫。而且海盗人数越来越多，侵患次数越来越密。这一时期，还有大泥番船（即马来西亚海盗船）泊榆林港，著名海盗吴平也于嘉靖四十五年（1566年），寇掠白沙等地。吴平是传奇式的海上枭雄，出身穷苦人家，为解脱贫苦而出洋当海盗，在福建、广东沿海地带活动，后被戚继光围剿，逃脱隐居。据顾炎武《天下郡国利病书》载："平败，遁南湾，料大师且追之，与其徒百余人驾小舟遁去。"②

正德八年（1513年）六月，贼劫海洋，副使詹玺遣指挥徐爵督千百户杜俨等追至澄迈东水，遇风舟覆，百户王隆溺死。③

正德十二年（1517年）（《澄迈县志》作十一年），倭掠澄迈、临高，指挥徐爵督军追至白浦洋，大战，贼败，溺死无算。④

正德十四年（1519年），大坭番船泊榆林港，知州陈尧恩、指挥谷春等督军斩获罗朝田等二十四人。⑤

嘉靖元年（1522年），海贼登昌化盐场，千户王承祖等追至鱼鳞洲，擒获十四人，夺回被掳解报。⑥

① （明）戴熺、欧阳灿总裁，蔡光前等纂修：万历《琼州府志》卷八《海黎志·海寇》，海南出版社2003年版，第396页。
② 顾炎武：《天下郡国利病书》，上海古籍出版社2012年版，第3137页。
③ （明）戴熺、欧阳灿总裁，蔡光前等纂修：万历《琼州府志》卷八《海黎志·海寇》，海南出版社2003年版，第396页。
④ （明）戴熺、欧阳灿总裁，蔡光前等纂修：万历《琼州府志》卷八《海黎志·海寇》，海南出版社2003年版，第396页。
⑤ （明）戴熺、欧阳灿总裁，蔡光前等纂修：万历《琼州府志》卷八《海黎志·海寇》，海南出版社2003年版，第396页。
⑥ （明）戴熺、欧阳灿总裁，蔡光前等纂修：万历《琼州府志》卷八《海黎志·海寇》，海南出版社2003年版，第396页。

嘉靖十年（1531 年）六月，海寇何亚八同番贼由石礓港抵白沙东瀛，纵火劫村，掳男妇，每倾产以赎，无赎多鬻之番。八月，复至，官军陈忠言等追至雷州海康，战敌而死。十二月，海寇千余人复聚白沙，兵宪何元述亲率士卒千余人御之，贼酋数人登岸，官军溃走，百户尹恩、军士雷旭等战死。[①]

嘉靖十三年（1534 年），海贼许折桂寇琼、雷，副使徐乾遣指挥王守臣出海，捕获船只器械。[②]

嘉靖十三年（1534 年），海贼张酉作乱，掠烈楼，石窝等村（琼山西境）。指挥王克振，千户余忠御之。六月，副使方民悦委指挥陈忠言捕贼，与贼战，自午到申，众寡不敌，死之。百户郁英与焉。八月，贼自大林登岸（琼山东境），转掠到铺前（文昌县）。指挥王克振追斩贼首三十二级，获器械六十九件。[③]

嘉靖十七年（1538 年）七月，贼登新潭海岸，万州吏目姚汝励、千户周昂追至独洲湾，获十一功，并夺回被掳男妇一十七口。[④]

嘉靖十八年（1539 年）（明郡志作十九年），贼掠白延诸村。掳生员林继统，男妇十余口至冯家湾。一女淑温耻受辱死之，一妇丁氏赴水死。林生诉百户安节不为防救，谪戍梧州。[⑤]

嘉靖三十年（1551 年），贼张酉新会人，贷金为商，被劫不归，大肆劫掳，犯烈楼、石窝。指挥王克振、千户俞宗御之，乃去。

嘉靖三十年（1551 年）六月，副使方民悦委指挥陈忠言捕贼，与战，自午至申，死之，百户郁瑛与焉。八月癸酉，贼船十只覆溺，自

①　朱为潮、徐淦等主修，李熙、王国宪总纂：民国《琼山县志》卷二八《杂志志·遗事》，海南出版社 2004 年版，第 1858 页。

②　（明）戴熺、欧阳灿总裁，蔡光前等纂修：万历《琼州府志》卷八《海黎志·海寇》，海南出版社 2003 年版，第 396 页。

③　张廷标：《琼山乡土志》卷一《海寇志》。

④　（明）戴熺、欧阳灿总裁，蔡光前等纂修：万历《琼州府志》卷八《海黎志·海寇》，海南出版社 2003 年版，第 396 页。

⑤　李钟岳等监修、林带英等纂修：民国《文昌县志》卷八《海黎志·海寇》，海南出版社 2003 年版，第 285 页。

大林登岸，掠至铺前地方，军士陈进手杀数贼而死，指挥王克振追战，斩贼首三十二颗，获器械六十九件。九月，贼登昌化，推官徐邦佐督百户李元机哨至安海而还。明日，贼复驾舟掠儋州，巡检余森、百户牛应祯督军不进。①

嘉靖三十一年（1552年）三月甲辰，广东海寇琼州，杀指挥陈忠言、胡松，百户郁瑛。诏夺失事备倭指挥王克振等俸，立功自赎。②

嘉靖三十三年（1554年）甲寅，海寇聚铺前港，军士陈进等御敌，手击数贼而死。七月，飓风，海寇覆舟，余党十一人登大林都海岸，夜抵埠头墩，杀戮居民一家殆尽，官军千余人不敢进。敌至文昌地面，寇以饥靡，官军始枭首献功。是年，又寇临高县马袅、新安、博铺、黄龙等诸港，知县陈址率乡兵、黎兵邀战，贼败溺死，夺回被虏人口，贼望风远遁，西路皆赖焉。太守张子宏白于巡按敦文周，奖之。寻掠文昌县滨海诸村，烧毁铺前巡司，乡兵追捕，有被其格杀分骸者，力遂不支，申请府道委官勘验，给银埋葬，修治营堡，置兵守之。贼又移泊清澜海旁，逼近所县，军民危惧。知县张文录发遣民兵分据要害，县丞夏兴仁发遣乡兵夫运木列栅，控制咽喉，并设望楼日夜巡视，所官相与协力备御，贼知难犯，遂不敢近。③

嘉靖三十五年（1556年），倭寇儋州，掠沿海诸村。④

嘉靖三十七年（1558年）八月，贼登澄迈调陈等港，副使王会遣指挥王克振、镇抚陶孟焞、百户周缙等捕贼，获之。⑤

嘉靖三十九年（1560年），海贼潘国珍等犯儋州探西乡。知州张

① （明）戴熺、欧阳灿总裁，蔡光前等纂修：万历《琼州府志》卷八《海黎志·海寇》，海南出版社2003年版，第396—397页。
② 《明实录·世宗实录》卷三八三。
③ 朱为潮、徐淦等主修，李熙、王国宪总纂：民国《琼山县志》卷二十八《杂志志二·遗事》，海南出版社2004年版，第1858页。
④ 彭元藻、曾友文主修，王国宪总纂：民国《儋县志》卷八《海黎志·海寇》，海南出版社2004年版，第451页。
⑤ （明）戴熺、欧阳灿总裁，蔡光前等纂修：万历《琼州府志》卷八《海黎志·海寇》，海南出版社2003年版，第397页。

邦谟亲率土舍日昭等往神堉御之。日昭战没。①

嘉靖四十一年（1562年）二月，千户崇升领军哨海，至临高石牌遇贼，擒斩十余名颗，夺回被掳九十九人。六月，贼入清澜港，指挥李子照不进，得客船，至杀数十人，贼乃退。②

嘉靖四十二年（1563年）春，副使宋大武遣千户崇升、镇抚陶盂焯巡海至临高博顿，破贼船二只，斩贼首十余颗，获器械四十件。九月，剧贼刘世钊等寇雷、廉，按院陈道基檄参将戴冲霄、指挥高卓、王克振、千户崇升等，领军会雷、廉指挥杨烈、蔡纲等夹剿，烈兵败被掳，诸军皆溃，独升所部获船一只，斩十四人。十二月，指挥高卓败贼于堉头，获大船一只，冲沉三只，斩首二十七颗，夺回杨烈及男妇。③

嘉靖四十三年（1564年），贼入铺前港，时佛郎机番船二只泊港口，海贼施和攻之，番船桅折内避，和遂深入掠荇离都等村。指挥高卓召番众及土舍王绍麟统黎兵合战，贼佯北，诱黎陷伏，矢尽有死者，卓单骑入重围救黎。贼遁，番船始克回。④

嘉靖四十四年（1565年）正月，贼何乔等掠昌化英德村，官军战败，被杀者七人。署县教谕王瞻之率乡兵出御，杀数贼，乃遁去。十一月，海北道毕竟立令贼罗汉卿采珠自赎，贼肆大集白沙。副使姚世熙遣指挥高卓等分东西哨御之。⑤

嘉靖四十五年（1566年）正月，贼吴平寇掠白沙等处。总兵汤克宽遣指挥高卓出哨，而贼已去，崇升获贼船一只于牌尾海。四月，吴

① 彭元藻、曾友文主修，王国宪总纂：民国《儋县志》卷八《海黎志·海寇》，海南出版社2004年版，第451页。
② （明）戴熺、欧阳灿总裁，蔡光前等纂修：万历《琼州府志》卷八《海黎志·海寇》，海南出版社2003年版，第397页。
③ （明）戴熺、欧阳灿总裁，蔡光前等纂修：万历《琼州府志》卷八《海黎志·海寇》，海南出版社2003年版，第397页。
④ （明）戴熺、欧阳灿总裁，蔡光前等纂修：万历《琼州府志》卷八《海黎志·海寇》海南出版社2003年版，第286页。
⑤ （明）戴熺、欧阳灿总裁，蔡光前等纂修：万历《琼州府志》卷八《海黎志·海寇》，海南出版社2003年版，第397—398页。

平逼昌化，焚掠乡村，城外居民三百余家男妇死者无算。城中得崇升死守，不能入，乃去之崖州。五月，总兵汤克宽破吴平于崖州，擒其妻子及酋首陈二老等。八月，贼苏大潜寇海上，劫掳米商黄颐等数十人，晚登深坭港，杀生员云某，掳其子材，及抱虎等处子女数十人，去之番。十二月，贼何乔、林容等掠陵水，复犯崖州，突入大蛋港，远近骚动。复攻抱驾村，杀伤甚众，掳数十人去。①

嘉靖四十五年（1566年）六月以来，海寇林道乾、梁有川等聚众三千余人，驾巨舰出入雷、琼诸处，总兵汤克宽等前后与战，计斩三百余人，俘获称是，功宜褒录。参将戴冲霄怯懦，宜罢。②

（四）隆庆元年（1567年）到崇祯末年（1644年）晚明丧败与海盗猖獗时期

在这77年间，福建、广东海上海盗活动颇为猖獗，因许多著名海盗如曾一本、林凤、林道乾等海盗集团首领，率领船队纵横海上，从事海外贸易活动，这些海盗领袖的活动，也包括海南岛。曾一本是福建诏安人，吴平死后，他继续进行海上走私贸易。隆庆元年（1567年），聚众数万，攻掠闽广，突入海丰、惠阳等地。突至雷州海面，击破参将魏宗翰、王如澄的围剿。二月犯海南岛文昌，十月犯海南岛临高。隆庆二年（1568年）侵犯广州，使广州城门关闭七日，接着引倭夷寇琼、崖、高、雷、碣石、大珵诸卫所，所到之处，明朝官兵望风溃逃。隆庆三年（1569年）被福建水军俞大猷，广东总兵郭成合击于莱芜澳，以大炮破其舟，曾一本赴水死。

林道乾，广东惠来人。曾与曾一本同属吴平海商集团，嘉靖四十五年（1566年）被俞大猷击败，遁入台湾。不久，又回潮州，招收精兵，筹办从事海外贸易物资，万历元年（1573年），复下海为盗，后到柬埔寨。林凤，广东饶平人，出身海商家族，十九岁开始参加海上贸易活动。隆庆二年（1568年）攻陷惠来县神乐镇，隆庆六年（1572

---

① （明）戴熺、欧阳灿总裁，蔡光前等纂修：万历《琼州府志》卷八《海黎志·海寇》，海南出版社2003年版，第398页。

② 《明实录·穆宗实录》卷一一。

年），在白沙湖一带活动，他以神泉镇作为海上活动据点，拥有海船数十艘，部众数千人，与林道乾并雄广洋。后被福建总兵胡守仁、副使赵可怀统领闽师团截击，接受招抚后，逃遁西番，不知所终。这些海上著名海贼，都先后侵犯过海南岛。

隆庆元年（1567年）二月，贼曾一本、何乔等掠文昌罗顿、云楼等村，掳百余人去。副使姚世熙坐视不出兵，民怨甚。三月，指挥石子方见寇猖獗，不得已始招何乔及其部酋林容等，引之入城，人人皆危。乔至，见兵船多，复叛出，子方惧，追之，以死与誓，乔乃复回。林容等竟不就招而去。九月，林容犯临高，杀掳不可胜计，攻陵水，逼至南河，烧残尤甚，复回临高，攻洋龙、包闹等村，大掠至城北而去。冬十月，何乔就抚，出入城市，部酋林容肆掠于外，直指王同道虑有他变，檄本道擒之。姚世熙以三策属指挥王克振行药酒，不得近，乃责之石子方，不莸已，置酒延乔，遂擒乔等十四人，余十六贼叛归林容。十二月，贼曾一本大艍至，突入白沙，掠推官郑廷璋家，及颜卢、卢浓等村千余人，自白沙至海五十里，焚掠一空。①

隆庆元年（1567年）十月，广贼曾一本率所部酋林容犯昌湾一带，杀掳居民。②

隆庆元年（1567年）十二月，儋州沿海疍户为寇，犯乡村。③

隆庆二年（1568年）春，何乔余党陈高番等出没海傍、山头等村，杀掳百余人。夏四月，林容寇临高。指挥高卓督昌化百户李元机等追获白艚船五只，击沉二只，夺回被掳蔡贵等四十五人。五月，林容乘夜登岸，包那木村，掳百人去。秋，林容率众百余卒至教场，指挥张胤芳、陈曰然等畏缩不敢出，石子方督兵由西门出御，贼始循之五里桥。兵宪姚世熙登城潜窥，仓皇无措。贼冲及子城，有屠驼者登

①　（明）戴熺、欧阳灿总裁，蔡光前等纂修：万历《琼州府志》卷八《海黎志·海寇》，海南出版社2003年版，第398—399页。

②　（清）樊庶纂修：康熙《临高县志》卷十一《临海志·海患》，海南出版社2004年版，第165页。

③　彭元藻、曾友文修，王国宪总纂：民国《儋县志》卷八《海黎志·海寇》，海南出版社2004年版，第451页。

屋大号曰："快杀了！"时只七贼，贼惊疑乃去。冬十月，贼掠雷州槽家等村，掳数百人。杨指挥战败，兵船八只，兵二百余人俱掳去。复犯文昌、木栏等处。①

隆庆二年（1568年）四月，林容复犯石牌港，杀掳洋龙、抱闹等村，大掠至城下。九月，大呢国陈喇旺姓犯博顿港，焚劫乡村，掳至南江，逼城南。指挥高卓督百户李允机等追获白艚五，沉其一，夺回被掳蔡贵等四十五名口。贼复夜猝登岸，围劫罗木村，掳百十人而去。②

隆庆二年（1568年）五月，贼苏大、李茂等西寇澄、昌。兵宪史朝宜亲下督兵剿之。六月，贼林容驾六十艘乘风至澄迈，欲泊白沙杀贼党许瑞。是晚大雨飓风夜作，舟尽覆。③

隆庆三年（1569年）四月，林容闻总兵俞大猷追曾一本南下，乃烧大兵船三只，遁之临高。兵宪史朝宜遣指挥高卓督兵御之。贼复下昌化，掠英潮港。卓直前破敌，擒杀吴德方等十七人。闰六月，贼大掠琼山东岸、涌潭等村，史朝宜遣指挥王秩、高卓等分道御之（先是，谢某者虐其佃人陈天与，至是，天与从贼，称二澳主，入麻锡港，直围其家，不能得，掠教官谢忠、生员林成、谢有坦等，及涌潭、陈村男妇二百余人而去）。秋七月，王秩等用火攻策，贼觉力战，诸军大败，百户周缙、都指挥陈曰然俱被杀。高卓衔刀勒马敌贼，兵始得胜。又闻程希武在神电欲往攻之。甲申，遂开洋去，自泊麻锡港凡三十日，杀掠兵民数百人。贼许瑞遁泊阳江。己亥，林容大船至放鸡山，见船数复引帆就之，瑞舟不动，即抛火筒过船。容败，舟溺被擒。容党苏大、李茂等收集余众，遁之临高。九月，贼林凤驾十八艘入清澜，指挥崔世承兵溃被杀。十二月，贼许瑞猝至府城外，同知陈梦雷躬至教场，

---

① （明）戴熺、欧阳灿总裁，蔡光前等纂修：万历《琼州府志》卷八《海黎志·海寇》，海南出版社2003年版，第399页。

② （清）聂缉庆、张延主修，桂文炽、汪瑺等纂修：光绪《临高县志》卷十六《临高志·海患》，海南出版社2004年版，第398页。

③ （清）丁斗柄修、曾典学纂、高魁标纂修：康熙《澄迈县志》卷三《海寇》，海南出版社2006年版，第188页。

置酒款待，兵民稍定，寻复出扰城市，梦雷不能禁。瑞党大肆，士夫民庶多弃城去。后瑞往北冲、巡崖等处抄掠，被横江客船截杀百余人。[①]

隆庆四年（1570年）春二月，太守周思久谕贼许瑞回籍。思久初视事，瑞具礼入见，思久叱不许入，寻示以三策曰："尔既就抚，苟能沿海杀贼立功，致位通显，上也；不则反旆潮阳，归耕陇上，省坟墓，乐亲党，而终天年，次也；若观望不进，逗留不退，有不知其所终者。"瑞报从中策而去，琼民始得安堵。[②]

隆庆四年（1570年）五月，苏大、李茂等西寇澄化，东掠万陵。兵宪史朝宜亲下万州，督兵剿之。[③]

隆庆四年（1570年）六月，容党驾六十艘，乘风自澄迈直泊白沙，欲杀许瑞。是晚，大雨飓风夜作，瑞舟尽覆。[④]

隆庆五年（1571年）春正月，贼掠木澜，掳百余人。时各官赴雷州考察，报至，直指赵焞命同知陈梦雷哨兵讨之。二月，贼大至，掠白沙、铺前百余人去，复寇澄迈。史朝宜遣指挥赵云龙督兵援之。三月，倭二十五人自廉州夺船渡海，登临高，突至海口城，据四门大肆劫掠，遂由文昌下场窃船遁去。秋七月，李茂悉众南下，兵宪史朝宜遣高卓督师追之（李茂，琼山小林人也，年十八被掳，鬻之番，后归林容，为四澳主，从寇麻锡，密戒部党无扰其乡，且谕里长以逃回意。容败，众立茂。卓攻茂于儋、临，闻风损卓舟，茂乃去）。八月，史兵宪命高卓下昌化，自由陆路督调。及至儋，命石子方帅舟师先去，留卓中军续发。卓不自安，以二舟遂行，与贼战于煎茶头，杀贼首王聰及其部百余人。茂等穷促，乃以小舟绕后放炮，□□□中，急令麾下被己

① （明）戴熺、欧阳灿总裁，蔡光前等纂修：万历《琼州府志》卷八《海黎志·海寇》，海南出版社2003年版，第400页。

② （明）戴熺、欧阳灿总裁，蔡光前等纂修：万历《琼州府志》卷八《海黎志·海寇》，海南出版社2003年版，第400—401页。

③ （明）戴熺、欧阳灿总裁，蔡光前等纂修：万历《琼州府志》卷八《海黎志·海寇》，海南出版社2003年版，第401页。

④ （明）戴熺、欧阳灿总裁，蔡光前等纂修：万历《琼州府志》卷八《海黎志·海寇》，海南出版社2003年版，第401页。

甲胄督战,尽力杀伤不计,贼乃败去,走昌化。先一日,有大星陨于海,及是夜,卓以创痛殁。①

隆庆六年(1572年)春正月,贼许万载犯澄迈,劫杀十余都数百人,复入新安港,攻临高。通判阮琳率典史林邦达、土舍王经历兵鼓众,填桥障水,淹没城下,贼不敢入。始杀贼百余级,生获十余功,贼乃溃走。二月,漳寇庄酉引倭三百余,自廉州渡海抵澄迈界,焚舟登岸,夜至定安,登城。典史施可材率壮士操巨斧碎其首,贼乃渡河北掠琼山博通。游击晏秋元不肯出敌,贼益横肆,发冢索金。后发侍郎钟芳墓,雷震电,贼惊,始东渡河,掠石门诸处,离海百余里,无不残破。闰二月,许万载围昌化,知县林应瑞率百户薛元明防御。己巳夜,三面夹攻。生员林应魁见势急,持刀拒敌,面被创刺。典史林祚射伤贼三十余,乃退。李茂大艐自崖开洋直犯万州,复入博敖港,攻乐会,焚官民廨舍,掳子女,并攻会同,远近骚动。庄酉复率倭奴从中寇琼山、文昌,海南事势一时岌岌。壬申,倭人掠蛟塘等村,晏秋元按兵不进。复攻文昌,县官望风先去,贼纵火烧公私廨舍,惟文庙仅存。入那廓等都,遣人结连李茂,大集清澜,州县皆残,郡城危甚。海北道许孚远引兵至,人心稍安。李茂自辛未为高卓所挫,已有降意。至是,倭寇入咸水港,沉舟登岸,茂亦统大艐随至。倭始遁去三亚,夺船出洋,悉为暴风所覆。茂即令人告招,以斩获倭解陵水。时许万载、杨老等寇临高,许孚远令晏秋元、陈梦雷水陆夹攻,百户黄应龙领前锋,与贼遇,秋元复纵之去,众论纷纷,秋元竟自缢。②

隆庆六年(1572年)壬申,海寇肆掠,自澄迈登岸,潜寇定安,涉建江,掠博通,苍厚诸乡,绅富闻风,避寇,因发棺索金,殃及坟墓。钟司徒赐茔在苍原赤历之原,贼铁锤碎碑,曾进成将及石坟。其时天久亢旱,数月不雨,忽日色清薄,黑云卷空,倏忽间雷轰霆掣,风雨

---

① (明)戴熺、欧阳灿总裁,蔡光前等纂修:万历《琼州府志》卷八《海黎志·海寇》,海南出版社2003年版,第401页。

② (明)戴熺、欧阳灿总裁,蔡光前等纂修:万历《琼州府志》卷八《海黎志·海寇》,海南出版社2003年版,第402—403页。

大作。众贼心悸胆落，莫敢仰视，罗拜而去。[①] 张子翼记其事于《张事轩摘稿》中。

《钟筼溪山坟雷雨记》

先生讳芳，号筼溪，累官兵部右侍郎。科第历履，文章勋业，详家藏行状，籍籍可稽。敕赐御葬于苍原之赤历里，乃长郎莱州府太守允谦卜佳城厝焉。近海寇肆掠，民无宁宇。壬申春，由廉抵澄，焚舟登岸，潜夜寇定安，劫楼环。攻不克，乃涉江掠北通、苍原诸乡落。奸细乡民潜通贼党为向道，曰："生人遁矣，彼父母骸骨忍弃诸？"遂斸棺索金以百计。复搜显者山陵，殃及赤历。率被掳者，负铁锤锄畚。始至碎碑兽逞威，将及石坟。其时天亢旱，不雨者数月，赤地千里。忽日色惨薄微雨，顷刻间轰雷掣电，暴雨倾注。诸酋心悸胆落，莫敢仰视，罗拜叩首。虽压以三军，被以重围，未有得其慑服如是者。相与蚁引而去，厝用安堵。时值先生元孙督府参军告养在家，并次孙上舍旋加营葺，华表依然，松楸不改。然自封茔之外，则飞炎亢魃如故，亦奇绝矣。呜呼！是风云雷雨者，胡为乎然哉？皆由先生正大之学，昭揭乎乾坤精英之气，弥漫乎宇宙，有不依形而立，不随死而亡者，故其所感，乃迅异如是。昔淮水之脱也以风，滹沱之济也以冰。天之所助，信今昔同之也。先生者，谓非德厚流光，川岳庇其遗魄，鬼神呵其不祥者耶？被掳者归，历历谈指，因为之记。

海瑞有诗云：

> 即归三尺乐斯堂，况有金函玉匣藏。
>
> 谁谓盖棺占定事，犹遗赫怒庇重冈。
>
> 丹枕贯石莹俱古，赤电明心山赤苍。
>
> 千载智愚都幻化，到来贤哲自洋洋。

万历元年（1573年）癸酉，夏四月，诏赦李茂。十一月，倭自海北夺船夜泊新浦港，兵宪陈复升发陆兵，同李茂由海夹攻，尽擒解

---

① 　朱为潮、徐淦等主修，李艺、王国宪总纂：民国《琼山县志》卷十一《黎防志》海南出版社2004年版，第521—522页。附《张事轩摘稿》中《钟筼溪山坟雷雨记》，海南出版社2006年版，第289页。

道。贼许俊美寇犯海北，指挥石子方会把总王道成夹剿于白鸽门，子方擒斩欧希圣等七十二贼，夺回贡生韩秉诚并男妇七十余口，获白艚船十四只。①

万历元年（1573年）四月，海北道许孚远招降贼李茂……历年寇掠州县。倭贼尝与之结连，大集清澜港。茂缘前屡为指挥高卓所挫，潜有降意，思杀倭以赎罪。值倭入咸水港，沉舟，登岸。茂亦统大艅至，给之登舟，设酒狎饮，擒三十余倭。其在陆者，茂佯称官兵至。给倭前敌，将自后斩之。倭觉，夺船出洋去，遇暴风，歼焉。茂乃令人解所斩倭贼求抚。时海北道许孚远引兵至，力主招茂。而督府欲令总戎统兵二万南征，同知陈梦雷又议发乡兵协攻，许俱止之。具详督府，授茂名色把总，部众陈亚观、卓亚四、潘大老、杨文通、陈德乐五人并授哨官。余众就抚，俱安插铺前。十一月，倭贼自海北夺船，夜泊新浦港。兵道陈复升发陆兵，令李茂出海夹攻，皆擒之。②

万历二年（1574年）夏四月，指挥牛启督修白沙兵船，适白参将追贼林凤西下，调集海南北寨夹剿，贼遂乘虚突入白沙。牛启不敢去，遂为所掳。五月，林凤驾大艘一百二十只泊清澜港，以名帖买瓜菜。千户丁其运激怒，率党攻入，值大雨堞坏，贼遂登城。百户蔚章，贼尸分之，军民商疍被掳杀者二千二百人。越三曰，追兵至，始遁去。③

万历六年（1578年）四月，总督凌云翼既平罗傍贼，乃檄李茂等亲见，以辨真伪。茂不得已，先遣陈德乐以千金往。后李茂见督府，求加水寨职衔。仍托名出哨，入池盗珠，奸徒蝇附，不可禁。④

---

① （明）戴熺、欧阳灿总裁，蔡光前等纂修：万历《琼州府志》卷八《海黎志·海寇》，海南出版社2003年版，第403页。

② （清）张霈等监修、林燕典纂辑：咸丰《文昌县志》卷七《海防志·海寇》，海南出版社2003年版，第284—285页。

③ （明）戴熺、欧阳灿总裁，蔡光前等纂修：万历《琼州府志》卷八《海黎志·海寇》，海南出版社2003年版，第403页。

④ （清）张霈等监修、林燕典纂辑：咸丰《文昌县志》卷七《海防志·海寇》，海南出版社2003年版，第285页。

八月，贼林道乾大船自番遁归，声言欲攻李茂，郡城戒严。乾驾十余艘入清澜港纵掠，又之万陵。兵道舒大猷自将兵沿海剿捕，道乾遁去，后死于番。[①] 海瑞曰："洋贼林道乾扬帆掳掠，非犯则无敌者哉！防御有方，士气百倍，打水六七人先试，而候众擒其一。乾道以畏途视陵，转洋他去。[②]

万历八年（1580年），李茂虽有杀贼功，然每操舟犯禁，舒大猷乃送茂子日新、德乐子仲仁入学，以寓劝化。然澳党犹利在珠池，屯聚不散。[③]

万历十六年（1588年）三月，直指蔡梦说按琼，召李茂、陈德乐入郡，示以包荒不杀之仁，谕以祸福更新之义，茂等感泣庭下，即令其蹴移城居，安插驯帖，目为新民。数里铺前，寇薮数百间庐舍浃旬焚灭尽空，部众党与散处村落归农。[④]

万历十七年（1589年）春正月，雷廉游击陈居仁与把总童龙卖池通盗，广寇陈镜等连艘百余，出没池中。总督刘继文令总兵李栋率舟师往剿。所部游击沈茂欲凭兵威挟索澳贿，乃令珠贼梁与等供扳陈德乐盗池状，参将杨友桂亦利得赂，遂诱德乐、李茂入擒之，搜捕余众。于是沙锅头陈良德、二老陈守华、番鬼蔡克城及茂家人那么争抢桐槽船七只叛出。二月，自木澜港抵清澜，烧掳兵船，突入所城，驾艘抵文昌城。署县训导林立犒以猪酒，乃退掠万州东澳等村，又入陵水桐栖港，远近震动。兵宪孙秉阳、郡守周希贤发兵进剿，蔡克成、陈守华被箭火死，陈良德逃去，犯文昌，夜复回铺前抄掠，总戎兵至，乃遁之海北。广海兵至，直前夹攻，贼妻钟氏披红挂帅贼死战，官兵多

---

① （明）戴熺、欧阳灿总裁，蔡光前等纂修：万历《琼州府志》卷八《海黎志·海寇》，海南出版社2003年版，第403页。

② 《海瑞集》卷四《赠陵水尹吴秋塘德政序》，海南出版社2003年版，第534页。

③ （明）戴熺、欧阳灿总裁，蔡光前等纂修：万历《琼州府志》卷八《海黎志·海寇》，海南出版社2003年版，第404页。

④ （明）戴熺、欧阳灿总裁，蔡光前等纂修：万历《琼州府志》卷八《海黎志·海寇》，海南出版社2003年版，第404页。

伤。北津分总吴振夏并力夹击，贼溃，擒斩十七人，并俘钟氏三十二口。夏四月，陈良德等驾七艘北寇吴川，茂家人那么等驾五艘札海宝山，造船欲回盗池，被安南国兵夜击歼之，余众遁回铺前，纵妇女登岸散去。诸村居民官兵乘机擒解，滥及无辜，死者众。各哨军兵夹追陈良德，擒之，并贼首李朝华等六十四名，同李茂、陈德乐等解军门，得旨枭示。妇子符氏、李日新、陈仲仁等各发大臣家为奴，田宅入官，始罢澳薮。立铺前巡司。①

万历三十一年（1603年）二月十四日，有贼船突至崖州。大蛋港烧毁兵船二只，劫掠民村。时官俱考察，分总、副千户洪鉴失机问边远戍，死于狱。②

崇祯六年（1633年）二月，海贼许万载犯石牌、新安二港，率倭寇攻城。署县通判阮彬、典史林邦达、土舍王经等协力守御，杀贼百余级，生擒十余名，贼乃溃走。③

海南岛地理位置特殊，环琼皆海，"虽有舟师，疾风弗及；虽有斥堠，声息难周"。④对于海寇，明朝虽多加防患，但对于亦盗亦商的海盗来说，作用甚微。他们籍名海商，由商而为盗，加之联络倭寇，为其引路登岸，补给粮食以养其锐。在追捕的官军中，有的与海寇同乡，为其通风报信，有的督哨官吏不肯进攻，放纵海盗进入海岛，如隆庆二年（1568年），海盗庄酋引倭寇进入海南，游击晏秋元按兵不进。又如海南琼山小林人李茂，十八岁被掳到国外，后归海盗，林容为四澳主之后，回海南岛当海盗，聚众出海，虽后被招安，但其"利在珠池"，为害甚烈。而海南守兵常常懦弱无能，使海盗更加大胆在海岛

---

① （明）戴熺、欧阳灿总裁，蔡光前等纂修：万历《琼州府志》卷八《海黎志·海寇》，海南出版社2003年版，第404—405页。

② （明）戴熺、欧阳灿总裁，蔡光前等纂修：万历《琼州府志》卷八《海黎志·海寇》，海南出版社2003年版，第405页。

③ （清）聂缉庆、张延主修，桂文炽、汪瑔等纂修：光绪《临高县志》卷十六《临海类·海患》，海南出版社2004年版，第399页。

④ （清）聂缉庆、张延主修，桂文炽、汪瑔等纂修：光绪《临高县志》卷十六《临海类·海患》，海南出版社2004年版，第399页。

周围纵横劫掠。当时巡按广东御史杨一桂曾向穆宗朱载垕提出两点意见，一是反对招安，设城池防盗，二是严惩罚官吏。他在隆庆六年（1572年）上奏章说：广东之弊莫不善于招安，莫善于城守。琼崖之南自有寇警，调兵不止一处，用费已盈数千。无冲锋格斗之功，有破船损师之失。及计无所出，人仰面于剧贼李茂之手。茂破我县治，毒我生灵，非惟不正罪，且欲深纳其交，岂计之得？今又有议招海贼林凤于惠州者。凤党不过五六百人，非有大声势难以扑灭。且既挟官告招，又不时出没劫杀，为害如此，犹复招之，所谓养虎遗患。夫使百姓不知有为民之安，惟知有为贼之利，盗贼安得不日多？招安之说，今所当禁止。琼州、文昌、乐会、感恩、会同四县，原未设有城池，每遇贼至，任其纵横，如履无人之境。又如惠之永安、长宁，潮之普宁、澄海，虽建设县治，皆有名无实。琼之四县已破其三，他惠、潮四县亦皆处盗贼盘错之中，安可一日无备。度八县之费，不过捐内帑四五万金。陛下岂惜此小费，忍置万千生灵于涂炭？故城守之设，今所当急议。招安之说，破则征剿力，盗贼不敢为乱；城守之议，成则保障固，士民得以安生。①

杨一桂反对招安，主张筑城池备战。所以他在隆庆六年（1572年）八月庚辰向穆宗提出如斯建议；接着于隆庆六年（1572年）十月甲子，又向穆宗奏言，提出琼州兵乱罪由，必须罚治怯战官吏，才能制御海寇，他说："该省设立水寨，本以制御海寇，何迩来雷、琼之境，鲸波屡作，羽檄不停。如李茂、许俊美，用之有事，殊无斩馘之功，少有忤意，即成脱巾之祸。操戈一呼，群舰响应，焚劫边海，虔刘生灵，何其怯于为兵勇、于为盗也？"②

杨一桂的奏折，反映了当时海南岛海防薄弱的境况，正因为如此，东南沿海的海盗，多以海南岛为渊薮，频来海南停泊劫掠，补充粮食。因此，"惟在民间核保甲，时严通接买米之禁，海滨饬烽堠，时严备

---

① 《明实录·神宗实录》卷四。
② 《明实录·神宗实录》卷六。

倭水寨之守，始可荡海波之不扬乎"。①

当时，海南岛上特别强调乡甲自管，于乡间设一老自相管摄，十家为甲，百家为乡，出入互相觉知，行检互相纠察，盗寇互相守望，这样，沿海居民就无法挺身入海为盗。如有聚众漂洋为盗者，则从三方面加以扼制：第一，凡盗入俱由海港，扼海港，则入劫无路，久自困矣。第二，防岛内居民与之相通，馈之粟米酒肉，溃之利器炮药，绝其内交，久之自困。第三，扼沿海之山，出泉流为溪涧，水清可食。海贼据洋中，水咸 [卤] 以食则泻，以 [频] 则皮溃，贼乏清水，久自据困矣。②

海瑞说："琼二十年来至今接有海寇之患，百姓苦之。心讼口詈，已谓官司不能抵民一保障矣，然害止濒海地方。日甚一日，年甚一年，今正月突有船先后分入，攻围临高、定安、万州等城，破文昌乐会治，屯据于中，来来往往，杀掠村市，如入无人之境，任彼所为。其惨其害，从前以来无有也。平时养兵迄与不养之时无异。晏游击来援，亦既月余矣，如斯而已矣。贼夥数虽多，各夥人数则寡，继后至者，将何以御之耶？昔人称为匹夫匹妇复仇，今日之仇屡矣、大矣，复之不可已矣。"③

明代的海南岛，可以说是海无宁日。海寇出没海上，纵横转掠，有的与岛内人员勾结，以海岛为藏匿之地，沿海著名海盗如曾一本、林凤之辈，都曾流窜袭扰过海南岛。万历以后，本地海盗李茂长期进行攻劫，后来虽被招安，但其"利在珠池"，为害甚烈，终被朝廷歼灭。明代海南岛上的海盗活动，总算暂时得以平息。

在与海盗长期的斗争中，朝廷在沿岛的兵备亦在不断加强。洪武初年，在海南卫设备倭指挥一员，专掌巡海事宜，宣德七年（1432 年）

---

① （明）戴熺、欧阳灿总裁，蔡光前等纂修：万历《琼州府志》卷八《海黎志·海夷》，海南出版社 2003 年版，第 408 页。

② 唐顺之：《条陈海防经略事疏》，载《明经世文编》卷二六。

③ 《海瑞集》卷五《书简·启殷石汀两广军门》，海南出版社 2003 年版，第636 页。

以后，设立水寨，以据险伺敌。但驻守海防前线的官兵因百年以来，海烽久息，人情怠玩，因而堕废。明初海岛便近去处，皆设水寨，以据险伺敌，后来将士惮于过海，水寨之名虽在，而皆自海岛移置海岸。由此，海南岛的海防设施往往处于被动状态。由于海盗的肆虐，导致海上的民间商船贸易式微凋零，使处于优势的海南岛对外贸易经济无法获得长足的发展。

第五章　明代海南民族与文化的融合

第一节　中原文脉与海南本土文化的融合

　　大学士丘濬在《南溟奇甸赋》中写道："是以三代以前，兹地在荒服之外，而为骆、越之域，至于有汉之五叶，始偕七郡而入于中国。曼胡之缨未易也，椎结卉服之风未革也，持章甫而适之，尚懵而未之识也。魏、晋以后中原多故，衣冠之族，或宦、或商、或迁、或戍，纷纷日来，聚庐托处，熏染过化，岁异而月或不同，世变风移，久假而客反为主，蕑犷悍以仁柔，易介鳞而布缕，今则礼义之俗日新矣，弦诵之声相闻矣，衣冠礼乐彬彬然盛矣。北仕于中国，而与四方髦士相后先矣。策名天府，列迹缙绅，其表表者，盖已冠冕佩玉，立于天子殿陛之间，行道以济时，而尧、舜其君民矣。孰云所谓奇者，颛在物而不在人哉！"①丘濬之说，道出了明代文化振兴的概况。

一、移民促进了海南文化的发展

　　海南由于受历代中原文化的熏陶，尤其是宋元之后，中原大批移民进入海南岛，这些移民的后代，对海岛上的文化发展起着推波助澜的促进作用。

---

　　① （明）《丘濬集·琼台诗文会稿》卷二十二《南溟奇甸赋》，海南出版社 2006 年版，第 4461 页。

丘濬在《学士庄记》中说："予先世闽人，来居于琼，世数久远。自七世祖学正公以来，代有禄仕。"①

海瑞在《梁端懿先生墓志铭》中说："瑞亦番禺人也，隶籍琼南……后与先生裔孙建、柱臣辈同学省城禺山书院。其院乃先生讲学旧址，祀先生其中，瞻仰德徽，亲依灵爽，非一日矣。"②

《明故中顺大夫都察院左金都御史邢公墓志铭》载："公讳宥，字克宽。其先由汴徙琼之文昌。"③

王弘诲《万安林氏族谱序》曰："当国朝某年间，林之先有金坛县丞铺，在都门会莆田甲科，授万州牧。堲者叙谱合族，相沿至今……前此吾乡参政、北泉林公士元，尝敦宗盟，为修谱序。顷莆田谕德兼齐公尧俞复遣侄柱芳奉谱，逾海而来，与大任兄弟会宗联谱。"④

《通议大夫户部左侍郎赠都察院右都御史西洲唐公神道碑》载："公讳胄，字平侯，姓唐氏，西洲其号也。先世桂林之兴安人。宋淳祐间，始震刺琼州，卒于琼。子叔建荫琼山县尉，遂卜城东番蛋里，家焉。"⑤

王佐《海口〈黄氏族谱〉序》云："乡彦黄维坚钰间以其族谱见示。谱其先世闽之莆田凤谷里人：高祖讳守仁，元雷州别驾；曾祖讳受甫，徐闻助教。始因元季乱不得归，避兵于琼。洪武岁辛酉，占籍琼山海口都第一里，遂为琼山人。"⑥

王弘诲《定安莫村新屯合族谱序》云："定安莫氏，予母族也。其先卜宅莫村者，祖曰志公，徙居新屯者，祖曰意公，二公为同胞兄

　　① （明）《丘濬集·琼台诗文会稿》卷十九《学士庄记》，海南出版社2006年版，第4358—4359页。
　　② 《海瑞集》卷二五《梁端懿先生墓志铭》，海南出版社2003年版，第612页。
　　③ （明）《丘濬集·琼台诗文会稿》卷二十三《明故中顺大夫都察院左金都御史邢公墓志铭》，海南出版社2006年版，第4501页。
　　④ （明）王弘诲：《天池草》卷六《万安林氏族谱序》，海南出版社2004年版，第166—167页。
　　⑤ （明）王弘诲：《天池草》卷十九《神道碑》，海南出版社2004年版，第412—413页。
　　⑥ （明）王佐：《鸡肋集》卷六《海口〈黄氏族谱〉序》，海南出版社2004年版，第156页。

弟，而志居长，今二冢连壤，在莫村可验。父老相传，宋熙宁间，有自闽之同安，以千户戍琼，守西南黎者，卜地莫村居焉，当为莫氏初祖。"①

《定安文堂陈氏族谱序》云："陈之先出虞舜氏，世世称侯邦焉，以宾于夏殷周。而其嗣世至篡梁之祚，用衣冠倾中原。云冈君谓其远不足征，独断自忠孝公，由宋末以尉职渡海，卜居于琼之买崖者，为陈之始。再世而分塘、猛，历迁文堂，若乡宾文赋者，为陈之派。自是乃有由乡荐任临桂知县若猷者，为陈之望。由云冈君溯而观之，或祖考行，或伯叔行，或兄弟行。而自云冈，与予父子兄弟通家世好，其一时子姓辈鳞集鹊起，文学行谊，绍箕裘而衍胤祚者，日绳绳然未有艾。"②

海南曾氏是古代文化名人曾子的后裔。明初迁琼的五十六派始祖曾文发，生于元朝晚期，于明洪武初年举孝廉，授琼州府教授，署陵水知县。由福建莆田衍井亭村迁徙陵水港坡镇港坡村，配姒高氏，同葬九龄地之右琼岭，后人美称："天鹅孵蛋岭"。曾氏家族在海南繁衍子孙，发扬中原文化。③明初迁琼始祖曾元奎，从江西吉阳迁琼。明朝六十二派祖曾传，从福建莆田迁居澄迈老城镇文大村。

从这些族谱资料看，明代这些知名人士，文化名人，其祖辈均是中原移民，唐、宋、元各朝因官宦或其他原因移民海南，世世代代沿袭下来，各支各派繁衍子孙，他们带来的中原文化、文学行谊，传播到海南岛上各个州县。

二、中原文脉在海南占主流地位

自秦汉以来，中原汉族移民进入海南岛，他们有来海南当官的，有经商的，有因战乱迁移来的，有戍边的士兵居住下来的。汉族文化

① （明）王弘海：《天池草》卷六《定安莫村新屯合族谱序》，海南出版社2004年版，第164页。

② （明）王弘海：《天池草》卷六《定安文堂陈氏族谱序》，海南出版社2004年版，第168页。

③ 曾广河主编：《海南曾氏》，海南曾氏文化开发有限公司，2005年，第27—30页。

以其强大的优势，与黎族本土文化不断地融合，到了明代，海南岛上已是"世变风移，久假而客反为主"。

黎族族群在强势的文化交流下，分为生黎和熟黎，熟黎是已被汉化的黎族，他们接受朝廷的管理及赋税制度，生活习惯也逐渐在改变，用丘濬的话说："劘犷悍以仁柔，易介鳞而布缕"，"礼义之俗日新"，"弦诵之声相闻，衣冠礼乐彬彬然盛矣"。

海南岛明代考中科举人数已占历史上最高峰，整个明代，全岛登进士者 63 人，中举人者 594 人。万历《琼州府志》云："迨于我朝圣圣相承，薄海内外，咸建学宫，遴选硕师以专教道，是以贤才辈出，有进列六卿位八座者矣，有视草玉堂兼信史者矣，亦有明习经史、肇登桂籍者矣。"① 说明海南岛在明朝，从科举道路上成功中举而进入高官行列的人数，远远超越以往历朝历代。

过去，科举考试没有在海南岛上设考场，必须渡海到雷州参加考试。到了明代，因赴考人数剧增，每年，从海南往雷州赴考人数，不下数千计，而渡海赴试的艰难险阻，又使许多学子无法如期参加考试。为此，王弘诲曾写下《拟改海南兵备道为提学道疏》，向明王朝诉说海南学子渡海考试的苦衷，建议在海南设考场，方便学士赴考。王弘诲写道："该琼州府所辖地方，为州者三，为县者十。环海而周为里者，凡三千有奇。青衿学子，每岁集督学就试者，不下数千计。然远涉鲸波之险，督学宪臣，常不一至。每大比年，惟驻节雷州，行文吊考。自琼抵雷，航海而北，近者如琼山、定安、文昌、澄迈、临高、会同、乐会七县，或二三百里，或四五百里；远者如儋、崖、万三州，陵水、感恩、昌化三县，多至七八百里，或千余里。贫寒士子，担簦之苦已不待言。乃其渡海，率皆蜑航贾舶，帆樯不饰，楼橹不坚，卒遇风涛，全舟而没者，往往有之。异时地方宁靖，所虑者特风波耳。迩来加以海寇出没，岁无宁时。每大比年，扬扬海上，儒生半渡，尽被其

① （明）戴熺、欧阳灿总裁，蔡光前等纂修：万历《琼州府志》卷十一《艺文志》，海南出版社 2003 年版，第 813—814 页。

掳，贫者陨首而无还，富者倾家而取赎。其幸无事者，皆出一生于万死耳。"①

但是，朝廷的督学宪臣，多不知其苦，只执常规，严格程限，而迫使参试儒生，因期会而不惮危险，致使伤亡甚众。如嘉靖三十六年（1557年），因风涛而于海上覆没者数百人，临高知县杨址送学子过海，也在其中，并失县印。即使有一二提学能体悉民情，亦不过行文该府截考而已。甚如隆庆三年（1569年），仅容许琼山、定安、澄迈、会同等三四县考，其余各州县，以一时远不及试，竟置不录，致使许多士子，无法参加年试。因此，王弘诲希望朝廷以陕西、甘肃等边远地区为例，即今巡按提学都不能到达，可在海南道额设兵备副使一员，驻扎琼州，或者改海南兵备道兼管提学道，换给敕命，每遇员缺，必选甲科之有学行者充之。其使琼州一带，师儒考试巡察，任其便宜行事。王弘诲陈述最后说："如此，庶见闻习而人才之贤否不淆，法度新而德化之流行不壅矣。"②王弘诲要求在海南设立一个考区，以保障考生安全，其奏疏上达获得批准，自此，海南岛的考生每年就地赴试。

三、黎族上层人物接受汉族的文化教育

到了明朝，海南的文化教育不仅在汉族中传播，黎族也因文化融合的日渐深入，其上层人物的子弟也广泛地接收汉族的文化教育。如丘濬在《世引堂记》中所述的儋州黎族大姓符氏，曾受符印为守土官："永乐初，符添庆者，率其人朝阙庭。文皇帝嘉其功，授宜伦县令，以抚其人，世袭其职。及宗孙符节，应世其官，以俊选入昌化县庠为弟子员。今有司以充贡上春官，既引赴奉天门，试中，例该升进太学，循资出身。节叹曰：'环我家村，总总之人，恃吾家以有生。吾一旦名系仕籍，游宦中州，吾之身荣矣，此数十百家，何以依乎？今幸朝廷有太学生不愿仕者赐冠带、授散官之比，盍归乎哉，以终我祖父之

① （明）王弘诲《天池草》卷三《奏疏·改海南兵备道兼提学道疏》，海南出版社2004年版，第32页。
② （明）王弘诲《天池草》卷三《奏疏·改海南兵备道兼提学道疏》，海南出版社2004年版，第33页。

惠。'乃以其情言于天官。天官卿为请于朝,上曰'如比'。"①这里所述的是黎族符姓子孙符节,经考试升进太学,但他不愿当官,申请还乡,得到皇帝的恩准。他归故里时参见丘濬说的一番话,说明明代黎族上层人物的子孙,已能普遍接受汉族的教育。

符节对丘濬说:"节自幼有志世用,潜心经史,而专门于《春秋》。初志固欲出一奋,以光大我宗礽也。但以祖父来官乡土,节忝为宗子,当继其职,而为一坊人所附。土俗,非其宗不属也。不得已,舍己之所业,以缔先世之所基。恒念先考无恙时,为屋数楹,中有黄堂,为祖宗栖托之地,傍有列馆,为会友读书之所。他日仕归,将为终老之计。今幸蒙圣恩,未老而荣归故里,将终焉于其中。伏请大人先生赐以一名,上述祖宗,下示子孙,以为不朽之托。非但符氏一族为幸,凡吾一方之山林草木,亦与有光焉。"②

可见,当时黎族中的知识分子已列馆读书,而且"潜心经史",专攻《春秋》,进而跃进太学之龙门。但他功成身退,欲归黎乡,于是,请托丘濬为其读书堂屋提名,丘濬执笔题其名曰"世引堂",希望延师儒以教其子弟,使其世世代代承先启后,"善而继之,光而大之,引而申之,延而长之,永永勿替"。

由此可知,儒学是时已渐渐深入黎村山寨,黎族中上层人物已接受儒学的熏陶,祈求子孙世世代代也像汉人一样,读书当官了。

四、海南文化交流的创新和突破

由于海南岛处于海上丝绸之路的中转点,不仅在经济、物产方面互相交流,在文化方面,也有突出的贡献。这里先举两例述说。

琼山人丘濬,不仅在政治上、经济上尽宰相之职,在中国学术文化方面也作了巨大的贡献。

明代中叶处于中国封建社会后期社会转折阶段,资本主义生产方

---

① （明）丘濬:《世引堂记》,载《丘海二公文集合编》卷五一《四库全书存目丛书》集部406,第330页。

② （明）丘濬:《世引堂记》,载《丘海二公文集合编》卷五一《四库全书存目丛书》集部406,第330页。

式已经萌芽，城市工商业已出现繁荣局面。丘濬在 34 岁以前，生活
在海南岛，海洋文化对海岛的冲击，使他在晚年开始编写《大学衍义
补》一书。此书表面上是补编南宋真德秀的《大学衍义》，而实际上
是他"补以治国平天下之要"，表达了丘濬对于明朝经济、政治、法
律、军事、工程等各方面的见解。其中关于经济思想的阐述尤为精彩。
丘濬最早从理论上阐明，世间所有的劳动产品，其价值都是由生产所
耗费的劳动决定的。他指出："世间之物，虽生于天地，然皆必资于
人力，而后能成其用……其功力有深浅，其价有多少。"① 产品的价值
和劳动耗费的多少是成正比的。丘濬关于劳动决定商品价值理论，比
起英国古典学派的创始人威廉·配第在 17 世纪 60 年代开始提出的劳
动价值论早了 174 年；丘濬对价值的分析，虽然没有配第细致，但在
表达方式的抽象程度和普遍性方面，显然比配第高出一筹。② 在国民
经济管理理论方面，中国自西汉中叶确立了"轻重论"③ 和"善因论"④
两种模式，丘濬提出"自为论"，较为明确、系统地对国民经济管理
中的管理目标、经济理论和管理方法，进行了理论论证和说明，这
是"善因论"在新的历史条件下的改进和发展。丘濬以"自为论"为
指导，对财政、货币管理问题，提出了一系列的主张；他倡导"民
自为市"⑤ 的工商管理政策，对商业、盐政、漕运制度、对外贸易制
度改革等方面，都有十分积极的主张；丘濬还认识到，农业在整个
国民经济中占最重要、最突出的地位，而土地则是发展农业生产借
以"养民""安富"的基础，于是他提出了"听民自便"的土地管理

---

① （明）《丘濬集·大学衍义补》卷二十七《铜楮之币》下，海南出版社 2006
年版，第 496 页。

② 参见赵靖《丘濬——中国十五世纪经济思想的卓越代表人物》，《北京大学学
报》1981 年第 2 期。

③ 见《管子》的《轻重》诸篇。这些著作主要形成于汉代前、中期。（周）管仲
撰、（唐）房玄龄注：《管子》，《文渊阁钦定四库全书》，第 729—229 页。

④ 见（汉）司马迁撰：《史记·平准书》，中华书局 1959 年版，第 1417—
1443 页。

⑤ （明）《丘濬集·大学衍义补》卷二十五《市籴之令》，海南出版社 2006 年
版，第 457—458 页。

方案①，并主张用"配丁田法"来限制土地兼并。他在金融方面提出的"三币方案"②，力图建立比较稳定健全的货币管理制度，为工商业的繁荣创造有利条件。他的"三币之法"，是封建时代一个空前绝后的杰出的货币制度设计。

丘濬的杰出的经济思想形式，是他在海洋文化的熏陶下逐渐思考形成的。明代东南亚经济文化与海南岛的交流，对于海南学子的思想影响是深刻的。所以，他们一旦居于国家的重要地位，其对政治、经济、文化的诸多思考，就会出人意料地胜人一筹。

定安人王弘诲，嘉靖四十四年（1565 年）中进士，选庶吉士。官翰林检讨以至南京礼部尚书。当明末西学东渐之风吹进中国的时候，王弘诲以其锐敏的学术思想，为意大利传教士利玛窦引进作出积极的努力。利玛窦在"西学东渐"与"东学西渐"的中西文化交流中，是一位勇敢的先行者。《明史·天文志》对利玛窦有载："明神宗时，西洋人利玛窦等入中国，精于天文、历算之学，发微阐奥，运算制器，前此未尝有也。"③

利玛窦生于 1552 年，1571 年进入罗马耶稣会修院学习，1578 年前往远东，在果阿停留了两年，1582 年抵达澳门，立即在那里学习中文。一年后，进入中国，在肇庆住下，与罗明坚一起开设了第一所传教站，1589 年被赶出肇庆，但利玛窦却没有去澳门避难，而是在韶州住了下来。

这时候，家居海南岛的南京礼部尚书王弘诲，已被朝廷重新起用，他将途经韶州、南昌赴任。当王弘诲到韶州时，郭居静神父立即去拜访他，告知利玛窦的处境。因王弘诲在解职回海南岛时曾与利玛窦见

---

① （明）《丘濬集·大学衍义补》卷十四《制民之产》，海南出版社 2006 年版，第 267 页。

② 丘濬制定了银为上币，纸钞为中币，钱为下币，三种货币同时流通，宝钞铜钱，通行上下，面权之以银。见《大学衍义补》卷二十七《铜楮之币》下，《丘濬集》，海南出版社 2006 年版，第 496—497 页。

③ （清）张廷玉等撰：《明史》卷二十五《天文一》，中华书局 1974 年版，第 339 页。

面并深谈过，答应过他，他日将携利玛窦到北京修改中国历法的错误，以及解决一些其他数学上的难题。所以，这次王弘诲得知利玛窦的消息后，很高兴地答应与利玛窦见面。

在何高济等译、金尼阁著的《利玛窦中国札记》中写道："王一到韶州，郭居静神父就去见他。他问到利玛窦神父，当他得知利玛窦在南昌省城时，他很高兴并说他将在那里会见利玛窦神父。郭居静神父提出想陪同他一起到南昌去和利玛窦神父谈这事，他同意了……他很高兴不仅要他们陪他去南京，而且还一起去北京，他将到那里去一个月以祝贺皇帝的诞辰……在他们所携带呈给皇帝的礼品中，有一个大木板，上面刻着世界地图，附有利玛窦神父用中文写的简略说明。尚书非常高兴地观看了这幅世界地图，使他感到惊讶的是他能看到在这样一个小小的表面上雕刻出广阔的世界，包括那么多新国家的名称和它们的习俗一览。他愿意非常仔细地反复观看它，力求记住这个世界的新概念。"①

王弘诲带利玛窦来到南京，由于他对利玛窦的隆重接待，在南京的高级官员都向他表示敬意，包括南京刑部尚书赵参鲁、刑部侍郎王樵、户部尚书张孟男，以及时为礼部侍郎，后升任北京内阁大学士的叶向高。有了这些权威人士的友谊和保护，利玛窦可在城内自由来往并访问官府。此后，通过瞿汝夔的介绍，利玛窦同南京学术界名流李心斋、祝世禄、王肯堂、张养默等人建立了平等探讨和交流的密切关系。在短短的五年中，利玛窦便顺利地进入中央一级的主流社会。②通过王弘诲的介绍，利玛窦得以顺利地在中国传教，并把欧洲的科学知识介绍到中国来，利玛窦也把这次南京之行写成一本著名的书《交友论》，通过宣扬较为平等的朋友关系，又为中国传统的人际交流，注入了一

---

① 《利玛窦中国札记》，何高济、王遵仲、李申译，广西师范大学出版社2001年版，第223—226页。

② 参见沈定平：《明清之际中西文化交流史——明代：调适与会通》，商务印书馆2001年版，第344—345页。

种西方价值观。同时，他把西方数学、天文学及其科学仪器、钟表等，带到中国来，成为西学东渐的开端。利玛窦于 1595 年来到南京，留下了一段有趣的记录，而利玛窦的成功，却系于王弘诲对科学的远见卓识。

利玛窦 1601 年 1 月 24 日到了北京，通过太监呈上他给明神宗的奏章及贡品，奏章其中一段写道："伏念堂堂王朝且招徕四夷，遂奋志努力，径趋阙廷。谨以天主像一幅、天主母像二幅、天主经一本、珍珠银嵌十字架一座、报时钟二架、《万国图志》一册、西琴一张，奉献于御前，物虽不腆，然从极西来，差足贵异耳。"[①] 万历皇帝看到天主像时，叫道："这是活菩萨呀！"这些圣母像给万历皇帝留下了深刻的印象。也由此，为西学传入中国打开了方便之门。而打开这一大门的第一位策划者，就是海南人王弘诲。

明代的海南籍知识分子，能以开明的姿态接受西方科学和西方文化，这是由于明代新的丝绸之路的开辟，给海南岛带来了新的文化生机，而丘濬、王弘诲等人，也成为海南与外界文化思想交流的象征。顾炎武《天下郡国利病书》中说："明兴，圣谕称为南溟奇甸，有华夏之风，自是鼎臣继出，名满神州，至诚前知信有征矣。"[②] 明代海南文化的创新及突破，也是海南海洋文化的一个奇迹。

第二节　汉族文化主导下的移民交流与融合

明朝内地迁居海南的移民有 47 万之多，而且与历代移民情况比较来看，当时居住在海岛上的民众，不仅有汉族、黎族、回族、疍族，而且还有苗族迁入，不仅内地居民迁入海岛，而且岛内居民开始外迁东南亚各国，移民现象及移民文化，日趋复杂。海南文化名人丘濬《送友人唐彦宜诗》云："海南风俗颇淳和，山水清幽海味多。有约他年

---

① ［法］裴化行：《利玛窦评传》，商务印书馆 1993 年版，第 330 页。
② （清）顾炎武：《天下郡国利病书》，上海古籍出版社 2012 年版，第 3309 页。

重结社,下田番蛋日相过。"① 丘濬青年时代在琼山老家生活的日子里,汉族与各民族已融合在一起,过得非常融洽。

一、汉族"世家大族"及落籍的官、商、流寓家庭移民

明代的海南移民中,汉族是大多数,而且在移民中有不少"世家大族"及落籍的官、商、流寓家庭,他们给海南带来了新的活力与生机。

在汉族移民中,至今家喻户晓的有元末移居海南的丘濬前辈,其祖父丘晋,元代时,自福建香江来琼州任官,并在海南落籍,是临高县医官。父名传,号学士,系一独子,丘濬在《学士庄记》中写道:"予先世闽人,来居于琼,世数久远。自七世祖学正公以来,代有禄仕,惟先公早世,虽不仕,而亦有赀赠之命,世业虽以士,而率亦未尝废农,盖仕者其暂,而耕者其常欤!予家依城以居,而先世多负郭之田,去所居一里。"② 丘濬的先人因官移居及落籍海南后,繁衍后代,正如丘濬自己所说:"濬世家于海南,北学于中国",成为有明一代海南杰出名人。

又如海瑞,其始祖官指挥讳俅,由闽到广,籍番禺。俅生钰,钰生甫震,甫亡。甫震生逊之,逊之生答儿。洪武十六年(1383 年),答儿从军海南,居琼山,为海瑞高祖,曾祖福、敕封松溪县知县。祖宽,景泰七年(1456 年),领乡荐,官福建松溪县知县。父翰廪生,海瑞四岁时父逝,由母教诲,而成就一代名臣。又如薛远,其祖父是安徽无为州人,洪武年间任工部尚书,父亲薛能获罪,充军到海南卫当军戍,占籍琼山。薛远于正统七年(1442 年)中进士,后官至南京兵部尚书,进阶荣禄大夫。又如邢宥,其祖先是汴梁人,曾担任文昌知事,落籍文昌。廖纪的祖父廖能,从直隶河间府的东光县被徙,来海南陵水占籍。钟芳的祖先钟佃,宋朝时来海南占籍等等。明朝海南许多成功人士,其祖先都是汉族移民而占籍海南的。

---

① (明)《丘濬集·琼台诗文会稿》卷十五《送友人唐彦宜诗》序,海南出版社 2006 年版,第 4216 页。

② (明)《丘濬集·琼台诗文会稿》卷十九《学士庄记》,海南出版社 2006 年版,第 4358—4359 页。

正德《琼台志》载："盖自五代以来，中原多故，衣冠之族类寓于此。建炎托名避太学上书之祸，于是有苍原陈家。汴都分胅，启万安文学之守，于是有水北邢家。纲使留子孙，大昌忠惠之宗，于是有叠村蔡家。帅守出台阁，盛衍肃质之脉，于是有蕃旦唐家。伯侄继职儒师，是为倘驿之李。祖孙袭秉兵柄，是为莫村之莫。锦山能承韩魏国之先，水南无愧裴晋公之后。黄龙派出曲江，承唐宰相之遥华；昌黎系分陇水，蕃元参政之近脉。黎廖衍文昌之陈于万州，潭榄分澄迈之吴于南建。烈楼之与调塘，拜名二王；东洋之于东岸，各称一周。他如西溪之林，莲塘之张，石门之吴，北戚之曾之类，名门故家，不可胜纪。宗衮宗盟，愈绵愈繁。"[1]

正德《琼台志》又载："建武中元二年（57年），青州人王氏与二子祈津，家临高之南村，则东汉有父子至者矣！"[2]

由此可知，从东汉开始，史籍已记下移民来琼的王氏二子。到了魏晋南北朝时期，中原地区战乱频繁，而海南远离中土，交通阻塞，因此化为战争的避难所，不少中原仕宦、商贾、士卒乃至一般民户，避难逃荒到海南的日益增多，东晋时移居海南人口达十万之多。唐、宋朝一批批移民到海南后，在海南繁衍子孙已反客为主了。[3]

而明朝从大陆移居海南的汉人中，据吴华在《各姓入琼始祖》一文中所记，明朝入琼始祖的姓氏有：杨、刘、廖、宋、沈、祝、戴、陶、孔、梅、范、邓、伍、严、赵、姚、史、方、了、曹、江、谭、安、侯、萧、汪、薛、齐、蒋、殷、龙、白、康、钱、张、林、钟、华、徐、彭、叶。这许多大姓，多是落籍海南岛的官、商、流寓家庭。

二、明代家谱背景下的海南汉族移民

中国的谱牒，源远流长。司马迁作《三代世表》《十二诸侯年表》曾提到"余读牒记……稽其历谱牒"，"读春秋历谱牒"，可知西汉时

---

① （明）唐胄纂：正德《琼台志》卷七《风俗》，海南出版社2006年版，第148页。
② （明）唐胄纂：正德《琼台志》卷三《沿革考》，海南出版社2006年版，第58页。
③ 海南省地方志办公室编：《海南省志·人口志》，南海出版公司1994年版，第7页。

代的司马迁，已读到周朝朝代的谱牒。两汉时期，修谱成为一种政治需要。至魏晋南北朝，实行九品中正制度，讲究出身门第，更加重视家谱、族谱，这时的族谱，至今俱已佚失。到了隋唐时代，基本上修谱牒以官谱为主。唐代的谱姓之学，史官撰述的较多，其中又以族姓为主。宋代以后，官府不再组织修撰谱牒，谱牒作为家庭档案，分散保存于大姓的祠堂手中。

我国现存族谱，绝大多数是明、清两代编修的，明代修谱的宗旨，是在宋、元修谱的基础上发展演变的。宋元修谱宗旨主要是"尊祖收族"，而明代的修谱宗旨，主要是宣扬"三纲五常"；宋代欧阳修、苏洵的谱例，不书生女，不书继娶，不书妾。明代的体例则扩而大之，不但书生女，而且书生女出嫁之夫名与官爵；不但书继娶，书妾，而且妻妾并书，如若妾子长，族长的权力越大，族谱的功能越强。这样一来，族长的权力和作用，是基层官吏根本无法取代的。①

汉族各类人物移民海南，带来了中原编纂谱牒的文化传统。随着落籍海南的人数增加，编写家谱、族谱的名家巨族，已蔚然成风。

1.海南丘濬谱牒理论的确立。

丘濬为谱牒写过不少序言，如《吉水龙氏族谱序》《文昌邢氏谱系序》《广昌何氏家乘序》《贵溪丘氏宗谱序》《丰城涂氏族谱序》等，均收入《琼台诗文会稿重编》中，但有的序言也被漏收，如《冯氏家谱序》，载于《冯氏家谱》中。这一系列序言，可知明代海南修谱之盛行，也由此表达了丘濬有关谱牒理论的建构。

（1）关于谱牒历史和谱牒的性质。

丘濬在《大学衍义补》中，从引用宋代程颐的话说起：

> 程颐曰："管摄天下人心，收宗族，厚风俗，使人不忘本，须是明谱系，收世俗，立宗子法。宗子法坏，则人不知来处，以致流转四方，往往亲未绝不相识。"又曰："人无宗子，故朝廷无世臣。若立宗子法，

---

① 张海瀛：《明代谱学概说》，载《中国家族谱纵横谈·家谱》，广西教育出版社1993年版，第271页。

则人知尊祖重本；人既重本，则朝廷之世自尊。"

丘濬按："古者设官以奠系世。唐以前，皆属于官，宋以后，则人家自为之。当时有庐陵欧阳氏、眉山苏氏二家谱，今世士夫家，亦往往仿而为之。"①

丘濬的按语，概括了自魏晋以来"上品无寒门，下品无势族"的社会现象。②谱牒作为选官时必须检查的工具，保证了门阀士族的政治统治；而且，在婚姻制度方面，禁止士、庶通婚，防止士族血统的混乱。谱牒的作用如此的重要，自然必须是官修和官管的。但是，唐末黄巢起义，把门阀士族制度彻底摧毁，官修的谱牒，也就失去了它所依附的主体，于是随之衰竭了。所以，丘濬说："自宗法废而左户之藏既散，肉谱之学不传，而士大夫家有谱牒者，盖鲜矣。"③

士族谱牒衰竭之后，宋代经过理学家的提倡和朝廷官府的扶植，一种区别于世家大族式的家族制度的谱牒，以欧、苏为代表的宋明谱牒也就开始了。丘濬所说的"今世士大夫家"，即是一般读书人家也有了自己的家谱，就像唐代诗人刘禹锡诗中写的："旧时王谢堂前燕，飞入寻常百姓家。"④

至于谱牒的性质，丘濬引用《周礼》的话说："奠系世，辨昭穆"。他接着解释这两句话："父谓之昭，子谓之穆。父子相代，谓之世；世之所出，谓之系。奠系世，以知其所出；辨昭穆，以知其世序。"⑤即他主张的时修谱牒，详明世系。所谓昭穆，系古代宗法制度，宗庙次序，始祖庙居中，以下父子（祖、父）递为昭穆，左为昭，右为穆。

---

① （明）《丘濬集·大学衍义补》卷五十三《治国平天下之要》，海南出版社2006年版，第853页。

② 房玄龄等撰：《晋书》卷四十五《刘毅传》，上海古籍出版社1986年版，第1391页。

③ （明）《丘濬集·琼台诗文会稿》卷十《吉水龙氏族谱序》，海南出版社2006年版，第4057页。

④ 刘禹锡《乌衣巷》。

⑤ （明）《丘濬集·大学衍义补》卷五十三《治国平天下之要》，海南出版社2006年版，第853页。

《周礼·春官·小宗伯》："辨桃之昭穆。"郑玄注："父曰昭，子曰穆。"这就是以血缘关系为纽带结合而成的家族，同时也是社会的组织形式。因此，家族制度的存在，也就要求有反映和记录家族内部的世系和血缘关系的谱牒。所以，丘濬所说的修谱牒，即倡导一种新的家族制度，并用谱牒把族人团聚起来，形成封建家庭组织。

（2）丘濬主张朝廷立法来强制民间纂修家谱。

丘濬认为："然朝廷无一定之制，人家兴废不常，合散不一，或有作者于前，而无继者于后。请为之制，除贫下之家外，凡有仕宦及世称为士大夫者，不分同居异籍，但系原是同宗，皆俾其推族属最尊者一人为宗子，明立谱牒，付之掌管。不许攀援名宗，遗落贫贱，违者俱治以罪。"①

我们联系到丘濬对谱牒性质的判断，家谱是记载家族内部血缘关系的工具；如果一个家族长期不修或者不续修家谱，必然会发生血缘关系的混乱，长久下去，就会导致家族的涣散。正如上面引文里说的，在明初，有的家族就不怎么重视谱牒的纂修，所以，当家族或兴或废，那就出现有人纂修谱牒于家，而无继者于后。丘濬认为，这种情况，是由于朝廷没有"定制"，也就是说，朝廷没有立法规定，一定纂修家谱。因此，他提出"朝廷宜立定制，使家各为谱系。"要求用法律来限定纂修谱牒，甚至违者治罪。

（3）怎样纂修谱牒？

丘濬认为，修谱牒是一项非常严肃的事。他在《文昌邢氏族谱序》中说：因为邢氏族谱久毁于火，邢宥父辈"谘访故老，搜罗散失，粗录成帙"，晚年以授邢宥，邢宥秉承先人遗志，"惟谨寝息不忘者，垂二十年，始克承先志命之曰《邢氏谱系》"。②

邢宥花了二十年时间，编出了《邢氏谱系》，携到京师，向丘濬求序，

---

① （明）《丘濬集·大学衍义补》卷五十三《治国平天下之要·明礼乐家乡之礼下》，海南出版社 2006 年版，第 853—854 页。

② （明）《丘濬集·琼台诗文会稿》卷十《文昌邢氏谱系》，海南出版社 2006 年版，第 4059 页。

他在序中记下这一过程，说明修谱是一项十分严肃认真的事，毕两代人精力，然后才能完成。

近人王国宪《邢湄邱先生年谱》证实了这一点："成化十六年庚子，公十五岁……是年有修谱定例。"《邢氏谱系》修成第二年，邢宥也就去世了。

什么是一部好谱牒诞生的客观因素，他在《吉水龙氏族谱序》里指出，吉郡龙氏族谱之所以盛行江右，原因有四："江乡土绵地瘠，季世割据者所不争，人家所藏图籍，不尽毁于兵火，一也。习尚淳朴，不蓄一切珍奇玩好之物，仓促变起，所持者惟文籍，二也。俗重世家婚配，必先门地崛起之家，虽盛显物论，终不之与，所谓故家右族，恃谱牒以为文献之征，三也。人以读书为业，虽田夫、贩客，亦皆粗通文理，涉猎书史，丧乱之余，文籍散失，无所于稽，亦往往有能口道而心忆之者，四也。用是四者，故人家谱牒，所以能独盛于他方。"①

但是族谱的纂写，也存在积习之弊，丘濬说："然其间亦不能无积习之弊，失在于好攀援古名贤显宦，以粉饰其家世，张大其阀阅。凡刘姓者，皆长沙定王之后；张氏者，皆曲江丞相之裔，无一族无所自来者，此虽天下通弊，而于兹则殆甚焉者也。"② 这是修谱者的通病，《吉水龙氏族谱》也未能幸免。

什么是一部好族谱呢？丘濬在《吉水龙氏族谱序》中指出："龙氏族谱之所以编写得好，在于以下几点：第一，考究精详。第二，援引皆有证据，不徇前人之失，而肆一己之见。第三，世系梳理和支派旁通，纤悉不遗，切而实，曲而尽，如禹之导川，原其所自来，疏其所由分，会其所由归。"做到整个谱版本条理脉络分明，丝毫也不混乱。后人如果根据这个谱牒考察，既知其所以同，又知其所以异。这三条是"得古良史作表传之遗意！"所以说，一部优秀的谱牒，是对中国

---

① （明）《丘濬集·琼台诗文会稿》卷十《吉水龙氏族谱系》，海南出版社 2006年版，第 4057 页。

② （明）《丘濬集·琼台诗文会稿》卷十《吉水龙氏族谱序》，海南出版社 2006年版，第 4058 页。

史学传统的积极的继承。

至于族谱的详略，丘濬指出："后世作谱者，率遵欧、苏二家，说者多病其简。"他认为谱牒该详而不该简，"盖家之谱，视之国史。史纪一国之事，不得不简；谱录一家之事，不可不详。彼其世远人亡，载籍湮没，往事无所于稽，不得已而略之可也。苟耳目亲所见闻，明有征验，可以贻远而示范，乃亦弃之，而不录，博雅好古君子所不忍也。"①

后世谱牒的纂修，实际上是在欧、苏二家开其先例的基础上，遵循着丘濬的意见，能详则详。他赞扬《广昌何氏家乘》的编写："详书备录，巨细不遗。分为六卷，一谱，序二，族谱图三，宗谱图四，家传五，妇德六，先茔志而附载貤封制书赠送诗文，而终以先世遗事，其于广昌、昼锦何氏一族之事，详且备矣。凡何氏受姓以来，见于史传者，殆无遗焉。"②

至于姓氏源流，丘濬说了两方面意见。从正面说，他在《贵溪丘氏宗谱序》里指出，一个姓氏受姓之始末，要在世系之前加以点明，让后世子孙知道其源流之所自。③他又在《丰城序言》中阐述他的编纂族谱家谱的观念，对明代族谱的编写影响颇大。

当时，为各氏族写序的名家不止丘濬一人，如海瑞有《王氏族谱序》，《海氏族谱序》中为此谱写序者有三篇。钟芳为钟氏族谱写了《钟氏族谱序》，王佐为黄氏家族写《海口氏族谱序》《泰和曾氏族谱序》《杜谷龙邓氏族谱序》《南桥沙氏族谱序》，王弘诲写《定安莫村新屯合族谱序》《万安林氏族谱序》《定安文堂陈氏族谱序》等等。由此可见，明代不仅编纂家谱族谱众多，而且托名人写序也蔚为风气。

---

① （明）《丘濬集·琼台诗文会稿》卷十《广昌何氏家乘序》，海南出版社 2006 年版，第 4060 页。

② （明）《丘濬集·琼台诗文会稿》卷十《广昌何氏家乘序》，海南出版社 2006 年版，第 4060 页。

③ （明）《丘濬集·琼台诗文会稿》卷十《广昌何氏家乘序》，海南出版社 2006 年版，第 4063 页。

2. 明代修谱盛行的社会因素。

明朝开国皇帝朱元璋建都南京之后，为了巩固国家的封建统治，在政治上废除中书省和丞相制，加强封建主义的中央集权，经济上采取各项措施，促进经济的恢复和发展。而在文化方面，朱元璋提倡"治国之要，教化为先"[①] 的理念，重视封建伦理道德教育。朱元璋还颁布"圣谕六言"，成为"旌劝之典"。六言是："孝顺父母，尊敬长上；和睦乡里，教训子孙；各安生理，毋作非为。"这二十四字，言简意赅，以封建社会的"三纲五常"的伦理观念为核心内容，建立封建社会以教化为中心的基层组织的社会秩序。

《明史·孝义传》中说："孝弟之行，虽曰天性，岂不赖有教化哉。自圣贤之道明，谊辟英君莫不汲汲以厚人伦、敦行义为正风俗之首务。旌劝之典，贲于闾阎，下逮逶巷。布衣之甿、匹夫匹妇、儿童稚弱之微贱，行修于闺闼之中，而名显于朝廷之上。"[②] 这种君君、臣臣、父父、子子的伦理观念，转化到家谱、族谱的编纂之中，各家族以"圣谕六条"作为编修家谱的准则，正是符合明王朝巩固封建统治的需要。

海南明代所修家谱，早已湮失，至今已很难觅找。据现存清代或民国时期的族谱，可知明代修谱的一些状况。如《琼州林氏族谱》，在明嘉靖二十年（1541 年）杜鹏飞撰《续修族谱序》中获悉，林氏族谱创修于宋代，而续修于明代，明代在前人所修谱牒的基础上，"各述其本末，广采而并辑之，总曰林氏源流世系，从斯吾闽之林，条条有序，绳绳相继，至详至核，允一家信史矣"。[③]

又如《邢氏族谱》，丘濬在序言中说："万历壬子（1612 年）春，十五世孙邢祚昌重修族谱。"《邢氏族谱》在明代不断续修，宣德五年（1430 年），九世孙邢贵修谱，天顺庚辰岁（1460 年），十世孙邢宥又续

---

① 谷应泰：《明史纪事本末》卷一四，中华书局 1997 年版，第 2173 页。

② （清）张廷玉等撰：《明史》卷一九六《孝义》，中华书局 1974 年版，第 7575 页。

③ 琼州林氏族务工作理事会编印：《琼州林氏族谱》，第 14 页。

修，历二十年书成。又如《叶氏族谱》，明代叶氏修谱二次，第一次是明嘉靖后期，后因族谱失火被烧，于万历三十年至三十四年（1602—1606年）续修。

王弘诲作序的《定安莫氏族谱》，嘉靖甲寅（1554年），十六代孙莫士贞、莫士及等撰大、小宗谱。万历壬子年（1612年），小宗谱定稿，莫氏修合族谱，邀请王弘诲作序。族谱之作，目的为尊祖敬宗，团结宗亲，光宗耀祖，承先启后。王弘诲曰："莫氏自今合族，故尊祖，尊祖故敬宗，敬宗故明谱系，兴仁让，使亡者常存，疏者犹戚，其具亦恃乎此。莫氏子孙多而且贤，他日有高大其门者，必能绎诸君今日之意而式廓光大之。"[①]

丘濬在《同邑韦氏谱序》里指出："人本乎祖"，谱牒里追溯家族历史的渊源，就其性质来说，既是家族势力向族众进行宗法思想教育的工具，又是核查家族系统的依据，这样看来，谱牒里把一个家族的来历记载得很清楚，家族的迁徙流变说得十分分明，血缘的脉络就必然清楚了。所以说，谱牒里考证本姓的起源，是谱牒编纂中的重要内容。谱牒学里所谓"论姓别，谈姓源，察姓意，树地望，讲迁徙"的理论，也就是寻根觅宗的总要。

因此，我们认为，明代家谱的盛行，是统治者以宗法制度建构稳定封建社会的理念，与知名官吏的提倡是分不开的。丘濬以他的理学家的立场，用宗法思想作为出发点，建立起一套完整的谱牒理论，成为近代谱牒学的先河。他对谱牒纂修的重视，以及如何纂修一部好的谱牒的理论，对我们今天民间纂修谱牒具有启迪作用。

三、明代文昌、定安两县的移民统计

明代所编纂的海南族谱，现在已很难寻觅了。目下仅就吴运秋主编的《文昌乡情人物录》及莫荣芬编审，崔开勇、陈林主编的《地灵人杰话定安》两本书，来了解明代文昌、定安两县移民的情况，见表5—10。

---

① （明）王弘诲：《天池草》卷六《定安莫村新屯合族谱序》，海南出版社2006年版，第166页。

表 5-1　明代文昌移民概况

渡琼始祖姓名	原籍	落籍地点	迁徙时间及原因	备注
黄忠信	福建莆田县坎头村	文昌	洪武初以官渡琼。	任感恩县知县
张饶全	陕西迁福建莆田村	琼山府城甘蔗园	洪武十二年和族中咬全以千户戍琼。	其子迁文昌县凌椿村
刘甫阳	不详	文昌县清昌旧所	明洪武年间入琼。	
詹详	广西桂林府灵川县	文昌	明弘治年间（公元1488—1505年）知文昌县县事。	秩满设教于云山，落籍文昌
叶懋	南海人	文昌	明嘉靖年间任文昌训导。	
范大惇	福建莆田	文教市坵良亩村	其父为范仲淹第四子纯粹公后裔成公，谥号惠元，随子范大惇（时任文昌县主簿）入文昌。	
伍宗德	福建兴化府莆田县	琼山府城甘蔗园村	明景泰年间（1450—1456年）官琼州教授。	
邓仲仁 邓仲义 邓仲礼 邓仲智	卜居海康	仲仁居琼山 仲义居文昌 仲礼居定安 仲智居澄迈	因祖邓弼（雷州太守）避张标之乱率人入琼。	四人皆为琼、定、澄、文渡琼始祖
洪邦正	福建	文昌	明代任天卫军，系白延下酉村入琼始祖芳位之父。	
严其慎	福建莆田	文昌	明洪武七年（1374年）任文昌县清澜所千户候。	
莫蓁	吴川人	落籍南厢	永乐初寓崖之水南村。	
赵仁酱		迁文昌	于明初为指挥，继于总抚入于琼南。	宋太祖赵匡胤后代
赵然香 赵然熙 赵然举		琼州 崖州 文昌	分任琼、崖、文千户，分别为琼、崖、文始祖。	
赵魁		文昌横山村	明弘治年间，与任文昌县知县詹详同迁文邑。	宋太宗匡义派裔
姚武定 姚武宽 姚武宦	原籍广西，后迁福建莆田	明初入琼	明初入琼，武宽居乐会，武宦居定安，我定任下湾港（今抱虎港）。	

渡琼始祖姓名	原籍	落籍地点	迁徙时间及原因	备注
徐鼎迁	江西吉安府龙泉县	琼山县北洋地下沟村	明惠帝各地乱兵起，失去官位逃福建莆田，后迁琼山，迁居文昌。	
华茂	江苏无锡溪小里人	文昌	明嘉靖二年（1523年）封总旗入琼。	
史时隆	福建晋江人	入籍琼山，后子孙移居定安、文昌	明成化十九年（1483年）随军渡琼，以战功封崖营千总。	
方士斌	福建莆田县坎头村	儿子老享居文昌五龙港	明正德六年（1511年）自闽来琼任琼州府，其四弟士德随他赴任。	
彭元钜	江西吉水县清泷江人	文昌城城内	明万历年间渡琼。	
丁仕学	福建	入籍文昌	明弘治年间（1488—1505年）受命渡琼。	
曹辉全		琼城西门甘蔗园村	明代任海南卫册舍人择居琼。	散居乐会、崖州、陵水、万州等地
江武	福建莆田	落籍琼山、后代移文昌	明洪武年间渡琼，任琼山县教谕。	
沈襄	浙江绍兴	居琼州府甘蔗园村	明代来琼，因形势变化留琼。	
谭鸿渐	广东顺德县竹滩村	落籍会同县城（今琼海市塔洋镇）	明代授会同县教谕。后裔移居今琼海、文昌、琼山、定安等县。	
钱春	河南汝宁府汝阳县	入籍文昌	洪武二年（1369年）授任海南卫清澜守御所正千户。	
安贵	江西省饶州府鄱阳县	入籍文昌	渡琼任文昌县清澜所军户指挥使。	
侯全	福建漳州	居文邑元峰村	明崇祯年间，闽地多故，南迁渡琼。	
萧崇礼	福建省延平府张乐县	卜居清澜入籍	明嘉靖年间（1522—1566年）由部选乡昔，任文昌主簿。	

续表

渡琼始祖姓名	原籍	落籍地点	迁徙时间及原因	备注
汪寅		入籍旧城霞洞村（今东郊码头下东村）	明洪武二十四年（1391年）受命文昌东镇守清澜所千户。	
薛能	安徽无为州人	落籍琼山	因父薛祥洪武年间曾任工部尚书，获罪遭杖死，薛能兄弟四人遭连坐，充军来海南卫。	
戴彦刚	从番禺任上来琼	入籍琼邑移居白延市坾排田村（即兰田村）	明洪武初渡琼任万州正堂。	
齐相光	福建怀安	铺前南岭后港村	明万历三十三年（1605年）琼州大地震全村沉沦，失族谱。	
蒋廷芳	福建莆田坎头村	文昌	明时渡琼任澄迈儒学。	
陶昌裔		文昌	明代任海南卫镇抚。	
殷普连		居万宁窝仔村后散居万宁、琼海、陵水、崖县、文昌各地	明朝为官被贬入琼。	
尤昌	广东顺德	文昌城霞洞村	明代入琼。	
梅肇基	广州南海县	文昌	万历丁卯科举人，官琼镇万营千总，明年留琼。	
孔承思	广东邓岗乡	琼海文子村	明正德三年（1508年）来海南。	
孔承裕之子孔宏集、孔宏林	南海石碣村	琼山县大林群上村	渡琼经商。	
白纶达	福建福州古田县	徐家村、砂港村	明初从军入琼为千户侯。	
康鉴	新州	琼山官隆	明洪武十九年（1386年）坐事发，充军云南，翌年徙于海南卫安置。	

资料来源：吴运秋主编《文昌乡情人物录》，海南出版社1993年版。

表 5-2　明代定安移民概况

渡琼始祖姓名	原籍	落籍地点	迁徙时间及原因	备注
黄守正	福建莆田	定安	黄守正出任雷州别驾，其子任徐闻县教谕，因元末战乱，父子避兵乱来琼。	
刘甫阳		文昌县清昌旧所	明洪武年间入琼。	
杨乃文	福建兴化府莆田县乌石村	落籍会同县，后子孙散居各地	任职广东、奉诏来海南，明洪武二年（1369年）携一子渡琼。	
叶燮	广东南海	占籍文昌，后代散居定安各地	明嘉靖年间任文昌训导。	
胡祥兴		定安	明初自江西吉安府卢陵县迁琼。	
萧桓	江西吉安	琼山府城	明景泰年间（1450—1456年），登进士及第，渡琼任琼州府儒学。	
海答儿	祖先从福建迁广州	定安左所	明洪武十六年（1383年）从军至琼。	海瑞之祖先
严岐淑	福建莆田	文昌县，子孙散布定安各地	明崇祯年间，与詹、李、叶等七姓渡琼。	

资料来源：莫荣芬编审，崔开勇、陈琳主编：《地灵人杰话定安》，海南出版社1998年版。

　　定安的移民，在《地灵人杰话定安》一书中，有十几位人物与《文昌乡情人物录》重复，故删不录。

　　明代迁移海南的汉族人数，史书载录的数字是47万之多，当然，现在已无法考证了。但从姓氏可查的四十一姓中可知，各姓入琼始祖的原因各不相同，大多数是举人、进士出身，或者是武将，渡琼任官而落籍琼崖，也有的是被贬入琼的，还有是避乱入琼的，由于来琼经商而入籍的也有。明代海南俊杰邢宥《海南风景》诗云："南荒千里尽王疆，四顾天连海色苍。二郡舆图兴自汉，五州编户盛于唐。故家大半来中土，原产偏多起外庄。弦诵声繁民物庶，宦游都道小苏杭。"[1]

---

　　[1]　李钟岳等监修、林带英等纂修：民国《文昌县志》卷九《艺文志》，海南出版社2003年版，第933页。

四、苗族、回族、疍民和客家人

1. 苗族

苗族在古代曾聚居于长江下游及黄河流域的部分地区。海南的苗族是明代从广西作为兵士被朝廷征调来的，尔后落籍海南。

王佐的《平黎记》载明弘治十四年（1501年）年夏，儋州七万峒黎符南蛇倡乱时也曰："而两广官校暨汉达军狼士兵以十万"，"十五年（1502年）冬腊月王师驻琼"，又说："参将马澄将中军，以两广汉达军狼土兵一万攻中坚"。①

弘治十四年（1501年），潘蕃进右都御史，总督两广……黎寇符南蛇乱海南，聚众数万。蕃令副使胡富调狼兵讨斩之，平贼巢千二百余所。②

王弘诲的《议征剿黎寇并图善后事宜疏》也载："窃观两广军门兵食足用，只须量移广西狼兵合本处营兵土兵，约三五万人，即可纵横诸黎中"。③

海瑞的《平黎疏》则载："许其调用广西土兵，广东汉达官军打手约四千人"。④

钟芳的《平黎碑记》复载："崖黎最大者曰罗活，万、陵、昌、感诸黎倚为声援。程又多设间谍，图山川险夷曲折以献，曰：'寇众且强，非剪寇无以辑民，非西广目兵无以挫敌。'公如其请奏调目兵八万，合汉达官军士獞敢死士十数万人征之。"⑤

明嘉靖二十八年（1549年）八月，海南崖州黎族那燕举行大规模

---

① （明）王佐：《鸡肋集》卷五《平黎记》，海南出版社2004年版，第140—141页。

② （清）张廷玉等撰：《明史》卷一八四《潘蕃传》，中华书局1974年版，第4938页。

③ （明）王弘诲：《天池草》卷二《奏疏·议征剿黎寇并图善后事宜疏》，海南出版社2004年版，第47页。

④ 《海瑞集》卷一《平黎疏》，海南出版社2003年版，第114页。

⑤ （明）钟芳：《钟筼溪集》卷九《平黎碑铭》，海南出版社2006年版，第187页。

的反抗起义,朝廷诏发两广汉达土舍兵九千进行围剿,无法取胜。是时,给事中郑廷鹄上书说:"臣生长其方,见闻颇确,今日黎患非九千兵可办。若添调狼、土官兵,兼招募打手,其集数万众,一鼓而四面攻之,然后可克尔。"[①] 结果,明朝听取郑廷鹄的提议,派遣狼、土官兵、兼招募打手数万兵众前来海南打仗。而其中的狼、土官兵就是广西苗族组成的军队。欧阳必进的《走报志方紧急黎情疏》载,明嘉靖十九年(1540 年),罗活、抱宥(抱由)等村黎人叛乱时有谓:"次调土狼官兵数万前来剿灭","早乞催促指挥范德荣并前呈打手狼兵前来镇压"。

另一文《预处兵后地方以图治安疏》又曰:"琼州府属崖州、感恩、昌化地方黎贼构乱","当添调狼土官兵打手数万,期以不误军机,声势大振,所至披靡"。又曰:"如果重大,即便添调狼兵,募集打手人等,及时并进"。[②]

由此得知,明孝宗朱佑樘的弘治年至明世宗朱厚熜的嘉靖年,海南岛曾有过黎人大起义。地方政府或是上奏,或为征募,已调遣数千或万计的广西狼兵、狼官、狼土官,广西土兵、目兵、土僮敢死队和广东的汉达官军等诸武装军队,越海进入海岛进剿。因为苗族分布地区的土司,大都属于武职,都有自己的武装。这种武装,贵州、湘西、鄂西、川东一带称为"土兵",湘西南一带称为"洞丁",广西称为"狼兵",一般通称为"土兵"。土兵有两种:一种是人数不多的职业兵,是世职兵;另一种是由广大的农民组成,平时各在家耕种,有事则聚集为兵,这是土兵的主体。由于苗族的人民有勇悍、敏捷等特点,因而苗兵在土兵中占有很大分量。自明正德以来,苗族土司经常奉调到各处征战平乱,包括嘉靖年间平定倭寇之乱在内,其兵多以苗族充数,作战时,苗兵冲锋在前,披坚执锐,能克敌称强。所以,当嘉靖

---

① 《明实录·世宗实录》卷三五一。
② (明)张鏊:《交黎剿平事略》卷四《奏疏条》,《玄览堂丛书》第十二册,第7—39页。

年间海南黎族起义声势浩大时，"狼、土官兵"就奉调前来冲锋陷阵。这些土兵打完仗后，有的就落籍海南，成为海南一个族群，被称为"苗黎"。

道光《琼州府志》卷二十《村峒》载："儋州又有苗黎凡十村，约九十余家，男妇不满千人。所居近冯虚峒，附归该峒黎总兼管。性最恭顺，时出调南市贸易，从无滋事。盖前明时剿平罗活峒叛黎，建乐安城，调广西苗兵防守，号为药弩手。后迁居于此，即其苗裔也。至今其人善用药弩，兼有邪术，能以符法制人，为生熟黎岐所畏服。"①

光绪《崖州志》也有同样记载："又有一种曰苗黎，凡数百家，常徙移于东西黎境姑偷郎、抱扛之间，性最恭顺。时出城市贸易，从无滋事。盖前明时，剿平罗活、抱由二峒，建乐定营，调广西苗兵防守，号为药弩手。后营汛废，子孙散居山谷，仍以苗名，至今犹善用药弩。辫发衣履与民人同，惟妇女黎装。皆能升木如猱。不供赋税，不耕平土，仅伐岭为园，以种山稻。（黎人仿之）一年一徙，岭茂复归。死则火化，或悬树杪风化。善制毒药着弩末，射物，虽不见血亦死。兼有邪术，能以符法制伏人禽，最为生熟黎岐所畏服。"②

民国《儋县志》载："儋州又有苗黎，凡十村，约九十余家，男妇不满千人。所居近冯虚峒，附归该峒黎总兼管。性最恭顺，时出调南市贸易，从无滋事。盖前明时，剿平罗活峒叛黎，建乐安城，调广西苗兵防守，号为药弩手，后迁居于此，即其苗裔也。至今其人善用药弩兼有邪术，能以符法制人，为生熟黎岐所畏服。"③

民国《感恩县志》载："又有一种曰'苗黎'，凡数百家，今加蕃盛，

① （清）明谊修、张岳崧纂：道光《琼州府志》卷二十《海黎志·村峒》，海南出版社 2006 年版，第 855 页。
② （清）钟元棣创修、张㒱等纂修：光绪《崖州志》卷十三《黎防志·黎情》，海南出版社 2006 年版，第 331 页。
③ 彭元藻、曾友文修，王国宪总纂：民国《儋县志》卷八《海黎志·村峒》，海南出版社 2004 年版，第 455 页。

散居县境者有之。性最恭顺，从无滋事。盖前明时剿平罗活、抱由二峒，建乐定营，调广西苗兵防守，号为'药弓手'。后营汛废，子孙散居山谷，仍以苗名，至今犹善用药弩。辫发、衣履与民人同，惟妇女黎装。皆能升木如猱。不供赋税，不耕平土，仅伐岭为园，以种山稻（黎人仿之）。一年一移，岭茂复归。死则火化，或悬树杪风化。善制毒药，着弩末射物，虽不见血亦死。兼有邪术，能以符法制伏人禽，最为生熟黎所畏服。"①

以上四条记载，大同小异，尤其是《感恩县志》所载，是根据《琼州府志》而写的，内容相一致。不过，各类志书也有相互补充的地方，综合其记载，明代苗族的状况如下。

在明代，苗族称为苗黎，是从广西的土兵调来防守的。在《琼州府志》中还有一条材料说明，苗族军队来到海南之后，实行军屯制。乐安营屯田条载："万历四十二年（1614年），征平罗活峒黎贼，清丈黎田一百一十九顷四十二亩零，以三十顷给与广西药弩手兵三百名为屯田。"② 可见，这些苗兵来海南后，平时为民，战时为兵，海南苗兵屯田，后因乐定营汛废而废，子孙散居民山谷，仍以苗名。苗军已在海南岛上移住下来了，苗族这一族群在岛上繁衍生殖，不断扩大。

明朝的苗族，有的说"凡十村，约九十余家，男妇不满千人"，有的说"凡数百家"。总之，在当时人数不多，但他们对黎族影响很大，而且都属黎峒兼管。

以上是史籍所载关于海南苗族移民情况。20世纪民族学家王兴瑞教授在他撰写的《海南岛苗人的来源》一文中说，他在1937年春随广州私立岭南大学西南社会调查所及国立中山大学研究院文科研究所合组之海南岛黎、苗考察团，深入保亭县属苗山考察，曾得一林姓家谱，

---

① 周文海重修，卢宗棠、唐之莹纂修：民国《感恩县志》卷十三《黎防志·黎情》，海南出版社2004年版，第275页。

② （清）明谊修、张岳崧纂：道光《琼州府志》卷十三《经政志·屯田》，海南出版社2006年版，第608页。

王兴瑞教授从家谱研究中得出海南苗族与徭人十分接近，从家谱及语言考察，海南的"苗"应是广西的"徭"。

家谱是人类族群生存的证据，现把其所获苗人的家谱抄录下如：

> 契写立抄本地宗枝簿，居住耕种，直在广西福建省司恩府红星村，林明修、林明开、林明义三兄弟起屋住在东方，向在西南方，吉利。明开儿林得真、林得龙、林得生、林得朝。林得朝儿林老张，本命庚中年七月廿一日午时建生；林老张儿林盛源，本命庚午年三月十五日辰时建生。

同时，又在一位苗头的家中得一重要文件，和苗人的源流有关，录之于下：

天皇准奉 治世之时

> 高祖历代盘子孙北京君臣颍入会稽山七贤峒分玉盘皇子孙前往各州县地方乐业初平王出帖执付良善山子任往深山之处鸟宿之方自望清山活躬养生并无皇税官不差兵不扰斩山不税过渡不钱不许百姓神坛社庙烟火不得交通不许农民强押天子为婚如有强占者送官究治帖付指挥山子各有界至不耕百姓田塘自有四山八岭幽壁之处猿猴为畔百鸟为邻寻山找猎砍种养生不许百姓生端滋事如有生事者出到州县朝迁赴官究治给出年皇租帖付与盘皇子孙良善山子每人一道照收不食皇税镇守山场鸟枪弓弩射除野猪马鹿存心良善搬移经过各州县巡司隘口税部即便放行高祖勒帖备录者通知此示。

右具如前

朝廷保举列开尊职	保举京朝验书
保举尚书吏部	保举尚书兵部
保举尚书工部	保举尚书礼部
保举尚书刑部	保举尚书科部

保明盘丘子孙奉为平皇勒帖任往广东广西福建潮州湖广湖北各省水路游行砍种高山安居乐业养生须至帖者万代为凭永远执照。

初平皇五年五月十六日执帖存照

这张"执照"已不知何时怎样得来，他们至今尚视为至宝而珍藏之。由末段数语，我们知道海南苗人不单和广西苗人有直接关系，和华南各地苗族也是同一源流的。[①]

王氏又考证说：

假如上面的推测是合事实的话，那么，海南苗人自广西何地移植而来，也可得而推知了。按蓝靛猺在广西地理分布的过去的现状如何，现在我们尚不甚了了，不过根据广西凌云猺人调查报告，凌云县今日有蓝靛猺则是事实，如果能让我们暂时推断凌云在明以前已有蓝靛猺盘踞，那么我们从而断定：海南一部分苗人系从广西凌云移植而来，该不会离开事实太远罢？（按：凌云在广西北部，和贵州南部及云南东北部接壤，明代属泗城土州，其他当时全部为蛮族所盘踞）其次，由上引海南苗人林姓家谱所云"直在广西福建省司恩府红星村，林明修、林明开、林明义三兄弟起屋住在东方，向在西南方，吉利"等语，也有一点线索可寻。按清代广西有思恩府，明代也叫思恩府，宋元两代为思恩州，民国属南宁道，其地居广西之北部，和贵州南部接壤，古来为蛮荒之地，至明孝宗弘治（1488—1505 年）末始改流，林姓家谱中的司恩府，必为思恩府之字讹无疑，是海南岛苗人另一部分系从广西思恩府移来，当可不成问题，虽然我们在未有史志上的材料和实地的调查报告以前，未能断定明清以来至今日思恩府有没有蓝靛猺的存在。关于海南苗人自广西何地移植而来这一问题，现在我们所能解答的，只有这一点了。[②]

苗族每家都有简单的手抄家谱，如昂吉村林姓家谱封面：

---

① 王兴瑞：《海南岛苗族的来源》，转引自王春煜、庞业明编选：《王兴瑞学术论文选》，长征出版社 2007 年版，第 263 页。

② 王兴瑞：《海南岛苗族的来源》，转引自王春煜、庞业明编选：《王兴瑞学术论文选》，长征出版社 2007 年版，第 265 页。

书本林应连立抄宗技簿书壹本千年收照

长生保命万年

福祷南山留传

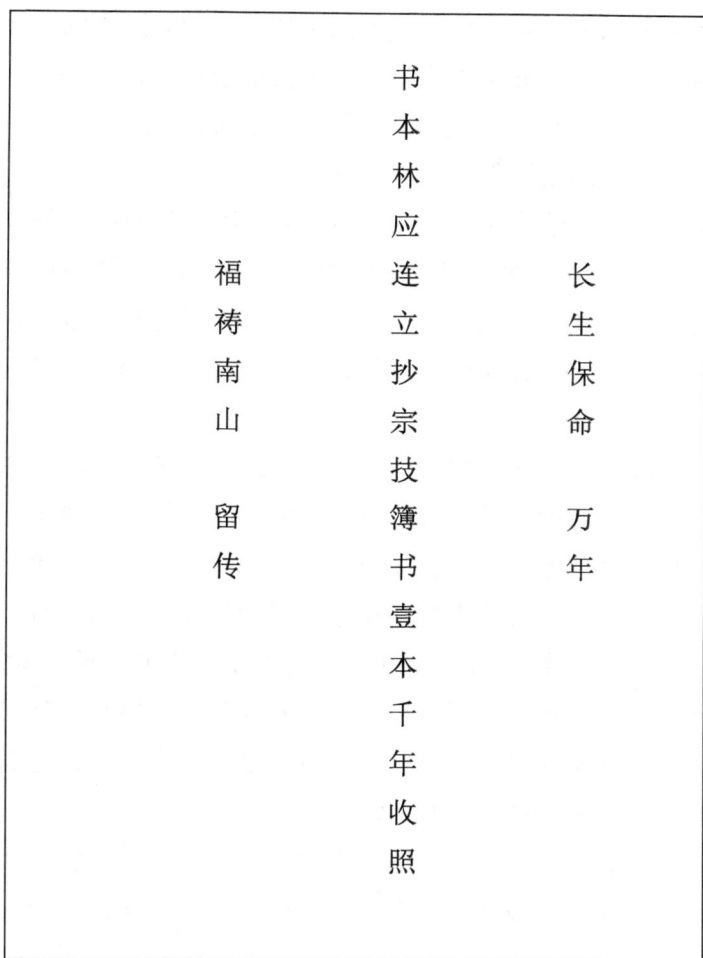

　　里面把各代男女的名字、生辰、死日都记得很清楚，试抄其中一页，可见一斑。

　　契写立抄本地宗枝簿居住耕种直在广西福建省司思恩府红星村。林明修、林明开、林明义三兄弟起屋住在东方，向西南方，吉利。明开儿林得真、林得龙、林得生。林得朝儿林老张，本命庚申年七月二十一日午时建生。林老张儿林盛源，本命庚午年三月十五日辰时建生。

　　有了这样的家谱，家属虽然随时间而逐渐扩大下去，同时，也便是逐渐分散出去，但家属世代的关系，仍然是保持不断的。推之，凡是有血缘关系的同姓人之间，也因之有了永久的联系，宗族的意识自然提高。有些苗人曾对我们叙述他们是从什么地方迁来的，什么地方现在还有他们的同宗兄弟居住着。又大岐报茶村苗首王福寿，曾对作者连称"老宗""老宗"，这都是宗族意识的表现。宗族意识既然存在，同姓人之间的情感当然要格外亲密的。①

从明朝开始，苗族迁徙到海南岛之后，因沿海及岭间的平坦土地已被汉族和黎族所开发利用，苗族刚迁来时，虽然最初有军队屯田，但后来也废除了，所以他们只能用钱或牛马租用土地，或是作为佃户租地耕种，或进入山林深处，从新开辟荒地种山栏稻，或到山间以狩猎为生。

生活在高山密林之中的苗人，所居山地，比黎族的山更高。由于苗人是在汉族、黎族之后，最后到海南的，所以被挤到最腹部的高山上。每座山上都住着若干家，无形中成为一个个独立的村落。苗人的生活，完全受地理环境所支配，他们主要的农业是种山。每年农历二月间，上山砍树，放火烧掉，火灰成为最佳天然肥料，然后掘穴播种，以种旱稻为主，玉蜀黍和豆类也有。除农业外，打猎是苗族男子的生活内容，有火药枪和弓矢两种。矢又有铁镞和竹箭之分，他们特制一种毒药，涂于矢端，兽被射中立毙。

手工业方面，男子善编竹器，妇女擅长染织。其经济生活都带自给自足性质，住屋一般矮小，编竹为墙壁，涂之以泥，屋顶则盖之以茅草。

苗族性恭顺，时出调南市贸易，从无滋事，他们已开始懂得经济贸易。

苗族服饰，男子上身穿大襟短衫，妇女则上身穿对襟衫，其长及膝，下部则穿短裙，内无裤，裙上绣三角花纹，妇人头披叠布制成的尖头巾，巾上绣各种花纹。

苗人信奉道教，在执行宗教职务的道士，必须受过一种传道的洗

---

① 以上资料，均引自王兴瑞：《海南岛苗人的生活》及《社会组织》，原刊《边疆季刊》第1期（1940年6月重庆）及广州《民俗》第2卷第1、2期合刊。

礼，做道士只限于男子。

2. 回族

回族自唐、宋、元各朝移入海南岛后，到了明朝，又有了新的发展。

（1）明代两个回族家谱中关于移徙海南岛的情况

海南岛上的回族有从波斯、阿拉伯及越南占城地区移居来的，也有从大陆移居来的，其中，从大陆移居来的，有家谱记载的是蒲氏和海氏。

《南海甘蕉蒲氏家谱》，初辑于明万历四十七年（1619年），清道光二十八年（1848年）、光绪七年（1881年）和光绪三十三年（1907年）三次重修，遂具规模，于民国二年（1913年）付梓。该谱为广东南海县蒲姓家谱，被广东省博物馆和广东省民族研究所发现，藏于广东省博物馆，1987年12月由天津古籍出版社出版，丁国勇标点。在这部蒲氏家谱中，蒲氏本立堂宗支图记载了蒲氏二世祖彦民的次子蒲杰迁居海南岛儋州，见下图：

蒲氏本立堂宗支图

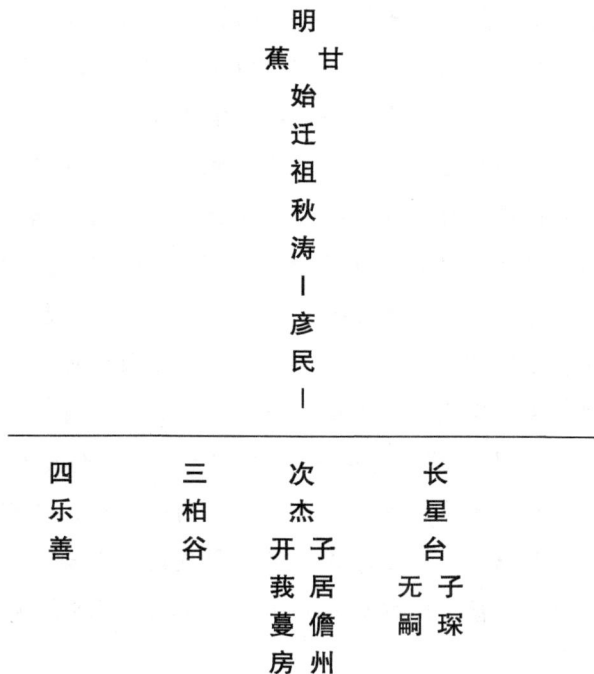

明

蕉　甘

始

迁

祖

秋

涛

｜

彦

民

｜

四乐善	三柏谷	次杰开莪蔓房	长星台
		子居儋州	无子嗣琛

星台子琛无嗣。杰子玉、璞居儋州，开莪蔓房。柏谷、乐善居甘蕉。柏谷子云泉，孙东宽以从弟西泉子甘村入嗣，开南野、南池两房。乐善开粤峰、西圃两房。粤峰即养拙曾祖，故称养拙房，我族四房所由分也。

在"先代分房考"中的"莪蔓房"条云："属琼府那细司登龙图五甲民籍。明时，由我甘蕉房三世伯祖俊公往海南贸易，其子玉、璞公遂家于儋州莪蔓乡。今子孙丁口一千五六百人云。"

在《甘蕉蒲氏二世祖彦民公传》中，说明蒲彦氏家庭移居中国之后，已经汉化，以诗礼传家，其"长子俊、次子杰，皆贸迁琼州"，这段历史，值得人们重视。其传云：

> 祖讳信，字彦民，明甘蕉蒲氏始迁祖秋涛公之子也。孝弟力田，园林隐逸。翰墨则工于鸟篆，丹青则仿自龙眠。经术湛深，聪明内敛。故能胸怀潇洒，行谊清高，积厥藏修，蔚为文采。名氏则世传清白，望重杨家；学问则自有渊源，庭留孔训。半耕半读，雍容晋魏文章；无古无今，蕴藉宋唐词赋。时有王彦庆、梁仲兴者，名下士也，慕祖风雅，文行兼优，遂订交焉。独是骚人投赠，不外诗歌；逸士情怀，惟耽泉石。二子乃谓祖曰："宋季'白云诗社'，实子之曾祖倡之，今成广陵散矣。吾等欲步宋咸淳诸先生后尘也。子何不赞成先绪，再树吟坛旧帜，以振风人轶响乎？"祖曰："诺。"于是选琴樽，命俦侣，日与诸名士啸咏于云山烟霭间，拂石抽毫，临风洒翰，湍飞逸兴，几不知世上复有利薮名扬之苦矣。乃登临既久，形势斯通，青囊、河洛诸书豁然有悟，而阴阳秘要遂洞彻于胸中焉。每念先代开创之劳，不敢不力培子任，而尤最以稼穑艰难、乡间敦睦为要图。暮年得宝珠冈西向吉地，奉安秋涛祖灵魄，复得宝珠冈南向吉地，自为寿藏。说者谓：《心泉诗集》，刺史公实肇家学之源；天玉精华，千户侯早洞不传之秘。明德之后，必有达人。祖又以一身而总其绪也。妣配李氏，冈美村德茂公之女。有子四人：长曰俊，次曰杰，皆贸迁琼州；三曰英，四曰美，即我族两房三世祖。寿六十三岁。

咸丰五年岁乙卯孟冬中浣吉日，十五传孙齐政顿首拜识。①

这是清代咸丰年间蒲氏十五代孙蒲齐政写的传记。传中虽然对自己祖先多溢美之词，但由此可知，回民迁徙大陆后，在经商途中，熟悉汉族文化，知书达礼，那么，蒲俊、蒲杰等迁贸琼州后，也必然一边进行贸易活动，一边优雅度日，过着亦商亦儒的生活了。

除蒲氏家族外，还有海氏家族，也是从大陆移徙来海南的。

据《海氏答儿公族谱》（卷之一）中《续修海氏族谱序》云："独念令祖自南宋时官指挥，讳俅三公，由闽隶籍于广之番禺，为迁广始祖，阅五传至答儿公，于明洪武年间，又从军海南，卜居于琼之琼山，为琼始祖。其间人文蔚起，族姓蕃昌。列春，官捷秋闱，才德彬彬，指不胜屈，且不数传；而忠介公挺然崛起，经济卓冠，前朝志节，彪炳今古，而海族遂为天下者，天下莫不知有忠介也。"② 这段文字，比较详尽地记述了明代海瑞家族的早期源流。海氏广东始祖海俅，南宋时，由闽迁广东番禺，其曾孙（四世祖）海逊之，在明朝开国之初任广州卫指挥，五世祖海答儿于洪武七年（1374年）从军驻海南岛，落籍琼山左所，成为海氏迁琼始祖，海瑞（1515—1587年）是九世祖，即海南海氏五世祖。

又据王国宪《海忠全公年谱》云："上世□南宋始祖官指挥讳俅，由闽来广，籍番禺。俅生钰，钰生甫震、甫云。甫震生逊之，逊之生答儿。洪武十六年，答儿从军海南，居琼山，为公高祖。不再传而后姓蕃衍，科甲继起，为海南望族。"海氏一脉，在闽粤，时间为13世纪中叶至14世纪中叶，历经南宋后期元、明初期，正是我国东南海地区海上航运及商贸发展和蕃客大量拥入中国的时间。正德《琼台志》"琼山县寺观"载："海瑞出世前百年，琼山有'礼拜寺，在土城北街巷内。宣德初，军海兰答建，废'。"琼山的清真礼拜寺，是海氏族人

---

① 丁国勇标点：《南海甘蕉蒲氏家谱》，天津古籍出版社1987年版，第146—147页。

② 光绪二十五年修：《海氏答儿公族谱》卷之一，第7页。

所建。所以，海氏以回族而落籍海南，是毫无疑问的。[①]

这里蒲、海两姓有家谱记载，故对其入琼始祖的记载比较明确，除这两姓外，因海南岛为中国南方门户，回民移居此岛人数一定还不少。《古今图书集成·方舆汇编·职方典》载："昭应庙，在州（万州）东北三十五里莲塘港门。其神名曰舶主。明洪武三年（1370年），同知乌肃以能御灾捍患，请敕封为新泽海港之神。祀忌豕肉。往来船只必祀之，名曰番神庙。"[②]由此可知番客回民来往海南岛贸易人数之多，非局限蒲、海二姓。

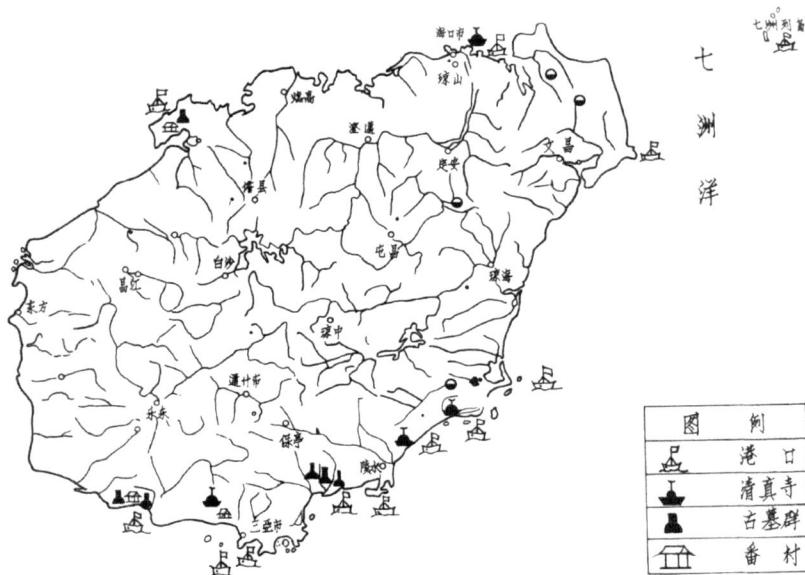

海南伊斯兰文化遗迹示意图

资料来源：广东省博物馆：《广东海南原始文化遗址》，《考古学报》1960年第2期。

（2）明朝回民移徙海南的生活状态

三亚回族在20世纪40年代尚存有《崖县三亚港蒲氏简谱》，此谱的抄录者是刘贤遵，是谱中四甲刘姓第九传裔孙，后来他把这一族谱

---

① 参考姜永兴：《广东海南回族研究》，广东人民出版社1989年版，第85页。
② 《古今图书集成·琼州府》第一千三百八十卷，载《地理志·海南》，海南出版社2006年版，第366页。

带到台湾，至今无法寻找。所幸罗香林著《海南岛蒲氏回教徒考》，以这部家谱为根据，对海南回族进行考察。《崖县三亚港蒲氏简谱》中写道："臻明朝，因黎叛，官府追迫粮税，多逃散各处，如儋州、万州、琼州、三亚等圩，居住安身。历代之后，三处反教难劝，为明末之时，三亚被西黎大叛破过。"由此，罗香林下断语云："可知此蒲姓回教徒，自明初即以受黎人寇掠，而辗转迁居，其一部分族裔之改称海、哈、米、金等姓，或即起于迁居之际。按明初儋州、崖州，黎人变乱无常，崖州蒲姓曾以避乱而散居各地，自无可疑。"[①] 在明初洪武年间，崖州曾出现几次黎族反抗斗争，如：

洪武元年（1368 年）十一月，耿天璧征海南，克南宁、儋、万等州，与生黎化黎小踢洞主王官泰等战，败之。又以恩信招谕各贼使降，于是海南悉平。

"二十八年（1395 年），崖州千家村，定安光螺樵木，文昌白延等处，黎纠众为乱。都指挥花茂，本卫指挥石坚牛铭，千户崇实等，率兵讨之悉平。"

"建文元年（1399 年），崖州黎相仇杀，以反闻。琼州知府王伯贞，捕其首恶，兵遂罢。"

罗香林由此证明说："此与崖州蒲氏简谱所述明初黎人叛乱，正相符合。唯崖州蒲氏以遭受黎患，曾散居琼州、儋州等地，且有改称海、哈等姓之事实，则明代琼山县之海姓，如海瑞家族等，或亦与此蒲氏有关，然未能遽为论定也。"[②] 罗香林对《崖州蒲氏简谱》的考察，说明了一个问题，明代海南岛上的回族移民，受各地黎族起义及官军弹压武装斗争的影响，无法定居一地，经常因环境的影响而到处迁徙。《三亚港通村蒲氏简谱》昭示了这一回民居住的讯息。

---

① 罗香林：《蒲寿庚传》，1955 年台湾中华文化出版事业委员会出版，第142 页。
② 罗香林：《蒲寿庚传》，1955 年台湾中华文化出版事业委员会出版，第142—143 页。

（3）明朝回族在海南岛建清真寺

明朝在海南岛上建清真寺，以便回民礼拜。

正德《琼台志》曰："礼拜寺，在（崖）州东一百里番人村，洪武间（1368—1398年）建。中只作木庵，刻番书，以一人为佛奴，早晚鸣焚，有识番书称先生者，俱穿白布法衣，如回回之服。寺中席地念经礼拜，过斋日亦然。"①

昭应庙在州（万州）东北三十五里莲塘港门。其神曰"舶主"。明洪武三年（1370年），同知乌肃以能御灾捍患，请敕封为新泽海港之神。祀忌豕肉。往来船只必祀之，名曰"番神庙"。②

正德《琼台志》曰："礼拜寺在土城北街巷内。宣德初，军海兰答建。"③

（4）回族的汉化

回族在大陆期间已经汉化，因此，入籍海南之后，定居衍殖，其汉化过程中又保留自己民族特色。如《南海甘蕉蒲氏家谱》中《先代分房考》载："莪蔓房，属琼府儋州那细司登龙图五甲民籍。明时，由我甘蕉房三世伯祖俊公往海南贸易，其子玉璞公遂家于儋州莪蔓乡。今子孙丁口约一千五六百人云。"蒲玉璞到儋州之前，"其祖初二世太祖讳嗨哒啪，官名海达。妣配梁族。祖乃初太祖荣禄公之次子，即我甘蕉、莪蔓、蒲庐、蒲村、珠冈、丹灶六房本支远祖也。家族蕴藉诗书，服膺庭训，任官清慎，有循吏风。仕宋官广东常平茶盐司提举、管军千户侯。宣授太中大夫，晋授中奉大夫。秩满，喜粤省山川明媚，因奉父筑室于城内玳瑁巷，以世其家焉"。④其先祖入粤之后，已逐渐汉化，

① （明）唐胄纂：正德《琼台志》卷二十七《崖州·寺观》，海南出版社 2006 年版，第 574 页。

② 陈梦雷编纂：《古今图书集成·琼州府部》第一千三百八十卷《职方典》，载《地理志·海南》，海南出版社 2006 年版，第 366 页。

③ （明）唐胄纂：正德《琼台志》卷二十七《琼山·寺观》，海南出版社 2006 年版，第 564 页。

④ 丁国勇标点：《南海甘蕉蒲氏家谱》，天津古籍出版社 1987 年版，第 7、87 页。

成为王朝官吏，礼乐诗书传家，不过蒲玉璞到儋州莪蔓乡之后，子孙繁衍甚快，莪蔓乡的回族，因其处于海南商旅来往的地区，人口流通也经常变迁，就当代莪蔓村迁移三亚回辉村、回新村的回民村情况看，其中不少蒲氏子孙，他们都自言从莪蔓迁移而集中居住的，他们至今仍保持伊斯兰教的纯洁性，回族某些习俗，如不食猪肉、不拜祖先、念经礼拜等均能相沿保持，语言也保持了本族属语，可见明代的回族有一部分仍保持了自己民族的风貌。

　　但也仍有被汉化、黎化的情况。如《海氏族谱》所载："大宗三世海宽，字德裕，明景泰七年（1456年）丙子科举人，习诗经，官职知县。海澄，字汝清，明天顺六年（1462年）壬午科举人，成化十一年（1475年）乙未科进士，司书经官至监察御史。海润，字钦叔，明弘治五年（1492年）壬子科举人，习社记未出仕。大宗五世海瑞，字汝贤，明嘉靖二十八年（1949年）己酉举人，习诗经，官历至都察院右都御史。小宗六世海鹏，字一举，嘉靖二十五年（1546年）丙午举人，习诗经，官至府同知。大宗八世海迈，字朝宇，明万历十六年（1588年）戊子举人，习诗经，官至推官。"[①] 海氏人物，在明代为官者不少，说明有的回族在明代与汉族交融在一起。在海南的"番营""番邦""番浦""番人塘""番人陂""番圹"等地的回民，宋、元期间来海南之后，也与当地汉人发生自然同化。《南海甘蔗蕉蒲氏族谱》所记载的儋州蒲氏，其后人多数也慢慢被汉化和黎化。

　　（5）回族的风俗习俗

　　正德《琼台志》卷七《风俗》记载得比较详细："番俗，本占城人在琼山者。元初，附马唆都右丞征占城，纳番人降，并其属发海口浦安置，立营籍为南番兵。无老稚，皆月给口粮，三年以优之。立番民所，以番酋麻林为总管，世袭，降给四品印信。元末兵乱，今在无几。其外州者，乃宋元间因乱挈家驾舟而来，散泊海岸，谓之番坊、番浦，不与土人杂居。其人多蒲［（宋）《外国交阯传》：占城国人蒲罗遏，

率其族百余众内附，言为交州所逼〕、方二姓，不食豕肉，他牲亦须自宰见血，喜吃槟榔，家不供祖先。其识番书称先生者，用一小凳，安置香炉。一村共设佛堂一所，早晚念经礼拜。每岁轮斋一月，当斋不吞诞，见星月方食，以初三日为起止。开斋日，聚佛堂诵拜。散后，各家往来，即是拜年。若常时卑见尊者则跪，以手摩尊者脚。平交则各以手相摩，讫，各收手回摩己面。有大会，席地列坐。用大青盘贮饭，以手捻食。男子不饮酒。年二十，则请师为之剪发齐眉，白布缠头，腰围以幔。妇女脑髻，短衣长裙。嗜酒与茶。外人与之往来交合，谓之做契，或有因而娶之者。随贫富，用金银铜锡为环，穿其耳孔，下垂至肩。好熏诸花，洁身黑齿。殁不用棺，布裹以身，向西而葬。其言语像貌与回回相似。今皆附版图，采鱼办课。"[1] 从这些描述中，也可看到回族到海南之后，虽固守本民族习俗，但也有的被岛上黎人或汉人所同化，如"喜吃槟榔"的习俗，如"皆附版图，采鱼办课"等缴纳税收的方式，等等。

3. 疍民[2]

（1）疍民源流考

对岭南疍民的研究，在 20 世纪三四十年代，中国学术界已有一批田野调查报告和论著问世。1932 年春，岭南社会研究所成立后，即开展对疍民的田野调查，1933 年发表了《河南疍民调查》（见《岭南学报》3 卷一期），随后出现了伍锐麟撰写的《三水河口疍民调查报告》（见《岭南学报》第 5 卷第 2 期），陈序经专著《疍民的研究》（商务印书馆 1946 年版）等重要成果。新中国成立之后，由叶显恩主编的《广东水运史》（人民交通出版社 1989 年版）也阐述了 1952 年至 1953 年期间以及 1985 年至 1986 年期间，广东省人民政府民族事务委员会组织人员调查的概况。1989 年 6 月至 10 月，叶显恩与美国学者肖凤霞、英国学者科大卫、日本学者滨岛敦俊、片山刚在珠江三角洲作田野调

---

① （明）唐胄纂：正德《琼台志》卷七《风俗》，海南出版社 2006 年版，第 149—150 页。
② 疍民，亦称"蜑民""疍民""蛋民"。本书采用"疍民"。

查时，又搜集了疍民的有关资料，在此基础上，叶显恩教授撰写了《明清广东疍民生活习俗与地缘关系》一文，呈交 1990 年 4 月在美国芝加哥举行的亚洲学年会讨论。广东的学者也对疍民的社会调查及研究，做了大量的工作。[①]

关于疍民的源流，除陈序经的《疍民的研究》中有所论述外，徐松石的《东南亚民族的中国血缘》中的《疍族和吴越族的关系》，饶宗颐的《说蜑——早期蜑民史料的检讨》等书，对中国疍民的历史渊源，都作了颇为详细的考证。

疍家的源流，虽然经一些民族学者陆续考证，但众说纷纭，莫衷一是。林惠祥在《中国民族史》第六章中，据陈序经的《疍民之起源》，综述为以下 12 种。

色目人说：色目人即西域诸种人，为蒙古人监督汉人者，故元亡时被逐入海。

蒙古族说：谓元亡时蒙古人在南者被逐入海，遂为疍民。

汉族说：此说谓疍民系晋代海贼卢循遗种。

客家说：此说谓客家后到，故只能住山地及水上，住水上者为疍民。

蛮族说：谓疍民原为南蛮之一支，古书多主此说。

苗族说：此说所谓苗族非指狭义之苗系，意实同于南蛮。

林邑蛮说：林邑蛮即指古时安南一部分人。

马人说：谓疍民乃马伏波平交趾后遗下之人民。

乌蛮种说：谓乌蛮即乌疍蛮，亦即疍民。

越种说：以疍民为即古时越人。罗香林主张此说曾提出证据五条。

猺种说：谓疍民即南蛮亦即猺族。

独立民族说：陈序经谓疍在古史上与蛮并称必为人数众多之民族，其来源或且先于蛮苗诸族也。[②]

---

① 叶显恩：《关于疍民源流及其生活习俗》，载林有能等主编：《疍民文化研究》，香港出版社 2012 年版，第 1—2 页。

② 林惠祥：《中国民族史》上册，商务印书馆 1996 年版，第 139—140 页。

　　林惠详从陈序经考证中进行综合，这些说法，都是从古籍中寻觅出来的。古代疍人的分布，并不单指粤桂闽三省，最早记载的是晋代常璩的《华阳国志·巴志》。接着，唐以前的史籍均有记载，但所记的是当年西南边徼的疍家。现列述如下：

　　《华阳国志·巴志》："其地东至鱼復，西至僰道，北接汉中，南极黔涪……其属有……夷蜑之蛮。""涪陵郡，巴之南部……东接巴东，南接武陵，西接巴郡，北接巴郡。土地山险水滩，人皆勇直，多儴蜑之民。"

　　《北史》："周武成初……冉令贤……遂率作乱……蛮蜑以为峭绝……积其骸骨于水逻城侧为京观，后蛮蜑望见辄大哭，自此狼戾之心辍矣。"（《北史》卷十五）

　　《北史》："南方曰蛮有不火食者矣。然其种类非一，与华人错居，其流曰蜒、曰獽、曰狸、曰獠、曰㐌，居无君长随山洞而居。"（《北史》卷十五）

　　《南齐书·明僧绍传》附《侄明惠传》："建元元年，为巴州刺史，绥蛮、蜒；上许为益州。"（《南齐书》卷五十四）

　　《三国志·吴志·黄盖传》："（武陵郡）诸幽邃巴、醴（俚）、由（瑶）、诞邑侯君长，改操易节……郡境遂清。"（《三国志》卷十五）

　　《隋书》："南蛮杂类与华人错居，曰蜒、曰獽、曰俚、曰獠、曰㐌。"（《隋书》卷八十二）

　　《隋书·杨素传》："陈南康内史吕仲肃据荆门之延州。素遣巴蜑率千人，乘五牙四艘，以柏樯碎贼十余舰，遂大破之。"

　　《隋书·地理志下》："长沙郡又杂夷蜑，名曰莫徭。自云其祖先有功，常免徭役，故以为名。"

　　《旧唐书·陈子昂传》："武后欲发梁凤巴蜑，自雅州开山通道，出击生羌，因袭吐蕃。"

　　（唐）樊绰《蛮书》："夷、蜒居山谷，巴、夏居城郭。与中土风俗礼乐不同。"（《蛮书》卷十）

　　柳宗元《岭南节度使饷军堂记》："卉裳鬝衣，胡、夷、蜒、蛮、睢盱座列者，千人以上。”[①]

从以上所列古籍记载可见，自晋至唐，疍人已经遍布四川、滇、黔、两湖等省。可以说，在唐朝以前，整个中国南部地区，都曾是疍民的住地。对这一类疍民，叶显恩说：“谭其骧先生经研究，认为‘蜑族最初见于巴中，六朝以来，始辗转注入粤东。’我认同谭先生所言。蜑族是元朝以来，始从巴中和澧水、沅水地区辗转移居两广、福建等地。”[②] 在唐代以前的记载，疍人与南蛮的其他族群一样，划地而居，住在溪边山洞。到了宋代以后的记载，未被汉化的疍人的情况，已从内地的溪洞转移到沿海岸的水上人家了。

为什么会有这样的转变呢？据叶显恩分析：蜑人，本幽居溪洞，不知中原礼俗，文化发展缓慢。南北朝时，与廪君蛮、盘瓠蛮和白虎蛮等杂居而称为“蛮蜑”“夷蜑”。唐代柳宗元《岭南节度使飨军堂记》所说的“林蛮洞蜑”与“胡夷蛮蜑”并称。文中说：“公与监军使，肃上宾，延群僚，将校士吏，咸次于位。卉裳罽衣，胡夷蜑蛮，睢盱就刘者，千人以上。”[③] 这里仅把“蜑”作为少数民族的泛称。宋氏以降，在汉化日益加剧的情况下，他们趋居水上，以舟楫为家是其最优的抉择。[④]

宋代以后对于疍民的记录，多是移居岭南后疍民的生活状况，他们“以舟为笔，以渔为业”。已是汉化了的疍，但在这一族群中，仍保存了疍民群体的生活习俗。疍已成为南方沿海地区水上居民的称谓，疍民群体也不断扩大。因此，詹坚固认为：“蜑作为族群的名称，在不同历史时期内涵不断变化，并非始终指代同一族群，而且，有专称

---

① 参阅徐松石：《东南民族的中国血缘》；《徐松石〈民族学研究著作五种〉》（下），广东人民出版社 1993 年版，第 852—853 页；林惠祥：《中国民族史》第六章；叶显恩：《关于疍民源流及其生活习俗》等书。

② 叶显恩：《关于疍民源流及其生活习俗》，载林有能等主编：《疍民文化研究》，香港出版社 2012 年版，第 5 页。

③ 《柳宗元全集》，上海古籍出版社 1997 年版，第 320 页。

④ 叶显恩：《关于疍民源流及其生活习俗》，载林有能等主编：《疍民文化研究》，香港出版社 2012 年版，第 6 页。

和泛称两种含义。蛮蜑称呼甚为复杂，要特别留意蜑民所处及其族群特征，通过语境进行判断。宋代以前，'蜑'的专称主要用于指代巴州蜑或荆州蜑；宋氏以后，'蜑'更多地用于指代两广、福建一带的水上居民。'蜑'的泛称则一直用来借代非汉人族群，与'蛮'的泛称同义。"①

宋代以后古籍对于蜑民的记载：

《太平寰宇记》："蜑户，县所管，生在江海，居于舟船，随潮往来，捕鱼为业。若居平陆，死亡即多，似江东白水郎也。"②

《桂海虞衡志》："广西经略使，所领二十五郡，其外则西南诸蛮。蛮之区落，不可悉记。姑即其声闻相接、帅司常有事于其地者数种，曰羁縻州洞，曰猺，曰獠，曰蛮，曰黎，曰蜑，通谓之蛮。"又说："蜑，海上水居蛮也。以舟楫为家，采海物为生，且生食之。入水能视，合浦珠池蚌蛤，惟蜑能没水探取。旁人以绳系其腰，绳动摇则引而上。先煮毚衲极热，出水急覆之，不然寒慄而死。或遇大鱼、蛟、鼍诸海怪，为髻鬣所触，往往溃腹折支，人见血一缕浮水面，知蜑死矣。"③

《岭外代答》记录得更为详细："蜑蛮。以舟为室，视水如陆，浮生江海者，蜑也。钦之蜑有三，一为鱼蜑，善举网垂纶；二为蚝蜑，善没海取蚝；三为木蜑，善伐山取材。凡蜑极贫，衣皆鹑结，得掬米，妻子共之。夫妇居短篷之下，生子乃猥多，一舟不下十子。儿自能孩，其母以软帛束之背上，荡桨自如。儿能匍匐，则以长绳系其腰，于绳末系短木焉。儿忽堕水，则缘绳汲出之。儿学行，往来篷脊，殊不惊也。能行，则已能浮没。蜑舟泊岸，群儿聚戏沙中，冬夏身无一缕，真类獭然。蜑之浮生，似若浩荡莫能驯者，然亦各有统属，各有

① 詹坚固：《试论蜑名的变迁与蜑民族属》，载林有能等主编：《蜑民文化研究》，香港出版社 2012 年版，第 88 页。
② （宋）乐史：《太平寰宇记》卷一五七，中华书局 2007 年版，第 3021 页。
③ 范成大：《桂海虞衡志》，载《范成大笔记六种》，中华书局 2002 年版，第 134、160 页。

界分，各有役于官，以是知无逃乎天地之间。广州有蜑一种，名曰卢停，善水战。"①

宋代诗人对蜑民的描述：

《赐尚书工部侍郎余靖诏》：

蠢尔蛮蜒，惊于海隅。②

《连雨江涨》：

床床避漏幽人屋，浦浦移家蜑子船③

《追钱正辅至博罗赋诗为别》：

孤臣南游堕黄萦，君亦何事来牧蛮。舣舟蜑户龙冈窟，置酒柳叶桄榔间。④

《蜑户》：

天公分付水生涯，从小教他踏浪花。

煮蟹当粮即识米，缉蕉为布不须纱。

夜来春涨吞沙咀，急遣儿童劚获芽。

自笑平生老行路，银山堆里正浮家。⑤

《后山谈丛》：

二广居山谷间不隶州县，谓之瑶人，舟居谓蜑人，岛上谓之黎人。⑥

《过凌水县》：

野径如遗索，萦纡到县门。

黎人趁牛日，蜑户聚鱼村。

篱落春潮退，桑麻晓瘴昏。

题诗惊万里，折意一消魂。⑦

---

① （宋）周去非：《岭外代答校注》卷三《蜑蛮》，中华书局1999年版，第115—116页。

② 《欧阳永叔集》（4）内制集，中华书局1961年版，第5页。

③ 《苏轼诗集》卷三十九，中华书局1982年版，第2120页。

④ 《苏轼诗集》卷三十九，中华书局1982年版，第2109页。

⑤ （宋）杨万里：《诚斋集》卷十六《蜑户》，商务印书馆四部丛刊本。

⑥ （宋）陈师道：《后山谈丛》卷六，第77页。

⑦ （宋）释惠洪：《石门文字禅》卷九《过凌水县》。

《祭亥上元，余谪藤江，是时初开乐禁，人意欣欣，吴元预作纪事二绝，颇入风雅，戏和其韵》：

再闻韶乐共欣然，太守推行诏墨鲜。

山郡莫嫌娼女拙，嫁他蜑户已多年。①

《登广城楼》：

三尺龙泉事远游，越王台上望南州。

一天雨过千山晓，万里风来五月秋。

江郭楼台蛮客市，海门烟日蜑家舟。

临戎不有安边策，应愧常何荐马周。②

这是宋人对蜑家的描述。宋明以后，对蜑家的记载更加详细。

1）蜑民的生活习俗。

宋代以后，"蜑"已成为南方沿海地区水上主要居民。清代道光年间的《广东通志》，提及从北宋大中祥符二年（1009年）到南宋绍兴末年（1150—1161年），在广东沿海一带民有蜑民数万户。（海南岛属广东，故包括海南岛）蜑民的生活习俗，以船为家，以鱼为业，自有其独特的生活习惯。

吴震方的《岭南杂记》云："蜑户，其种未详何出，或云，即龙户。以船为家，以鱼为业，见水色即知有龙，性粗蠢不谙礼数，入水不没，每为客泅取遗物。性耐寒，隆冬，单衣跣足，婚娶以酒馈，群妇子饮于州岸，两姓联舟，数十男女，互歌为乐。属河泊所征鱼课，畏见官府，有讼之者，即飘窜不出。春夏水潦，鱼多，可供一饱，常日贫乏，不能自存，而蜑豪每索诈以困之。海滨贫民，此为最苦矣。蜑有三种，鱼蜑取鱼，蠔蜑取蠔，木蜑伐山取木。"③

蜑家又称"龙户"，古籍也多有记载，顾炎武的《天下郡国利病书》云："蛋户者，以舟楫为宅，捕鱼为业，或编蓬濒水而居，谓之

---

① （宋）李光：《庄简集》卷七，《四库全书》，第496—1128页。

② （宋）陈思辑：《两宋名贤小集》卷三百六十五。

③ 吴震方：《岭南杂记》上卷，载王云五主编《丛书集成初编》，商务印书馆中华民国二十五年版，第28页。

水栏。见水色则知有龙，故有曰龙户，齐民则目为蛋家。"① 又邝露的
《赤雅》亦云："蛋人神宫，画蛇以祭，自云龙种。浮家泛宅，或住水
浒，或住水栏，捕鱼而食，不事耕种，不与土人通婚，能辨水色知龙
所在，自称龙人，籍称龙户，莫登庸其产也。"② 又陆次云的《峒溪纤志》
云："蛋人以舟为宅，濒海而居，其人目皆青碧，皆辨水色，知龙所在，
引绳入水，采螺蚌以为业，能伏水三日，手持利刀以拒蛟螭。又曰龙户，
又曰昆仑奴。其人皆蛇种，故祭祀皆祀蛇神。"③《咸宾录》载："蛋人，
儋、崖海上水居蛮也。以舟楫为家，或编蓬水浒，谓之木栏。亦有三
种：入海取鱼者名曰鱼蛋；取蚝者名曰蠔蛋；取材者名曰木蛋。其人
皆目睛青碧，卉衣血食，各相统率。鱼蛋、蠔蛋能入水伏二三日。旁
人以绳系其腰，绳动则引而上。或为海怪所害，岸人见有血一缕浮水上，
则蛋死矣。一谓之龙户，一谓之昆仑奴。产与黎同。"④ 李调元的《疍歌》
小叙云："蛋，有三，蠔蛋，木蛋，鱼蛋。寓浔江者乃鱼蛋。未详所始，
或曰蛇种，故祀蛇于神宫也。歌与民相类，第其人浮家泛宅，所赋不
离江上耳。广东、广西皆有之。"⑤

屈大均讲述得更为详细，《广东新语》中载："蛋家艇。诸蛋以艇
为家，是曰蛋家。其有男未聘，则置盆草于梢；女未受聘，则置盆花
于梢，以致媒妁。婚时以蛮歌相迎。男歌胜则夺女过舟。其女大者曰
鱼姊，小曰蚬妹。鱼大而蚬小，故姊曰鱼而妹曰蚬云。蛋人善没水，
每持刀椠水中与巨鱼斗。见大鱼在岩穴中，或与之嬉戏，抚摩鳞鬣，
俟大鱼口张，以长绳系钩，钩两腮，牵之而出。或数十人张罟，则数
人下水，诱引大鱼入罟，罟举，人随之而上。亦尝有被大鱼吞唉者，
或大鱼还穴，横塞穴口，己在穴中不能出而死者。海鰌长者互百里，
背常负子，蛋人辄以长绳系枪飞刺之，候海鰌子毙，拽出沙潭，取其

---

① 顾炎武：《天下郡国利病书》，上海古籍出版社 2012 年版，第 3426 页。
② （明）邝露：《赤雅》卷一《蛋人》，《文渊阁钦定四库全书》，第 347—594 页。
③ （清）陆次云：《峒溪纤志》。
④ （明）罗曰褧：《咸宾录》，中华书局 2000 年版，第 230—231 页。
⑤ 李调元辑：《粤风》卷一《疍歌》小叙。

脂，货至万钱。蛋妇女皆嗜生鱼能泅汙。昔时称为龙户者，以其入水
辄绣面文身，以象蛟龙之子，行水中三四十里，不遭物害。今止名曰
獭家，女为獭而男为龙，以其皆非人类也。然今广州河泊所，额设蛋
户，有大罾小罾、手罾、罾门、竹箔、篓箔、摊箔、大箔小箔、大河
箔、小河箔、背风箔、方网、辏网、旋网、竹□、布□、鱼篮、大罟、
竹篁等户一十九色。每岁计户稽船，征其鱼课，亦皆以民视之矣。诸
蛋亦渐知书，有居陆成村者，广城西，周墩、林墩是也。然良家不与
通姻。"①

正德《琼台志》也有记载：其志云："蛋俗：蛋人各州县皆有，居
海滨沙洲。茅檐垂地，或从屋山头开门。男子罕事农桑，惟缉麻为网
罟，以渔为生。子孙世守其业，岁办鱼课。其在崖者，或种山园置产。
自相婚娶。养牛耕种，妇女织纺布被为业。"② 他们以渔为生，岁办鱼课，
自相婚娶，不与外人通婚，在陆地上生活者，还养牛耕种，妇女织纺
布被，男渔女织，具有他们自己独特的生活方式。

这一条内容，又补充"蜑家贼"条内容之不足，一是详细介绍蛋
家的生活习俗；二是说明蛋家之称为"龙户"，因入水辄绣面文身，以
象蛟龙之子，在水中不遇害；三是介绍蛋族有不同的族系，分为十九户，
每岁计户向政府交鱼课。这样的介绍，与以上各类互相补充，令后人
对蛋家的认识更加完整。

蛋民阶层在特定的历史条件下，文化低下，没有自己的文字记录，
被社会上认为是贱民。

2）历史上蛋民是采珠能户，他们在海上采珠的生活，十分艰苦。

"凡采珠必蜑人，号曰蜑户，丁为蜑丁，亦王民尔，状怪丑，能苦
辛，常业捕鱼，生皆居海艇中，男女活计，世世弗尝舍也。采珠弗以
时，众感裹粮会大艇以十，环池左右，以石悬大绠至海底，名曰定石，
则别以小绳，系诸蜑腰，蜑乃闭气随大绠直下数十百丈，捨绠而摸取

① （清）屈大均：《广东新语》卷十八《舟语》，中华书局 1985 年版，第 485—
486 页。
② （明）唐胄纂：正德《琼台志》卷七《风俗》，海南出版社 2006 年版，第 149 页。

珠母，曾未移时，然气已迫，则亟撼小绳，绳动舶人觉，乃绞取人缘缘大纠上，出辄大叫，因倒地死，久之始甦。若遇天大寒，既出而叫，必又急沃以苦酒可升许，饮之醹，于是竅为出血，久复活，其苦如是，世且弗知也。"①

疍民是海滨采珠的能手，统治者或商人都利用疍民采珠获利，而疍民往往因此葬于海底。陶宗仪著《南村辍耕录》云："乌蜑户，广海采珠之人，悬纟于腰，沉入海中，良久得珠，撼其纟，舶上人挈出之。葬于□鼍蛟龙之腹者，比比有焉。"②周去非的《岭外代答校注》记述得更加详细，其《宝货门·珠池》云：

> 合浦产珠之地，名曰断望池，在海中孤岛下，去岸数十里，池深不十丈。蜑人没而得蚌，剖而得珠。取蚌，以长绳系竹篮，携之以没。既拾蚌于篮，则振绳令舟人汲取之，没者亟浮就舟。不幸遇恶鱼，一缕之血浮于水面，舟人恸哭，知其已葬鱼腹也。亦有望恶鱼而急浮，至伤股断臂者。海中恶鱼，莫如剌纱，谓之鱼虎，蜑所甚忌也。蜑家自云："海上珠池，若城郭然，其中光怪，不可向迩。常有怪物，哆口吐翕，固神灵之所护持。其中珠蚌，终古不可得者。蚌溢生于城郭之外，故可采耳。"所谓珠熟之年者，蚌溢生之多也。然珠生熟年，百不一二，耗年皆是也。珠熟之年，蜑家不善为价，冒死得之，尽为黠民以升酒斗粟，一易数两。既入其手，即分为品等铢两而卖之城中。又经数手乃至都下，其价递相倍蓰，至于不赀。
>
> 采珠在官有禁，州以廉名，谓其足以贪也。史称孟尝守合浦，珠乃大还，为廉吏之应。二十年前，有守甚贪，而珠亦大熟。虽物理无验，然此以清名至今，彼与草木俱腐耳。噫！孰知孟尝还珠之说，非柳子厚复乳穴之说乎？
>
> 东广海中亦有珠池，伪刘置军采之，名媚川都。死者甚多，太

① （宋）蔡絛撰：《铁围山丛谈》卷五，中华书局1983年版，第99页。
② （明）陶宗仪：《辍耕录》卷十《乌蜑户》，中华书局1959年版，第129页。

祖皇帝平岭南，废其都为静江军。[①]

宋代的贪官污吏，为贪秽而诡人采珠，不顾疍民安危，采珠的能手疍民，则由此而引来祸害。《宋会要》载："孝宗乾道四年十月九日权知廉州唐俊义言：'本州昨蒙降诏罢贡真珠，然官吏采取，日甚一日，至逼勒蜑户深入无涯之渊，坠身殒命，皆不知恤，期于得珠而后已。乞行下本路监司，严行禁戢。速具职位姓名，按劾闻奏。'从之。"可见一斑。[②]

3）明代的疍民。

由于疍家在海滨生活，居无定所，组织松散，很难约束。有的因贫穷而走上海盗抢劫之路。因此，官吏议建立保甲制加以管辖。《明史》载：

> 明洪武十七年（1384 年）广州指挥使花茂向皇帝建议："广东南边大海，姦宄出没，东莞、筍冈诸县逋逃蜑户，附居海岛，遇官军则诡称捕鱼，遇番贼则同为寇盗，飘忽不常，难以讯诘。不若籍以为兵，庶便约束。"[③]

在明代，疍已不仅操舟涉水，而且有的已成为沿海海盗的一股势力，毛奇龄在《蛮司合志》中，记载了明万历年间疍民寇乱的事件："蜑户在雷、廉间，盗珠为生，其酋长不一，有苏观陛、周才雄为二酋。其先皆安南夷……梁本豪者，亦广东蜑酋也……豪窜于海曲，贼堂渐众……诸酋合千余人口，往来波罗、香山、三水、东西海，日夜习水战，所制体或八櫓，或十櫓，不用榜人，诸蜑自操櫂，乘风溾波涛中，倏若闪电。一旦有缓急辄走入水，水不能灾，俗号人獭。其族，女子勇倍于男，男少时膂力反过于壮者，以视海上官军，一可当百，官军逮捕，即百不得一。"[④]

① （宋）周去非：《岭外代答校注》卷七《宝货门》，中华书局 1999 年版，第258—259 页。

② （清）徐松辑：《宋会要辑稿》，中华书局 1957 年版，总第 5560 页。

③ （清）张廷玉等撰：《明史》卷一三四《花茂传》，中华书局 1974 年版，第3908 页。

④ 毛奇龄：《毛西河全集》卷十五《蛮司合志》，载《四库全书》。

明人周希耀在条议中提出把疍家编甲以塞盗源，他说："编疍甲以塞盗源。看得海洋聚劫，多出疍家，故欲为海上靖盗薮，必先于疍家穷盗源。何也？疍艇杂出，鼓棹大洋，朝东夕西，栖泊无定，或十余艇，或八九艇联合一综，同罟捕鱼，称为罟朋。每月则有料船一只，随之腌鱼。彼船带米以济此疍，各疍得鱼归之料船，两相贸易，事诚善也。但料船素行鲜良，每伺海面商渔随伴船少，辄纠诸疍乘间行劫，则是捕鱼而反捕货矣。弭盗之方，总不外于总甲。今议十船为一甲，立一甲长，三甲为一保，立一保长。无论地僻船稀，零星独钓，有无罟朋大小料船，俱要附搭成甲，编成一保，互结报名，自相觉察，按以一犯九坐之条，并绳以朋罟同综之罪。甲保一严，奸船难闪，则盗薮清而盗源塞矣。"①

屈大均也在这一问题上有详细的议论，他说："以其性凶善盗，多为水乡祸患。曩有徐、郑、石、马四姓者，常拥战船数百艘，流劫东西二江，杀戮惨甚。招抚后，复有红旗白旗等贼，皆蜑之枭黠。其妇女亦能跳荡力斗，把舵司篷，追奔逐利。人言傜居峯而偏忍，疍居水而偏愚，未尽然也。粤故多盗，而海洋聚劫，多起蜑家。其船杂出江上，多寡无定，或十余艇为一综，或一二罟至十余罟为一朋。每朋则有数乡舠（音辽，小船）随之腌鱼，势便辄行攻劫，为商旅害。秋成时，或即抢割田禾，农人有获稻者，各以钱米与之，乃得出沙。其为暴若此，议者谓诚以十船为一甲，立一甲长，三甲为一保，立一保长，无论地僻船稀，零星独钓，有无罟朋及大小舠船，皆使编成甲保，互结报名，自相觉察。按以一犯九坐之条，则奸舸难匿，而盗薮可清。然清舠船及澳艇，尤为先务。"②

他指出："广中之盗，患在散而不在聚；患在无巢穴者，而不在有巢穴者。有巢穴者之盗少，而无巢穴者之盗多，则蜑家其一类也。蜑

---

① （清）明谊修、张岳崧纂:道光《琼州府志》卷十九，海南出版社2006年版，第819—820页。

② （清）屈大均:《广东新语》卷十八《舟语》，中华书局1985年版，第485—486页。

家本鲸鲵之族，其性嗜杀。彼其大艟小艑出没波涛，江海之水道多歧，而罟朋之分合不测，又与水陆诸凶渠，相为连结。我哨船少则不能蹑其踪迹，水军少亦无以当其锋锐。计必兵恒有余于盗，毋使盗恒有余于兵。又设为严法，如盗杀一人，则以一兵抵，杀一兵，则以一官偿；劫一民舸，则夺一哨船之食，而责之立功，昼夜巡行，惟盗是索。而疍人则编以甲册，假以水利，每十艇为一队，十队为一长，画川使守，略仿洪初以疍人为水军之制。择其二三智勇者，为之大长，授以一官，俾得以军律治其族，与哨船诸总，相为羽翼。又使诸县富民，仍得朋造乌槽、横江二船，专业渔盐。有警则船人皆兵，分班守直，凡出外海制贼用乌槽，里海制贼用横江船。又使东西二江日艘夜艘诸艘长，皆为哨长，而勿征其饷。如此，则上无养兵之劳，而水师自足，一有事，且暮可集矣。"① 这一条记载说明了三个问题，一是疍家生活在海中有的成为海盗，官军无以当其锋锐。二是在明洪武初，鉴于疍家在海上威猛之势，就用行政力量，把他们编为水军，并选其智勇者授以一官，用"以夷制夷"的办法，以军律治其族。三是疍民被编为水军，其费用由各县富民负担。有警则船人皆兵，平时则专业渔盐，勿征其编，这样，"则上无养兵之劳，而水师自是，一有事，且暮可集矣。"洪武朝所实行的管理疍人的法制，对朝廷的安定十分有利。除了把疍人列为水军的编制这一政策外，还对疍居水上的疍族进行甲保编制，以便管理。

《钦定续文献通考》卷一百三十二载，十五年三月籍广东疍户万人为水军："蜑人附海岛无定居，或为寇盗，故籍而用之，后至二十五年十二月，又以广东都司言徙东莞香山等县逋逃疍户羍人一千余户为兵。"

顾岕在《海槎余录》中云："新场海三面山，环北一面，只三四里通大海，洋内宽可百里，余分藏新英南滩，上下二十四埠，渔户环列居焉。每风大时，蛋船四百余只咸渔其中，风静始出大海，可谓坐享

---

① （清）屈大均：《广东新语》卷七《人语》，中华书局 1985 年版，第 250 页。

无穷之利也。"

4）明代海南的疍民，有的"登陆附籍"，居住在海边的陆地上。如《古今图书集成》载：

> 琼山县：民居近海者，与蜑杂处，常为风涛飘淹。

> 文昌县：邑无黎而有蜑，蜑世渔户也，茅 [詹] 覆地，屋顶也入，男女结网取鱼，不知耕种，鱼课贻累，望洋立稿云。

> 万州：蜑人隶州者，若新泽、东澳等处，茅屋居海滨，业渔以鱼，趁墟换谷，岁纳鱼课。妇人髻垂后，或插簪包金，戴平头藤笠负贩，长至日宰牲备酒，招亲邻曰作冬节。近日不使得捕鱼，仍纳岁课焉。

> 崖州：蜑民世居保平港，大蜑港望楼里濒海诸处，男子罕事农桑，惟绩麻为纲罟，以渔为生，子孙世守其业，税办鱼课。间有种山园。置产养牛耕种，妇女兼织仿布为业。①

光绪《崖州志》载：

> 疍民，世居大蜑港、保平港、望楼港濒海诸处。男女罕事农桑，惟绩麻为网罟，以渔为生。子孙世守其业，税办渔课。间亦有置产耕种者。妇女则兼纺织为业。②

万历《儋州志》载：

> 蜑人居海滨茅舍。男子少事农圃，惟绩麻为网罟，以捕鱼为生。子孙世守其业，岁办鱼课。妇女专事扒螺，纺织者少。③

这里所记载的，没有说明是明朝的疍民抑或是清朝的疍民。但这些材料均说明海南的疍民，多居住清澜、万州、陵水、崖州、儋州一带，他们的生活，比较平静，未有像广东那样有海盗抢劫的记载。海南岛四面环海，漫长的海岸线必然是适合疍民生活的地方，如文昌的铺前、清澜，万州的陵水海岸，疍家多随季风漂泊，秋去春来，萍踪

---

① 《古今图书集成》卷一三八〇《琼州府汇考》八《琼州府风俗考》。

② （清）钟元棣创修、张巂等纂修：光绪《崖州志》卷一《舆地志·风俗》，海南出版社 2006 年版，第 52 页。

③ （明）曾邦泰等纂修：《儋州志·天集》，海南出版社 2004 年版，第 46 页。

无定，四海为家。①

（2）明代海南疍民户数

明朝疍民在海南的户数，正德《琼台志》也有统计，如正德七年（1512 年）："总蛋户有 1913 户，琼山县蛋户 183 户，澄迈县蛋户 152户，临高县蛋户 221 户，文昌县蛋户 230 户，会同县蛋户 88 户，乐会县蛋户 112 户，儋州蛋户 333 户，昌化县蛋户 12 户，万州蛋户 77 户，陵水县蛋户 100 户，崖州蛋户 349 户，感恩县蛋户 56 户。"② 这近 2000户蛋家，生活在海岛各州县，保存了蛋家的生活习俗，他们以渔为生，岁办鱼课，自相婚娶，不与外人通婚，在陆地上生活者，还养牛耕种，妇女织纺布被，男渔女织，遵纪守法。

4. 明代客家人迁入海南岛

客家人是海南移民族中的一支十分特殊的队伍，在海南移民史上也有着特殊的地位。从明朝开始，客家人就开始从广东移民海南。他们大都住在海南岛西南山区，即儋县、临高、澄迈、琼中、白沙五县的交界处。

钟平曾说："那大镇已有 400 多年历史，明万历年间设那大营。原有两个村庄，一个叫那稔村（讲临高话），一个叫大同村（讲客家话），后合并成那大。"③ 可知客家人在明万历年间以前已渡琼定居那大了。又明万历《儋州志》载："客自高、化载牛渡海。"④ 其实，载牛渡海经商的广东人自唐宋以来就有，不过志书上没明确标明是客家人而已，万历《儋州志》写明是"客人"载牛到海南岛经商，所说的"高化"，即广东的高州、化州一带的客家人。在万历《琼州府志》中也讲道："语有数种。有官语，即中州正音，缙绅士大夫及居城所者类言之，乡落

---

① 参考陈序经：《蛋民的研究》，商务印书馆 1946 年版，第 56 页。

② （明）唐胄纂：正德《琼台志》卷十《户口》，海南出版社 2006 年版，第224—231 页。

③ 钟平等编著：《儋县概况》，海洋出版社 1989 年版，第 21 页。

④ （明）曾邦泰等纂修：万历《儋州志》天集《民俗志》附，海南出版社 2004年版，第 47 页。

莫晓。有东语，又名客语，似闽音。"①又正德《琼台志》"语有数种"条也载："州城惟正语，村落乡音有数种，一曰东语，似闽音。"其"迈客俗"条云："迈人、客人，俱在崖州，乃唐宋以来仕、宦、商寓之裔。迈居附郭二三里，及三亚、田寮、椰根三村，在州治东一百里。其言谓之迈语，声音略与广州相似。客居番坊、新地、保平三村，俱在州治西南三四里。又有多银村、永宁乡，俱在州治东一百里。习尚多与迈人同，惟语言是客语，略与潮州相似。旧时服用，男妇脑髻，戴藤笠。婚礼不用猪羊，死以圆木为棺。今皆渐变，与城郭同。"②《崖州志》也提及："曰客语，与闽音相似，永宁里、临川里、保平里及西六里言之。"③自从唐宋以来，客家人或仕、或宦、或商来到海南之后，很多就落籍海南了，到了明代，其后裔多定居海南西南部儋州、崖州一带，尤其是崖州三亚。正德《琼台志》标明聚居于番坊、新地、保平三村；《崖州志》标明聚居于永宁里、临川里、保平里及西六里。由此可知，明代客家话已经成为海南方言中的一个语种，这批客家人已经成为了海南岛的"老客"。

明代海南的移民，还有一个新的特点，即由于社会经济环境的变化，民族之间的杂处、融化现象日益凸现，最显著的是熟黎与汉族移民之间的关系，已成为移民群体中的普遍现象，如《方舆志·生黎》中载："熟黎，相传其本南、恩、藤、梧、高化人，多王、符二姓，言语皆近彼处乡音，因徙居长子孙焉。"④又《岐人考》也云："熟岐本南、恩、藤、梧、高、化人，音语皆同，昔从征至此。"⑤《明史》也有同样记载："熟

① （明）戴熺、欧阳灿总裁，蔡光前等纂修：万历《琼州府志》卷二《地理志·方言》，海南出版社2003年版，第115页。

② （明）唐胄纂：正德《琼台志》卷七《水利》，海南出版社2006年版，第151—152页。

③ （清）钟元棣创修、张嶲等纂修：光绪《崖州志》卷一《舆地志·风俗》，海南出版社2006年版，第52—53页。

④ 陈梦雷等撰：《古今图书集成·广东黎人岐人部》，《地理志·海南》，海南出版社2006年版，第546页。

⑤ 陈梦雷等撰：《古今图书集成·广东黎人岐人部》，《地理志·海南》，海南出版社2006年版，第547页。

黎之产，半为湖广、福建奸民亡命，及南、恩、藤、梧、高、化之征夫，利其土，占居之，各称酋首。"① 嘉靖《广东通志初稿》载："旧传其先本南、思、藤、梧、高、化人，多王、符二姓，言语皆近彼处乡音，因从征至此，利其山水，迫掠土黎，深入荒僻，占食其地，长子育孙，人多从之，凡豪酋皆其种。落外连居，民慕化服役，因名熟黎。今其人家犹藏昔时文诰。"② 苏轼《书柳子厚牛赋后》云："客自高化载牛渡海，百尾一舟，遇风不顺，渴饥相倚以死者无数。牛登舟皆哀鸣出涕。既至海南，耕者与屠者常相半。今肇庆新兴客反岁货牛于琼，以给广左右。"③ 从这些材料中可以了解到明代海南移民的蜕变。汉族移入海南之后，由于生活环境的变迁而被黎化，成为海南移民的一种特殊的现象。黎族走出山林被汉化，汉族走入山林被黎化，民族之间的融合，随着时代与环境的变化而转移。

---

① （清）张廷玉等撰：《明史》卷三一九《广西土司》，中华书局 1974 年版，第 8277 页。

② （明）戴璟修、张岳等纂：《广东通志初稿》卷三六，海南出版社 2006 年版，第 158 页。

③ 《苏轼文集》卷六十六《题跋·书柳子厚牛赋后》，中华书局 1986 年版，第 2058 页。

第六章　明代海南教育与文化

第一节　明代海南教育

一、明代海南的科举文化

明代盛行"科举文化"或称"考试文化"，《明史·选举志序》云："科举必由学校，而学校起家可不由科举。"也就是说，在明朝所有的读书人都必须通过科举考试或学校考试，才能当官，这种考试制度，推动了明代教育文化的发展。

明朝的教育制度分为民间教育和官方教育两个方面。除官方学校诸如国子监、府州学及卫学等官学之外，所有非官方教育形式，都属于民间教育范畴。

明朝重视教育，《明史》载："郡县之学，与太学相维，创立自唐始。宋置诸路州学官，元颇因之，其法皆未具。迄明，天下府、州、县、卫所，皆建儒学，教官四千二百余员，弟子无算，教养之法备矣。"[①]明王朝吸取元代的教训，在治国的决策中，采取"治国以教化为先，教化以学校为本"的政策，大建学校。洪武二年（1369年），明太祖初建国学，谕中书省臣曰："学校之教，至元其弊极矣。上下之间，波颓风

---

① （清）张廷玉等撰：《明史》卷六十九《选举一》，中华书局1974年版，第1686页。

273

靡，学校虽设，名存实亡。兵变以来，人习战争，惟知干戈，莫识俎豆。朕惟治国以教化为先，教化以学校为本。京师虽有太学，而天下学校未兴。宜令郡县皆立学校，延师儒，授生徒，讲论圣道，使人日渐月化，以复先王之旧。"于是大建学校，府设教授，州设学正，县高教谕，各一。俱设训导，府四州三，县二。生员之数，府学四十人，州、县以次减十。师生月廪食米，人六斗，有司给以鱼肉。学官月俸有差。生员专治一经，以礼、乐、射、御、书、数设科分教。务求实才，顽不率者黜之。十五年颁学规于国子监，又颁禁例十二条于天下，镌立卧碑，置明伦堂之左。其不遵者，以违制论。盖无地而不设之学，无人而不纳之教。庠声序音，重规叠矩，无间于下邑荒徼，山陬海涯。此明代学校之盛，唐、宋以来所不及也。[1]

在全国的大气候下，各地纷纷建立学校，收取生员，黎族土官子弟，也可入附近儒学，无定额。

明朝特别重视社学，洪武八年（1375 年），地方始建社学，延师以教民间子弟，兼读《御制大诰》及朝廷律令。正统时，许补儒学生员。

洪武十六年（1383 年），诏民间立社学有司不得干预。其经断有过之人，不许为师。

弘治十七年（1504 年），令各府、州、县建立社学，选择明师，民间幼童十五以下者送入读书，讲习冠、婚、丧祭之礼。[2]

由此，明朝自上及下，兴学教诲，为各地官员所重视。官吏来琼治政，修学宫，崇儒学或平黎之后，建立社学，教化黎众，成为他们的政绩。钟芳的《平黎碑铭》中，批评元代"虽能戡黎，所至刻石，而不能图远"。而明代来自中土将士，则注重教化，"与民杂居，久之语言习俗诗书礼让之风渐摩，庙乎穷绝，而科第与中州等。"官吏在

---

① （清）张廷玉等撰：《明史》卷六十九《选举一》，中华书局 1974 年版，第 1686 页。

② （清）张廷玉等撰：《明史》卷六十九《选举一》，中华书局 1974 年版，第 1690 页。

平黎之后，"分兵屯田，广储蓄，兴文化，以变夷俗"，"建社学，择师训蒙，易巾服，习书仪"①，使教育有所普及，进入黎寨。

王弘诲在《水会平黎善后碑》中也写道：邓钟等在琼中水会所平黎之后，注意三件事："立墟市以通贸易，建乡约以兴教化，竖社学以训黎庶。"②当时的水会由于设立水会所，取黎童习读，使黎人也因此知儒学。

道光《琼州府志》云："水会社学，在县南三百里林湾都。万历二十八年，抚黎通判吴俸建，廷师专训黎童，并置学田。今废。"③

社学及儒学的普遍设立，使部分黎家子弟有机会上学。尤其是土官的后代，可以进入县学读书，然后赴京应试。

二、明代海南的学校分类

明代海南的学校有五类，即府学（官办州学）、州县学、社学、乡义学、书院。

1. 府学

宋代庆历四年（1044年）开始建立，元代继续，但至正十九年（1359年）陈子瑚等寇城，焚掠学官，祭器、经籍毁尽，到了明太祖洪武三年（1370年），由于朝廷命令各地建立儒学，才进行重建。

据万历《琼州府志》卷六《学校志》载：琼州府学"皇明洪武三年庚戌（1370年），知府宋希颜重建大成殿两庑、棂星、戟门、明伦堂、四斋，辟射圃于学之右。扁斋曰守中、兴仁、恒德、育才。然后历年补充修建，至万历七年（1579年），始以海南兵巡兼提学，专督海南学校，以后历年重建府学各庙庑经阁"。④

---

① （明）钟芳：《钟筼溪集》卷九《平黎碑铭》，海南出版社2006年版，第188页。

② （明）王弘诲：《天池草》卷九《水会平黎善后碑》，海南出版社2004年版，第244页。

③ （清）明谊修、张岳崧纂：道光《琼州府志》卷七《建置志》，海南出版社2006年版，第340页。

④ （明）戴熺、欧阳灿总裁，蔡光前等纂修：万历《琼州府志》卷六《学校志》，海南出版社2003年版，第287、290页。

2. 州县学

州县学有 13 所，即：

琼山县学：洪武四年（1371 年），知县李思迪迁于郡东北东坡书院。洪武九年（1376 年），知县陈概迁于南郊。后教谕赵谦重修于巷口适立石坊，扁曰"道义之衢"。学西筑考古台。以后各代陆续修建。

澄迈县学：洪武三年（1370 年），知县刘时敏重建殿庑、棂星、戟门、明伦堂、东西斋。扁斋曰"时习日新"。永乐年间，知县孙秉彝建馔堂库厨，训导谢秉初筑垣，夹道植树。以后各朝陆续改建。

临高县学：洪武三年（1370 年），知县王续于旧基创建殿庑、棂星、戟门、明伦堂、两斋、馔堂、大门、神厨、库房、射圃。两斋东进德，西修业。永乐三年（1405 年），知县朱原律重修。以后各朝陆续修建。

定安县学：洪武二年（1369 年），复随州降改为县学，知县吴志善创建，茅覆粗备。永乐三年（1405 年），知县吴定实重建殿庑、棂星、戟门、明伦、会馔二堂、两斋、厨库、泮池。以后历朝陆续修建。

文昌县学：洪武三年（1370 年），知县周观仍建。洪武八年（1375 年），知县赵文炳徙于县治之左，殿庑、斋堂、棂星、戟门、大门、射圃、厨库俱备。县志云："文炳以旧基隘狭，徙县左，东向，即今学是也。文庙三间，两庑各五间，戟门三间，棂星门三座，明伦堂三间，在文庙右。东西二斋各三间，东进德、西修业，以进贤楼、射圃设于学之西北。以后各代不断修建。"

会同县学：洪武三年（1370 年），署县县丞李霖始立于县东。洪武二十七年（1394 年），知县熊彦信鼎建殿堂两斋。东曰明德，西曰新民。以后各代陆续修建。

乐会县学：洪武三年（1370 年），知县王思恭重建。永乐六年（1408 年），知县诸葛平重建殿庑堂斋、戟门、棂星门、厨库、射圃。扁其斋，东曰博文，西曰约礼。以后各代陆续修建。

万州学：洪武三年（1370 年），判官唐硅、万宁知县黎恕、县丞汤良弼捐建殿庑、堂斋，饰圣贤像。扁斋曰居仁、由义、立礼。以后各代陆续重修。

儋州学：洪武三年（1370年），知州田章建殿堂、斋庑、棂星、戟门、馔堂、厨库、泮池、射圃。扁其斋曰"成德""育材""时习"。以后各代陆续修建。

昌化县学：洪武三年（1370年），知县董俊仍建。洪武十九年（1386年），知县范朗重建大成殿。洪武二十年（1387年），知县沈源建明伦堂，立二斋，曰进德、修业。

陵水县学：洪武三年（1370年），署县丞汤良弼于港门旧址创建正殿，堂斋门垣皆备，扁斋曰"育材""兴贤"。以后各代陆续修建。

崖州学：洪武三年（1370年），判官金德仍旧址开设。洪武九年（1376年），知州刘斌重建射圃诸制。以后各代陆续修建。

感恩县学：洪武三年（1370年），知县黄忠信旧址创建。永乐年间，知县郭绪重建。以后各代陆续修建。[1]

3. 社学

由地方政府设立的学校。成化年间，义学六（《外纪》："自宋元立五小学后，国朝天顺副使邝誉始建。"）有：

城东学：门外南濠街。

城南学：刘志作土城。

城西学：四牌楼西街。

城北学：海口南门外。

珠崖学：因元旧学庙复立于上那邕村。

仁政学：即宋所立者，复新之。

成化年间，社学179所（刘志：天顺年间，立而未遍。成化甲午（1474年），副使涂棐令州县内外择地建学，择教读掌之，以近学墟市

---

① 因正德《琼台志》卷十五《学校》的记载，至明代部分缺一页，故以万历《琼州府志》卷六《学校志》为依据。各县学各代修建情况，本书因篇幅关系从略。

租税束脩，共 179 所）。其中，琼山 81 所，澄迈 19 所，临高 11 所，定安 3 所，文昌 7 所，会同 5 所，乐会 5 所，儋州 18 所，昌化 2 所，万州 6 所，陵水 2 所，崖州 16 所，感恩 3 所。弘治丁巳（1497 年），海北盐法道立大小英感恩场社学，请文于陈白沙，得启勒石，建怀沙亭以志之。[①]

此外，有卫学，专门培养军人的学校，卫学应袭书馆。弘治初年，副使陈英立于卫治之东，设教读一人，专训武弁子弟。

外所新旧社学共 8 所：清澜 1 所，万州 1 所，儋州 2 所，昌化 2 所，崖州 2 所。

水会社学 1 所。万历二十八年（1600 年），军门戴燿平黎马屎，立水会城公署。万历三十一年（1603 年），抚黎通判吴俸创建先师庙、两庑、明伦堂，设社师训黎童，置学田赡之。立戴公祠，春秋祀享，未几倾圮。万历丁巳（1617 年），巡道戴熺檄知府欧阳璨带抚黎同知李鸣阳重建。

4. 乡义学

私立学校共 10 所。

南关精舍：在郡城南道义衢西，弘治末年乡士人吴效率建。

石门义学：在琼山县大攝都，成化年间贡士吴旦率建，置田为供学之赀。

敦仁义学：在琼山县西，给事许子伟率建，后一间林有鹗建。

义方塾：在澄迈县那社都，曾惟唯建。

秀峰义学：在澄迈县倘驿都，成化初年举人李金率建。

零春馆：在儋州零春都，宋王霄建。

义斋：在儋州天堂都，洪武年间国子学正曾实建，置田五十亩，已俱废。

天堂书屋：在儋州天堂都，今废。

---

① （明）戴熺、欧阳灿总裁，蔡光前等纂修：万历《琼州府志》卷六《地理志·方言》，海南出版社 2003 年版，第 312—313 页。

湖山书舍：在儋州城东，举人徐祐园亦成教授之处，已废。

许氏义学：在儋州城外东南隅，给事许子伟建，置土名椅校月牙田、义学前坎脚田、追牙田各一处。

5. 书院

书院是一种由儒家士大夫创办并主持的文化教育机构。书院继承了中国古代优良的私学教育传统，院中的山长往往是山林隐士或地方饱学之士，而由朝廷任命的官员。学生择师而从，来去自由。明朝初期，官学兴盛，书院极为冷落，洪武元年（1368 年），明太祖下令："改天下山长为训导，书院田皆令入官。"① 洪武五年（1372 年），朱元璋又进一步对书院采取禁绝措施，大力倡导和发展官学教育，令郡县皆立学校，于是地方官学纷纷兴办。海南的州县官学都是在洪武三年（1370年）前后建立的，各地的社学，也纳入官学体系，以儒学教育童蒙子弟，是明代文教政策的重要内容。到了成化、弘治年间（1465—1505年）书院才慢慢复苏。明代中叶以后，由于科举考试的需要，书院逐渐兴盛起来，面向平民成为书院发展的主要特色，书院出现平民儒者，成为开展平民教育的场所。海南岛的书院，也是在成化之后逐渐发展的。

根据各方志记载，明代海南书院有：

琼山县：

东坡书院：宋时在府城北，元朝设山长，为儒生藏修之地。明朝天顺年间，迁建小西门外街。成化四年（1468 年），知府蔡浩复迁于府治东。成化十二年（1476 年），知府蒋琪重修，亦称东坡祠。

桐墩书院：在琼山县东五里。正统年间，贡士陈文徽建，会乡子弟讲学。

同文书院：在郡治西。成化九年（1473 年），副使涂棐创为公馆，扁正堂为同文书院。

奇甸书院：在郡城西北隅，丘文庄公初仕时建，择师训诲乡子弟，

---

① 雍正《宁波府志》卷九。

就以家之近院北门市税供之。后乡人感东坡先生过化，中设主岁祀。今建景贤祠于内。

西洲书院：在郡城东一里许，正德年间（1506—1521年），主事唐胄建为读书所。清河张少参简以胄弃官归养而学，扁曰"养优书院"。后宪副王巴山先生叔毅按琼，就号易名为西洲书院。

崇文书院：在府治东旧城隍庙基址。嘉靖三十二年（1553年），副使陈茂义建。初祀督府蔡经，寻改为书院，后圮。万历四十三年（1615年）造军器局于址之左。

石湖书院：在博崖都西湖上。嘉靖年间（1522—1566年），参政郑廷鹄创建。

粟泉书院：在金粟泉上，即宋东坡书院旧址。万历乙卯四十三年（1615年），郡守谢继科创书舍十间，讲堂一座。[1]

澄迈县：

天池书院：在东门外，旧地原为曾家民址。明嘉靖二十五年（1546年），知县秦志道作兴士类，与曾家议移其居，乃傍永庆寺遗址，构木石卜筑。前置讲堂三间，后建寝室五间，堂侧东西建号舍各十间，前门一座三间，门外凿开天池一口，四面俱垒石为垣，外罗竹木，深邃幽雅。凡迎春接诏，习仪读法，俱莅于斯。

秀峰书院：在倘驿都。明成化元年（1465年），举人李金立于秀峰山上，集生徒居业其中。[2]

定安县：

箓漪书院：在县东门外，明知县廖锡蕃建。[3]

尚友书院：明万历癸巳二十一年（1593年），乡官王弘诲为栽培后学，创建于儒学射圃地……书院楼室：后堂三间，建楼其上，额曰"昌

---

① 见正德《琼台志》卷十七《社学》，海南出版社2006年版，第392—394页。

② 见嘉庆《澄迈县志》卷四《学校》，海南出版社2004年版，第169—170页。又光绪《澄迈县志》卷三《政经志》载天池书院建于嘉靖二十三年(1544年)，两志记载相差二年。

③ （清）明谊修、张岳崧纂：道光《琼州府志》卷七《建置志》，海南出版社2006年版，第354页。

建"。左右翼房二间,后厨房二间,讲堂五间,东西廊各十间,仪门一间,大门五间,左右翼二间,外有照壁。①

文昌县:

玉阳书院:万历乙未二十三年(1595年)知县贺沚、邑绅林有鹗、有鸣、曾应期等捐资创建于县北门外文昌阁右,名曰"玉阳立会",讲学课文,置田收租以供修理。②

会同县:

应台书院:在东关外旧学地址。万历三十七年(1609年),知县叶中声建。崇祯十年(1637年),知县夏铸鼎重建,改为同文书院。③

乐会县:

安乐书院:在儒学东。万历四十一年(1613年),知县刘叔鳌建,后为城守公署。④

临高县:

澹庵书院:在县学西。旧址在西关外。嘉靖二十五年(1546年),知县陆汤臣建,祀宋胡铨,后附祀知县陈址,名二贤祠,置田立碑。万历十二年(1584年),训导林立重建祠堂,为诸生讲肄之所。

通明书院:在城内城隍庙左。崇祯十三年(1640年),邑人捐建,祀知县胡宗瑜,后移胡铨、陈址并入祀,题额曰"先后一揆"。

儋州:

振德书院:在城外。嘉靖三十四年(1555年),知县潘时宜建。

图南书院:建置未详。

义斋书院:在天堂都(《州志》有天堂书屋,疑即此)。洪武年间

---

① (清)吴应廉创修、王映斗总纂:光绪《定安县志》卷三《建置志》,海南出版社2004年版,第167—168页。

② 李钟岳等监修、林带英等纂:民国《文昌县志》卷三《建置志》,海南出版社2003年版,第108页。

③ (清)陈述芹纂修:嘉庆《会同县志》卷五《书院》,海南出版社2006年版,第90页。

④ (清)林大华等纂修:宣统《乐会县志》卷三《书院》,海南出版社2006年版,第34页。

（1368—1398 年），国子学正曾宝建，并置田十亩。

湖山书舍：在州城东。建置未详。

松台书屋：在州西二十里。明陈瓒建。

兰村德义书馆

玉山精舍

宝山别墅

龙溪耕读轩

顿积社学

峨蔓社学

以上建置未详。

万州：

万安书院：在州治左，即旧学基址。明万历年间（1573—1619年），知州茅一桂迁儒学于州右之广积仓，以旧明伦堂旧基为书院。[①]

海南的书院，如秀峰、同文书院，最早建成于成化初年，其他书院建于正统、正德、嘉靖、万历年间，已是晚明年代。这是明代政治衰败的时期，朝廷官员腐败，宦官揽权，科举制度已经疲软，官学制度弊端显露，即使在学校里取得科举资格，但也很难求得好的官职。在这一情况下，全国各地书院复兴，海南也在此情况下，陆续建立这十多所书院。明代的自由讲学的场所，在海南也崭露头角，可惜志书上没有留下书院讲学大师的任何记录，只有祀胡铨及对人民有功就的县官陈址等的记载而已。较有特色的是东坡书院，为纪念苏东坡在海南推行文化教育的业绩，自宋代建立之后，从元到明代，一直保留下来，让东坡精神长存于海南大地。

其他书院的建设及命名，与明代中原文化在海南的传播有密切的关系。每一座书院的建置，也都事出有因，如桐墩书院，为贡士陈文徽建。陈文徽因连试于有司不利，贡于春官，于是在琼山县东五里处

---

① 以上资料，均见（清）明谊修、张岳崧纂：道光《琼州府志》卷七《建置志》，海南出版社 2006 年版，第 358—367 页。

种桐树建书院讲学。丘濬在正统至景泰年间，目睹陈文徽植桐建书院的原委。他在《桐墩记》中写道："墩高丈余，去郡城东半舍许，颍川陈君所筑，以树桐者也。"陈文徽为求记而向丘濬叙述取名"桐墩"之由来，他说："君之言曰：'吾性嗜琴，每艰得器之良者，而琴之材非桐不利，而桐又必石生者始佳，生石矣，未必面阳背阴，材不良故器不完，器不完故声不扬，此琴所以往往失古人之意也。然琼地素不宜桐，间有之，多生于平旷之野，积阴之地，吾用是择胜于阳明之郊，加石于积土之巅，树桐十数本，庶几后数十年得其孙枝，以用于琴，或可由此以得古人制乐之初意乎。然非独己用也，凡吾之子弟，吾之族姻，吾之交游，吾之乡邑，吾之后人，苟有志于古音者，皆于此取材焉可也。'"

丘濬于正统十二年（1447年）赴京，土墩尚未培垒，桐树尚未种植，五年后回琼，桐树已高森然可把，丘濬于此有感而发云："以往观来，不出十年，其材皆中于琴耶！数百年不完之音，殆于此复振耶。弦诵之声，将由是洋洋乎。四海之间，而旁洽远迩耶！异日士大夫间，有以琴而追踪古人者，必君也。虽然为十年之计者树以木，为百年之计者树以德，木云乎哉！"①

因桐制琴，以琴而育人，是创建桐墩书院之初衷。

陈文徽会乡子弟讲学的想法，也托刘俨为其写序，正德《琼台志》在介绍桐墩书院时，附有刘学士俨记。刘俨对此书院的来龙去脉，讲述得比丘濬更为细致。

刘学士俨记：琴、书，君子所事也。因其所事而留心焉，以求其旨趣，造其精妙，亦已难矣。其有无是而旋养其材，制其具，以留心于所事，非深知笃好者，吾未见其能尔也。琼州陈君文徽，闿敏有远识，游学庠序，经籍子史百氏之书，能尽得其要领。尝自谓："书以穷理道，琴以禁邪思。学者必禁绝其邪思，而后理道可明。是琴与书，其事虽殊，而其用常相须。然书可多积矣，琴之材而中者惟桐。桐又非琼所

① 《丘濬集·琼台诗文会稿》卷十九《桐墩记》，海南出版社2006年版，第4346—4347页。

常产，是以琼之人多琴之好，而不能皆琴之有，吾窃惜之。"乃于郡城东五里许，得一墩焉，高可数寻，其下平田沃壤，溪流环抱，正桐之所宜生也。于是复加石其巅，树桐十数本，且筑室于麓，藏书若干卷，日探讨其中，以待桐成材而用之，因名曰桐墩书院。间来京师，属余记。惟昔王充无书，阅于市肆；陶渊明素琴无弦，谓得其趣而不劳于音。是二人者，皆足于己，而无及于人。今陈君于琴于书既两得其趣矣，而复多聚书，旋树桐以备其用，以启迪乎后昆，旁及乎乡郡。吾知琼虽远在海滨，异时弦诵之闻无间邹鲁，将不自兹始。君今膺贡而来，升于大学，骎骎驶乎向用有日。推其行于家者施之，又将见兼善天下，而四方皆弦歌矣。[①]

桐墩书院为民间文人所建，而同文书院则为官吏涂棐所始创。涂棐于成化九年（1473 年）春创建同文书院，目的在于广敷文教，文同则治国，国家以为治，因此着力建同文书院，培育政治人才。他建设书院后自己写下建书院的目的及其经过，正德《琼台志》也保留下来了。

自记：琼为海外大郡，衣冠文物同于中州，故士以文儒起家而荐陟华要者不乏，亦云盛矣。成化辛卯，予奉玺书职专抚镇于兹，所至饬兵之暇，必进郡邑诸生而策励之。知其习于文者，止于学校，而乡社子弟，其父兄能立塾于文教者，殆不多见。询厥所自，亦曰旧尝有之，近以病于供给而废。予深悯焉，乃命部属长吏，每一社必立一学，而郛郭环以兵卫，则视子弟多寡为数，其余废于旧者葺之。择师必知句读。岁时供给，各裁墟市税利之私入者与之。一师之俸，月计钱为铢者千四十，廪为龠者六千，间有不足悉补于公。朔望则进郛郭师生以呈其业，众争趋焉。由是二三年间，自郛郭以达于乡社，莫不有学。自贵游以至于韦布黎苴子弟，莫不受学。而吾伊之声，联属无间，盖不但习于学校而已也。壬辰之秋，偶得武弁遗址于郡治之

---

① （明）唐胄纂：正德《琼台志》卷十七《社学》，海南出版社 2006 年版，第 392—393 页。

西，遂购工抡材，为堂六楹于中，门庑阶所在前，寝息庖湢在后，厥位明爽，规制宏壮，不数月而落成。适长吏以堂名为请，予喜文教之大同也，因名之曰"同文书院"。既榜其额，又镌石于下，以记置学之地，与夫供给之由，俾图不废坠于久远。于戏！文在天地间，犹元气然。物无元气则不生，人而无文则无以立。自古为天下，盖未有去文而能为治者。若《周礼》外史掌达书名于四方，而大行人之法则又每九岁而一论焉。是皆所以同其文也。文同则治同矣。我国家以文为治，数逾百年，天下一家，华夷一统，固不待外史之达，行人之论，而文教无不同。特以吏郡邑者，振举有恭有惰，而政治人才不能不随以张弛。今琼之为弟子者，塾有常所，师有常俸，固非昔之作辍比矣。在在有教，人人文习，亦非昔之止学校矣。继时以往，政治之兴，人才之盛，将必倍蓰昔与今焉。予镌此石，欲俾后之吏郡邑者观之，时加振举，使学舍不毁于庸愚之手，税利不敛于权力之家，虽千百年犹一日可也。海滨邹鲁，他日未必不移称于琼，庸书以俟。成化甲午春记。①

西洲书院是唐胄读书所改名而成。唐胄号西洲，琼山东厢人，28岁时戊午年（1498年）乡试中经魁，32岁壬戌年（1502年）登康海榜二甲第41名进士，授吏部广西司主事，以丁忧归。被刘瑾夺职，瑾被诛后，复被召用，在职敢于进谏，又被坐削籍归，史称"胄耿介孝友，好学著述，立朝有执持，为岭南人士之冠"。编集正德《琼台志》，参加《广西通志》《江闽湖岭都台志》纂修，著有《西洲存稿》。正德年间在郡城建读书所，张简以唐胄弃官归善而学，扁名曰"善优书院"，后宪副王巴山（王弘海）按琼，就号易名为西洲书院。王巴山写有《巴山王弘记》，正德《琼台志》录存下来，后人始知此书院建院缘起，钦佩唐胄治学的精神。

《巴山王弘记》载：地官唐公平侯，以壬戌进士。居于家，茕茕

---

① （明）唐胄纂：正德《琼台志》卷十七《社学》，海南出版社2006年版，第393—394页。

衰绖之中。弘往而吊焉，公起谢曰："吾痛吾父，恨不能读父之书，尚余手泽。吾母逾八十，遂弃官归而养。今吾母又殁，口泽之在杯棬者犹蒸蒸然。顾吾身上之衣，线痕密密与泪痕斑斑然相映。计吾父畴昔之言，乃今日成立之地尚蔽而莫之白也。吾母尝指西洲书院曰：'自汝祖至汝父，及今已数世，所积书俾遗汝子若孙，能读否乎？是固汝父多所藏者，欲起书楼未得，但能置书柜，井井有条列，不能不浑然中处。汝高大其门闾，复创是书院，中所藏加多于父。吾妇人犹未谙其意义，尊而南面者何？次而东西向者何？又次而杂然前陈者何？汝父殆念不到此也。'吾启告曰：'古之《六经》、《语》、《孟》，圣人垂世立教之典；今之御制，时王一代之法，故南面而尊。若老、庄而下，诸子百家之书，先秦、战国、汉、唐、宋以来之史，他如文人才士诗辞、简札、图志、法帖，及吾父子所自为翰墨，淋漓满卷。此东西向者，子史之所以羽翼乎《六经》、《语》、《孟》。杂然而前陈者，诗辞、翰墨之类，又所以让乎子史。统而会之，皆尊王之制，亦夫子从周之意云尔。'吾母喜而曰：'汝父亦有是，顾力未之逮焉，汝亦能子矣。勉哉！是之谓孝。汝优游于此，率有岁年，所养亦既足矣。吾老且病，将从汝先人于地下。汝之子孙，其有兴乎，吾得瞑目矣。汝学优而仕，宁仕优而学，岂徒闾里之荣，当出而事君，以平生蕴蓄，冀复用于他日，为邦家之光，斯不负为汝父所以藏书之意。秩然上下而莫紊，以此而卜之，天下亦从而可知也。古之人求忠臣必于孝子之门，汝勉之哉！汝父之所以望于汝者如此。'吾谨识之。子不吾辱，先人之弊庐在西洲书院，易而养优，请一言如左，以备修郡志。"曰，男子生而县弧，宇宙皆所有之分内事。公遍读而父而祖所藏书，俾若子若孙世守之，可谓能绳祖武，翼子之燕孙，谋之贻者矣，弘何容一喙哉。却忆京师时，会公馆舍，距今十有八年。万里之外得复拜公西洲书院，公道之甚悉，且孝思不能忘，是将移孝于忠，出而建久大功业，将谋谟庙堂，或经营四方，畏天命而悲人穷，以天下豪杰自负，必天下苍生是望，使匹夫匹妇得蒙至治之泽。是则大丈夫所以扫除天下者在是，安事一室乎？所以万里封侯者在是，久事笔砚乎？夫然后归而西洲书院未晚也，弘何容一喙哉？痛惟吾母已不在世，先人之弊庐巴山尚无恙，兹欲携海南稿而归，得一言冠诸其上，置诸经书子史之末，适足以为吾道之光。巴山草堂，白头柱杖，倘海南人过而寄声，宁不为去后之思矣乎？请以奉公，公无亦曰海滨邹鲁之风，试问东坡与近日丘老，皆文章巨公，正中国道化所及，骎骎乎而独盛巴山，乃汲汲欲归，或者殆未之知也。正德十四年冬十月记。[①]

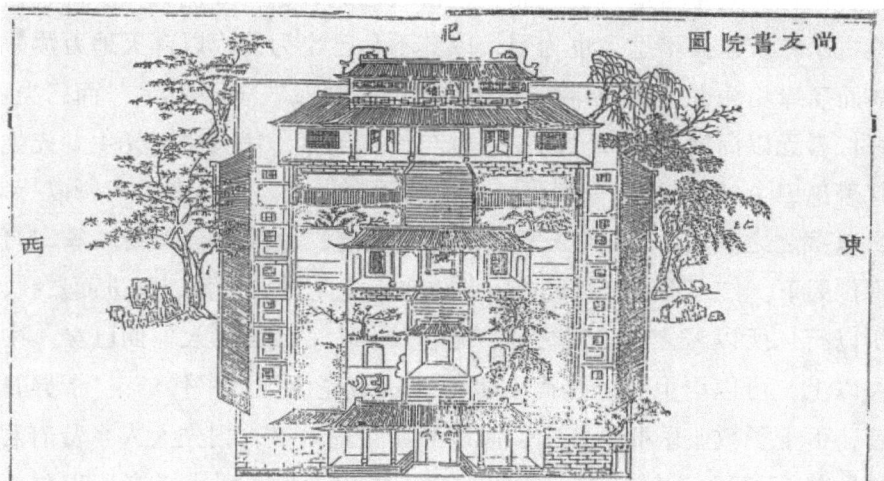

尚友书院图

资料来源：光绪《定安县志》"志舆图"，第33页。

尚友书院的建设，琼山人许子伟作《尚友书院记》，记述王弘诲建院始末及用意。他写道："大宗伯忠铭王先生，自乙丑（1565年）释褐，读中秘书，讨国史，典教成均，徘徊两京吏、礼卿亚，以迄今官，三十年于兹矣，亦既尽友天下之善士矣。归而建书院于是邑学宫之左，题曰'尚友'。为何以'尚友书院'命名，王弘诲自白曰：'予从此尚论古人，论其世，知其人，如子舆氏旨也。江山有助，夙志为酬，请

---

① （明）唐胄纂：正德《琼台志》卷十七《社学》，海南出版社2006年版，第394—395页。

以记录属吾。'他以此邀许子伟为之写《尚友书院记》，许子伟在这篇文章中，阐述王弘诲尚论古人之志及书院落成的经过：先生今日始友古人耶？两朝侍从，以经术人才事明主，上肩禹、皋，下不失迁、固，先资之谓何也？今日独友古人耶？所昕夕韦带之士而畦畯之侪也，行不越井里，声不彻都会，安得谓一乡也者，只今人也者，而摈远之？伟敬有质于先生。先生襟期朗旷，不立城府，每每脱略于形骸声势之外，而一种天趣益如融如。伟月旦先达，尝儓拟刚峰冬也，而先生阳春，春者仁也。先生自适其适，而又适古人之适者也。夫世莫古于性，性莫古于仁。以其不忍人也为爱，以其不私己也为公，以其天地万物一体而痛痒相关也为觉、为活。总之乎'己立立人''己达达人'而已矣。好仁者无以尚之，是曰'尚友'也与哉！虽然，伟又质于先生。先生曾著论曰：'用则行，舍则藏，惟孔与颜有是也。有是者，有所以行、所以藏之之具也。'夫孔子安仁，颜子不违仁。藏则仁一身一家，行则仁天下。仁人不过乎物此物，此志也。先生进而友颜，又进而友孔，所以行、所以藏之具，犹之乎'己立立人''己达达人'而已矣。中人以上，可以语上也，是尚友也与哉！乃先生则致书伟曰：'予异日者，引士子敬业乐群于其中，而以其后堂虚一龛，祀先大人乡贤府君焉，若而可耳。'嘻！兹正伟所为质于先生者也。引士子者所以仁士也，祀亲者所以仁亲也，故君子终身仁礼，蕲以信今传后世。任则舜，不任则乡之人。乡人也，而友于乡之善士不可得，矧其曰国天下？矧其曰上古？伟反而质诸吾心，宁不涔涔汗浃踵耶！易忍即爱，易私即公，易冥顽即觉，易枯槁即活，易仪衍即善所以行，易沮溺即善所以藏。友孔、颜，友尧、舜，伟且广与天下士图之，而近与琼定士图之。若曰一日复礼，天下归之，为仁由己，非由人也，则惟先生自质已耳。是举也，经始于癸巳之冬，落成于今岁之春。前后堂、两廊、仪门，以楹计者若干，用白金以两计者若干，用夫以名计者若干。厥地南面对文笔峰，襟大江，控金鸡岭，盖形家羡白眉云。首事者邑尹姚君志崇，粤右人；成之者署邑陵水尹邵君希皋，浙西人；而董役者里老李宗章，即先生邑人。先生科第勋名，在宇县甚著，计且焜彤史而范来祀，不之及。"①

明代建立的书院远超宋、元两代，除琼山县较集中，一共有 8 座书院外，其他分布于澄迈、定安、文昌、临高、儋州、万州各地，书院建设范围较广，儒学传播更加深入。明代文化教育之盛，与书院教育密切相关。

此外，各县还建有射圃，如临高县射圃，洪武三年（1370 年），知县王绩创建。永乐三年（1405 年），知县宋原律重建。成化二年（1466 年），知县梁俭以逼近街衢，不便演习，迁于太平桥东，建观德亭。其他县也建有射圃。

三、明代海南中举人数较前代激增

在明代，海南的教育事业，是有史以来发展最辉煌的一页，也说明中原汉文化已在海南岛上蔚然成风。正如正德《琼台志》所说的："迨于我朝，圣圣相承，薄海内外咸建学宫，遴选硕师以专教道，是以贤才辈出，有进列六卿位八座者矣，有视草玉堂兼信史者矣，亦有明习经史肇登桂籍者矣。"②明代海南贤才辈出，与学校教育的发展密切相关。

由于教育发展的迅速、各方人士对教育事业的关怀，使中举人数空前增加。宋代海南人考上进士的有 15 名，元朝无人中进士，而明代各州县考中进士的有 63 名。人数比宋代猛增 4 倍。现根据万历《琼州府志》、正德《琼台志》《粤大记》列表如下（见表6—1）。

表 6-1　明代进士一览

姓名	籍贯	中进士时间及榜次	主要事迹	备注
何测	文昌水北人	洪武二十四年（1391 年）科状元许观榜	授翰林院庶吉士。	正德《琼台志》错写韩克忠榜

① （清）吴应廉创修、王映斗总纂：光绪《定安县志》卷七《艺文志》，海南出版社 2004 年版，第 589—591 页。

② （明）唐胄纂：正德《琼台志》卷十五《学校》，海南出版社 2006 年版，第 344 页。

续表

姓名	籍贯	中进士时间及榜次	主要事迹	备注
符铭	琼山上那邑人	洪武三十年（1397年），科状元陈䢿榜	授中书舍人。	正德《琼台志》《一统志》、万历《琼州府志》三书俱载
唐舟	琼山东厢人	永乐二年（1404年）科状元曾棨榜	授河南道监察御史、浙江巡按，年八十二终，有传。	三书俱载
洪溥	澄迈人	永乐二年（1404年）科状元曾棨榜	授卢溪知县，升交趾琼山同知。	三书俱载
陆普任	琼山调塘人	永乐二年（1404年）科状元曾棨榜	由礼部精膳司员外郎升南安知府，寻改辰州，参理总兵萧授军备卒。	道光《琼州府志》无载
石祐	琼山博茂人	永乐二年（1404年）科状元曾棨榜	授崇仁知县，寻出为建昌推官，以廉能称。	三书俱载
王克义	琼山海口人	永乐四年（1406年）科状元林环榜	推官，《通志》有传。	《一统志》有载
黄敬	琼山调塘人	永乐四年（1406年）科状元林环榜	知县。	三书俱载
林密	文昌水北人	永乐十年（1412年）科状元马铎榜	林广之弟，刑部江西司主事。	三书俱载
薛预	琼山大来人	永乐十六年（1418年）科状元李骐榜	南靖知县。	道光《琼州府志》作薛预
徐祥	万州人	永乐十六年（1418年）科状元李骐榜	歙县知县，祥父浙东常山人，任万州程课局官。祥生三月而去。后祥登第，寻抵其家。有传。	正德《琼台志》缺
唐亮	琼山东厢人	永乐十六年（1418年）科状元李骐榜	唐舟之子，随父任衢州，游常山学，中浙江丁酉试，除泗州判官，改詹事府主簿，钦改二府奉祀，寻奉仁庙圣旨，钦升宁国府同知，御赐宝钞、锦缎、羊酒。	正德《琼台志》缺

姓名	籍贯	中进士时间及榜次	主要事迹	备注
吴锜	琼山西厢人	永乐十九年（1421年）科状元曾鹤龄榜	世居南桥，义宁县知县。崇尚文公家礼，乡人多化之。	王佐《鸡肋集》有《赠吴肃正里周年序》
薛远	儋州前所人	正统七年（1442年）科状元刘俨榜	前工部尚书薛禅之孙，授户部主事，升工部尚书，南京兵部参赞，赠荣禄大夫太子少保。《通志》有传。	万历《琼州府志》误写为正统十年
邢宥	文昌水北人	正统十三年（1448年）科状元彭时榜	宋知军梦璜之裔。任四川道监察御史、左金都御史。致仕后，归休田园，惟田圃是乐，足迹未尝至城市，乡评自唐宋以来，海南人物罕见，著有《湄丘集》。《通志》有传。	三书俱载
丘濬	琼山西厢人	景泰五年（1454年）科状元孙贤榜	二甲一名，解元。选翰林院庶吉士，授编修，历升侍讲学士、翰林学士、国子祭酒、礼部右侍郎、尚书掌詹府事。太子太保、文渊阁大学士转柱国少保、户部尚书、武英殿大学士，赠特进左柱国太傅。谥文庄，为一代名臣。所著《世史正纲》《琼台诗文会稿》《大学衍义补》及《朱子学的》传于世。《通志》有传。	三书俱载
林杰	琼山宅念人	景泰五年（1454年）科状元孙贤榜	庚午经魁，授南台御史，升浙江副使，年八十一卒。	三书俱载
李珊	琼山官隆人	成化二年（1466年）科状元罗伦榜	授行人，使占城，赐从一品服，选南京福建道御史，升广西金事。整饬柳庆兵备。诗文敏畅，有《古愚集》。	三书俱载
唐绢	琼山东厢人	成化五年（1469年）科状元张升榜	唐瑶之侄，寓居澄迈，江阴知县，以诬从戎，得辩改临湘。	三书俱载
唐琱	万州人	成化八年（1472年）科状元吴宽榜	父俊，河南南阳人，为万州盐场大使。继妻宋氏，因家焉，生琱，授行人，擢陕西监察御史，升湖广金事、山东副使。	郭棐《粤大记》无载。正德《琼台志》也无载

姓名	籍贯	中进士时间及榜次	主要事迹	备注
王俨	琼山人	成化十一年（1475年）科状元谢迁榜	授南京户部主事，升湖广司员外郎、邵武知府。	《粤大记》载南海卫人
海澄	府城左所人	成化十一年（1475年）科状元谢迁榜	海宽之堂侄，知建阳，选试四川道御史，寻调宜城知县。	郭棐《粤大记》称番县人。万历《琼州府志》及正德《琼台志》称左所人
廖纪	陵水人	弘治三年（1490年）科状元钱福榜	祖有能，寓直隶河间府东光县，官至吏部尚书。	《粤大记》此年无载。正德《琼台志》也无载
夏升	海南琼山人（左所人）	弘治三年（1490年）科状元钱福榜	兵部主事，升就库员外、职方郎中、尚宝少卿、南京尚宝卿、鸿胪寺卿，起复，病乞归，加南京太常卿致仕。	三书俱载
曾镒	万州千户所人	弘治六年（1493年）科状元毛澄榜	授南京户部主事，升浙江司员外郎中，历差杭扬监钞及庚，弘治末归省卒。有传。	三书俱载
陈遴	琼山苍原人	弘治六年（1493年）科状元毛澄榜	陈经之子，以监生中广东试，授翰林检讨，性旷达，诗歌信口而成，虽不经意而飘逸清新，人不能道，有集若干卷，有传。	三书俱载
胡濂	定安东厢人	弘治六年（1493年）科状元毛澄榜	胡钦之孙，同上榜，授户部广西主事，改陕西司，升山东司员外郎、云南司郎中，正德壬申，以征刘七，督饷功加俸一级，升贵州参政、江西右布政。	三书俱载
韩俊	文昌青蓝人	弘治九年（1496年）科状元朱希周榜	俭之弟，历官刑部四川司主事，山东司员外郎，时瑾贼流毒，罢为民，起改礼部祠祭、刑部司郎中，升河南副使。	三书俱载
冯颙	琼山苏寻人	弘治九年（1496年）科状元朱希周榜	海之从侄。户部四川司主事，抽分九江，以能谨著。升员外，山东司郎中。逆瑾时改监察御史湖广查盘，自愤以卒。至嘉靖初令优复其家，颁以谕祭。有传。	三书俱载

姓名	籍贯	中进士时间及榜次	主要事迹	备注
唐胄	琼山东厢人	弘治十五年（1502 年）科状元康海榜	乾昺之孙，戊午经魁，提学佥事，历官户部左侍郎，谏征安南及议明堂享礼，忤旨，归。所著《琼台志》《西洲存稿》。有传。	三书俱载
陈实	琼山顿林人	弘治十五年（1502 年）科状元康海榜	授南京江西道监察御史，改北广西道、常州知府。有传。	
钟芳	崖州人	正德三年（1508 年）科状元吕楠榜。《粤大记》作"吕楠"，万历《琼州府志》作"吕柟"，正德《琼台志》作"吕楠"	选翰林院庶吉士，授编修调宁国推官，历漳州同知，南京户部，广西司员外郎，吏部稽乡举。著有《春秋集要》《古今纪要》《筠溪集》，《通志》有传。	原名黄一芳，《粤大记》载：黄一芳复姓钟，万历《琼州府志》以黄姓改变原姓
张世衡	海南卫人	正德三年（1508 年）科状元吕楠榜	海南卫官籍，解元。其他无记载。	三书中正德《琼台志》缺
周宗本	琼山东洋人	正德九年（1514 年）科状元唐皋榜	授溧阳知县，升南京工部主事。	三书中正德《琼台志》缺
林士元	琼山东洋人	正德九年（1514 年）科状元唐皋榜	授湖广副使、广西参政，有传。	三书中正德《琼台志》缺
曾鹏	琼山宅念人	正德九年（1514 年）科状元唐皋榜	授贵州按察司副使，有传。	三书中正德《琼台志》缺
吴会期	琼山张吴人	嘉靖二年（1523 年）科状元姚涞榜	授南京户部主事、工部郎中，有传。	三书中正德《琼台志》缺
杨恺	琼山西厢人	嘉靖二年（1523 年）科状元姚涞榜	授南京户部主事，祀乡贤。	三书中正德《琼台志》缺
王郁	万州人	嘉靖二年（1523 年）科状元姚涞榜	祖显政，以校尉籍锦衣卫，扶沟知县，改肥城。	《粤大记》无载，万历《琼州府志》卷十载

姓名	籍贯	中进士时间及榜次	主要事迹	备注
俞宗梁	琼州前所人	嘉靖五年（1526年）科状元龚用卿榜	知县，南京刑部郎中，有传。	《粤大记》无载，万历《琼州府志》卷十载
黄允谦（复姓钟）	崖州所人	嘉靖八年（1529年）科状元罗洪先榜	钟芳子，刑部主事、福州知府，有传。	《粤大记》无载，万历《琼州府志》卷十载
陈天然	琼山县人	嘉靖十四年（1535年）科状元韩应龙榜	授户部主事、镇江知府，有传。	《粤大记》无载，万历《琼州府志》卷十载
周世昭	琼山东洋人	嘉靖十四年（1535年）科状元韩应龙榜	户部主事员外郎。	三书中正德《琼台志》缺
唐穆	琼山东洋人	嘉靖十七年（1538年）科状元茅瓒榜	胄之子，户部主事，改礼部主客引员外郎，附父胄传。	三书中正德《琼台志》缺
郑廷鹄	琼山厢人	嘉靖十七年（1538年）科状元茅瓒榜	会试第三名，吏部给事中、江西督学副使、参政。	三书中正德《琼台志》缺
黄显	琼山下东岸人	嘉靖二十年（1541年）科状元沈坤榜	知府、刑部主事、湖广副使，有传。	三书中正德《琼台志》缺
林养高	琼山射钗人	嘉靖二十九年（1550年）科状元唐汝楫榜	刑部主事员外郎、鹤庆知府，卒于官。	三书中正德《琼台志》缺
黄宏宇	琼山县城人	嘉靖三十八年（1559年）科状元丁士美榜	琼山显之子，户主事、员外、郎中、知府、副使、参政，见朝失仪，致仕。	三书中正德《琼台志》缺
王弘海	定安人	嘉靖四十四年（1565年）科状元范应湖榜	庶吉士、检讨、编修、司业、右谕德、掌南轮林院事、祭酒、南吏侍郎、礼左侍郎、掌詹事府事、教庶吉士、南礼尚书。有传。	三书中正德《琼台志》缺
张学颜	琼山东厢人	嘉靖四十四年（1565年）科状元范应湖榜	建德知县，改当涂，调容县，升南京大理评事，复除原任，历庆远府知府。	三书中正德《琼台志》缺

姓名	籍贯	中进士时间及榜次	主要事迹	备注
王懋德	文昌人	隆庆二年（1568年）科状元罗万化榜	郎中、参议、副使、参政。有传。	三书中正德《琼台志》缺
林华	文昌人	隆庆二年（1568年）科状元罗万化榜	推官，户部主事。有传。	三书中正德《琼台志》缺
梁必强	琼山梁陈人	万历二年（1574年）科状元孙继皋榜	晋江知县，降运经历。恬退归林，设馆造士。著有《沧浪集》。	三书中正德《琼台志》缺
梁云龙	琼山梁陈人	万历十一年（1583年）科状元朱国祚榜	历官巡抚，右都御史，有传。	三书中正德《琼台志》缺
许子伟	琼山人	万历十四年（1586年）科状元唐文献榜	先南京江宁籍，授行人，历兵科给事，转史科左给事，有传。	三书中正德《琼台志》缺
林震	琼山博茂人	万历十四年（1586年）科状元朱国祚榜	南京户部主事，历官四川副使。	万历《琼州府志》卷十载
何其义	琼山梁老人	万历十九年（1591年）科状元张以诚榜	政和知县，升北京户部主事，有传。	万历《琼州府志》卷十载
邢祚昌	文昌人	万历三十三年（1605年）科状元杨守勤榜	奉新知县，调太湖行取大理评事转刑部郎中。	万历《琼州府志》卷十载
刘大霖	临高人	万历四十七年（1619年）科状元庄际昌榜	吏部观政。	万历《琼州府志》卷十载

资料来源：万历《琼州府志》、正德《琼台志》《粤大记》。

在远隔海外的孤岛上，经过一千多年来中原文化的移入，春风化雨，教育事业空前发展，不仅外来占籍的汉族后裔，踊跃接受学校教育，就是本岛的先住民黎族，亦懂得送子弟入学，接受汉文化的熏陶，正德《琼台志》中的《都监庄芳记》写道："今垂髫之童，执策争奋，惟恐或后，而曰向之矜佩挑达逸于城阃者咸无焉……远而支郡闻风来游。虽黎獠犷悍，亦知遣子就学，衣裳其介鳞，踵至者十余人。人叹曰：前未有也。"[1] 接受教育，参加科举，以学而优则仕为荣，已在海岛人民生活中蔚成风气。被誉为海外衣冠盛事。清代的屈大均说："广于天下为远藩，仕籍华秩已少，况琼（州）于广又边郡乎！（明）成化二年（1466年）秋，进薛公远户部尚书，邢公宥都御史、丘公濬翰林学士，皆在一月。虽天下望郡亦希觏，洵海外衣冠胜事也。琼本海中一大洲，去中国绝远，自孝陵称为奇甸，人文因以奋兴。若海公瑞清刚正直，又为琼之特出者。惟奇甸故产奇人，天（帝王）语所符，知异时更有比肩而起者矣。"[2] 屈大均接着又说："明兴，才贤大起，文庄、忠介，于'奇甸'有光，天之所以报忠义也。"[3] 清人对明期教育的评论，符合客观现象，自从明太祖朱元璋统一海南岛之后，其《劳海南卫指挥敕》曰："南溟浩瀚，中有奇甸数千里。"提出海南是"奇甸"之后，似乎对海南岛上的人民，是一次莫大的鼓舞，海南岛上的大地被明皇帝称为"奇甸"，一时间，海南岛在地老天荒之中跃起，用丘濬的话说："自吾兹地而得兹言，地益增而高，物若加而妍，山林草木，濯濯然如在昆吾御宿之近；封疆畛域，整整然如与侯服邦畿以相连。"明太祖的金口玉言，把海南的地位与大陆相连起来了。地以人胜，一时间"山势骎骎而内向，波光跃跃而立起，物则且然，人可知已！"[4]一千多年来迁徙海岛的中原人士，所带来的中原文化及教育风气，经过几代人的努力，尤其是唐宋两代贬官来海南之后的尽力倡导，到了明代已蔚成风气，礼义之俗日新，弦诵之声相闻，形成衣冠礼乐彬彬然的盛况，在这被称为"奇甸"的海岛上，所培养出来的杰出人物，

---

① （明）唐胄纂：正德《琼台志》卷十七《社学》，海南出版社2006年版，第385—386页。

② （清）屈大均：《广东新语》卷九《海外衣冠胜事》，中华书局1985年版，第284—285页。

③ （清）屈大均：《广东新语》卷九《琼人无仕元者》，中华书局1985年版，第285页。

④ （明）《丘濬集·琼台诗文会稿》卷二十二《南溟奇甸赋》，海南出版社2006年版，第4458页。

已可与泱泱中原大地的中坚人物相媲美。丘濬早就说过:"北仕于中国,而与四方髦士相后先矣。策名天府,列迹缙绅,其表表者,盖已冠冕佩玉,立于天子殿陛之间,行道以济时,而尧舜其君民矣。孰云所谓奇者,颛在物而不在人哉!"[①] 的确,何地不生才,而才生不择地,所以海南之称为"奇甸",不仅气候、环境得天独厚,山川、物产神奇,而且是人杰地灵,一旦时机成熟,人才辈出,自明而后,海南优秀人物参与中华民族优秀人物之林者,历历可见。

第二节　明代典籍中保存的海南士子著述

明朝海南人才辈出,考试中举的人数众多,上文已经介绍。这些从海南岛走出去的文化人,任职在全国各地,他们的著作,也十分丰富,有专门撰写海南史志的,有写其任职所在地地方志的,有研究著作或文艺诗词的,经、史、子、集,数类繁多,是海南文化发展的可喜现象,足见海南学子的聪慧及其创造才能可与中原各地的学子并驾齐驱,有的是成为全国学坛上的佼佼者,如丘濬、海瑞、王弘诲、钟芳等人,是明朝的栋梁。清代道光《琼州府志》的纂修者明谊、张岳崧,做了一项流芳后世的工作,他们在该书的《杂志》中,将海南士子著述书目一一列出,让后世人能在这一丰富的书目中,了解明代海南文士的辉煌成绩。

该书目分为经、史、子、集四类,现据道光《琼州府志》一一列出。

一、经目

《学易疑义》,二卷(朱彝尊《经义考》作三卷),明钟芳撰,见黄泰泉《广东通志》。

《易说》,明郑廷鹄撰,见阮元《广东通志》。

《广易通》,二卷,明许子伟撰,见《经义考》。

《春秋集要》,十二卷,明钟芳撰。

---

① (明)《丘濬集·琼台诗文会稿》卷二十二《南溟奇甸赋》,海南出版社 2006 年版,第 4461 页。

钦定《四库全书提要》：是书以集要为名，故文殊简略。中间如谓春王正月为建子，谓桓公三年书有年，非纪异；谓襄公二十八年书卫侯衍，非俟其改过；谓昭公元年书败狄于卤，非讥毁车崇卒。陈烈序称其扩前人之所未发。

《春秋说》，明郑廷鹄撰，见郭棐《广东通志》。

《礼说》，明郑廷鹄撰，见郭《通志》。

《射礼仪节》，一卷，明丘濬撰，见黄泰泉《通志》。

《家礼仪节》，八卷（黄《通志》作四卷），明丘濬撰。

钦定《四库全书提要》：是书取世传《朱子家礼》，而损益以当时之制，每章之末又附以余注及考证。如所称《文公家礼》五卷，不闻有图，今刻本载于卷首而不言作者，多不合于本书。《通礼》曰立祠堂，而图以为家庙，一也；深衣缁布，冠梁包武而屈其末，图则安梁于武之上，二也；本文黑缕，而图下注用白，三也；《丧礼》陈设，衣有深衣等物，而不用《仪礼》质杀二冒，图乃陈之，四也；本文大敛无布绞之数，而图有之，五也；大敛无棺中结绞之文，而图下注则结于棺中，六也；尺式图载天台潘时举说，末识岁月曰"嘉定癸酉"，距文公殁时庆元庚申十有三年矣，岂可谓文公作哉？或曰：信如此言，图固非朱子作，何以祠堂章下有"主式见《丧礼》及前图"八字，愚按：南麗旧本于立祠堂下注图外，止云主式见《丧礼》治葬章，并无见前图云云，其辩证颇明。

《家礼存羊仪节》，明曾应唯撰。阮《通志》：应唯尝构仪方堂，讲修身齐家大义。

《四礼集重训》，明王时元撰，见郝玉麟《广东通志》。

《戴记讲意》，明邱承箕撰，见阮《通志》。

《四书管窥》，四卷，明廖纪撰，见《明史·艺文志》。

《学思子〈中庸〉〈孟子〉衍义》，明林士元撰，见《经义考》。

《小学广义》，明钟芳撰，见《献征录》。

《童训》，一卷，明廖纪撰。

《纪籍目略》，一卷，明王佐撰，见黄《通志》。

《读经录》《读经附录》，明林士元撰，见《经义考》。

《读书钞》，明李应和撰，见郝《通志》。

《编正信都芳乐义》，七卷，明薛远撰，见黄《通志》。

《琴瑟谱》，三卷，明汪浩然撰。

钦定《四库全书提要》：第一卷言琴瑟之制以及图说指法，下二卷则各分诸调，其自序谓与其子合奏之，盖以专门世业，故言之特详也。

《八音摘要》，二卷，明汪浩然撰。

钦定《四库全书提要》：是书凡二十五目，上卷自历代乐议旋相为宫议以下，为十五目，下卷分别八音及舞图歌谱，为十目。

二、史目

《世史正纲》，三十二卷，明丘濬撰。王士祯《池北偶谈》称其议论严正；胡应麟《史学占笔》称《春秋》之后有朱氏，而《纲目》之后有丘氏；陶辅《桑榆漫志》称其义严理到，括尽幽隐，深得麟经之旨。

钦定《四库全书提要》：是书本明方孝孺统释之意，专明正统，起秦始皇帝二十六年，迄明洪武元年（1368年），以著世变事始之所由，于各条之下随事附论。

《琼海方舆志》，二卷，蔡微撰，见黄《通志》。

《琼台外纪》，五卷，明王佐撰，见黄《通志》。

《朱崖录》，三卷，明王佐撰，见黄《通志》。

《琼台志》，二十卷，明唐胄撰。胄自序略云：志，史事也，例以史而事必尽乎郡。如地切倭、岐而述海道、黎情之详，急讨御而具平乱、兵防之备。隐逸附以耆旧，不遗善而且以诱善，罪放别于流寓，不混恶且因以惩恶。田赋及于杂需，额役以书民隐；纪异及于灾异，祯祥以显天心。首表以括邦纲，殿杂以尽乡曲。非徒例史以备事，而且欲仿史以寓义。

《崖州志略》，四卷，明钟芳撰，见黄《通志》。

《琼志稿》，明郑廷鹄撰，见郭《通志》。

《江闽湖岭都台志》，明唐胄撰，见阮《通志》。

《沧州志》，四卷，明廖纪撰，见《明史·艺文志》。

《重庆府志》，明冯谦修，见阮《通志》。

《柳城志》，明吴诚修。郭《通志》:诚初授柳城教谕，修《柳城志》。

《都台志》，明吴诚修。郭《通志》:诚迁赣州教授，修《都台志》。

《漳州志》，明陈大章修，见杨宗秉《琼山县志》。

《白鹿洞志》，十九卷，明郑廷鹄修。廷鹄自序:志成凡十篇，计十有九卷，志山川者什二，志书院者什八，马锡跋。其事具书院之事，其要阐明道教之统也。

《续古今纪要》，十卷，明钟芳撰，见黄《通志》。

《盐法考略》，一卷，《钱法纂要》一卷，明丘濬撰。阮《通志》案:二书即《大学衍义补》中之两篇，然既专刻以传，不得不别为著录。

《本草格式》，明丘濬撰，见《琼台会稿》。

《医史》，明丘敦撰，黄《通志》:敦酷嗜《素问》，著医史。其《运气表》曰:"运有五，金、木、水、火、土是也;气有六，燥、暑、风、湿、寒、燠是也。"其《三因说》曰:"病有三因，因于天、因天地、因于人，岂但内因、外因、不内外因而已?"言皆有补于世。

《淳安政事稿》，明海瑞撰。瑞擢淳安知县，自令、丞、簿、尉、师、儒、乡老、吏胥，皆有参评，名曰《淳安政事稿》。

《庚申录》，明王佐撰，见黄《通志》。

《谏垣录》，明许子伟撰，见郝《通志》。

《方舆校注》，明林茂森撰。丘濬称其博洽。

三、子目

《大学衍义补》，一百六十卷，明丘濬撰。濬自序略:《大学》一书，圣人立之以为教，人君本之以为治，士子业之以为学而用以辅君。建安真德秀取经、传、子、史之言以填实之，各因其言以推广其义，名曰《大学衍义》。其所衍者，止于格物致知，诚意正心，修身齐家。窃仿真氏所衍之义，而于齐家之下，又补以治国平天下之要。其为目凡十有二:曰正朝廷，曰正百官，曰固邦本，曰制国用，曰明礼乐，曰秩祭祀，曰敷教化，曰备规制，曰慎刑宪，曰严武备，曰驭夷狄，曰成化功。先其本而后末，由乎内以及外，而终归于圣神功化之极。

前书本之身家以达之天下，此编又将以致夫治平之要，以收夫格致、诚正、修齐之功。补其略以成其全，故题其书曰《大学衍义补》云。

钦定《四库全书提要》:濬以宋真德秀《大学衍义》止于格致、诚正、修齐，而阙治国平天下之事，乃采经、传、子、史辑成是书，附以己见，分为十有二目。于孝宗初奏上之，有诏嘉奖，命录副本，付书坊刊行。至神宗，复命梓行，亲为制序，盖皆甚重其书也。夫治平之道，其理虽具于修齐，其事则各有制置。真氏原本实属阙遗，濬博综旁搜，以补所未备，兼资体用，实足以羽翼而行。且濬学本淹通，又习知旧典，故所条列元元本本，贯串古今，亦复具有根柢。

《朱子学的》，二卷，明丘濬撰。

钦定《四库全书提要》:是编上卷分《下学》《持敬》《穷理》《精蕴》《须看》《鞭策》《进德》《道在》《天德》《韦斋》等十篇，下卷分《上达》《古者》《此学》《仁礼》《为治》《纪纲》《圣人》《前辈》《斯文》《道统》等十篇。蔡衍焜序曰：上篇自《下学》以至《天德》，由事而达理，而终之以《韦斋》，所以纪朱子之生平言行，犹《论语》之《乡党》也。下编自《上达》以至《斯文》，由理而散事，而终之以《道统》，所以纪濂洛关闽之学之所由来，犹《论语》之有《尧曰》也。

《儒林一览》，明林茂森撰，见阮《通志》。

《〈孔子世家〉〈颜子列传〉讨论》，明林士元撰，见郭《通志》。

《皇极经世图续》，明钟芳撰，阮《通志》:《钟筠溪家藏集》第二十二卷所推，起宋神宗，迄明嘉靖，今附于文集中云。

《发冢论》，明丘敦撰。黄《通志》:敦时见李广辈将复成化故事，作此以攻宦者，盖取庄子诗礼发冢之义，设为甲乙辩诘之辞。敦既卒，其友蒋冕为之序，其书以行于世。

《养生举要》，五卷，明钟芳撰，见黄《通志》。

《原教编》，二卷，明王佐撰，见黄《通志》。

《敦仁编》，明许子伟撰，见郝《通志》。

《琼州三祠录》，明唐胄撰。胄自序略：仰止祠在郡学，祀王公义方以下四十人，主于崇德以劝士。行先贤祠在道右，祀路公博德以下十九人，主于报功以慰民，皆举于有司者也；景贤祠在郡西北，祀苏公轼、丘公濬二人，主于著述以宪后，奉于朝廷者也。

《元祐党人碑考》，一卷，明海瑞撰。钦定《四库全书提要》案：元祐党人碑载于李心传《道命录》、马纯陶《朱新录》者，互有异同。兹则专以《道命录》为主，其阙者则以他书补之，故所录人事较他书为多。如曾任执政之黄履、张商英、蒋之奇，曾任待制之张畏、岭象求。周鼎以下十余人，皆他本所未载者，搜罗可谓博矣。

四、集目

《海琼白玉蟾先生文集》，十卷，宋白玉蟾撰，明臞仙序，见黄《通志》。

《海琼摘稿》，六卷，明唐胄撰，见阮《通志》。

《截山咏史集》，二卷，明王惠撰，见黄《通志》。

《岭南声诗鼓吹集》，十卷，明王惠撰，见黄《通志》。

《琼台类稿》，七十卷，明丘濬撰，明志五十二卷，诗二十卷，郑廷鹄辑本十二卷。

《重编琼台会稿》，二十四卷，明丘濬撰。

钦定《四库全书提要》：濬文集世不一本。初，其门人蒋冕等刻其诗，曰《吟稿》，续又裒其记、序、表、奏，曰《类稿》。嘉靖中，郑廷鹄合二稿所载，益以所得写本，厘为十二卷，名曰《会稿》。天启初，其裔孙尔毂遴《类稿》十之二，增《会稿》十之三，并《吟稿》合刻，曰《重编会稿》，即此本也。虽不及《类稿》《会稿》之完备，而简汰颇严，菁华俱在，足以括濬之著作矣。

《湄丘集》，十卷，明邢宥撰，见黄《通志》。

《鸡肋集》，二卷，明王佐撰，见黄《通志》。

《蛰庵集》，明王宏撰。

《古愚集》，明李珊撰，见牛天宿《琼州府志》。

《竹溪集》，明梁继撰，见《牛志》。

《虚庵集》，六卷，明陈实撰，见阮《通志》。

《西洲存稿》，明唐胄撰，见《献征录》。

《钟筼溪家藏集》，三十卷，明钟芳撰。

钦定《四库全书提要》：《琼州府志》载芳诗文集二十卷，此集文二十四卷，诗六卷，与志不符。盖志误三为二也。第二十卷、第二十一卷为读书札记，第二十二卷为《皇极经世图续》，所推起宋神宗，迄明嘉靖。第二十三卷为杂著，第二十四卷为《怡情要览》，盖皆各自为书者，附编于文集中云。

《林舜卿文集》，十卷，明林士元撰，见郭《通志》。

《北泉论草》，明林士元撰，见郭《通志》。

《雁峰集》，百余卷，明吴诚撰，见郭《通志》。

《事轩摘稿》，一卷，明张子翼撰，见阮《通志》。

《备忘集》，十卷，明海瑞撰。

钦定《四库全书提要》案：《明志》载《海瑞文集》七卷。国朝广东盐运使故城贾棠与丘濬集合刻者止六卷，是编载海瑞所行条式申参之文最为全备，乃康熙间瑞六代孙廷芳重编，原跋云共一十二卷，分为十册。今考此本册数与跋相合，然每册止一卷，实止十卷，较原跋尚阙二卷，未喻其故也。瑞平生学问，以刚为主，故自号刚峰。其入都会试时，即上《平黎疏》。为户部主事上《治安疏》，戆直无隐，触世宗怒，下诏狱。然世宗复阅其疏，亦感动太息，至拟之于比干。后巡抚应天，锐意兴革，裁抑豪强，惟以利民除害为事，其孤忠介节，实人所难能。故平日虽不以文名，而所作到气直达，侃侃而谈，有凛然不可犯之概。当嘉、隆间士风颓茶之际，切墨引绳，振顽醒聩，诚亦救时之药石也。涤秽解结，非大黄、芒硝不能取效，未可以其峻厉疑也。

《藿脍集》，明郑廷鹄撰，见郭《通志》。

《兰省掖垣集》，明郑廷鹄撰，见郭《通志》。

《学台集》，明郑廷鹄撰，见郭《通志》。

《石湖集》，明郑廷鹄撰，见郭《通志》：廷鹄迁江西参政，以母乞归，筑室石湖，著书自娱。

《自新遗稿》，明陈天然撰，见阮《通志》。

《木斋集》，明李应和撰，见阮《通志》。

《澄源稿略》，明王赞襄撰，见郝《通志》。

《天池草》，二十六卷，明王弘诲撰。

钦定《四库全书提要》：弘诲初释褐时，值海瑞下诏狱，力调护之。张居正当国，又尝作《火树篇》《春雪歌》以讽，为居正所衔，盖亦介特之士也。是集文二十卷，诗六卷。

《尚友堂稿》，明王弘诲撰，见《广东诗粹》。

《南溟奇甸集》，明王弘诲撰，见《琼州志》。

《浔怀集》，明王汝为撰，见郝《通志》。

《存塾稿》，明王汝为撰，见郝《通志》。

《抚弦余韵》，明王汝为撰，见郝《通志》。

《沧浪集》，明梁必强撰，见《牛志》。

《居业集》，明柯呈秀撰，见《牛志》。

《中秘稿》，明陈是集撰。

《南溟诗集》，明陈是集撰。

从这一书目中，可看到明代海南名贤著作收入《四库全书》者有十二种，其中丘濬五种，钟芳两种，海瑞两种，王弘诲一种，汪浩然二种。明代海南先贤的著作，已屹立于中华民族文化典籍之林，进入中华文化最高层次的巨型丛书《四库全书》之中。

在上述数十种著作中，有的保存至现在，1922—1933年，乡贤王国宪先后编纂海南丛书出版，保存了一部分明代先贤著作。有的书目已经散佚。

第七章　明代海南宗教与民俗

第一节　宗教信仰

明朝社会处于历史新旧交替的转折关头。资本主义经济的萌芽，促进了社会的发展，但由于封建制度的束缚，明朝缺乏蓬勃向上的生命力。整个社会本身没有完成"转折"的历史任务，而是以往社会的重蹈覆辙。

宗教信仰上，明太祖朱元璋因曾经出家当和尚，对于佛教有所了解，因此，他当了皇帝之后，出于统治的需要，对佛教的利用不遗余力。"洪武元年（1368 年）九月，诏江南大浮图十余人，于蒋山禅寺作大法会……二年，春三月，复用元年故事。"[1]《明史·李仕鲁传》也载："帝自践阼后，颇好释氏教，诏征东南戒德僧，数建法会于蒋山，应对称旨者辄赐金襕袈裟衣，召入禁中，赐坐与讲论。"[2]

洪武十年（1377 年），明太祖"诏天下沙门讲《心经》《金刚经》《楞伽经》三经。命宗泐、如玘等注释颁行"。[3]

洪武十五（1382 年）夏四月下令置僧、道二司。"在京曰僧录司、

---

[1]《续藏经》第一辑第二九卷《大道经》，第 149 页。

[2]（清）张廷玉等撰：《明史》卷一三九《李仕鲁传》，中华书局 1974 年版，第 3988 页。

[3]《释氏稽古略续集》卷二。

道录司，掌天下僧道；在外府州县设僧纲、道纪等司，分掌其事。俱选精通经典、戒行端洁者为之。僧录司左右善世二人，正六品；左右阐教二人，从六品；左右讲经二人，正八品；左右觉义二人，从八品……府曰僧纲司，掌本府僧教，都纲一人，从九品，副纲一人，未七入流……州曰僧正司，僧正一人……县曰僧会司，僧会一人。道会司通会一人，俱未入流。凡天下的府州县寺观僧道名数，从僧录道录二司核实，而书于册。"① 这一政令在全国施行。到了洪武二十四年（1391 年）元月六日，针对佛教存在的寺滥僧窜的严重情况，朝廷颁布《申明佛教榜册》，列出十条，整顿佛教。

在明朝中央政府的倡导下，从中央到地方普遍设立寺院衙门，负责管理佛教事务。海南也相继成立各僧纲司加以贯彻。据正德《琼台志》载："府治设僧纲司，在府城外东北隅天宁寺中，洪武十六年癸亥开建。设官都纲一员，副都纲一员。"② 万州也设立僧正司，附城西一里天宁寺中。洪武十六年（1383 年），僧正贤宗创建。设官僧正一员，以此管理岛上佛教。

到了明成祖朱棣以及以后各朝，则改变政策，崇佛兴佛，致使明朝寺庙数量及僧徒人数，超过以往朝代。道教在明朝，由于统治者在意识形态上将道教纳入养生治国之道，皇帝崇信道士，明朝历代帝王对道教方术和民间信仰似乎有着特殊的感情，朱元璋以大明王自居，永乐帝自认为是真武大帝化身，武宗自封为大庆法王，世宗自封为道教帝君，都是出于这种信仰。③ 因而道教在社会上形成一股势力，甚至导致国家民穷财竭的地步。关于基督教（天主教），由于明朝中后期之后，资本主义萌芽已露端倪，因此传教士也在社会发展的缝隙中，在中国点燃了传教的圣火，传教士们以贵重的西方礼品结交官府，打开了他们在中国传教事业之门，利玛窦从澳门到中国来传教，就是典型的例子。他在传播西学中传教，使得基督教在民间有了迅速的发展。

---

① 《明实录·太祖实录》卷一四四。
② （明）唐胄纂：正德《琼台志》卷十三《公署》，海南出版社 2006 年版，第 302 页。
③ 任继愈主编：《中国道教史》，上海人民出版社 1990 年版，第 588 页。

国家整个社会的宗教发展迹象，也与海南岛息息相关。

一、佛教

海南的佛教，在明代并没有特殊的发展，有的寺庙是在前朝的基础上重修，有的是明朝时建。正德《琼台志》云："寺观，释道三代以下不能禁。琼僻，宇宫自少，国初（明初）又经归并。今纪祝庆大所，外而诸遗址亦及者。"[①]

明代海南佛寺，据正德《琼台志》所载（元朝已介绍的除外），略举如下。

（1）琼山县

天宁寺：宋建为天南寺，元改天宁寺。洪武癸酉（1393年），僧录司差人照例归并。以后各代不断重修。永乐间，知府王修扁其门曰"海南第一禅林"。

礼拜寺：土城北街巷内，宣德初（1426年），军海兰答建。废。

天明堂：元建。洪武十七年甲子（1384年），僧颜堂主大其规模，奂新堂宇，塑饰佛像。二十六年癸酉（1393年），有例归并，遂迁堂宇及佛像于天宁寺。

老佛庙：元建。明初废，弘治间（1488—1505年），乡人始获其像，乃复庙祀于此。故号曰老佛。

观音堂：元建。洪武二十六年癸酉（1393年），有例归并庵宇而废，佛像俱迁天宁寺道右旧基。

地藏宫：位于海口市府城镇北街，明万历年间礼部尚书王弘诲同乡人募捐创建。

白衣寺：位于今海口市府城镇博雅路12号，明万历年间知府倪栋倡建。

（2）澄迈县

永庆寺：在城东，宋建。洪武间（1368—1398年），知县汪贵重

---

① （明）唐胄纂：正德《琼台志》卷二十七《寺观》，海南出版社2006年版，第561页。

建，以为习仪之所。成化年间（1465—1487 年），县丞陆祐重修。

（3）定安县

观音堂：在县东，永乐四年丙戌（1406 年），典史胡敬立。成化弘治年间（1465—1505 年），知县韦全、义民张球重修造。

（4）文昌县

觉照堂：在县北，宋建。洪武五年壬子（1372 年），韩定炉继修，前有塔。

万寿堂：亦呼寺。洪武中（1381 年前后），在清澜城内，景泰初（1450 年）迁城东。

回龙寺：位于今文昌市会文镇象山岭上，明万历年间商人全愚公创建。清道光年间重修。

（5）乐会县

观音堂：在县治西，洪武二年己酉（1369 年），峒民王德钦立。正德十一年丙子（1516 年），知县严祚重建。

（6）儋州

开元寺：在城东，宋立，元毁。洪武五年壬子（1372 年），僧慈通募建，以奉观音，俗称观音堂。

（7）昌化县

观音堂：在城内。洪武八年乙卯（1375 年），县丞王义建。

（8）万州

天宁寺：在城西（宋名报应），洪武六年癸丑（1373 年），知州黎恕募建。成化五年己丑（1469 年），知州郑琏重建。正德年间（1506—1521 年），乡人募修。

鸡竺庵：宋初建，位于今万宁市东山岭。宋末废。明崇祯六年（1633 年）重建，改名净土寺，清朝改成尼姑庵。

（9）陵水县

天宁寺：在县西独秀峰上。旧基石板，宽丈许。

（10）崖州

天宁寺：元建。洪武年间（1368—1398 年），千户朱旺移于北城上。

永乐十三年乙未（1415年），千户洪毅募修。游僧馆此。

观音堂：旧在城西南五里。永乐十四年丙申（1416年），河泊李谅重建。宣德年间（1426—1435年），千户洪瑜继修。

（11）感恩县

观音堂：元建，在县西一里。永乐五年丁亥（1407年），土人娄吉福移建附县址。[①]

二、道教

明朝初期，道教在上层文化中受到理学的排斥，在下层民众中受到各种新兴民间宗教的冲击。到了明宪宗（成化）及世宗（嘉靖）时代，由于皇帝的提倡，如明世宗朱厚熜（嘉靖皇帝）集天仙、教主、皇帝于一身，《明史·陶仲文传》载：（嘉靖）"三十五年（1556年），上皇考道号为'三天金阙无上玉堂都仙法主玄元道德哲慧圣尊开真仁化大帝'，皇姒号为'三天金阙无上玉堂总仙法主玄元道德哲慧圣母天后掌仙妙化元君'，帝自号'灵霄上清统雷元阳妙一飞玄真君'，后加号'九天弘教普济生灵掌阴阳功过大道思仁紫极仙翁一阳真人元虚玄应开化伏魔忠孝帝君'，再号'太上大罗天仙紫极长生圣智昭灵统元证应玉虚总掌五雷大真人玄都境万寿帝君'"。[②]嘉靖皇帝如此崇尚道教，乃至赔上自己的生命，最后服丹中毒而死。上行下效，崇道之风盛行。

海南的道教，也颇受官府重视，在府治设立道纪司，地点在府城外东北隅玄妙观中。洪武十六年癸亥（1383年）开建。设官都纪一员，副都纪一员。临高县设道会司，在县治西二百步，洪武乙丑（1385年）设。（《方舆志》：设于玄妙观内。）设官道会一员。万州，设道正司，附城东一里玄庙观中。洪武十六年（1383年）设，道正吴贤隆创建。设官道正一员。[③]这些机构，管理道教活动。现录正德《琼台志》所载，

---

① （明）唐胄纂：正德《琼台志》卷二十七《寺观》，海南出版社2006年版，第561—575页。

② （清）张廷玉等撰：《明史》卷三百七《陶仲文传》，中华书局1974年版，第7897—7898页。

③ （明）唐胄纂：正德《琼台志》卷十三《公署》，海南出版社2006年版，第302—315页。

排列如下（宋元观类不包括在内）。

（1）琼山县

玄妙观：宋建为天庆观。永乐十一年癸巳（1413年），照磨廖均锡捐财重建，知府王修扁其门曰"琼台仙境"。宣德年间（1426—1435年），金事龚镒复书其扁。正统十四年（1449年），知府林澄募缘再葺。正德十三年戊寅（1518年），善慧捐财，署观周日昊重修。

真武宫：元建。洪武（1368—1398年）、正统（1436—1449年）、天顺（1457—1464年）年间，知县陈永彰、指挥使张玉、副使邝彦誉继修。今城北楼亦有真武宫。

（2）临高县

永兴观：在县西十里县郭都，宋建。洪武年间（1368—1398年），道士曾道宁重修，为习仪之所。弘治年间（1488—1505年）毁。正德十一年丙子（1516年），县丞王锡重建。

真武庙：在县西，永乐元年（1403年），知县朱原律重建。

（3）文昌县

真武堂：元建。永乐十一年癸巳（1413年），知县易信重立。成化（1465—1487年）、正德（1506—1520年）年间，知县田容、主簿傅嶂继修。

（4）会同县

真武堂：在县东。永乐元年癸未（1403年），典史徐廷玉创建，成化年间（1465—1487年），知县陈钊重修。

（5）乐会县

真武堂：在县治西。洪武二年己酉（1369年）峒民王思恭建。正德丙子（1516年），知县严祚重修。

（6）儋州

玄妙观：在城东南，宋立。洪武二十六年癸酉（1393年），道正薛膂嗣募建，后废，佛像道侣移就旧学讲堂。

（7）万州

玄妙观：在城东，宋建。洪武六年癸丑（1373年），道士陆（一作关）

贤隆重修。

（8）崖州

玄妙观：在州西，元建。洪武十七年甲子（1384 年），城废。后改为观音堂，亦废。弘治年间（1488—1504 年），千户洪澄复建。

玉皇庙：旧在城东。正统十年乙丑（1445 年），知州欧进迁于裁革宁远县儒学文庙旧宇。天顺年间（1457—1464 年），判官高应重建。成化十一年乙未（1475 年），知州徐琦迁立于山川坛右。

真武堂：在州南城上，宋建。永乐十三年乙未（1415 年），千户洪毅募建。弘治十一年戊午（1498 年），指挥使周远迁于城北上。又城南永镇寺亦祀真武。正德年间（1506—1520 年），千户洪策重修。

（9）感恩县

三清庙：在县东二里。

真武堂：在县东，洪武十年丁巳（1377 年），乡人许依班募创。永乐十五年丁酉（1417 年），土人娄吉福重修。[①]

三、伊斯兰教

明朝从洪武到成化（1368—1487 年）100 多年间，来自西方的伊斯兰教徒有 70 批，来自北方的穆斯林近 50 批。在海南崖州，由于海上而来的回族（穆斯林）到了明代已基本定居下来，伊斯兰教在崖州传播开来。崖州有两个礼拜寺，从所记载的内容看，应属伊斯兰教堂。正德《琼台志》载："礼拜寺，在州东一百里番人村，洪武间（1638—1398 年）建，中只作木庵，刻番书，以一人为佛奴，早晚鸣焚，有识番书称先生者，俱穿白布法衣，如回回之服，寺中席地念经礼拜，过斋日亦然。"

佛堂寺：在州南三里番村，堂制、礼念与礼拜寺同。[②]

---

① （明）唐胄纂：正德《琼台志》卷二十七《寺观》，海南出版社 2006 年版，第 567—575 页。

② （明）唐胄纂：正德《琼台志》卷二十七《寺观》，海南出版社 2006 年版，第 567—575 页。

四、基督教

明代经济上的资本主义萌芽，文化上的东西方文化的碰撞，在这历史的转折关头，西方传教士通过海道进入中国。

基督教传入海南的直接原因是王弘诲。何济高等译著《利玛窦中国札记》中记述这一事情的经过。万历二十六年（1598年），利玛窦从南昌抵达南京，受到王弘诲的热情招待。此后双方往来密切，并于万历二十九年（1601年）一同来到北京，王弘诲曾试图通过宦官向万历皇帝引荐利玛窦，并请利玛窦修改当时明历中的错误。在北京时，利玛窦与王弘诲及其儿子一起参加祭孔活动。他写道："祭孔日的前夕，礼部尚书王忠铭（王弘诲）把神父带往天坛：天坛居住的道士是御前乐师，举行次日典礼的预演时，全身各种珍贵的披挂，木偶似的。利玛窦同王大人的儿子和扈从一起坐在前排。乐器不计其数。"[①] 由于王弘诲及其儿子王保罗（教名）与利玛窦的关系十分密切，而且他们也都加入了基督教，当后来王保罗回到海南岛之后，就积极地展开传教工作。19世纪80年代初，美国基督教长老会海南传教团到海南传教，写下了《棕榈之岛——海南概况》一书[②]，书中对明代王保罗邀帕米里奥神父来海南岛传教有详细叙述：

> 万历九年（1581年），福吉艾神父（Father Fuggiere）成为第一个得到中国政府允许在中国居住的传教士。此后不久，一位由海南前往北京担任出使任务的重要官员王同宁（音），在那里结识了另一位传教士马修·德·里奇（Matthew de Ricci），王同宁有一个儿子信奉了基督教，接受了洗礼，被称为王保罗。王保罗回到海南岛，里奇神父给了他一封信，把他推荐给当时在澳门担任中国和日本传教工作的负责人帕米里奥神父（Father Palmerio）。王保罗在海南的最初几年间，就积极展开工作，他很快又去澳门，请求派遣一个神父来

----

① ［法］裴化行：《利玛窦评传》上册，商务印书馆1993年版，第263—264页。

② 范基民主编：《棕榈之岛——海南概况》，王翔译，南海出版公司2001年版，第59—61页。

海南为他的妻子和孩子施洗礼。崇祯五年（1632 年）3 月 27 日，王保罗的妻子、三个儿子、一个奴仆和四个孙儿接受了洗礼。由于马克维兹神父在语言交流方面的困难，他很快被召回到澳门。而将贝瑙特·德·马陶斯神父（Father Benoit de Mattos）从福建调来海南，因为有了福建传教的经历，他很快就能够很好地使用这里的方言了。马陶斯神父想要得到一处住所，他设法买到了一所人们认为时有鬼魂出没而无人敢于居住的房子。第一年里，有超过 300 名中国人接受了洗礼。

崇祯九年（1636 年），海南岛上的天主教徒被分成四个教区——琼州府城、定安、BANG-KAO 和 LONG-MOUN（LIA-MUI，岭门）。[①] 每个教区都有他们设备齐全、装饰一新的教堂。崇祯十年（1637 年），海南岛一些人对基督教的热情达到高潮，一次就有超过 300 个人接受了洗礼。但是，正如那些古典文献的记载中所表明的那样，"撒旦（魔鬼）不能容忍被驱逐出他的王国，（对基督徒的）迫害开始了"。

当地政府宣布：马陶斯神父在他的住处藏有武器和军火。神父试图平息这突如其来的无端指控，但是徒劳无益，他被迫乘船回到澳门，把他的那些教徒留给一个来自福建的教士照管。这个教士很快也被当地官员投入监狱，并于 1640 年 8 月死去。1644 年，马陶斯神父回到了海南岛。

这一段叙述，应是明代海南基督教传教活动的原始的实况记录。与小叶田淳著的《海南岛史》中所载大同小异，估计小叶田淳也是参阅《棕榈之岛》的外文版。

在王保罗未引入传教士到海南岛之前，曾经有两批传教士涉足海南岛：

嘉靖三十九年（1560 年），捷埃司特派（耶稣会派）传教士葡萄牙人派特来·卡我（P.Cago）从日本前往印度途中，漂到三亚，数个

---

① 这四个教区应是：琼山，定安，仙沟，龙门。

月以后，给送到澳门，这是传教士的足迹最初到海南岛的一件事。[①]

菲律宾圣格里高利省的西班牙天主教圣芳济会的修士们，万历十二年（1584年）[②]，被派往交趾支那执行新的传教任务，途中遭遇了一场台风，把他们刮到了海南岛的海滩。西班牙天主教圣芳济会的修士们只是不期而遇经过了这个岛屿，他们没有任何在这里进行长期活动的企图。后来他们从海南到了广东，又从那里去了澳门和马尼拉。[③]

五、民间信仰

民间信仰是产生于社会下层的文化，是民间百姓的精神信仰。明代民间信仰十分活跃，这是农耕社会的特征。海南岛上也不例外。

海南的民间信仰，不存在何种宗教体系，其特点是满天神佛，人民的信仰十分广泛。民间信仰在民间此起彼伏，是社会底层世界不安于封建秩序的征兆。不过，海南诸神的崇拜一般纪念性质的居多，其次是祈求国泰民安的神祇，多关系民俗及地方风气。正如万历《琼州府志》所说的：“邦国之有祀事，重矣。故郡邑首列常祀，而先正先贤或以劳定国，以死勤事，以法施于民者，祀亦次之，所以昭崇报也。至于上下神祇，私祀虽多，要皆关系民风，非淫祀也。”[④] 现据万历《琼州府志》及正德《琼台志》所载列于下。

1. 祭祀海神的天妃庙。

《北京天妃宫记略》云：“宋宣和中朝遣使臣航海，中流适有风涛之变，赖神以免难。使臣路允迪以闻，于是中庙始知妃之灵验著于海也。高宗南渡，绍兴丙子（1156年）始有灵惠夫人之封。绍熙壬子（1192年）加以妃号。元人海运以足国，于是配妃以天。我太祖皇帝革去百神之号，惟存其初封。迨我太宗皇帝建国幽燕，资海道以馈运，又造

---

① ［日］小叶田淳：《海南岛史》，学海出版社1979年版，第315页。

② ［日］小叶田淳：《海南岛史》写为1583年，学海出版社1979年版，第315页。

③ 范基民主编：《棕榈之岛——清末民初美国传教士看海南》，王翔译，南海出版公司2000年版，第59页。

④ （明）戴熺、欧阳灿总裁，蔡光前等纂修：万历《琼州府志》卷四《建置志》，海南出版社2003年版，第163页。

巨舰遣使通南夷。及永乐己丑（1409 年）之岁，诏中书郑和建宫，祀神于仪凤门。太常少卿朱焯斋祝，封神为护国庇民妙灵昭应弘仁普济天妃。"① 天妃到了明代，其封号又提高了。

海口的天妃庙，元代已开始建立。嘉靖二十二年（1543 年），道官周书重修。万历乙巳（1605 年）倾圮，官民复募修，商人谭海清等建后寝三间，筑观音山及诸神像。明代各地普遍建天妃庙祭祀，有：

澄迈县：天妃庙，初在城西下僚地，洪武丙寅（1386 年），知县邓春建。天顺甲申（1464 年），同知徐鉴迁通潮门。嘉靖间，县丞杨文卿捐俸置田。万历十年（1582 年），知县俞效龙增拓庙制。万历四十年（1612 年），知县曾拱璧重修。

临高县：天妃庙，县治东。

文昌县：天妃庙，县南。清澜天妃庙，城南门外。

乐会县：天妃庙，县北门内。

昌化县：天妃宫，县西。

万州：天妃庙，城东。

陵水县：天妃宫，南坡外。

崖州：天妃庙，州治南海边。

到了明代，天妃已是民间普遍崇拜的海神，海南已在各县建立了九座天妃庙（或称天妃宫）。

2. 景仰义薄云天的关王庙。

琼山县：关王庙，元在海南卫右，洪武以来累葺。弘治初（1488 年）拓府治，卫僚迎祀关王于江东祠，专祀关王，后祀观音。万历戊子（1588 年），周守希贤创正厅。乙巳（1605 年）地震复修。四十三年（1615 年），谢守继科建大门牌坊。至四十五年（1617 年），推官傅作霖增筑后基，建圣母祠。

澄迈县：关王庙在通潮驿右。

---

① （明）戴熺、欧阳灿总裁，蔡光前等纂修：万历《琼州府志》卷四《建置志》，海南出版社 2003 年版，第 164 页。

儋州：关王庙在所前，弘治间指挥周远建。

文昌县：关王庙，万历戊申年（1608年），知县冯一凤建。

昌化县：关王庙在千户所右。

万州：关王庙在州西。

陵水县：关王庙在所治之左，南向。

崖州：关王庙在所治右。

3. 纪念历代对海南有贡献的先贤祠。

琼州府（琼山县附）：四贤祠、景贤祠、海公祠、敬事堂、汉二伏波祠、宋二苏公祠、文昌祠、军门戴公生祠、院道蔡公生祠、李公祠、谢公祠、都督邓公祠、五显庙、仁孝祠、孝义祠、东昌祠。

澄迈县：真武庙、文昌祠、南辽伏波庙。

临高县：湛公祠、表公祠。

文昌县：柔惠祠、邓尹庙。

乐会县：三江庙。

儋州：东坡祠、周公祠、忠显庙、将军庙、宁治庙。

万州：昭应庙、维石堂、海云庵。

陵水县：刘公祠。

崖州：郡主夫人庙、毛知军祠、王公生祠、晏公庙、伏波祠、四贤祠。

4. 祈求风调雨顺、国泰民安的坛庙。

琼州（琼山县附）：社稷坛、风云雷雨山川神坛、城隍庙、郡厉坛、旗纛庙、飓风祠、灵山祠、雷庙、小灵山庙。

澄迈县：社稷坛、雷庙、灵山庙、北地庙、浮石庙。

临高县：社稷坛、山川坛、城隍庙、邑厉坛、高山毗耶神坛、龙潭庙。

定安县：社稷坛、山川坛、城隍庙、邑厉坛。

文昌县：社稷坛、山川坛、邑厉坛、城隍庙、火雷庙。

会同县：社稷坛、风云雷雨山川坛、城隍庙、邑厉坛。

乐会县：社稷坛、风云雷雨山川坛、城隍庙、邑厉坛、三山神坛、迈舟神坛。

儋州：社稷坛、风云雷雨山川坛、城隍庙、州厉坛、旗纛庙、五岭庙、广利侯庙、贞利侯祠。

昌化县：社稷坛、风云雷雨山川坛、城隍庙、邑厉坛、旗纛庙、神山峻灵王庙、五岭庙、东岳庙。

万州：社稷坛、风云雷雨山川坛、城隍庙、州厉坛、旗纛庙。

陵水县：社稷坛、风云雷雨山川坛、邑厉坛、城隍庙、旗纛庙、火雷祠。

崖州：社稷坛、山川坛、城隍庙、州厉坛、旗纛庙、土地祠。

感恩县：社稷坛、山川坛、城隍庙、邑厉坛、东岳庙。[①]

从以上所列举可以看出，几乎各县都设有社稷坛、风云雷雨山川坛等坛庙，对于这些坛庙的祈祷膜拜，老百姓寄托的祈望是能平平安安过日子，安居乐业。对于民间的众神，一表崇敬，二表祈求安康。

其他祠庙，不再一一列举。

第二节　地域文化与民俗风情

一、文化习俗

海南僻居海屿，旧俗具有海岛独特的文化特色，与大陆的文化习俗有显著的差别。在一千四百多年的历史进程中，海南岛一直扮演着中原文化的接受者和被传播者的角色，这是海南岛文化的显著特点。海南岛上的文化习俗，一方面是中原的移民迁徙而带来的中华古国的文明，另一方面是本土文化的固有特色，这两种文化在海岛上的传承关系显示了复杂多变的形式和内涵。它一方面以一种若即若离的姿态接受中原文化，受中原文化的深刻影响；另一方面，由于自然环境的差异，对于中原文化又无法全部照搬，所以对于中原文化的传入，进行了有意或无意的选择和改造，反而保留了中原地带已经消失的某些

---

① （明）戴熺、欧阳灿总裁，蔡光前等纂修:万历《琼州府志》卷四《建置志》，海南出版社 2003 年版，第 164—473 页。

古老的文化因素而呈现出独特的特征。海岛上的文化，最特殊的是表现在民间的生活习俗上。

1. 汉、黎民族的融合引起生活习俗的变化

由于汉族与黎族及其他外来民族生活在同一片土地上，民族的融合，必然带来生活上的变化。因此，在明代海南岛的生活习俗中，既有汉族的生活习惯，也有黎族及其他民族的习俗，不同的习俗混杂在这块美丽的海岛上，形成了多彩多姿的海岛文化特征。如在生活习尚上，明代海南民众，民性朴茂，习礼义之教，有华夏之风，衣冠礼乐班班焉。其俗朴野，海岛上的居民的生活，如《旧志》所载："男女有室，则分爨异财。伯叔子相呼不以齿序，伯之子虽小，皆以兄自居，而叔之子虽髦，亦为弟也。至今僻远乡村小民，相称呼犹然。民皆服布，专务农工，少事商贾。妇女少事蚕桑、纹绣，专纺吉贝、绩麻，织布被、花缦、手帕，以为贸易之资。乡村妇女出入，用藤笠盖头，系用冶珠五色者穿系为饰。至若远乡，妇女装饰皆从夷俗。遐落樵佃尚椎髻。正统间，知府程莹禁革，一从华俗。今妇女妆饰与中州无异。"[①] 在士大夫之间，则普遍尊尚进士吴锜，万历《琼州府志》曰："士多怀琦，无不尚实。四礼宗吴进士锜，遵文公家礼。及丘文庄濬著为仪节，乡落之间吉凶往来不辍。郡城之中尤多近古。"[②]

在民俗中，黎族的特色更加浓厚，如他们"以巫为医，以牛为药。礼尚槟榔，多用为生。田畴三熟，蚕绵八登，产多薯蓣，堪代菽麦，酒无曲蘗，民皆服布"[③]，等等。这些海岛的习惯，代代相传，很难变更。

2. 语言的复杂化

在明代，由于各民族陆续向海南迁移，民族多样化，必然带来语言的复杂化。唐胄正德《琼台志》云："语有数种。州城惟正语。村落乡音有数种：一曰东语，又名客语，似闽音。一曰西江黎语，即广

---

① （明）唐胄纂：正德《琼台志》卷七《风俗》，海南出版社 2006 年版，第 139 页。

② （明）戴熺、欧阳灿总裁，蔡光前等纂修：万历《琼州府志》卷三《地理志》，海南出版社 2003 年版，第 115 页。

③ （明）戴熺、欧阳灿总裁，蔡光前等纂修：万历《琼州府志》卷三《地理志》，海南出版社 2003 年版，第 115 页。

西梧、浔等处音。一曰土军语。一曰地黎语，乃本土音也。其儋、崖及生黎与㽕、猺番等人语，又各不同。《外纪》：元以胡治郡，又或间杂胡语，若今呼小帽为'古逻'，系腰为'答博'是也。"①

万历《琼州府志》曰："方言，语有数种。有官语，即中州正音，缙绅士夫及居城所者类言之，乡落莫晓。有东语，又名客语，似闽音。有西江黎语，即广西梧州等处音。有土军语，地黎语，乃本土音。大率音语以琼山郡城为正，使乡落一切以此，渐相染习，皆四通八达之正韵矣。尚得以胡黎杂语病之？然习以成俗，弗能易也。"②

到了民国王国宪总纂的《琼山县志》，又补了几句话："绕郭人家所言者，俗谓之客语。东北一带都图语音与郡城同，西南一带都图居石地者尽言黎语，其不居石地者黎音十之四，客音十之六，客音止一派，黎音分多种，非习听者少有能解。"③可见在海南岛上，各种复杂多样的语言并存，随着历史沿革不断增加和变化，使海南成为一个名副其实的"语言宝岛"。

从以上记载中，可以了解到海南的官话（即正语）是当时的官方通语，"土军语"是分布在海南岛西部的军话；"西江黎语"是临高话，因为临高话主要通行在南源江的西部；"客语"指的是海南闽语；"地黎语"指的是黎语；还有"番人语"指的是回辉话。至此，海南岛的语言有：黎语、哥隆语（村话）、那月话、临高话、海南话（海南闽语）、儋州话、军话、迈话、付马话、㽕家话、苗语、回辉话。由于明朝海南岛归广东布政使司，粤语在海南岛也有不同程度的应用。④

《海南省志·方言志》里，将海南岛的语言和方言引入以下谱系：

---

① （明）唐胄纂：正德《琼台志》卷七《风俗》，海南出版社 2006 年版，第 139 页。

② （明）戴熺、欧阳灿总裁，蔡光前等纂修：万历《琼州府志》卷三《地理志》，海南出版社 2003 年版，第 115 页。

③ 朱为潮、徐淦等主修，李熙、王国宪总纂：民国《琼山县志》卷二《舆地志》，海南出版社 2004 年版，第 58 页。

④ 参见刘新中：《海南闽语的语音研究》，中国社会科学出版社 2006 年版，第 29 页。

```
海南话——闽方言——
儋州话
迈 话        ——粤方言——
疍家话
军话——北方方言——        ——汉语————————
崖话——客家方言——                              ——汉藏语系
```

```
侾方言——
杞方言——
本地方言——  ——黎语
美孚方言——        ——黎语支——壮侗语族——
加茂方言——
村话方言——
临高话——————————壮傣语支
海南苗语——————瑶语支——苗瑶语族——
回辉话————————占语支——印尼语族——南岛语系
```

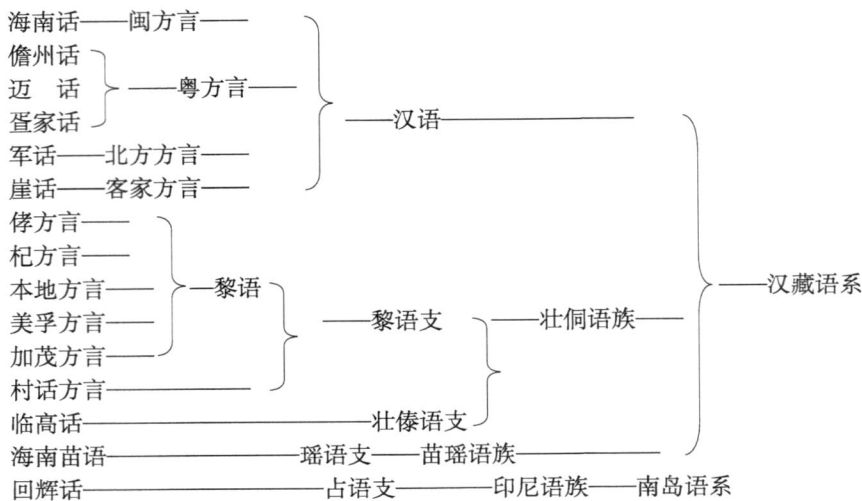

资料来源：海南省地方志办公室编：《海南省志·方言》，南海出版公司1994年版。

关于明代海南的两种官话，从语音的来源及音韵看来，可以了解海南语言的根源。辛世彪在《海南闽语比较研究》一书中指出：明代海南有两种官话，一是"土军语"，二是"正语"。"土军语"是卫所军人所讲的话。据明代正德《琼台志》（1521年刊行），明初海南岛由广西改隶广东，设立海南卫，辖"内五外六"共十一个千户所，海南卫的军官以安徽、浙江、湖北人居多，尤其是以江淮地区的人最多，士兵来源也当如此。以下是正德《琼台志》卷十九所记籍贯清楚的海南卫官：

指挥使：陈英，凤阳安远人。玉石，绍兴新昌人。周昕，原卢州无为籍。

指挥同知：赵瑄，庐州合肥人。崔玉，宣府山后西望村人。徐瑄，凤阳寿州籍。高清，扬州兴化籍。陈方亮，凤阳人。黄瑀，淮泗人。张荣，合肥人。张仁，泰州人。王玙，徐州人。刘钦，湖广人。高远，淮人。

指挥佥事：石坚，泰州人。牛铭，合肥人。舒懋，六合人。周振，永平人。王祥，黄冈人。周旺，永新人。李翊，合肥人。张纪，泰兴人。王雄，沛县人。张钧，砀山籍。李升，仁和籍。王世勋，凤阳临淮籍。舒文，凤阳人。左弼，庐州安丰人。王友，安庆人。张信，凤阳人。李资，凤阳定远人。①

另有十一个千户所副千户长、百户长几十人，来自内陆各地。

唐胄所记的这些军官显然是好几代人，这些人以及所带的士兵基本上都留在海南了，或许还把自己的亲属也带过来。他们集体屯田耕作，在一起要讲官话。明代官话分南音与北音，这是六朝时期就传下来的分别，海南卫"中央军"所讲的官话，显然是南系（江淮）官话，即便有其他地方来的官兵，在卫所的大环境下，也只能学说这种官话。

但是，明代海南卫所的官话并非当时海南岛通行的官话，正德《琼台志》称之为"土军语"，与州城的"正语"相对，也与各地的"客语"（海南闽语）相对。明代万历《琼州府志》卷三"方言"条载："语有数种。有官语，即中州正音，缙绅士夫及居城所者类言之，乡落莫晓。有东语，又名客语，似闽音。有西江黎语，即广西梧州等处音。有土军语，地黎语，乃本土音。"②可见当时海南岛有两种官话，有雅俗之别。这大概也是后来官话与海南话文读音、儋州话文读音及临高话汉字音相近而有不同的原因之一。

不过，明代万历《琼州府志》所称的"中州正音"并非中原一带的官话。元代《中原间韵》（1324年刊行）代表的中原正音已经"入派三声"了，海南闽语文读音和临高话汉字音不仅有入声调，也有[p]、[t]、[k]尾入声，显然当时海南岛的"正语"是明代官话的南音（江淮音），而不是北音。它与"土军语"是同一个系统，非常接近而有雅俗之别；也就是说，"土军语"是口语音，"正语"是读书音。由于同属官话，海南临高人即使请不到"缙绅士夫"教"正语"，也会通过就近到儋州读书，学会当地的"土军语"。"正语"则通行于海南的城市士绅及

----

① （明）唐胄纂：正德《琼台志》卷十九《兵防》，海南出版社2006年版，第423—426页。

② （明）戴熺、欧阳灿总裁，蔡光前等纂修：万历《琼州府志》卷三《地理志》，海南出版社2003年版，第115页。

城乡书院。

海南岛两种官话的雅俗之别也就是现代海南闽语，与明代官话的情况相似，但也有不同。明初确立《洪武正韵》（1375 年刊行）为读书音标准，以官韵的权威推行全国，它与江淮一带的实际语言仍有不少差异。当时官话区各地应该都已经浊音清化了，《正韵》却保留全浊音。但是，朝鲜人申叔舟在《洪武正韵译训》（1455 年刊行）"序"中说："全浊之字，平声近于次清，上去入近于全清，世之所用如此。"这说明《正韵》的保守性质。稍晚六十七年后出现的南音韵书《韵略易通》（1442 年刊行），也没有任何全浊音。《正韵》有塞尾韵与闭口韵，《易通》有闭口韵但无塞尾韵，只有喉塞音韵；明末南间注音字汇《西儒耳目资》（1626 年刊行）与《易通》相同。明末韵书《韵略汇通》（1642 年刊行）则完全没有闭口韵和塞尾韵，只有喉塞音韵。声调方面，《正韵》确立为平、上、去、入四声，其他书则是"阴、阳、上、去、入"五个调，显然《正韵》声调也纯粹是保守述古性质，并非明代江淮官话（即所谓"南京音"）的真实面貌。[①]

由于儋州是海南岛最古老的发源地，所以研究海南语言多从儋州说起，王国宪所总纂的民国《儋县志》中，特别注重这一环节。书中写道："是以州话共有数种。一曰军话，与南省官话正音相同而声韵颇长。此乃五代前，士夫以军戍儋，遂相传习，故名军话，城市皆通行。一曰乡话，字平声言则仄，字仄声言则平，惟入声字仍照仄言。此乃由高州、梧州传来，故今声调颇异，而与高、梧人言皆通。盖外人一来儋，惟高、梧人为先且多，故其言传遍乡间也。此二种为州中语言之大宗，而乡话为广。通乡话者不必定通军话；而通军话者，必定兼通乡话。盖军话仅行于城市，而乡话则通行里巷；里巷多而城市少，非通乡话不能相与往来也。此外，近黎者则言黎话，近临高者则言临高话，来自吴川者则言吴川话，来自潮嘉者则言潮嘉话，来自琼文者则言琼文话。话多不同，然居乡必定兼通乡话，居城市必定兼通军话、

---

① 辛世彪：《海南闽语比较研究》，商务印书馆 2013 年版，第 239—241 页。

乡话。乡其乡，固不能不言其言也。"①

可知所谓军话，是由于中原军队戍琼而传入的。军话可以说是官方的、城里人所说的话，军话可通官长，衙门司役皆军话中人，乡话则否。因此，在城中流行军话，军话即官话，局限于上层社会，老百姓所讲的乡话则是各地的方言。

又传军话是东坡贬儋州之后传入的。王国宪说："俗传军话由东坡苏公所教，其实非也。元明以前，琼为安置罪人之地，凡军戍于琼者，非崖即儋，故儋崖皆习知军话。如儋话为苏公所教，则崖之军话又将谁教也？前明，吾儋有称'所人'者，皆系军籍。军籍即言军话，确无可疑。"②

在海南岛上，能够独立使用本民族语言的有黎族、苗族、回族。海南的移民大都以语言与来源为依据各自择地而居。这些族群在明代早已有独立的地位，已经形成了既有共性又有个性的语言和方言的群落。

黎语：黎语有侾方言、杞方言、本地方言（即润方言）、美孚方言、加茂方言等。

苗语：苗语属汉藏语系苗瑶语族的勉语。

回辉话：史称"番语"。

临高话：临高人是一个古老的群体，德国人类学家史图博认为临高话"可能是黎语和泰汉语的混合语"。

村话：又称"哥隆话"，分布在海南西部沿海的昌化江下游南北两岸的滨海平原及丘陵地区。

疍家话：疍家话属粤方言，是水上渔民的方言。③

---

① 彭元藻、曾友文修，王国宪总纂：民国《儋县志》卷二《地舆志》，海南出版社 2004 年版，第 132 页。

② 彭元藻、曾友文修，王国宪总纂：民国《儋县志》卷二《地舆志》，海南出版社 2004 年版，第 135 页。

③ 参见刘新中：《海南闽语的语音研究》，中国社会科学出版社 2006 年版，第 40—47 页。

这些各种系统的方言，在明代已经存在。

3. 日常生活和民俗风情的复杂化

在海南岛上，既有黎家的风俗，也有汉家的习俗，有的地方往往混杂在一起，如在不同民族的文化融合中，海南的节序庆祝，丰富杂陈，汉黎混合或汉、黎、回族混合，与中原地区的节序庆祝，有同有异，更显多彩多姿，主要表现在时令年节习俗上。

（1）立春：又名打春，是古代二十四节气之一。由是日标志着一年中春天已开始。海南在元日之前，先有迎春日，这一天，府县官至东郊迎春馆，街坊各竞办杂剧故事会聚。俟祭芒神毕，前导城市内外。老稚集于通衢，各携负幼男女竞看土牛。自河口街，从西门或南门入府。老稚洒以豆谷，谓消压痘疹。是日以面饼互裹生菜诸肉品啖之，曰春饼。元旦前，以糯粉溅蔗糖或灰汁，笼蒸春糕，围径尺许，厚五六寸，杂诸果品，供岁祀，遂割为年茶，以相馈答。

（2）元旦：又称元日，是岁节日中的一个重要年节。一至四日，各相拜贺，曰拜年，阴阳家预选择所行利方，著为《四日出行图》，凡日始出，以为向往。城间各闭门，客扣方开。初三日早，则出书帖钉赤口于门。少晏，群邀渔猎，谓之斗口。六日后，各坊或用道士设醮，娱嫚调神。村落则加抬神像，沿门贴符以禳，名曰遣瘟。间有酬愿立天灯，缚竹木高二三丈，燃灯于笼，悬挂彻夜，月尽方倒。城乡俱作秋千，用四木，两分相叉为架，高而垂下者为女秋，两木如柱，两孔横架，短而翻转者为男秋。

（3）元宵节：又名正月十五、上元节、元夕节、灯节。海南上元节于通逵立竿，松竹叶结篷，缀灯于上。（明初，桑指挥昭于大街旁俱立石硖，置彩竿架，至今因之）公宇、富家或缚竹糊纸为鳌山灯，用通草雕刻人马故事。彩绘，衣以绫罗，中闿机轴，系以丝线，或用人推斡，烟嘘沙坠，悉成活动。又剪纸为人马，树于灯内团走，曰走马灯。又有剪灯、花灯、纱灯、篾丝灯、蒺藜、梅花毯、媳妇、莲花，名称不一。贵介每夜群游，多着披袄，袖椎子随行，手拈齿到前轮衮灯。其制围径二尺许，外扎竹筐以护，沿街轮衮，机转而烛不动。装僧道、狮鹤、鲍老等剧，又装番鬼舞象。编竹为格，衣布为皮，或皂或白，腹闳贮人以代行舞（自成化末，古来王始，其俗自崖遍及郡城），仿击番金鼓。群少随游者，烧炮仗、剪火地鼠炮、花筒，环街迎送。若士夫辈，又放谜灯，题写诸经书典故，鸟兽、花木、物类，暗蓄事义，作为诗词，黏于方纸、灯笼。谜中，喝采揭之。丘深庵（即丘濬）诗："书语摘来灯上谜"是也。

元夕，于二三日间，以糯粉搓丸，小者煮浸糖水，大者裹以蔗糖，名元宵丸。灯起十一日，而胜于十五日，撤于十八日夜。城门因以弛禁连夕。官衙烧火树银花，巧藏故事、生禽，炮仗声震不绝。乡落男妇二三十里者，入城聚观，名曰放烟火。方守向诗曰："百尺竿头有路通，彩绳摇曳戏东风。谁将一线牵消息，泄漏春光满眼中。"

十六日夜，男子稍避，妇女聚出，或探亲、抛桥、谒庙，名曰走百病。村落各作上元道场，建旛幢，结彩，为鳌山祝圣寿、祈年丰斋。适午，朝其会首。亲朋各装象宝伞。鬼番回回顶托斋果、香物进供，金银花段挂贺。各首以丰杀为荣辱。

（4）清明节：又名鬼节、冥节、死人节。它与七月十五、十月十五号称"三冥节"。清明节因在一年的季节转换中占有特殊地位，再加上寒食节并入其中。因此，清明节成为一个重要的民间节日。节日的主要活动是祭祖扫墓。海南的清明节，在二三月间，城市预于坟墓添土，村落除荆棘，谓之拔墓。及祭期，男女各乘舆马，剩载酒殽牲仪，聚亲朋以祭墓，毕乃会宴。清明插柳，妇女簪榴花，谓不害眼。以米易海蛳呷之，谓得目明。

（5）浴佛节：浴佛节又名四月八、佛诞节、龙华会，它本是佛教传入中国后兴起的一个宗教节日，但在节日活动中都有诸多中国传统文化的特点。《旧下旧闻考》云："京师僧人念佛号者，辄以豆记其数。至四月八日佛诞生之辰，煮豆微撒以盐，邀人于路请食之，以为结缘。"海南也有此俗。正德《琼台志》载："四月八日，浮屠民习荆楚岁事，以五香和蜜水浴释答太子佛，谓龙华会。善妇女集尼庵饮浴水，余分送檀越未至者。"①

（6）端午节：端午节是一个祭礼诸神的节日，其中有屈原、曹娥、蚕神、农神、张天师和钟馗等诸神之祭。明代端午节又称女儿节和天中节。海南在端午节之前，乡落以木刻龙首尾祀境庙中，唱龙歌迎之，抛鸡入洗溪水，谓之洗龙，加绘饰以俟端阳食会。会自五月一日至四日，轮流迎龙于会首家唱饮。其家先密作歌句，以帕结之，悬龙座前，独露韵脚一字，俾会中人度韵凑歌。得中句中字多寡，以钱扇如数酬之。至五日，各村迎龙会于大溪，划船夺标，两岸聚观者无数。城落俱饷角黍诸粽相馈。男妇系香袋，儿女彩索缠臂，涂雄黄，饮昌阳，带艾悬门，采百般花草相斗以较输赢。取菖蒲及百卉有芬气者浸水，供余饮浴。卫中武官，黎明备弓马、柳刀、柳箭会教场，插柳枝于地，悬球彩门，请太守坐将台，竞走马剪柳、射球走骇。聚观中有善拳善跌者，各出较胜，以聘其能，名曰"剪柳"。城中以竹格为船，用纸糊饰脚下，围以彩帛，装扮篙师柁子，涂脸，密绳系肩，鸣鼓锣，沿街划戏，或招以标，亦如水船竞夺，名曰旱船。是时儿童多斗蟋蟀较胜负。十一日，卫所扮装关王会游街，至十三日毕集庙中，因演所装游会之戏。军士每于是时赛。祈保武官心愿，各带枷锁。有沙刀仡立王像前三日者，谓之站刀。甚有剪焚肉香，膊刺大小刀箭，腰背签枪者。

（7）天贶节：又称六月六、虫王节等。天贶是道家的称呼，起源较晚。这是一个小节日，节日活动也较少，主要有藏水、晒衣、晒书、人畜洗浴、焚香祭祀、祈求晴天的习俗。正德《琼台志》载海南"六月祀灶，六日晒衣。"万历《琼州府志》载"六月六日祀灶，晒衣服，祛蠹湿。"

（8）乞巧节：又称七夕节、少女节、双七节等，是我国传统节日之一。它来源于人们对天体星辰的崇拜，其节日文化属万物有灵和自然崇拜的文化范畴。海南乞巧节偏重于祭鬼，七月七夕乞巧，用彩色纸糊制冠履衣裙，剪制金银纸为首饰带锭之类，备牲醴祀祖先。毕，焚之，

---

① （明）唐胄纂：正德《琼台志》卷七《风俗》，海南出版社 2006 年版，第 143 页。

谓之烧冥衣。富室斋醮，焚纸衣以赈孤魂，谓之施设。十五日，村落庙堂作盂兰会荐亡。时好事者作大小纸鸢，相担搭为胜负。

（9）中秋节：又名月节、仲秋节、团圆节。届时家家户户赏月、祭月，彼此馈赠瓜果月饼，是明朝中秋节的主要风俗。海南八月中秋玩月，制面为饼，名团圆饼，蒸煮天南星，去皮食，曰剥鬼皮。小儿于时引蜻蜓。

（10）重阳节：又名九月九、重九、茱萸节。海南九月重阳，士夫携酒登高咏赋，或蹑小三山啸咏。杨碧诗云："携壶笑上小三山，九日风光眼界间。宰相声名天地老，野儒襟韵水云闲。翠铺曲径苔封绿，锦缀重岩菊点班。落日树头飞鸟尽，两肩担月醉吟还。"

（11）冬至：又名冬节、大冬、亚岁、小年，俗称送寒节。明代冬至主要活动内容是祭天、送寒衣、绘制九九消寒图等。海南冬至选日交贺。腊月二十四日，取竹枝扫屋尘，换炉灰，夕祀灶。宣《灶经》，送灶君朝帝。

（12）除夕：是一年之中最末的一天，又称年三十、除夜、岁余。是我国古代民间传统节日中最为隆重的节日之一。海南除夕设酒肴祀先（乡落又谓辞岁），子妇儿女辈盛陈酒馔，为父母围炉。至夜，各燃火于门外。焚辟瘟丹，放纸炮爆竹。一鼓，复设酒果迎灶君。扫秽污，将扫尘竹及扫秽盛以破箩，内燃灯备馔，携之郊涂掷之，谓之送穷。厅房廊室俱燃灯、阖家共坐守不寐谓之守岁。夜分，挂楮币，粘门对，易门神桃符春帖。节序之所尚类如此。大抵琼俗民专务农，鲜为商贾，士人故家多矜门第，谨于结纳。①

二、歌舞与戏剧

中原文化的长期不断传入，促进了海南本岛的文化教育、歌舞娱乐活动的勃兴。当唐代李德裕被贬崖州的时候，诗人李商隐以"今日致身歌舞地"来安慰他，足见唐代黎族的能歌善舞已闻名于大陆。北宋时，海南歌舞活动盛行，苏东坡在海南时，常听到夷声彻夜不

---

① （明）唐胄纂：正德《琼台志》卷七《风俗》，海南出版社 2006 年版，第 143—145 页。

息。他在《和陶拟古九首》诗中记载了当时的乐器："铜鼓壶芦笙，歌此送迎诗。"[1] 他赞叹："蛮唱与黎歌，余音犹沓沓。"当他被赦北归时，"黎歌蛮彝祝公归"。[2] 到了元代，海南已开始出现曲艺形式的活动。

明代汤显祖的《黎女歌》，更是黎歌嬉戏的生动描绘。黎女歌云：

> 黎女豪家笄有岁，如期置酒属亲至。
>
> 自持针笔向肌理，刺涅分明极微细。
>
> 点侧虫蛾摺花卉，淡粟青纹绕余地。
>
> 便坐纺织黎锦单，拆杂吴人彩丝致。
>
> 珠崖嫁娶须八月，黎人春作踏歌戏。
>
> 女儿竞戴小花笠，簪两银篦加雉翠。
>
> 半锦短衫花襆裙，白足女奴绛包髻。
>
> 少年男子竹弓弦，花幔缠头束腰际。
>
> 藤帽斜珠双耳环，缬锦垂裙赤文臂。
>
> 文臂郎君绣面女，并上秋千两摇曳。
>
> 分头携手簇遨游，殷山沓地蛮声气。
>
> 歌中答意自心知，但许昏家箭为誓。
>
> 椎牛击鼓会金钗，为懽那复知年岁。[3]

明代邢宥诗：

> 弦诵声繁民物庶，宦游都道小苏杭。[4]

1. 土剧

陈铭枢《海南岛志》载："戏剧之在海南，在元代已有手托木头班之演唱，来自潮州。海南之有戏剧，当即肇于此时。明之中叶，土人

---

[1] 《苏轼诗集》卷四十一《和陶拟古九首》（其五），中华书局 1982 年版，第 2263 页。

[2] 彭元藻、曾友文修，王国宪总纂：民国《儋县志》卷十一《艺文志》，海南出版社 2004 年版，第 771 页。

[3] 《汤显祖集》卷十一《黎女歌》，上海人民出版社 1973 年版，第 436—437 页。

[4] （明）邢宥：《湄丘集·海南风景》，海南出版社 2006 年版，第 28 页。

仿之，而土剧遂兴。"①《中国戏曲志》曾就此进一步介绍说："土剧是在民间艺人辈出和外来剧种涌入的特定环境中出现的，是本土文艺和外来艺术水乳交融的产物。老艺人有如是说：'土戏的远祖是宗教戏，近祖是闽、广、潮剧混合种。'"②

《海南岛志》记述当时的土戏："至其所唱腔调，初唯用潮音。其后，代有变易，杂以闽广歌曲，表演唱工。"③土戏荟萃了各种声腔，既有昆腔系的长短句曲牌 [上小楼]、[下小楼]、[哭相思]、[新水令]、[泣颜回]，也有弋阳腔"一唱众和"的帮腔和以箫管为主吹奏的形式；既有广曲潮调，也有斋乐民歌。

到了明代，戏曲发展出现了一次大变迁。由于海南经济和文化的兴盛，商业随之发达，内外贸易兴旺，文教勃兴，文艺娱乐活动普及，邢宥有诗赞道："弦诵声繁民物庶，官游都道小苏杭。"④土剧形成演变之后，土戏艺术已基本地方化，受到百姓喜爱，在不断革新改良过程中，琼剧的名称在诸种海南戏中已开始在艺术界获得认同。

2. 军戏

《中国戏曲志》中，概括地介绍了明代杂剧随洪武军传入的军戏。《志》中写道："明初，杂剧随洪武军传入。军队实行卫所制，士兵称为军弁，官衙兵营内演戏，由军弁扮演，故俗称为'军戏'。军戏早期唱念用军话（也称中州话、官话），配合锣鼓、大字曲牌伴奏，以武打表演为主，没有戏文，按提纲排演。多在迎神庙会或喜庆节日演出或游街。"⑤唐胄正德《琼台志》载："迎春日，府卫官盛服，至于东郊迎春馆，武弁各竞办杂剧故事，会聚逞衔。"⑥这种扮杂剧中人物游街形式，本地人称为"装故事"或"装军"。街游之后，在庙前的空旷地上高搭戏台，唱演军杂剧，"十一日，卫所扮装关王会街游，至十三日毕

---

① 陈铭枢总纂、曾蹇主编：《海南岛志》，海南出版社 2004 年版，第 494 页。
② 张庚主编：《中国戏曲志·海南卷》，中国 ISBN 中心，1998 年版，第 8 页。
③ 陈铭枢总纂、曾蹇主编：《海南岛志》，海南出版社 2004 年版，第 494 页。
④ （明）邢宥：《湄丘集·海南风景》，海南出版社 2006 年版，第 28 页。
⑤ 张庚主编：《中国戏曲志·海南卷》，中国 ISBN 中心，1998 年版，第 7 页。
⑥ （明）唐胄纂：正德《琼台志》卷七《风俗》，海南出版社 2006 年版，第 140 页。

集庙中，因演所装游会之戏"。① 这种由武弁扮演的杂剧及游会，本地人俗称为"军戏"。据存留的资料，军戏传入海南的剧目有：《单刀会》《三战吕布》《古城会》《秦琼卖马》《华容道》《方世玉打擂》《斩华雄》《罗通扫北》《关王显圣》《摩天岭》等等。据传，洪武军人关寿国以演军戏驰名。关寿国，江西人，因犯错贬来琼州，任雷琼兵备道副射。因忧郁苦恼，使参与军弁演杂剧，他扮演关公，既可借此消愁，又可明志。他能演戏，又能编戏，在琼州曾编演《古城会》《三战吕布》《桃园结义》《败走麦城》《关公显圣》《三顾茅庐》等六出关公戏，且唱、念、做、打技艺都很精湛，故深受欢迎，时人誉为"活关公"。相传，琼州过去几乎没有什么关公庙，关寿国的关公戏在琼州各地演出后，百姓们受到了关公形象的影响，奉为神灵，立庙祭祀。各府州县城和一些乡村都纷纷建起关公庙，每逢农历五月十三关公诞辰日，各地的关公庙都演关公戏以祭祀。

3. 闽、广剧

明代，闽、广剧也随客商传入。明代海口有三个渡口：烈楼咀为私渡，白沙津为公渡，海口为官渡，"闽广大船停泊白沙津"，闽、广等地客商奉天后娘娘为海上保护神。天后娘娘的神话源于宋代的福建，后随福建人的海上活动，传播到沿海各地。元代传入海口。客商在白沙津西北角建起第一座天后庙，四时奉祀。

明万历《琼州府志》记载："白沙津的天后庙，元代就已落成。每逢庙会酬神，集资聘请家乡的闽、广剧在庙前演出，通宵达旦。"

清王国安《卢侯外纪》载："古传，白沙津白帆如梭，商贾云集，通宵达旦，市者不稀，奉祀娘后，有闽、广剧，神欢人乐。"早期传入海南的闽剧班社，有事迹可考的是明天启至崇祯年间（1621—1644年）来琼的"老三春班"。该班初住海口，后到各地旅演，部分人留下定居于海南。如清末"土戏"名生汪桂生的曾祖父汪丽贞就是"老三春班"艺人在海南落籍者。随着闽、广剧的传入，教戏习尚

---

① （明）唐胄纂：正德《琼台志》卷七《风俗》，海南出版社2006年版，第144页。

渐兴。

唐胄正德《琼台志》卷七载："下则酒色，教戏海淫，赌博丧家。"①
民间教戏当时被视为下乘。

4. 青楼戏

元朝随军、政人员来琼的勾栏歌伎已为琼州歌伎所取代，她们多
住于青楼院，常在青楼院或市井演唱曲艺，俗称为"青楼戏"。明景
泰至弘治年间在朝参预机务、籍隶琼山县的丘濬编写之《伍伦全备记》
四部传奇杂剧，有两部《投笔记》《罗囊记》被民间艺人改编为曲艺，
由青楼戏歌伎唱演。明正德《琼台志》载："装僧道、狮鹤、鲍老等剧，
又装番鬼舞象。编竹为格，衣布为皮，或皂或白，腹阔贮人，以代行
舞。"②明王弘诲诗云："岁月伏腊走村氓，祝厘到处歌且舞。"这里人
们还有注意"番鬼舞象"之舞，可见明代外国文娱节目已经传入海南，
这些节目类似于我们今天的街头舞蹈，在海南岛上遍及郡城。正德
《琼台志》注云："自成化末古来王始，其俗自崖遍及郡城。"这些街
头舞"仿击番金鼓，群少随游者，烧炮□，剪火地鼠炮、花筒，环街
迎送。"③

5. 临高人偶戏

临高人偶戏以人偶共演一个角色的方式表演，被认为是"世界少
有，中国一绝"，是中国戏剧文化的一个特别剧种，主要流传于海南
临高。

临高人偶戏的源流，追溯到南宋末期的民俗，当时临高人在求神
拜佛、逐鬼驱邪的活动中，皆用人型杖头木偶。陈铭枢的《海南岛志》
中提出："戏剧之在海南，在元代已有手托木头班之演唱，来自潮州。
海南之有戏剧，当即肇于此时。"④这种"杖头木偶"自宋末至元，在

---

① （明）唐胄纂：正德《琼台志》卷七《风俗》，海南出版社 2006 年版，第 147 页。
② （明）唐胄纂：正德《琼台志》卷七《风俗》，海南出版社 2006 年版，第 141 页。
③ （明）唐胄纂：正德《琼台志》卷七《风俗》，海南出版社 2006 年版，第 141—
142 页。
④ 陈铭枢总纂、曾骞主编：《海南岛志》，海南出版社 2004 年版，第 494 页。

祭神驱鬼的民间活动中不断创新和演变，最终形成人偶同台的艺术模式。

临高人偶戏的特点是人偶同台演出，表演者手撑木偶，化妆登台，唱念做打，均与所持木偶同演一个角色，其表演形式，或操作木偶做戏，演员配以身段步伐，或以演员表情补充、丰富偶像表情的不足，表演中注意发挥人与偶、偶与偶、人与人等人偶之间互为一体的多姿多彩的表演方式，整个表演过程人偶同喜怒哀乐，声情并茂，惟妙惟肖。这种人偶同演的表演方式，从古至今，自成一派，成为我国木偶艺术园地稀有的技艺。[①]

人偶戏演唱时用临高方言，传统唱腔有"啊罗哈"和"朗叹"两种。人偶戏的音乐伴奏用双唢呐，乐音高亢激越，具有强烈的感染力。

木偶的制作工艺细微精巧，形象逼真，其体形主要是上半身段，表演时操作灵活自如，眼睛能转，嘴巴会开合，手袖能拂，演出时人偶互相配合。人偶戏是各种文学、音乐、美术、舞蹈艺术元素的综合，使剧情显得生动活泼，起着"寓教于乐"的作用。

6. 南戏的传入

明嘉靖年间，南戏声腔空前发展。此时诸多剧种来琼，如蛋歌戏、关月戏、九角（高甲）戏、正音戏、白字戏等等。

三、海南各县不同的风俗

虽然整个岛上有共同的习俗，但因各县所处自然地理环境不同，不同民族居住不一，所以各县民风也多有所侧重。据万历《琼州府志》载：

琼山县：汉族移民较多，民性纯朴，俗敦礼义，尚文公家礼。民间多遵循进士吴锜所传的冠丧祭礼以及丘濬著的《家礼仪节》，节日注重上元、端午。

澄迈县：民性温直，子弟多嗜学，女工专务纺棉绩麻，田饶家给，

---

① 海南省非物质文化遗产保护中心编：《海南省非物质文化遗产概览》，南方出版社 2013 年版，第 44 页。

颇类琼山。性劲，喜事上官，不受斥辱。水北健讼，延及南黎。

临高县：民性耿直，俗多僻野，喜竞事神，不信医术，读书善俗大概与澄迈同。

定安县：颇习华靡，喜竞赌博，然读书尚礼者众。近黎峒者未免旧俗。勤俭力穑，不事商贾杂艺。

文昌县：民俗素朴，情长礼厚，雅治诗书，衣冠文物大类琼山俗治丧不用浮屠，鸡骨占休咎，上历卜水旱。南田沃，北田瘠。故家遗族，门第相矜。

会同县：土田膏腴，竞种槟榔，人以封殖为高。赌风颇盛，盗源渐开，文教幸犹未改。

乐会县：民俗侈野，少循礼度。近士族稍近古，而习赌成风，视会同无异。

儋州：民性简直，俗尚礼义。以射猎为常，不事商贾，以耕织为务，少有储蓄。家多习读儒书，又多习艺。吉贝织布被，人无佣佃，妇女负贩。

昌化县：民俗多类儋州，惟治丧观灯未免沿俗。

万州：质野畏法，城市以织造藤器为业。婚丧竞鼓角相高，虽贫者亦极力称贷而侈。愚民健讼，构争求胜。

陵水县：民性故朴直，近习刁顽。婚丧循俗，动辄争胜。疾不求医，专尚巫祝。男惰四肢，妇女贸易。

崖州：地虽遥远，水土颇善。气候不正，春常苦旱，涉夏方雨。樵牧渔猎与黎獠错杂，出入必持弓矢。妇女不事蚕桑，止织吉贝。家自耕植，田无佣佃。士多业儒，人重廉耻。

感恩县：民性朴野，寡争讼，士亦农。婚嫁多从俗礼。[①]

四、明代文物遗迹

明代所建古建筑及文物遗迹，现存可考者如下。

---

① （明）戴熺、欧阳灿总裁，蔡光前等纂修：万历《琼州府志》卷三《地理志》，海南出版社 2003 年版，第 118—120 页。

府城鼓楼：又称谯楼、文明楼。位于府城鼓楼街。古城墙南门通道建于元代，时称谯楼。明洪武五年（1373年）重修，改称鼓楼，为三重檐楼阁。成化十七年（1481年），指挥李泰增砌台基，副使涂棐铸铜壶滴漏。万历间毁，副使孙秉阳、郡守周希贤移建于东门内，为镇东楼。后郡守涂文奎迁还旧址。地震，圮。尚书王弘海、知府谢继科、推官傅作霖重建，又圮。至清康熙三十三年（1694年），郡守张万言复建。雍正十一年（1733年），知府宗思圣修，改名文明，中祀文昌魁星像，拨府义学原置北冲都攀丹、北麻等处田，并铺六间为香资。乾隆三十四年，知县秦其煟集绅士重修。道光三年（1823年），拨田铺租归书院。现存的鼓楼是清乾隆五十三年（1788年）翰林院编修、吴典倡修的一层楼阁，举檐歇山顶，面阔19.90米，进深9.95米，楼高7.56米。台基底部东西长26米，南北宽24米，高9米。中辟拱门，南边门额上的"海南壮观"及北边门额有"奇甸文明"八字，均为吴典亲笔。台基东西两侧，各有三层七十二级的石阶供人登上鼓楼。1986年9月17日定为县级重点文物保护单位。[①]

冼太夫人庙：位于新坡镇府大院左侧。始建于明代，占地面积2000多平方米。原为三进二厅一亭的布局，构成宫殿式组建筑，历代增修。

丘濬故居：位于府城金花村。占地632平方米，建筑面积210平方米。据谱志称，建于明洪武二年（1369年），规模最大时，有"丘氏十八屋"之说，现存"前堂和可继堂"二进。前堂建筑形式面阔3间，进深4椽，单檐硬山式简板布瓦顶。堂内梁架结构为四架椽，屋分心用三柱式，堂内建造在低矮的台基上，体量不大，通高4米，通面阔12.96米，通进深仅3.6米，为过堂兼居室。后面为可继堂，是"丘文庄公家之正寝也"，面阔3间，进深13檩，单檐硬山式顶，内部梁架用十架椽，屋前后乳栿分心用五柱式月梁造，通高6.6米，通面阔12.93米，通

---

① （清）明谊修、张岳崧纂：道光《琼州府志》卷十一《建置志》，海南出版社2006年版，第486页。

进深 8.48 米，为祭祖、议事兼居室。其后原有"藏书石屋"和"愿丰轩"等建筑，现无存。1986 年 9 月 17 日定为县级重点文物保护单位。①

丘濬墓：在海口市西南水头村旁。建于明弘治八年（1495 年）。1986 年海南行政区人民政府重修。占地 0.25 公顷，筑有围墙。经正门石砌甬路间有一石碑坊，甬道两旁有石狮、石马、石羊、石鼓各一对，墓前有华表一双，显示德高位尊。主墓高 6 米，墓前立墓碑，高 4 米。墓庭石翁仲前立皇帝谕祭碑，正面镌刻"普天诰命"四大字，背刻明皇帝谕祭文。为省和全国的重点文物保护单位。②

海瑞故居：在海口市琼山区府城镇朱桔里金花村。海瑞高祖管儿。明洪武十六年（1383 年）从军来琼，定居府城。正德九年（1514 年）海瑞出生于此。清末已废，只存遗址和"明海忠介公故里"石碑一块。高 1.8 米，宽 0.63 米。旁有古庙、蔬圃、棘篱围绕，篱外荒塘一口曰"海公塘"。后重建，占地 1363 平方米。前门为牌坊式，中间横写"海瑞故居"。前后两进为正屋，正堂放着海瑞玻璃钢塑像。两侧为横屋，设书斋、花厅、杂用间。旁边增建一陈列馆。安装一行行青竹窗，以衬托海瑞风采。原全国人大常委会副委员长、民盟中央名誉主席楚图南题词："秉天地正气，树人间清风。"③

海瑞墓：在海口市西南滨涯村。建于明万历十七年（1589 年）二月二十二日。1982 年海南行政区公署重修。占地 0.5 公顷，正门立石碑坊一座，阴刻"粤东正气"4 个大字。门外两侧竖华表一对，庄严肃穆。坊后甬道笔直，石板砌成，两旁对称竖列石翁仲、石狮、石马、石羊、石龟、石鼓各一对，神态各异。主墓高 3 米，墓身呈圆锥体，方石垒砌。墓前竖碑，正面上端横镌刻"皇明敕葬"4 字，正中竖题"资善大夫南京都察院右都御史赠太子少保谥忠介海公之墓"，右侧上竖刻"钦差督造坟茔兼赍谕祭文行人司行人许子伟撰"，左侧下直署"万

① 海南省琼山市地方志编纂委员会编：《琼山县志》，中华书局 1999 年版，第 814 页。
② 符策超：《海南文化史》，中国戏剧出版社 2008 年版，第 92 页。
③ 符策超：《海南文化史》，中国戏剧出版社 2008 年版，第 92 页。

历十七年己丑岁二月廿二日午时吉日敬建"。墓碑四周浮雕动物花纹，系明代雕刻风格。1950年后多次修缮。1982年在陵园右前角增设陈列馆一座，内有海瑞石刻像、手稿、生平图片和评述著作等。为省和全国重点文物保护单位。[①]

唐胄墓：位于云龙镇陶公山南侧斜坡上。墓场占地466平方米。墓坐北向南，由八块石条契合而成，呈八角形。墓碑阴刻"大明通议大夫户部左侍郎西洲唐公墓"，右书"嘉靖十九年岁次庚子"，左书"季冬念五壬午吉日立"。碑前有石鼎炉、石烛、石祭床、谕祭神道碑，并有石狮、石兔、石马、石翁仲各两个，其中"岭南闳气"石牌坊已残缺不全，唐胄墓左右侧分别是大明赠淑人唐母陈氏之墓和皇明诰封淑人唐母钟氏之墓。1986年9月17日定为县级文物保护单位。[②]

聚奎塔：在琼海市塔洋镇西南。是县治八景之一。乾隆《会同县志》载：万历乙巳（1605年），知县卢章创建，自夏迄冬告成。先是，知县卢梦一青衣者名霄维，蹑塔顶吟曰："奎塔插天连甲第"，因名聚奎塔。自后相继举乡荐者三人，盖其应也。宗伯王弘诲，给谏许子伟有诗。乾隆年间，太学生王元臣修补塔尾，为县治文峰。

王弘诲《奎塔凌霄》诗云：

> 七级浮屠快一登，五都云物拥雕陵。
>
> 巍峨上界占奎聚，缥缈中天步月升。
>
> 望气几人逢尹喜，传经此日愧卢能。
>
> 从君一叩西来意，苦海何年订上乘。

许子伟诗云：

> 会阳文治壮兹台，望起奎光彻上台。
>
> 岂谓胜形勤百姓，应知良牧达三才。
>
> 岘颠惟有思羊去，河内岂无借寇回。

---

① 符策超：《海南文化史》，中国戏剧出版社2008年版，第92页。
② 海南省琼山市地方志编纂委员会编：《琼山县志》，中华书局1999年版，第817页。

往事浮屠人已去，南宗卢教自今开。①

儋州古城：在儋州市中和镇高栏坡。明洪武年间（1368—1398年）拓址筑基，建城垣楼阁。城墙全长1423米，宽6米，高8.3米，东西南北各辟城门楼一座，东为德化门，西为镇海门，南为柔远门，北为武定门。城内外筑有月城。沿城垣拓有护城河，为明代海南最大的城池。今北门、西门城楼尚存。为省级文物保护单位。②

斗柄塔：位于文昌市铺前镇七星岭200米高的主峰上，犹如七星排斗，故得其名。

塔始建于明代天启五年（1625年），文昌人民会同休归的礼部尚书王弘诲报请朝廷拨款修建。清光绪十三年（1887年）重修。塔呈八角形，共7层，层层收缩递减，以线砖与棱角牙子砖叠涩出檐。每层有拱门，内设螺旋式阶梯104级，可登塔顶。塔身高约20米，塔基围44.8米，塔身厚3.55米，塔门两向，门额石匾刻有"斗柄塔"，上款刻"明天启五年孟冬月建造"，下款刻"清光绪十三年孟夏重修"。

斗柄塔对望琼州海峡，过去过往商船因没有航标，经常遇难，被认为是妖怪作祟。明代礼部尚书王弘诲休归后，以航标和镇妖为目的，邀众并奏请朝廷拨款建塔。该塔始建至今已有370年，虽屡遭风吹雷击，仍屹立如初，对于研究海南古塔的发展史提供了宝贵的实物资料。③

王弘诲墓：坐落在今富文乡九所墟东北约1公里的九所村之西侧，坐北朝南。王弘诲晚年致仕在家，明万历四十五年（1617年）病逝，朝廷派遣海南分巡提学副使戴熺谕葬。墓场约占地500平方米，主墓由雕石叠成，墓后雕刻图案精美，祭坊两则排列有石牛、石羊、石翁仲、石华表等。墓周围筑围墙并设墓门进出。墓右侧有王弘诲续弦刘宜人墓。"文化大革命"期间，王弘诲墓被破坏，墓石、墓碑及墓围

———————

① （清）于煌等纂修：乾隆《会同县志》卷三《建置志》及卷十《艺文志》，海南出版社2006年版，第40页、213页。

② 符策超：《海南文化史》，中国戏剧出版社2008年版，第91—92页。

③ 文昌市地方志编纂委员会编：《文昌县志》，方志出版社2000年版，第667页。

墙、墓门被拆除搬走，石牛、石羊、石翁仲、石华表也被砸碎或运走。1979 年，群众修复主墓，重新竖立墓碑。[①]

林士元墓：位于今国营金鸡岭农场十队东北 1 公里处，墓向南，占地面积 400 平方米。自南向北为神道、墓碑、墓丘。神道两侧有石虎、石马、石羊、石翁仲各一对。墓丘外表石砌，圆形，直径 5.50 米，高 1.40 米。墓碑残高 100 厘米、宽 80 厘米、厚 10 厘米，碑文漫漶不清。林士元，琼山卜通村人，明正德甲戌科（1514 年）进士，曾任南京户部给事中、湖广副使、广西参政，著有《学思子》等著作。[②]

龙梅村八角殿（王氏宗祠）：位于今雷鸣镇龙梅村，坐东北向西南。建于明代万历年间，为南京礼部尚书王弘诲创建，明末曾毁于盗焚，清康熙年间重修。八角殿乃王氏宗祠前殿。王氏宗祠由山门、八角殿、正殿、二侧庑廊组成。今山门、庑廊坍塌，仅存八角殿和正殿。八角殿重檐歇山式顶；正殿进深 3 间，面宽 5 间，悬山式顶。80 年代、90 年代均进行了维修。祠里存有清代匾额及现代名人题额多块，1994 年列为省级文物保护单位。[③]

文笔峰塔：处在澄迈县老城镇文大村北 2 公里，位于距海面 150 米的滨海台地上。为四方形九层堆砌式塔，坐西北向东南，前向磁方位 156 度，背海面陆而设。通高 11 米，为方形石块干垒结构，地基为玄武岩风化残积土。明崇祯六年（1633 年）文大村建造。

本塔无塔基部分，塔身直接建造于地基土之上。

塔身为实心，四方形，底层边长 4.0×4.0 米，每层出檐 20 厘米，收缩 30—40 厘米，层层拔尖，至顶层呈尖顶状。第四层正前方嵌设石刻楷书"文笔峰"塔名匾额；第三层正前方砌设一拱形小龛，不供奉何物；第二层四棱角雕置四个武神像为饰。

---

① 海南省地方志编纂委员会编：《定安县志》，海南出版社 2007 年版，第 913 页。

② 海南省地方志编纂委员会编：《定安县志》，海南出版社 2007 年版，第 913 页。

③ 海南省地方志编纂委员会编：《定安县志》，海南出版社 2007 年版，第 920 页。

本塔无塔刹结构。顶层第九层之上，砌方形石块收结，代为塔刹。

本塔建构粗犷简朴而气派俨然，系乡村文峰塔，兼有引航护渔功能。①

青云塔：位于万宁市万城镇东南郊山尾岭上，与东山岭相对峙。为八角形七层楼阁式塔，通高 30 米，坐东向西，前向磁方位 290 度。砖砌结构，地基为花岗岩露头。明万历年间在任知县修建，后毁废；清道光三年（1823 年）万州绅士和群众捐资重建；1939 年遭侵琼日寇炮轰，毁损一角，塔身岿然不动；1987 年将毁损部分修复。原建为文魁塔，重建后为景观塔。系侵华日军罪行的见证塔。为万宁市市级文物保护单位。

本塔无塔基部分，塔身直接修建于花岗岩露头上。

塔身分七层，首层直径 6.8 米，前、左、右三方开门通塔外，前门上方嵌石雕"青云塔"塔名匾额。首层砖砌叠涩出檐 0.7 米，向上逐层收缩。

塔身第二层至顶层第七层，共设 10 个拱门通塔身外，开设拱门的层位为：后天卦向乾方第六层；坎方第七层；艮方第二层、第七层；震方第四层；巽方第六层；离方第四层、第六层；坤方无门通外：兑方第三层、第五层，次层以上设此十门通塔身外。塔身各层八方外墙，凡没有设拱门通塔身外的，均砖砌"假拱门"模样作装饰。

塔内中空，有砖砌环形层体，并有螺旋形步级通上塔顶，可登顶眺望。

塔刹下部为拱顶刹基，上为硕大葫芦形刹体，刹顶有损。②

---

① 王哲贵编：《琼州古塔与科学风水》，海南出版社 2006 年版，第 66 页。
② 王哲贵编：《琼州古塔与科学风水》，海南出版社 2006 年版，第 38 页。

第八章 明代海南的自然灾害

自然灾害自古以来是人类的大敌，它破坏人类赖以生存的生态环境，直接造成人民生命财产的重大损失。海南四面环海，是自然灾害频发地，主要灾害有热带气旋、洪水、风暴潮、干旱、龙卷风、冰雹、地震、虫灾等。这些灾难的发生，往往产生连锁性的反应，如地震——海啸——暴潮的连锁性反应，构成了一个个灾害链。台风及暴潮的灾害，往往范围广，灾情重，造成生态环境的严重破坏。

第一节 明代各县自然灾害记录

明代在各类地方志中对自然灾害的记载，已较前代详细。1994 年海南出版社出版了陈寒松主编的《海南省千年自然灾害史料集》，集中采摘各类志书的资料，并加以类型整理，汇编成书，内容丰富，条目清晰，极具参考价值与历史价值。但遗憾的是，书中没注明材料出处。现参阅该书及其他志书材料列表如下。

表 8-1 明朝各县风灾记录表

发生年代	地点	灾情摘录	文献出处
永乐二十一年（1423年）	琼州（琼山县）	秋八月，琼州飓风暴雨海水涌溢，漂没庐舍孳畜，居民溺死五十二人。	道光《琼州府志》卷四十二《杂志》
宣德六年（1431年）	儋州	儋州飓风大雨，昼夜不止，洪水溺溢，溺死者众。	道光《琼州府志》卷四十二《杂志》；民国《儋州志》卷十六《杂志》
	临高县	飓风夹雷雨，彻昼夜不息，后四日，山洪水怒溢，溺死人民，淹没癬宇。	光绪《临高县志》卷三《舆地类·灾祥》又《明实录·宣宗实录》卷八〇
天顺二年（1458年）	琼山县	夏四月，九龙见于郡西，云数色浮之。少顷，下绞琼山县，仪门尽毁。绞死一妇，尸肉分散。转东北至白沙，民人吴振等家具漂荡。时蜻蜓随飞者万万计。	道光《琼州府志》卷四十二《杂志》；万历《琼州府志》卷十二《杂志》；民国《琼山县志》卷二十八《杂志》
	琼州（琼山县）	七月十六日，飓风大发，毁屋拔木，牛马俱倒，声响如雷，昼夜不息。	道光《琼州府志》卷四十二《杂志》；咸丰《琼山县志》卷二十九《杂志》；民国《琼山县志》卷二十八《杂志》
		七月十六日，飓风大发，飞瓦屋倒，伤人牛马，立不安足，行人不能举步。声响如雷，昼夜不息。	正德《琼台志》卷四十一《纪异·灾异》
	临高县	七月十六日，飓风大作，声响如雷，昼三夜不息。	光绪《临高县志》卷三《舆地类·灾祥》
弘治十三年（1500年）	临高县	五月飓风作，八月复作，淋雨经月不息，潮水注涨，田禾殆尽。	光绪《临高县志》卷三《舆地类·灾祥》
弘治十四年（1501年）	琼山县	闰七月，飓风潮溢，平地水高七尺。	咸丰《琼山县志》卷二十九《杂志》；万历《琼州府志》卷十二《杂志》；民国《琼山县志》卷二十八《杂志》

发生年代	地点	灾情摘录	文献出处
弘治十七年（1504年）	琼山县	五月初六，飓风大作，八月复作，淫雨不止，水泛涨，田禾俱损，次年大饥。	光绪《定安县志》卷十《杂志·灾祥》；民国《琼山县志》卷二十八《杂志》
	定安县	夏五月，飓风。	康熙《定安县志》卷一《灾异》；光绪《定安县志》卷十《杂志》；宣统《定安县志》卷十《杂志》
正德三年（1508年）	乐会县（今琼海县）	七月，乐会县大风，海溢数十里。	《琼海县志》第六章《自然灾害》
正德十年（1515年）	琼山县	八月二十八日，疾风自东北至琼山，沟涧田沼，水随风卷西南方一带，平地水深三尺，坡岸俱溢。	道光《琼州府志》卷四十二《杂志》；咸丰《琼山县志》卷十九《杂志》；民国《琼山县志》卷二十八《杂志》
嘉靖三年（1524年）	乐会县万州	七月，乐会、万州大风，海溢数十里。万州飓风大作，雨下如注，民屋十仅存一，舟漂陆二三里，浮苴浮于木末，父老谓从古未有。	道光《琼州府志》卷四十二《杂志》
	万州	三年甲申七月，飓风雨如莿，挟风而来，飘瓦拔木，坏墙屋，伤禾稼。	道光《万州志》卷七《前事略》
嘉靖十九年（1540年）	乐会县	六月，乐会大风雨，空中火光如炬。	道光《琼州府志》卷四十二《杂志》；乾隆《琼州府志》卷十《杂志》
嘉靖二十年（1541年）	琼山县	九月大风，宫室毁圮，草木摧折殆尽，是岁大饥。明年如期而作，岁复饥。	咸丰《琼山县志》卷二十九《杂志》；民国《琼山县志》卷二十八《杂志》
嘉靖二十九年（1550年）	文昌县	飓风大作，官廨，民舍尽圮，文庙独存。	咸丰《文昌县志》卷十六《杂志·灾祥》；康熙《文昌县志·灾祥》卷九《杂志》；民国《文昌县志》卷十《杂志·灾祥》
嘉靖四十五年（1566年）	会同县	飓风大作，树木尽折。	乾隆《会同县志》卷九《杂志》；嘉庆《会同县志》卷八《杂志》；《琼海县志》
	琼东县	飓风大作，树木尽折。	《琼东县志》卷十《纪实》

续表

发生年代	地点	灾情摘录	文献出处
隆庆六年（1572年）	万州（万宁）	秋七月，大飓风，海水溢坏州治、儒学。时七月二十二日，飓风大作。风中有火星飞散，拔木坏屋，州厅倒塌压死十余人。儒学圣殿、学署尽倾圮，海水涨溢，民溺水死者不可胜数。岁大饥。	道光《万州志》卷七《前事略》
万历十九年（1591年）	定安县	八月铁飓，坏屋拔木。	康熙《定安县志》卷一《灾异》；光绪《定安县志》卷十《杂志》；宣统《定安县志》卷十《杂志》
万历四十四年（1616年）	琼山县	飓风大作，坏屋拔木殆尽。七月飓风大作。	乾隆《琼山县志》卷九《杂志》；民国《琼山县志》卷二十八《杂志》
	乐会县	七月，飓风坏屋，拔木殆尽。	宣统《乐会县志》卷八《杂录》；道光《琼州府志》卷四十二《杂志》
万历四十六年（1618年）	乐会县	飓风大作，大雨连月，城市行舟。	道光《琼州府志》卷四十二《杂志》
	会同县	飓风屡作，淫雨数月，树木多折，禾尽浸伤。	乾隆《会同县志》卷九《杂志》；嘉庆《会同县志》卷十《杂志》
天启七年（1627年）	临高县	九月霜降，后数日，飓风尤大作，摧垣拔屋，民庐舍无一完者，土人谓之"铁飓"。临俗霜降，后从无飓风之患，故以为实。	光绪《临高县志》卷三《舆地类》
	琼山县	九月霜降，后飓风大作，摧屋折木，琼人谓之铁飓。	民国《琼山县志》卷二十八《杂志》
崇祯五年（1632年）	临高县	夏六月二十八日，飓风大作，人、牛、马不安足，海溢，没庐舍，伤禾稼。	光绪《临高县志》卷三《舆地类》

表8-2　明代各县水灾记录表

发生年代	地点	灾情摘录	文献出处
永乐十八年（1420年）	崖县	春三月，山水暴泛，冲决庄稼，漂人民，坏庐舍。朝廷遣官踏视，蠲租税。	光绪《崖州志》卷二十二《杂志》
	崖州宁远县	春三月，蠲崖州宁远县租税。山水暴泛，冲决田稼，漂人民，坏庐舍。又遣官踏视民田，有不可耕者，宜改拨旁近闲田与之耕种。从之。	道光《琼州府志》卷四十二《杂志》
永乐二十一年（1423年）	琼山县	秋八月，飓风暴雨，海水涌溢，淹没庐舍孳畜，居民溺死五十二人。	道光《琼州府志》卷四十二《杂志》
成化二年（1466年）	定安县	七月，淫雨江涨，漂没民舍，田禾殆尽。	康熙《定安县志》卷一《灾异》；宣统《定安县志》卷十《杂志》；光绪《定安县志》卷十《杂志》
	琼山县	秋大潦，漂流民屋。	民国《琼山县志》卷二十八《杂志》
弘治十三年（1500年）	临高县	秋大涝，漂没民庐舍，八月夏作，淋雨，经月不息，潮水泛涨，田禾殆尽，次年饥。	光绪《临高县志》卷三《舆地类》
	儋县	秋大涝，漂流民屋。	民国《儋县志》卷十八《杂志》
	琼山县	秋大涝，漂流民屋。	民国《琼山县志》卷二十八《杂志》
弘治十四年（1501年）	定安县	夏，淫雨，洪水涨，民舍漂。	康熙《定安县志》卷一《灾异》；宣统《定安县志》卷十《杂志》；光绪《定安县志》卷十《杂志》
弘治十五年（1502年）	琼山县	八月，淫雨连月，九月，洪水涨溢，房屋飘荡，人畜溺死者千计，环城民舍墙垣倾圮殆尽。	咸丰《琼山县志》卷二十九《杂志》
弘治十七年（1504年）	琼山县	八月淫雨，水涨伤稼。	民国《琼山县志》卷二十八《杂志》
	定安县	八月霖雨，洪水荡禾。	康熙《定安县志》卷一《灾异》；宣统《定安县志》卷十《杂志》；光绪《定安县志》卷十《杂志》

续表

发生年代	地点	灾情摘录	文献出处
正德十年（1515年）	临高县	秋九月，淫雨匝月，江水泛滥，漂民居，牲畜，城东门不开通。	光绪《临高县志》卷三《舆地类》
正德十五年（1520年）	琼州	闰八月，五色云见于城西，淫雨连月。九月，洪水涨溢，琼、澄、临、定四县房屋漂荡，人畜溺死者千计，坏城民舍，墙垣倾圮殆尽。	正德《琼台志》卷四十一；道光《琼州府志》卷四十二《杂志》；民国《琼山县志》卷二十八《杂志》；万历《琼州府志》卷十二《杂志》
	定安县	九月，大水，淫雨。十八夜，大涨，滨江民舍漂荡殆尽，死数百人。	康熙《定安县志》卷一《灾异》；宣统《定安县志》卷十《杂志》；光绪《定安县志》卷十《杂志》
	澄迈县	秋间，淫雨连月，至九月十九夜，大水涨溢，数日乃消。自琼至澄，房屋畜产漂荡，人溺死者几千，公宇民房倾坏殆尽。	康熙《澄迈县志》卷九《杂志》；嘉庆《澄迈县志》卷十《杂志》；光绪《澄迈县志》卷十二《杂志》；道光《琼州府志》卷四十二《杂志》
嘉靖四年（1525年）	会同县	大水，申请蠲免田租。	万历《琼州府志》卷十二《杂志》
嘉靖八年（1529年）	万宁县	秋，淫雨。	道光《万州志》卷七《前事略》
	临高县	夏六月，积雨二十日，漂民居舍，伤禾稼。	光绪《临高县志》卷三《舆地类·灾祥》
	儋县	六月初三日，儋州大雨，初四日巳时，水涨，城没七尺，军民房屋、财富尽为漂流，死者无算。	道光《琼州府志》卷四十二《杂志》；万历《琼州府志》卷十二《杂志》
嘉靖十一年（1532年）	定安县	秋八月，大霖雨，连二十五日，损伤田禾，公私房屋尽坏。	康熙《定安县志》卷一《灾异》；宣统《定安县志》卷十《杂志》；光绪《定安县志》卷十《杂志》
嘉靖十三年（1534年）	定安县	秋八月，大雨连月，禾秕民饥。	康熙《定安县志》卷一《灾异》；宣统《定安县志》卷十《杂志》；光绪《定安县志》卷十《杂志》
嘉靖十九年（1540年）	万宁县	大水，溺死者数百人。	道光《万州志》卷七《前事略》

发生年代	地点	灾情摘录	文献出处
万历元年（1573年）	定安县	二月，异常大鸟飞集县衙，霖雨随至，城崩三百六十丈。	康熙《定安县志》卷一《灾异》；宣统《定安县志》卷十《杂志》；光绪《定安县志》卷十《杂志》
万历十一年（1583年）	文昌县	水骤涨数丈，海滨人畜多淹溺。	康熙《文昌县志》卷九《杂志》；咸丰《文昌县志》卷十六《杂志》；民国《文昌县志》卷十《杂志》
万历十二年（1584年）	琼东县	大水，崩陷城池。	乾隆《会同县志》卷九《杂志》；《琼东县志》卷十《纪实》
万历十三年（1585年）	临高县	九月，淫雨累月，水势如翻海，人畜漂流，死者以千计。	光绪《临高县志》卷三《舆地类》
	定安县	闰九月，大水灾，淫雨半月，水涨滔天，山崩岸裂，淹木伤屋，沿江居民死者无数，中街作桴行，东江水中，猪犬浮者万计。	康熙《定安县志》卷一《灾异》；宣统《定安县志》卷十《杂志》；光绪《定安县志》卷十《杂志》
	琼山县	九月，大雨连旬，水势如海，漂流人畜以万计。	咸丰《琼山县志》卷二十九《杂志》；民国《琼山县志》卷二十八《杂志》
	澄迈县	八、九、十月，连雨，大水涨溢，自澄瀑布潭抵琼博冲，居民近河者，房屋畜产漂荡，人溺死无算，田埂没数顷。	康熙《澄迈县志》卷九《杂志》；嘉庆《澄迈县志》卷十《杂志》；光绪《澄迈县志》卷十《杂志》
	文昌县	九月，淫雨十日，水至城堞，漂荡民舍，溺死者众。铜鼓山崩一角。	康熙《文昌县志》卷九《杂志》；咸丰《文昌县志》卷十六《杂志》；民国《文昌县志》卷十《杂志》
万历二十三年（1595年）	儋县	六月二十三日，大雨，水涨入城，漂荡民舍、田禾。	民国《儋州志》卷十八《杂志》
万历四十四年（1616年）	琼东县	七月二十日，飓风大作，坏屋折树。	《琼东县志》卷十《纪实》

续表

发生年代	地点	灾情摘录	文献出处
万历四十六年（1618年）	儋县	淫雨数月，禾尽浸伤。	道光《琼州府志》卷四十二《杂志》
	乐会县	大雨连月，城市行舟。	宣统《乐会县志》卷八《杂志》；道光《琼州府志》卷四十二《杂志》
	琼东县	飓风屡作，淫雨数月，树木多折，禾尽浸伤。	《琼东县志》卷十《纪实》
万历四十八年（1620年）	定安县	秋大水，蝗，冬大饥，本年小熟得收及将收大熟，一月之内，又复连作大水七次，飞蝗满地，禾稼一空。	光绪《定安县志》卷十《杂志》；宣统《定安县志》卷十《杂志》
天启元年（1621年）	定安县	八月，大水，江涨较乙酉年（1585年）只差一尺。	康熙《定安县志》卷一《灾异》；宣统《定安县志》卷十《杂志》；光绪《定安县志》卷十《杂志》
天启四年（1624年）	文昌县	秋九月，淫雨，水溢伤庄稼，人畜多有淹死者。	康熙《文昌县志》卷九《杂志》；咸丰《文昌县志》卷十六《杂志》；民国《文昌县志》卷十《杂志》
崇祯十六年（1643年）	定安县	十六年雨雹。	康熙《定安县志》卷一《灾异》；宣统《定安县志》卷十《杂志》；光绪《定安县志》卷十《杂志》

表 8-3　明代各县旱灾记录表

发生年代	地点	灾情摘录	文献出处
永乐元年（1403年）	临高县	旱，七月大旱。	光绪《临高县志》卷三《舆地类》
	琼山县	大旱。	咸丰《琼山县志》卷二十九《杂志》
永乐二年（1404年）	琼山县	大旱。六月蝗。	咸丰《琼山县志》卷二十九《杂志》
永乐七年（1409年）	琼山县	大旱。	咸丰《琼山县志》卷二十九《杂志》
宣德九年（1434年）	文昌县	年荒。	民国《文昌县志》卷十《杂志》

发生年代	地点	灾情摘录	文献出处
弘治十三年（1522年）	临高县	春大旱。	光绪《临高县志》卷三《舆地类》
	琼山县	春大旱。	咸丰《文昌县志》卷二十九《杂志》
	儋县	春大旱。	民国《儋州志》卷十八《杂志》
嘉靖元年（1522年）	文昌县	大荒。	康熙《文昌县志》卷九《杂志》；咸丰《文昌县志》卷十六《杂志》；民国《文昌县志》卷十《杂志》
嘉靖七年（1528年）	崖县	十月旱，民大饥。	乾隆《崖州志》卷九《灾祥志》；万历《琼州府志》卷十二《杂志》；光绪《崖州志》卷二十二《杂志》
	乐会县	旱大饥。	宣统《乐会县志》卷八《杂录·祥异》；道光《琼州府志》卷四十二《杂志》
嘉靖八年（1529年）	万宁县	大旱，自春历夏，田禾枯焦。	道光《万州志》卷七《前事略》
嘉靖九年（1530年）	万宁县	又旱。	道光《万州志》卷七《前事略》
嘉靖二十二年（1543年）	临高县	大旱，蝗伤稼，民饥。	光绪《临高县志》卷三《舆地类》
嘉靖三十四年（1555年）	琼东县	大旱，自九月不雨，至次年秋乃雨。	《琼东县志》卷十《纪实》
万历二年（1574年）	文昌县	大旱。	咸丰《文昌县志》卷十六《杂志》；民国《文昌县志》卷十《杂志》
万历六年（1578年）	文昌县	大旱。	康熙《文昌县志》卷九《杂志》；咸丰《文昌县志》卷十六《杂志》；民国《文昌县志》卷十《杂志》
万历二十三年（1595年）	儋县	儋州旱，饥。	民国《儋县志》卷十八《杂志》

续表

发生年代	地点	灾情摘录	文献出处
万历二十四年（1596年）	琼山县	秋冬大旱，斗米银一两八分，民多饥死。	乾隆《琼山县志》卷九《杂志》；民国《琼山县志》卷二十八《杂志》
万历二十六年（1598年）	文昌县	大旱。	康熙《文昌县志》卷九《杂志》；咸丰《文昌县志》卷十六《杂志》；民国《文昌县志》卷十《杂志》
万历三十五年（1607年）	澄迈县	十月至次年无雨，二熟俱失收，斗米价高一钱有奇。皆仰济于高、雷二处之米。	康熙《澄迈县志》卷九《杂志》；嘉庆《澄迈县志》卷十《杂志》；光绪《澄迈县志》卷十二《杂志》
万历三十六年（1608年）	万宁县	旱，岁饥。知州事辜志会捐俸济饥民，兼劝富室施粥共济之。时斗米值钱一两，民半饥饿死半流离。	道光《万州志》卷七《前事略》
万历三十六年（1608年）	定安县	大旱，自八月至己酉（1609年）八月止，田禾俱失收，斗米银一两有奇，民多流离饿死，幸有海北米来济。	康熙《定安县志》卷一《灾异》；宣统《定安县志》卷十《杂志》；光绪《定安县志》卷十《杂志》
万历三十八年（1610年）	文昌县	旱，自四月至八月始雨。	康熙《文昌县志》卷九《杂志》；咸丰《文昌县志》卷十六《杂志》；民国《文昌县志》卷十《杂志》
万历四十六年（1618年）	琼山县	三月初四，郡（琼山县）旱，祷雨。	民国《琼山县志》卷二十八《杂志》；乾隆《琼山县志》卷九《杂志》；万历《琼州府志》卷十二《杂志》
崇祯十年（1637年）	乐会县	乐会山中，熊出无算，奔突各乡，捕获者百余。以熊火为旱征，自是频年大旱。	宣统《乐会县志》卷八《杂录·祥异》；道光《琼州府志》卷四十二《杂志》
崇祯十一年（1638年）	琼东县	九月至十三年夏大旱，具前塘水尽涸，河溪断流。	《琼东县志》卷十《纪实》；嘉庆《会同县志》卷十《杂志》
崇祯十二年（1639年）	临高县	正月至七月不雨，田禾枯槁，斗米钱至千五百。	光绪《临高县志》卷三《舆地类》

发生年代	地点	灾情摘录	文献出处
崇祯十三年（1640年）	文昌县	十二年，十三年荒旱，斗米银二两，乞采海北。风涛时阻，人多采食异物，如甜粮、山豆、莳茛之类，有致肿死者。	康熙《文昌县志》卷九《杂志》；咸丰《文昌县志》卷十六《杂志》；民国《文昌县志》卷十《杂志》
崇祯十七年（1644年）	定安县	亢旱，次年春，斗米银一钱。	康熙《定安县志》卷一《灾异》；宣统《定安县志》卷十《杂志》；光绪《定安志》卷十《杂志》

表 8-4　明代各县冰雹记录表

发生年代	地点	灾情摘录	文献出处
天顺五年（1461年）	琼山县	闰二月雨雹，大如斗。	道光《琼州府志》卷四十二《杂志》
正德十五年（1520年）	临高县	雨雹，其初如弹丸，渐大如臼，杀人畜数不胜计。	光绪《临高县志》卷三《舆地类》
嘉靖四年（1525年）	乐会县	大雨雹。	宣统《乐会县志》卷八《杂录·祥异》；道光《琼州府志》卷四十二《杂志》
嘉靖十九年（1540年）	临高县	大雨雹，大者如车轮，小者如弹丸，坠死人畜，不可胜纪。	光绪《临高县志》卷三《舆地类》
万历四十六年（1618年）	琼山县	三月初四末时，有云从西南至，雨皆雹大如鹅卵，申时方止。	万历《琼州府志》卷十二《杂志》；道光《琼州府志》卷四十二《杂志》
崇祯十四年（1641年）	澄迈县	二月大雨，雹如鸡卵，弹子，碎屋瓦，毙耕牛，飞鸟多死。	光绪《澄迈县志》卷十二《杂志》
崇祯十六年（1643年）	琼东县	雨雹，有大如斗者。	《琼东县志》卷十《纪实》
	会同县	雨雹，有大如斗者。	乾隆《会同县志》卷九《杂志》
	定安县	雨雹，四月中午时两日相斗。	康熙《定安县志》卷一《灾异》；宣统《定安县志》卷十《杂志》；光绪《定安县志》卷十《杂志》

表8-5　明代各县潮灾记录表

发生年代	地点	灾情摘录	文献出处
永乐二十二年（1424年）	琼州	秋八月，琼州府飓风暴雨，海水涌溢，淫没庐舍孳畜，居民溺死五十二人。	民国《琼山县志》卷二十八《杂志》；咸丰《琼山县志》卷二十九《杂志》
弘治十三年（1500年）	临高县	八月，霖雨经月不息，潮水泛涨，杀田禾殆尽。次年饥。	光绪《临高县志》卷三《舆地类》
弘治十四年（1501年）	琼山县	闰七月，琼州飓风，潮溢，平地水高七尺。	咸丰《琼山县志》卷二十九《杂志》
嘉靖三年（1524年）	乐会县 万宁县	七月，乐会，万州大风，海溢数十里。	宣统《乐会县志》卷八《杂录·祥异附》；道光《琼州府志》卷四十二《杂志》
万历六年（1578年）	文昌县	潮溢，溪井尽减，汲者苦之。	康熙《文昌县志》卷九《杂志》
	万州	秋七月，大飓风，海水溢坏州治、儒学。	道光《万州志》卷七《前事略》
崇祯五年（1632年）	临高县	六月，临高飓风，海涨没庐舍，伤禾稼。	光绪《临高县志》卷三《舆地类》

第二节　明代各县地震灾害记录

明代海南的地震共十七次，其中以万历三十三年（1605年）大地震灾难最大，共五个县同时发生，文昌县南五图有村平地忽陷成海，各县大地震时有声如雷，海沙崩裂，连震数日，死者数千计。

万历三十三年（1605年）的海南大地震，是一次空前的大灾难，至今沉落的海底村仍留下历史的遗迹。万历《琼州府志》载："三十三年五月二十八日亥时，地大震，自东北起，声响如雷，公署、民房崩倒殆尽，郡城中压死者几千。地裂，水沙涌出，南湖水深三尺，田地陷没者不可胜计。调塘等都田沉成海计若干顷。二十九日午时，复大震，以后不时震响不止。"①

当时，署府事同知吴樻申文，详述当时灾难实情，留下了历史的记录：

> 琼州府为异常地变，浃旬转甚，城郭丘墟，人民伤死，田地庐舍裂陷崩阤，远近灾怪叠生，官民汹惧无措……琼州府自五月二十八日亥时忽然震动，初如奔车之辗，继如风樯之颠，腾腾掣掣若困盘涡，若遭拆轴，寐者魂惊，醒者魄散。须臾之倾，屋倒墙颓，幸生者裸体带伤而露立，横死者溘焉碎骨以如泥。职覆压中偷存喘息，犹以为公廨中之偶难耳，旋闻哭声喊声喧传远近，始知城内外一时俱灾矣。少选传城东门为流沙壅闭矣。再传望云楼忽没不见，而四门无睥睨之旧观矣。达曙，徒跣奔祷于文庙、城隍庙、社稷坛及各神祠，则又见金碧威仪荡然渐败，而明昌塔且斩焉如截矣。及查视东门内外一带，则裂坼十余处，而海口所裂陷最多。总总居民，死者死，徒者徒，而人烟且断绝矣。及查各乡村，则陵谷变易，鸡犬寂寞，伋离死丧，父子茫然，而田苗之青青者且为黄沙掩，而引螺乘木且从中迸起矣。尸骸枕籍，腥血熏沾，触目摧心，恸哭流涕。职犹以为一方偶难耳，随即斋戒修省，捐俸赈给，清刑狱，戢抢掠，平米谷之价、禁排夫之借，令其毋信讹言，毋轻移徙，自力葺补，阐闾存闾活，以需上恩蠲赈，庶几调剂万一。岂知东西州邑同是遭罹，颠倒死伤，处处大变。所可骇者，莫如烈楼都之雨血，所可伤者，莫如狶豕之攫人。缕缕怪异，不能枚举。②

以上是吴樻申文的摘录，从吴樻的叙述中，可知这次琼州大地震的惨重程度。这次地震震中在北纬 19°59′，东经 110°28′。受灾最严重的是琼山、澄迈、文昌、临高 4 个县，其次是定安、琼东、万宁等县，幅度平均 2.5—3.5 米，最大超过 7 米。大地震导致琼州北部沿

---

① （明）戴熺、欧阳灿总裁，蔡光前等纂修：万历《琼州府志》卷十二《杂志》，海南出版社 2003 年版，第 927 页。

② （明）戴熺、欧阳灿总裁，蔡光前等纂修：万历《琼州府志》卷十二《杂志》，海南出版社 2003 年版，第 928 页。

海的文昌县铺前，琼山县曲口、塔市，澄迈县北海岸，临高县马袅港滨海盐田等地，面积宽达100多平方公里的陆地陷落成海，使数十处村庄被海水淹没，至今仍保存有较为完整的遗物。潮退时，在琼山县塔市、曲口至铺前湾沿海海面上，可以隐约看到海底的地震遗迹、古村庄的废墟。有断壁、残垣、牌坊、芳碑、井口、巨磨、石臼、墓丘、石椁，以及砖瓦、陶瓷碎片等等。这次琼州大地震，震级7.5级，极震区最大裂度达10度，震源深度15公里，地面一次垂直升降幅度最大达3—4米，共有72个村庄在这次地震中沉海，伤亡人数无法记载。这是海南历史上最大的一次地震，因地震而形成的海底村庄，成为国内唯一的地震陆陷成海遗址。陆陷成海遗墟的分布达百余平方公里，大地震有感范围颇广，北部跨越南岭至湖南临武、广西桂林，东北至粤东、惠来、潮州（海阳）一带。如今，海口东寨港、铺前港、北创湾、东营港，以及海口长流、临高马袅一带茫茫海面就是当年大地震的遗物。

　　1976年在东寨港退潮后的潮间带海底发现大片陆陷成海的房屋、水井、坟墓及人类各种活动废墟，有残存的大量砖瓦、石臼、硬币等，当地潮差约为1.5米，涨潮时这些废墟全部被海水所淹。根据民间访问调查，结合上述家谱、族谱记载和对文物的识别鉴定可知这些废墟是琼山大地震快速沉陷和大地震后至今缓慢沉陷综合造成的。不同时期的调查证实，由于大地震后处极震区的东寨港地区继续长期以较高速率缓慢下沉，一些废墟已陷入更深的海底，大量已被其后沉积的淤泥覆盖。

表 8-6　明代各县地震记录表

发生年代	地点	灾情摘录	文献出处
成化五年（1469年）	儋县	十一月，儋州地震。	民国《儋县志》卷十八《杂志》
	临高县	十一月地震，响彻陵谷，是年大饥，斗米钱千。	光绪《临高县志》卷三《舆地类》
弘治四年（1491年）	万州	十月辛酉，广东万州地震，有声如雷。	《明实录·孝宗实录》卷五十六

续表

发生年代	地点	灾情摘录	文献出处
嘉靖二年（1523年）	乐会县	乐会地震，声响如雷，民谓大将军至，奔走数月乃定。	宣统《乐会县志》卷八《杂录·祥异附》；道光《琼州府志》卷四十二《杂志》
嘉靖三年（1524年）	琼东县	三月初二日夜地震。	《琼东县志》卷十《纪实》
	儋州、会同县、乐会县	三月初二日，儋州（儋县）、会同、乐会同时地震，乐会虹潭岭崩十余丈。	宣统《乐会县志》卷八《杂志·祥异附》；道光《琼州府志》卷四十二《杂志》
	定安县	春二月十七日夜，地大震。	宣统《定安县志》卷十《杂志》；道光《琼州府志》卷四十二《杂志》
	崖县	二月十七日夜地震。	乾隆《崖州志》卷九《灾详志》；光绪《崖州志》卷二十二《杂志》
嘉靖五年（1526年）	万宁县	地震，是年地震三次。	道光《万州志》卷七《前事略》
万历三年（1575年）	万宁县	春三月地震。	道光《万州志》卷七《前事略》
万历十五年（1587年）	定安县	地震，空中大响数百里。	康熙《定安县志》卷一《灾异》；宣统《定安县志》卷十《杂志》；光绪《定安县志》卷十《杂志》
万历二十年（1592年）	澄迈县	二月廿七日午时地震。	康熙《澄迈县志》卷三《纪实》
万历二十二年（1594年）	临高县	春二月地震	光绪《临高县志》卷三《舆地类》
	万宁县	二月丙时地震，申时又大震，其日未详。	道光《万州志》卷七《前事略》
	定安县	二月十七日地震，九月又震。	康熙《定安县志》卷一《灾异》；宣统《定安县志》卷十《杂志》；光绪《定安县志》卷十《杂志》
万历二十三年（1595年）	儋县	五月初八日地震，经月不止。	民国《儋县志》卷十八《杂志》
万历二十六年（1598年）	定安县	六月二十三日午夜地震，日有白蝶飞遍城，皆南飞。又有熊出古爽市。	康熙《定安县志》卷一《灾异》；宣统《定安县志》卷十《杂志》；光绪《定安县志》卷十《杂志》

续表

发生年代	地点	灾情摘录	文献出处
万历三十一年（1603年）	万宁县	八月二十三日未时地震，二十六日辰时又震。	道光《万州志》卷七《前事略》
万历三十二年（1604年）	琼东县	五月二十八日夜，地震，声如雷，屋坏，山崩，人物陷伤。	《琼东县志》卷十《杂志》
	会同县	五月二十八日夜，地震，声如雷，屋坏山崩，人物陷伤。	乾隆《会同县志》卷九《纪灾》
万历三十三年（1605年）	万宁县	夏，地大震，裂涌出水沙数尺，事属五月二十八日夜。	道光《万州志》卷七《前事略》
	澄迈县	五月二十八日夜，亥时地大震，有声如雷，海沙崩裂，或深至一丈见水，高岸成谷，深谷为陵，宇居坊表，倾塌殆尽，人死数百，连震数月不止。	康熙《澄迈县志》卷九《杂志》；嘉庆《澄迈县志》卷十《杂志》；光绪《澄迈县志》卷十二《杂志》
	临高县	夏，五月二十八日地大震三日夜，城垣、学官、民舍尽圮，近海地多龟裂，马袅盐田没于海，损课额过半，七月初四日又震，八月十一日复震。	光绪《临高县志》卷三《舆地类》
	定安县	五月二十八日午夜地震，声响如雷，民房、廨宇、坊表崩坏大半，其后不分昼夜，相续而震者经年，海滨州邑较定安尤甚。	康熙《定安县志》卷一《灾异》；宣统《定安县志》卷十《杂志》；光绪《定安县志》卷十《杂志》
	琼山县	五月二十八日亥时地震，声如雷，官民房舍塌倒殆尽，郡城内死者数千人，地裂，沙水涌出，田地陷没者不可胜计，调塘等田沉海千顷。次日午时，复大震，数日乃止。	道光《琼州府志》卷四十二《杂志》；万历《琼州府志》卷十二《杂志》；康熙《琼山县志》卷九《杂志》
万历三十三年（1605年）	文昌县	五月二十八日地大震，官署、民舍尽毁，压伤人畜，南五图有村平地忽陷成海，连震数日。	民国《文昌县志》卷十《杂志》；咸丰《文昌县志》卷十六《杂志》；康熙《文昌县志》卷九《杂志》
	万州	地大震，裂涌出水沙数尺。	道光《万州志》卷七《前事略》
万历三十四年（1606年）	临高县	更四月，地震。	光绪《临高县志》卷三《舆地类》
	琼山县	乙巳三夏，地震异常，公署屋宇宾馆及中军、材官、厅事荡然倾圮。	邓钟《汉两伏波祠记》

续表

发生年代	地点	灾情摘录	文献出处
万历 四十二年 （1614年）	临高县	秋九月，地震。	光绪《临高县志》卷三《舆地类》
崇祯八年 （1635年）	文昌县	十二月十三日地震，二十六日再震，声如潮涌，居室摇动，宿鸟惊鸣。	民国《文昌县志》卷十《杂志》；咸丰《文昌县志》卷十六《杂志》；康熙《文昌县志》卷九《杂志》

关于明朝1605年地震，多年来地震学专家作了许多详细分析，现综合如下。

地震历来被封建王朝视为天地遗告的不祥之兆。1605年琼山大地震，当时琼州府共辖13个州，有7个州、县对琼山大地震有记载，其中琼山、文昌、澄迈、临高、定安、万州等州县均遭破坏，共他州县均未记载。

这是历史的一次最大的地震，震区范围极广，包括琼山县城和县治以南的南湖，县治以东和东南的顿林、调塘、演顺、丰华等都，此外，还有文昌县西北的五图。

Ⅸ度区包括文昌、澄迈和临高三县。前两处位于Ⅸ度区内，后者属Ⅷ度区内的Ⅸ异常点，见下图。

1605年7月13日琼山地震等震线图

资料来源：姚梅尹：《1605年琼山地震考》，载《华南地震》第四卷，1984年第3期。

万历三十三年（1605 年）地震状况，海南一些家谱均有记载，如：

琼山演海庞氏族谱（莲塘村庞连福收藏）：第七世渡琼始祖谓仲杨入居北洋演顺二图，因万历年间地震田沉，移上丰华莲塘村住，运气衰在明朝万历乙巳年，遭逢天地降灾临下大雨数日以致地陷泥消，则变成深阔广海，竟沉没一百余村庄，禽兽等物俱伤，坟茔一概归海，论其人民，十存一二命矣。

燕尾村陈氏家谱：九十八世文字派在明万历三十三年乙巳（1605年）一时地震村沉，凡居北洋者类皆沉溺散离难以相顾。

罗豆农场竹山村连氏族谱（连开深收藏）：宽公传下之后文，明万历年天灾地震桑田变为沧海，人物沉沦，逃亡散处，家乘沦落，昕公亦自明万历地震逃亡后不知踪迹，故先世失修。天知万历年间，地震田沉，一时走检避难，是以家谱散，吾本支先世居住琼山县罗林村、新溪门村、园银墩村、连家墩村等处，明万历年间地震田沉，溺水而亡者七十二村，一时外出者别住，逃生者移居，家乘沦亡有由然矣。历元至明万历年间，地震田沉溺水而亡者过半，散处各县各村不一，避难走险。

北港村招氏族谱（招芝风收藏）：相传二公渡琼，住琼山入籍调塘四，家于上田，今之石墩（即今在东寨港海中靠近曲口村的玄武岩小岛，又名浮水墩、上田墩、秀田墩）即其遗墟也，迨万历三十三年地震田沉，沧桑告变，以至若者沦亡，若者陷没，离居荡析，鳞图雁序之典，其尚可问乎。

岐山村北排郑氏家谱（郑心天收藏）：书棲琼字派计有八人，华祖外尚有七人仍以旧居，何以至今无存者？盖阅诸旧谱并闻之父老云：明万历三十三年五月间，演顺二图七十二村之地突然陷成河海，料其田窝各祖遭此沉沦之患者不为不多，此各祖所以不得其详也。明万历三十三年天祸演顺二图，其地震动，忽沉有七十二村，聚居者被所陷，外出者方免其殃。惨哉！山化海，为演顺无殊泽国，人变为鱼，田窝俱属波臣，噫，天实为之，谓之何哉，犹幸天未绝郑，子箕迁居程山，尚存际可、寓可、茂可三人，苟非箕公之力，而三人亦难活其命耳。

余则未详，其后亦半属地倾人沉之故也，统於是继先人之手泽闻当世之留传，知当年之受厄。

良田园村陈氏家谱（陈玉端收藏）：自七世至九世诸公，生逢明万历三十三年地陷成海，人溺深渊，谱牒随失，一切生庚派住葬地，不能详载。幸存炉、湮二公，聊记万一。

罗豆农场南洋村符氏家谱（符国园收藏）：十四代建聪次男福珊，进赘於苏，另置庄田是也，万历年间地震田沉后移南山居之再传。祖置海埠志卷首五十八页"沧海乃我祖之庄田也，缘明万历年间地震田沉倾塌七十二庄，崇祯豁粮"。

三江农场排沟村柳氏家谱（柳家和收藏）：五世德祥，祥公居在罗亭坡村（现东寨港东部罗亭坡小岛），因万历年间地崩田沉，谱根失落，坟茔失记，祖公考姓各氏失传，后移上园村。

三江公社道学村王氏家谱（王英法收藏）：十三世朱虑旌表於门谥曰：召济告致，后归家修辑，所置祭田牛角等坑，因万历乙巳年间地震田地崩陷成海，田未经豁地，十八世榜公三子敦礼，居调玉沟门牛角村，配林氏。字长启初，次启元，万历年间地震田沉，遗粮负累移过雷州。

云路村林氏家谱：迁移由新庄分居云路，明万历三十三年，东西桑田变海，域尽归荒渺，后人追其域不忍沿其名，故建天妃庙因名之。

此外还有演海王氏家谱（王寿章收藏）、演州陈氏家谱（陈加裔收藏）、演海田尾村施氏家谱等都记述这次地震陆陷成海的情况。

由上述地方志和民间家谱记载可以看出，琼州大地震在极震区具有明显的海岸快速下沉的特点，海水突然迅速涌入极限风暴潮也不能到达的内地，大面积地淹没村庄房屋、耕地和大量人畜，大量灾民来不及逃生便沉溺而亡，海岸遭严重破坏，也给当地先民带来沉重灾难。[①]

琼山地震是一次历史强震，宏观破坏最剧烈的地区位于琼山县城

---

① 徐起浩：《1605 年琼州大地震陆陷成海和可能的海啸》，载《海洋学报》，2007 年 5 月第 3 期。

及其以东与东南地区，以及文昌北部南五图等地，即两县界之间的东寨港一带。根据广东省地震局及国家地震局地球物理研究所郭钦华、丁原章、李群等专家的研究，认为1605年琼山地震的烈度为Ⅹ度，其主要论点如下。

1. 建筑物破坏严重，且分布较广

史料不仅记载了琼山县城内的公署、民房崩倒殆尽，还单独描述了县城内以及附近的县署、谯楼、府学、县学、天宁寺、关王庙、文昌祠、明昌塔和瑞云桥等不同类型建筑物倾圮倒塌的情况，并记述了远离县治数公里以至数十公里的迈容桥、新溪港、苍茂圩岸、后乐圩岸及长牵圩岸等工程的损坏事实，说明琼山县的破坏程度相当严重，而且范围比较广。

史料还对具体破坏程度作了进一步描述，如府学的"庙堂斋阁门庑半倾"，县学经"地震，积岁飓风，庙堂尽圮"。地震次年（万历三十四年）树立的《汉西伏波祠记》中，一方面阐明"地震异常，公署屋宇、宾馆及中军、材官、厅事茫然倾圮"，另一方面接着又写"爰即鸠工修葺，为之一新"。可见地震后不久，即完全修复。这些资料表明，琼山地震极震区的破坏现象与史料记述的我国其他地区历史地震造成的Ⅺ度破坏（如1556年陕西华县地震造成"无尺堵竖"）确有差异。同时，考虑到琼山、文昌等地迄今均未发现确切的较大规模的地面断错现象，故极震区烈度仍以取Ⅹ度为宜。

2. 有较大面积的地面沉陷现象

琼山地震时极震区有不少地点发生了地面沉陷。据史料记载，琼山县"田地陷没者不可胜计"，"调塘等都田沉成海，计若干顷"，"演顺都沉陷数十村"，"南五图有村忽陷成海"，说明地震效应比较强烈。如果以"地有陷落"作为Ⅸ度的现象，则琼山、文昌之间有较大范围而且为数"不可胜计"的地陷现象，表明当地地震烈度已经达Ⅹ度。这种情况与1536年四川西昌$7\frac{1}{4}$级地震的Ⅹ度区"西昌段氏之田，坍塌殆尽，化为沧海"大致相当。

第九章 明代海南重要人物简介

经过明以前诸朝代中原文化的浸润，有明一代，海南地方科举之风鼎盛，人才辈出，其中更不乏如丘濬、海瑞等在朝为官、青史留名之人。本章收录了明代海南重要人物49人，他们当中有的生于海南、长于海南，也有的对海南的发展起了重要作用。

1. 廖永忠

巢（今安徽巢县）人。楚国公廖永安的弟弟。他跟随廖永安在巢湖迎接明太祖朱元璋时，明太祖问他："你也想要富贵吗？"永忠回答说："得以侍奉贤明的君主，扫荡清除贼寇和作乱的军队，名垂千古，这是我的愿望啊。"太祖十分赞赏。

之后，永忠承袭兄长的职位，为枢密佥院，率领他的军队，转战其他州县，在安庆战斗中得胜，提升为中书省右丞。这以后又下南昌，在鄱阳湖大战，征讨陈友谅、陈理并获胜，太祖将"功超群将，智迈雄师"八字赐给他，悬挂在门上。任他为中书平章政事。

洪武元年（1368年）兼任了同知詹事院事一职。大略平定了闽中诸郡，到延平，攻破并活捉陈友定。不久又拜任为征南将军，让朱亮祖为副帅，从海路攻取广东。廖永忠事先发书信告诉元朝左丞相何真，使他知晓利害关系。何真当即呈上表请求归降。到东莞的时候，何真率官员和随从属官出城相迎。到广州时，他劝降卢左丞。擒捕海寇邵宗愚。传扬他的指示使九真、日南、朱厓、儋耳三十余城尽知，都缴纳官印请求归降。进而攻取广西，到梧州，降服了元朝的达鲁花赤拜住，两广都平定下来。永忠善于安抚，百姓感怀他的恩惠，为他立生祠。第二年九月，回到京师，太祖命令太子率百官在龙江迎接慰劳他。洪武三年（1370 年），跟随大将军徐达北征，攻克察罕脑儿。班师回朝，受封为德庆侯。之后又转战四川各地，廖永忠因为功劳大而取得封爵的奖励，明太祖传谕给诸将说："永忠在鄱阳湖战斗时，舍生忘死拒敌作战，可以说是奇男子。然而因为他亲近的儒生窥探我的心思，他要求封爵时，我才只封侯爵而不封他为公爵。"等到杨宪当宰相时，永忠与之相亲近。杨宪被诛杀，永忠凭借功劳大得以免罪。洪武八年（1375 年）三月，因超越本分采用龙凤等而获罪，被赐死，年五十三。①

2. 朱亮祖

庐州六安（今安徽霍山县北）人。元朝授予他义兵元帅。太祖攻克宁国，活捉了朱亮祖。太祖欣赏他的勇悍，赐给他金币，命他仍担任原职。数月后，朱亮祖又叛归元朝，后来又被太祖俘获。捆绑朱亮祖前来面见太祖，太祖问道："你说怎样处置你呢？"朱亮祖回答："活着就尽力，死就死了吧。"太祖认为他很有气魄，释放了他。朱亮祖积累功勋，被授予枢密院判。

洪武元年（1368 年），任征南副将军，和廖永忠率师从海道攻取广东，四月，太祖颁布诏书告谕各个郡县。洪武二年（1369 年），军队攻打雷州，声势威名所到之处，百姓皆相互奔走，听从告谕。只有乐会小踢峒峒长王观太留着兵马不解散。朱亮祖指挥耿天璧等率领大军抵达王观太所在之地，击败其部众。各峒熟黎出任官职附入本地户籍，缴纳贡赋，只有深峒的生黎还倚仗着险阻没有归附朝廷。返还琼州，朱亮祖安抚百姓，惩奸除恶，使当地民心安定团结，归附政府，军民恩威大施，海外地方安定和睦，到如今，朱亮祖依旧被称为朱参政。洪武三年（1370 年），封为永嘉侯。洪武八年（1375 年），同傅

---

① （清）张廷玉等撰：《明史》卷一百二十九《廖永忠传》，中华书局 1974 年版，第 3804—3806 页。

友德镇守北平。回师后，又同李善长督促屯田，巡视海道。十二年（1379年），镇守广东。

朱亮祖虽勇悍善战，但不知道修养自己，他的所作所为多不合乎法度，番禺知县道同知道了这些情况。朱亮祖诬陷道同，道同被杀。太祖不久后醒悟，第二年九月召见朱亮祖，和他的儿子府军卫指挥使朱暹，都被鞭打而死。御制墓志铭，仍以侯爵的礼节埋葬。洪武二十三年（1390年），追论朱亮祖是胡惟庸党，次子朱昱被杀。①

3. 耿天璧

五河（安徽五河县）人，泗国公耿再成的儿子。洪武元年（1368年），做了严州卫指挥同知，跟随廖永忠、朱亮祖在广东征战。十二月，率领他的卫官军征讨海南海北，攻克了南儋、万安等城池，打败了小踢峒王观太，把黎族人招致麾下，朝廷下诏招抚，黎人全部投降。

洪武七年（1374年）去海上抓捕倭寇，深入外洋，溺水而死。②

4. 湛铖

任职廉州卫（今广西合浦县），代任指挥使，历升广东都佥事，性情英俊，有文武才略，喜好运用奇策。经常忘记自己的身份地位，与属下有谋略的人一起议事。

湛铖与符南蛇是死对头，他领兵到海南镇压符南蛇为首的起义军，据王佐《湛铖平黎记》记载：湛铖率领兵将到海南讨伐起义军，到了澄迈的西峰驿，恰逢临高县人逃来报告，起义军领袖符南蛇命令县起义党人符那揽、那树与本县起义军首领王琳、王细保等进行约谈，分别率领加起来万余的起义军，限时去攻打湛铖。本县那揽等兵马数千已杀到城下，西北门马上就要被攻陷，按照约定王琳也率领数千兵马攻克东南门。指挥张翊领孤军与知县林彦修以死守，危在朝夕……当时汉达军不满三千，后来的援军未到，所有人都有所惧怕。然而湛铖

---

① （清）张廷玉等撰：《明史》卷一百三十二《朱亮祖传》，中华书局1974年版，第3859—3860页。

② （清）张廷玉等撰：《明史》卷一百三十三《耿再成传子天璧》，中华书局1974年版，第3882页。

勇气百倍，毫不畏惧，立刻传令部队停止前进，命令士卒生火做两日
的干粮，秘密地询问对方的营垒所在，亲自率领兵卒由偏僻近路日夜
兼程，迅速夺取了临高的营地，归来后，绕出对方队伍，尽杀守营者
百余人。符南蛇刚刚攻城，远远地听到了打斗声，皆欢呼贺喜，以为
是同党来接应，于是又加快了攻城的速度。听到官兵的大炮声，大惊，
才知道老巢已被攻破，官兵断了其归去之路，立刻率领众人杀退敌人。
湛钺说："对方处于死地，而且他们人多势众，我们人寡势单，不能迎敌。
他们大部队一撤退，势必不能停下，我们应当留出缺口，让他们逃跑，
再从中间截击歼灭。逞威杀敌取胜，在此一举！"戒令将士听从命令，
自己便率领精锐将起义军部队一分为二，让其前后不能兼顾，汉达军
紧跟其后，摧毁了起义军，又斩首700余人。城内的军队又出来攻击
起义军后方，起义军溃败，整个阵型都被冲散。军民擒获不及的人，
便逃匿于草野之中……湛钺以两千精兵救临高一县垂陷之城。湛钺以
他的策略镇压当时声势浩大的起义军，而他自己也在此次战争中"因
为日夜兼程，风餐露宿，又冒雨作战，导致得病去世"。湛钺死后，
起义军"又四处纷起"。[①]

5. 程鉴

合肥（今安徽合肥）人，承袭为指挥佥事，后来升为参将。陵崖
黎族地区起义的时候，提督蔡经起用了程鉴，让其前往镇压。永乐
十九年辛丑（1421年）大战中，程鉴斩获了3600个敌人首级，在诸
将中功绩最大。明朝廷就大加奖赏他。永乐二十一年（1423年）升职
为镇守粤西的副总兵。[②]

6. 汪广洋

字朝宗，高邮（今江苏高邮县）人，后定居太平（今安徽当堡县）。
明太祖渡江，将他召为元帅府令史、江南行省提控。设置正军都谏司后，

---

① （明）王佐：《鸡肋集》卷四《湛钺平黎记》，海南出版社2004年版，第
143—144页。

② （明）戴熺、欧阳灿总裁，蔡光前等纂修：万历《琼州府志》卷九《秩官志》，
海南出版社2003年版，第598页。

汪广洋被提拔为谏官，升迁行省都事，屡次晋升，成为中书右司郎中。不久又主持骁骑卫事，辅助常遇春管理军务。攻下赣州后，被授为江西参政。

洪武元年（1368年），山东平定，太祖以汪广洋廉明持重，命他管理行省，安抚、接纳新来归附者，百姓安定。这一年，汪广洋被召入宫任中书省参政。第二年，出任陕西参政。三年（1370年），汪广洋被召为左丞。当时右丞杨宪专权断事。汪广洋时常违逆他，被他所忌恨，于是唆使御史弹劾汪广洋极不孝顺母亲。太祖切责汪广洋，将他放逐回乡。杨宪再次奏劾，汪广洋被迁徙海南。杨宪被诛后，太祖召回汪广洋。后来汪广洋和胡惟庸一起做左右丞相，胡惟庸案发，被诛杀，责备汪广洋结党欺君，不揭发胡惟庸的奸情，所以诛杀了汪广洋。《明史》记载：汪广洋年少时从师余阙，博通经史，善写篆体隶书，工于诗歌。为人宽和自保，与奸人同职而不能离去，所以最终招致杀身之祸。[①]

7. 杨升

字起宗，称号为行素，一直被称为梦松老人，永嘉（今浙江永嘉）人。从洪武末年（1398年）起，居住在海南长达三十多年，精通《春秋经》，此人见识广、善属文。郡县中许多人的作品都经过他的审阅。后来被推举为临高县掌管学校的官员，在职多年后，以年迈为由退出政坛。他和郡守王伯贞关系密切，曾经尝试着修缮蔡止庵的《琼海方舆志》一书。他的文才和品行在当时位居第一，88岁时无疾而终。[②]

8. 王直之父伯贞

字行俭，泰和（今安徽泰和县）人。他的父亲王伯贞在洪武十五年（1382年）因为明晓《诗经》被聘用到京城。当时应招有五百多人，王伯贞对答第一名。授官试用金事，分巡广东雷州。修复吕塘

---

① （清）张廷玉等撰：《明史》卷一百二十七《汪广洋传》，中华书局1974年版，第3773—3774页。

② （明）唐胄纂：正德《琼台志》卷三十四《游寓》，海南出版社2006年版，第728页。

的废渠，清理盐法。时正当罢去分巡官，召回京城任户部主事。因为父亲逝世服丧，守孝期满没有按时起任，贬谪迁居安庆。建文初年（1399 年），被举荐知琼州。崖州的黎族人相互仇杀，被当作造反上报，朝廷打算动用军队镇压。王伯贞抓捕其为首作乱的人，动用军队的事于是停止。琼州的农田一年常常三次收获，以赋税供给军需，军队不按时收取，等百姓缺粮时，才急忙聚敛粮食来获取利益。王伯贞为他们安排了时间，分三次缴纳，这个弊端才消除。几年后，政治修明，社会安定，流亡百姓入籍定居的有一万多人。服丧回家，死在家乡。[①]

9. 俞大猷

晋江（今福建晋江）人，字志辅，别号虚江。少年时喜好读书，知晓兵法。他家境贫穷，家徒四壁，但却豁达自如。父亲病逝后，俞大猷放弃学业，继承了百户的世袭职务。嘉靖十四年（1535 年），武举会试中举。授为千户长，负责守御金门。这里的官军百姓常常无事取闹，告上公堂，难以治理。俞大猷诱导他们以礼让为先，诉讼因此停息。当时海寇之祸时常发生，俞大猷上书给提刑按察司使，发表自己对于此事的看法。按察司使恼怒地说："小小的军校怎么配上书言事？"将俞大猷一阵乱杖，剥夺了他的职务。尚书毛伯温征讨安南，俞大猷再次上书陈述作战方略，并请求从军出战。毛伯温对俞大猷的才干感到很惊讶，但是正逢撤兵，没能立即起用。到嘉靖二十一年（1542 年），毛伯温提拔起用俞大猷为汀州、漳州的守备，他率兵连续攻破海盗康老部，俘虏、斩杀三百多人。因此，俞大猷被提升为署理都指挥金事，隶属广东都司。

嘉靖二十八年（1549 年），琼州五指山黎民那燕串通感恩、昌化黎民诸部共同反叛，欧阳必进又调俞大猷前往镇压叛乱。当时朝廷议设崖州参将，以俞大猷担任此职，于是俞大猷会同广西副将沈希仪等官军进攻反叛者，共俘虏、杀死叛贼五千三百多人，招降三千七百人。

---

① （清）张廷玉等撰：《明史》卷一百六十九《王直传》，中华书局 1974 年版，第 4537—4538 页。

俞大猷上书欧阳必进说："黎民也是人，隔几年就反叛一次，征讨一次，这难道符合上天怜恤生民的意旨？应该建立城池，设立市镇，用治理汉人的方法进行综合治理。"欧阳必进采纳了他的建议。于是俞大猷单人匹马进入山寨，与黎民确定共处的原则，亲自巡视各山寨，对他们真诚地进行安抚慰问。讨论设立参将府，设立县司，将卫所驻扎在罗活、抱显、沙湾、岭脚、古镇等处。海南遂告安静。俞大猷平定黎族有功，晋升为参将，移军到浙东地区，经常以水师大破倭寇，时人称这支军队为俞家军。升任广东总兵官，经营治理广西，灭掉海贼，平定古田，威名震慑南方。后改任为福建总兵。正逢倭寇侵犯闽浙地区，巡抚使和巡按使交相上奏推荐俞大猷去防守浙江，倭患终得平息。后来俞大猷又平定海寇汪直、曾一本等人，官爵升至荣禄大夫、前军都督府代理都督同知。万历初，俞大猷被剥夺了职务，又以署理都督佥事起用为后府佥书，训练车营，三次上疏，请求退休，不久，去世，赠左都督衔，谥号为武襄，他所著的书有《正气堂集》《交黎图说》。俞大猷负有奇节，以古代贤人豪士为自己的楷模。他用兵，先谋略而后征战，眼光远大，不贪近功。忠诚为国的精神老而弥笃，所到之处屡有大功。武平、崖州、饶平都为之立祠祭祀。[①]

10. 薛显

萧（今江苏萧县）人。赵均用占据徐州，以薛显为元帅，守卫泗州。均用死，以泗州前来投降。授任亲军指挥，随从征伐。进而征讨山西、保定，取七垛寨，追击脱因帖木儿。与傅友德率领精锐骑兵三千，扫平定西，由太原一直到扩廓，降服豁鼻马。追击贺宗哲到六盘山。勇猛谋略过人，然而性情刚烈残忍，滥杀下吏。洪武三年（1370年）冬季，朱元璋大封功臣，因薛显擅杀胥吏、兽医、火者、马军及千户吴富，当面数落其罪过。封永城侯，不给券凭，被贬居海南。把他的俸禄一分为三，一份赡养所杀的吴富及马军的家，一份给他的母

---

① （清）明谊修、张岳崧撰：道光《琼州府志》卷三十《人物志》，海南出版社2006年版，第1370—1371页。

亲和妻子，令功过分明。薛显在海南一年多，皇帝思念，召回，给予世袭券凭，食禄一千五百石。又跟从大将军征讨漠北。数次奉命巡视河南，在北平屯田，山西练兵，从魏国公巡视北部边境，从宋国公出金山。二十年（1387 年）冬季召回，驻扎山海卫，去世。赐封永国公，谥桓襄。①

11. 康鉴

蕲州（今湖北蕲春）人，父亲茂才，元朝末年时组织义军保卫乡里。立功后，从长官逐渐升迁至淮西宣尉司、都元帅。朱元璋率军攻克集庆时，茂才率领他的部下归降。第二年被授予秦淮翼水军元帅，镇守龙湾。从此以后，茂才跟随朱元璋打天下，洪武元年（1368 年），跟从大将军在中原作战，洪武三年（1370 年），又跟从大将军征讨定西，攻取兴元。在军队回来的路上逝世。追封蕲国公，谥号武康。儿子康铎沿袭父亲的爵位，封蕲春侯，康鉴以庶子的身份袭任指挥。洪武十九年（1386 年），因事被发配云南金齿卫充军。第二年被召回，因疯癫被罢免职务，携全家老少和赐给的奴婢李马儿等九十四人到海南卫安置，落籍琼山官隆。②

12. 刘仕貆

字伯贞，安福（今湖南临澧县）人。父亲刘闻，元末隐居不做官。仕貆少年跟随父亲学习。洪武初年，因为服役被安福丞张禧侮辱，仕貆十分气愤，愈加努力学习。洪武十五年（1382 年），应"贤良"举，对策符合皇上的心意，授予广东按察司金事之职，分管琼州。琼州地区民俗擅长巫蛊。朝廷官员来到这里，就将产出的珍贵货物作为礼物送给官员，接受百姓就十分高兴，不接受，百姓就担心官员会按律治理，欲用巫蛊之术杀害官员，在琼州，做官的人大多被这种习俗影响。仕貆清廉，并且实行惠民政策，减少徭役、理清冤案，十分得

---

① （清）张廷玉等撰：《明史》卷一百三十一《薛显传》，中华书局 1974 年版，第 3842—3843 页。

② （清）张廷玉等撰：《明史》卷一百三十《康茂才传》，中华书局 1974 年版，第 3815—3817 页。

民心，即使不收礼物当地百姓也不忍心加害于他。以前羞辱仕鸹的张禧，调来琼山当县丞，以属吏身份拜谒他，十分惭愧和恐慌，但仕鸹仍然像对待其他官吏一样对待他。不久之后，朝廷裁减佥事官，依例降为东莞河泊使。渡河时遇到大风，溺水而亡。同行张仕祥将他安葬在鸦矶。[①]

13. 丘福

凤阳（今安徽凤阳县）人。出身于行伍，在成祖（永乐皇帝）为藩王时就侍奉在府邸。丘福积累了多年的功劳，被授予燕山中护卫千户。后来在真定、白沟河、夹河、沧州、灵璧等各次大战中获得胜利，屡次升官至中军都督同知。

丘福出塞后，率领一千余人先至胪朐河的南边，遇上敌军巡逻的骑兵，击败敌人后，渡过胪朐河。俘获敌军的一名尚书，给他酒喝，询问本雅失里所在之处。尚书说："听到大军来到，他惊惶地向北逃跑，离这里大约三十里。"丘福非常高兴地说："应该赶快骑马过去捉住他。"众将领请求等到各路大军集合，侦察虚实后再出兵。丘福不听。让尚书做向导，径直逼近敌营。战斗了两天，每一交战，敌军就假装战败退去，丘福一心想要追杀他们。李远劝阻道："将军轻信敌军间谍，孤军深入四处转战，敌军故意示弱引诱我军深入，我军前进必然不利，退却又担心被敌人追击；只有构建营寨确保自身的安全。白天挥旗击鼓，派出奇兵向敌军提出挑战；晚上多点火鸣炮，虚张声势，使敌人无法预料。等到我军全部赶到，合力进攻他们，必定取得胜利。否则，也可以保全军队而返回。当初皇上和将军怎么说的，你竟然忘记了吗？"王聪也极力说不可以。丘福都听不进去，厉声说道："违反命令的杀头！"率先驱马前进,指挥士兵跟着前进。骑马的人都哭了。众将迫不得已与他同行。不久敌军大批到来，将他们重重包围。王聪战死，丘福和众将被捉杀害，时年六十七岁，明军全军覆没。失败的

---

① （清）张廷玉等撰：《明史》卷一百四十《刘仕鸹传》，中华书局 1974 年版，第 4003 页。

消息传到朝廷，皇帝非常愤怒。因为众将中没有值得任用的人，决定亲自出征。剥夺丘福的世袭爵位，将他的家人流放到海南。[①]

14. 方向

字与义，桐城（今安徽桐城县）人。成化十七年（1481年）考中进士。后来因事被贬为云南多罗县的驿丞，而后辗转任琼州知府。方向入朝觐见的时候，他的仆人私自购买了一颗珍珠，方向索要过来投入到海里。方向在海南写过一首脍炙人口的诗："海外风光别一家，四时杨柳四时花。寒来暑往无人会，只看桃符纪岁华。"[②]

15. 邢宥

1416年出生，字克宽，号湄丘，文昌水北（今海南省文昌市水北村）人。5岁开始读《三字经》，一天能记住很多句，看过一遍就能背诵，特别聪慧、机敏。10岁时，创作了《勉学诗》，14岁被选为弟子员，26岁得到了乡试的推荐资格，在乡试中成功考中。正统十三年（1448年），32岁时成为二甲进士门第，被授为御史一职，出任于福建。有10位百姓被污蔑为盗贼，正在刑罚的时候呼喊冤枉。邢宥为他们延缓了刑罚，果然抓到了真的盗贼。天顺中（1460年左右）被任为台州知府，建立了不少治理的功绩，后贬谪晋江丞。获罪被贬期间表现良好，将功抵过。宪宗恢复了他的职位，调遣为苏州知府。有奸民包揽秋天税赋，邢宥依法律处置，得到赃物万缗，用来搭建堤坝，阻挡沙河，用来买砖，铺建官道。时值发大水，百姓饥荒，不等到上奏就发配大米20万斛来赈灾，一起为官的人因为这件事没有禀报而为难担心。邢宥说："百姓的性命就在须臾一瞬，先上奏之后再补给，则来不及了。专断擅自行动的罪行，我自然会主动承担。"这一次，救活了百姓40多万人。邢宥做官一向清明廉洁，治理苏州时，严谨并且毫不马虎。巡抚傑便向朝廷推荐邢宥，诏令又任他为浙江左参政仍理府事，赏赐玺书。过

---

① （清）张廷玉等撰：《明史》卷一百四十五《丘福传》，中华书局1974年版，第4088—4089页。

② （清）张廷玉等撰：《明史》卷一百八十一《姜绾余濬等传附方向传》，中华书局1974年版，第4789页。

了半年左右，又以右金都御史的身份代替傑为巡抚。开通丹阳河，建筑奔牛闸，省简冗杂费用，以方便广大民众。不久之后，兼理两浙盐政，考察下属官吏，上奏罢黜不称职的人有 170 余人。居住数年以后，于成化六年（1470 年）以疾病为由结束仕途回到故乡文昌，在东昆港以北的岸边修筑了湄丘草亭，隐居，以读书著述为乐趣。他在《湄丘草亭记》中写道："文昌东昆港的河岸，有丘狭窄但却很长像土坝一样，延绵至六七里，其中藏有一个突出的小丘，虽然隆起于深壑中，但是中间却很平坦，邢家就居住在这，至今已有十多世，作为这个小丘的主人。山丘的主人孙宥，官拜南台，未年老而退休。回到了故乡，初心既遂，欢喜非常。于是砍伐丘上的树做成门楹，砍倒丘上的竹子做成架在屋顶的木条，用丘上的土壤修筑为墙壁，又剪下丘上的茅草作为苫盖。制作这样一间亭子在旧土居住下来。门匾写着：'湄丘草亭'，有客人来到，就用茶来款待，客人走了，亭子空荡静谧，春风、秋月、冬暖和夏凉。外面生长的野树的树荫落在亭子前后，梅、竹、桑、麻交错着长在亭子左右。亭子的主人随时抬头顾盼其间。若刚好闲下来，则检查床头残简，或者取出瓮底新酒，且研且酌，制作陶器来打发闲旷的生活。兴致起来的时候，就会撑着拐杖，踩着草鞋，随从着一两个童子缓缓而出。有时候登上山丘的一角，有时候站在岸边，望向天边的浮云，观察飞鸟，观看涨潮，逗玩游鱼，内心的视野豁然开朗，志向情趣让人舒适。尽了兴之后返回到亭子，疲倦劳累，就躺下来休息片刻，卧室僻静，关上窗，从而顺利进入梦乡。出门之后再回来，站了一会儿又坐下，睡好了又起来，快乐舒适的样子十分惬意，没有什么来羁绊。这样来享受余生，心中感到颇为满足。"这是邢宥晚年的生活写照。

成化十七年（1481 年）五月二十日逝世，享年 66 岁。著有《湄丘集》10 卷，现在仅存有 2 卷。[①]

---

① （清）张廷玉等撰：《明史》卷一百五十九《邢宥传》，中华书局 1974 年版，第 4341 页。《湄丘集》附录有关行状、墓碑铭记载，海南出版社 2006 年版，第 37—51 页。

16. 丘濬

生于1421年，1495年逝世，字仲深，号琼台，别号深庵，琼山（今海南省海口市琼山区金花村）人。祖父丘普，本性仁爱，专做救助别人、有益万物的工作，担任临高县的医学训科。宣德九年甲寅（1434年），珠崖郡发生大饥荒，白骨遍野，祖先的产业里有第一水桥地，被捐出来作为收埋无主尸骸的墓地，亲自搜寻完整的尸体埋葬，多达数百，清明时节用清酒粗饭祭奠。他从小到大所做的大多是这种好事，相当长寿，大家都说是老天对他的报答。父亲丘传，很早就去世了。母亲李氏教他读书，他过目成诵，每天背诵数千字。家中贫穷没有书籍，曾经走到数百里之外的人家去借书，一定要借到为止。6岁时随口作诗，语句都很机警突出，如《咏五指山诗》，有见识的都知道他长大后一定是国家的栋梁。年龄大些以后，他阅读了各种各样的书，经常从书市上租借，即使是佛家道教技艺方术的书籍也不错过。17岁，开始学习科考，做八股文，下笔成文，每篇数千字，很快就能完成，远远超出同龄人。

正统九年甲子（1444年），乡试获第一名，主试官把他做的五篇策论全记录了。两次到礼部考试，名字列在乙榜，从太学毕业后，祭酒萧镃十分器重他，为他播扬声誉，由此日益被人所看重。景泰二年辛未（1451年），请假回到琼山，所有与他友谊深厚的朋友都写诗相赠，编修岳正知道他春天过后一定会有大的成就，作《送丘仲深归岭南诗序》送行。景泰五年（1454年），到礼部复试，学士商辂主持考试，看了某篇策论就猜测是丘濬所写的，等揭晓名字后果然不错。在皇帝主持的廷试中，本应该得第一名，可能是因为他的相貌普通而被列为第二甲第一名进士，被选入翰林院为第一名庶吉士。奉命参加撰修《寰宇通志》。当时洗马李绍秘几位学士在史馆聚会，指着刘定之对丘濬说："主静生在江西庐陵这样的文化之邦，又接受了石潭先生的教诲，他学识广博成为一个时期的首要人物是理所当然的。而你生在海外，从哪里获得书籍结交师友，并且如此学识广博？"丘濬说自己是从远方来的新人，一时名声偶起，惭愧自我所学不够，更加搜求以前没看过的书来阅读，终于才以博览群书著称。特别是熟悉本朝的典故，被学者们所称赞。书纂修完成后，被授予翰林编修。丘濬博学多识有收获，所写的文章雄浑庄丽，四面八方求索他的文章的人络绎不绝，他所撰写的碑铭序记词赋等作品远近流传。但如果不是他所认可的人，即使是出很多钱请他写文章他也不愿意写。天顺七年（1463年），广西、广东两地剿匪多年无法结束战事，丘濬写了一封思路清晰的相关对策，李文达见了他，代他上疏。英宗见书后十分赞许，命令抄录给总兵官赵辅、巡抚都御史韩雍。韩雍等人最终剿匪成功，虽然不是都采用丘濬的策略，但丘濬也因此在高层官员间名重一时。海南卫的官军因为被远调到其他地方而叫苦，丘濬上书请求免以远调，专门防卫海南的贼寇，皇帝采纳了他的意见。天顺八年（1464年），宪宗登位，丘濬被上调为经筵讲官。成化元年（1465年），升为侍讲，奉命参与纂修《英宗实录》。有人说少保于谦之死，应该写上他的不轨事迹。丘濬说："土木堡之变，如果没有于谦，天下不知道要乱到什么地步。有个别武官挟带私仇，诬蔑他有不正当的言行，这怎么可以相信呢！"大家认为他说得对，关于于谦的功与过都按照事实来写。成化三年（1467年），《实录》撰写完成，丘濬被提拔为侍讲学士。曾经在经筵上为皇帝讲课，吐音洪亮顺畅，宪宗恭敬听讲，非常高兴。成化五年（1469年），丘濬的母亲去世。成化九年（1473年），守丧期满除服，就任原职。成化十三年（1477年），《续修宋元纲目》撰写完成，升为翰林院学士。丘濬为了陈述自己的见解，撰写《史略》。朱熹的《纲目》以正统为主，但对秦隋末期有不能顾及的地方，就写《世史正纲》，以揭示出时代的改变，阐明正统的片面和全貌，有利于正统礼教。这一年，祭酒一职空缺，金官说这个职位非丘濬无人胜任，于是丘濬升任祭酒。当时同僚刘健曾经和丘濬开玩笑，但刘健自此之后不说。又有崇尚佛经、自以为属于王阳明心学流派的人一起诽谤和讥笑他。

成化十六年（1480年），丘濬又被加封为礼部侍郎，仍然掌管国子监的事情。丘濬说："西山真德秀写的《大学衍义》可提供治国之道，但缺乏治理国家平定天下的事情，我就采摘自古以来经、传、子、史中涉及治国平天下的部分，附上自己的见解。而它主要的尤其在于审察之前的细微之处，以确定天下的事务，所以文章开关补上诚意正心的重要性，称之为'审几微'，自成一卷。细目有四个：谨慎义理、欲望之初分，明察事情的萌发，防止奸邪的苗子萌长，发现安定与动乱的先兆。著述阐发说明慎独内省的重要性，其中的情真意切有过去的儒家学者比不上的，都是他独到的见解。其他的从提振朝廷正气到成功化，共 160 卷，命名为《大学衍义补》。"那时正当孝宗继位，他的这本书恰好完成，他在上奏表的时候附上这本书。孝宗读后相当高兴，批示说："你所写的书，考据精当详细，论述恰当博识，有利于政治，我相当高兴。"赐给金十两，纻丝二表里，升为礼部尚书，掌管詹事府事。下令抄录副本，交给书坊印刷发行。丘濬多次上疏极力反对，并且请求退休，但不被允准。不久又撰修《宪宗实录》，任副总裁官。弘治四年（1491 年），《实录》完成，加封为太子太保。又三次上疏请求退休，不被允准，就上奏请求选择《衍义补》中的主要事项实行，皇帝采纳，于是接受任命。弘治五年（1492 年），天象大变，丘濬上疏说："我见成化年间一对彗星三次显现，完全扫过三垣，地上有五六百次震动。近来彗星在天津显现，没有一天不是地上震动天上雷鸣，奇异的鸟儿三次在紫禁城中鸣叫。《春秋》二百四十年，《尚书》上写着：'慧孛者三，地震者五，飞禽者二。'现在就多次在二十年之间见到，让人相当畏惧。希望皇帝您能体谅上天的仁爱，追念祖宗创业的艰难，正身清心以立根本而应付时务，谨慎喜好不被异端迷惑，节俭财用不消耗国库，公正任用贤人不偏听有失，禁止因私事而干谒请托，明义理，慎俭德，勤政务，这样，那些揣摩旨意希求宠爱，旁门左道淆乱政事的人，自然不敢放肆他们的奸行，无妄的天灾就会消失了。"因此列明有关时弊的 22 件事，皇帝一一采纳。弘治六年（1493 年），丘濬因为眼睛有病免于上朝参政。

丘濬在位，曾以宽容大量启发皇帝的内心，以忠诚厚道改变官员习气。顾性褊狭，曾与刘健议事不合，以致把冠扔到地上。言官的建议不顺意，就当面指责他。与王恕不融洽，以致见面都不说一句话。

弘治六年（1493年）考核群官，恕请奏罢免2000人。丘濬奏请让到任不到三年的恢复原职，不是明显贪暴的不斥责，留下90人。恕坚持不被批准，请求离职。太医院院判刘文泰曾与丘濬家有来往，以失职攻击恕，恕怀疑文泰受到丘濬的指使，而议论的人多声杂，说攻击恕的上疏稿出自丘濬的手笔。王恕意指罢免丘濬，大家因此认为丘濬正直。给事中毛珵、御史宋焘、同津等写文章弹劾丘濬不能再当宰相，皇帝明察他们的诬蔑，更加厚待丘濬。七年（1494年），加封丘濬为少保。八年（1495年），丘濬去世，享年76岁。皇帝追赠他为太傅，谥名文庄。

濬廉介，所住的邸第低洼狭小，40年不变。本性好学，到老的时候，右目失明，还是看书不断。议论喜欢出言奇异偏激，听到的人震惊愕然。正德中（1513年前后），按照巡按御史之言，赐给在家乡建祠，叫"景贤"。

著作有《大学衍义补》《世史正纲》《朱子学的》《家礼仪节》《琼台会稿》《成语考》以及戏曲《投笔记》《罗囊记》《举鼎记》和《五伦全备忠孝记》等。他参修的文献有《寰宇通志》《大明一统志》《宋元纲目》《英宗实录》《宪宗实录》等数百卷。

丘濬在中国学术文化史的贡献是巨大的。丘濬最早从理论上阐明，世间所有劳动产品，其价值都是由生产所耗费的劳动决定的，他指出："世间之物，虽生于天地，然皆必资于人力而后能成其用……其功力有深浅，其价有多少。"产品的价值和劳动耗费的多少是成正比的。丘濬关于劳动决定商品价值的论点，比起英国古典学派的创始人威廉·配第在17世纪60年代开始提出劳动价值论，早了174年；丘濬对价值的分析，虽然没有配第细致，但在表达方式的抽象程度和普遍性方面，显然比配第高出一筹。

在国民经济管理理论方面，中国自西汉中就确立了"轻重论"和"善因论"两种模式。丘濬提出"自为论"，较为明确、系统地揭示出国民经济管理中的管理目标、经济理论和管理方法，并进行了理论论证和说明，这是"善因论"在新的历史条件下的改进和发展。丘濬以"自为论"为指导，对财政、货币管理问题，提出了一系列的主张；他倡导"民自为市"的工商管理政策，对商业、盐政、漕运制度，对外贸易制度改革等方面，都有十分积极的主张；丘濬还认识到，农业在整个国民经济中占最重要、最突出的地位，而土地则是发展农业生产以"养民""安富"的基础。于是，他提出了"听民自使"的土地管理方案，并主张用"配丁用法"来限制土地兼并。他在金融、货币方面提出的"三币方案"，力图建立比较稳定健全的货币管理制度，为工商业的繁荣创造有利条件。《明史·丘濬传》中说他"以经济自负"，是十分恰切的。他尽毕生精力完成《大学衍义补》，实现他立下的经国济民的宏愿。在《愿丰轩记》中写道："予少有志用世，于凡天下户口、边塞、兵马、盐铁之事，无不究诸心，意谓一旦出而见售，于是随所任使，庶几有以籍手致用。"又说："凡身之所至，耳目之所见闻，心思所注想……有可用于斯世斯民者，无一而不究诸心焉。"可见丘濬一生之中，为了给国家做一番事业，处处关心国家大事，并进行调查研究，找出利弊所在，以期有所作为。拳拳赤子心，十分难得。

丘濬是一位经济思想家，也是一位史学家、文学家，他的学问，博大精深，他治学的毅力，从少至老，从不懈怠，直到晚年右目失明，犹披览不辍，这是值得称颂的。

丘濬的文化理念，可以说是中国社会历史转型期，走出中世纪、走向近代化的先声。丘濬的历史地位、历史价值应该给予充分的肯定。

17. 丘敦

字一成，琼山（今海南省海口市琼山区金花村）人。他是丘濬的长子。性格简约沉默，私塾的老师怀疑他痴傻。丘濬遭遇丧事，回到故乡，把丘敦留在家里，丘敦于是读遍了父亲的藏书，除非有事，否则足迹不到公府，待人接物像土木一样呆板，不轻易地说一句话。恰逢高、雷间有古河道遗迹，主管部门的官吏开通了这条河道，给来往琼州的船只以便利。丘敦给丘濬的家书也提到这件事，说是疏通和治理有失恰当，恐怕会留下祸患。元朝人治理河水，因此招致社会混乱，以往的事情值得借鉴。丘濬收到书信，才知道他的言论不平凡。丘濬多次写信催促他前往京城，享受皇上恩赐的特权而进入太学读书。他携带《春秋》去京城考试，没考中，于是摒弃了为应试的学业，研究经史百家，此后，断绝仕途进取的心思。他治学以积累才思自己感悟为主，整天静止不动也不说一句话，然后整晚不睡，一有收获，抒发出来写成文章，多不打草稿，落笔十分快捷。特别酷爱《素问》，写医史。他的《运气表》中关于"气"的阐释，言论对世间都有帮助。当时见李广等要重演成化故事，还作文章《发冢论》来攻击太监。大概取的是《庄子》诗礼发冢之义，形式设计成甲乙双方互相辩难诘问的言辞。他曾经对他的朋友蒋冕说："我认为这种议论，是痴人说梦。做梦的人固然痴傻，怎么知道听人说梦的人，人们也不认为他们傻呢。天下之事，心有被蒙蔽的地方就会把恶当作美，把错误的当成正确的，把有害的当作有益的人就会多了。古人不是说过吗？箕糠迷住了眼睛，那么天地四方就会改变位置。自己认为自己是正确的人，被他的看法蒙蔽，只看见自己正确的一面却不知道错误的一面，人们一切言语行动举止他都不能采纳。假如我们不是这样判断，而是从相反的方向去探导他所料想的，指出他所信赖的，推测他所期盼的，举出两端，甚至全部举出。凡是他所设定的目的都一一给予预先说出来，这些就像他自己说的那样。这样一来，又怎么能感悟他呢？我发表这些言论，意思就在于这里。即使这样但天下事可以说的多得多，为何偏偏只说这个？因为在夏代之后，殷商可以使人警戒的教训就在眼前，事情不要等到变严重了才说。因此之故。"过了不久，思念母亲患了疾病，弘治三年（1490年）死在京都的邸舍，年仅三十一岁。

丘敦喜好节俭朴素，虽然生长在富贵家庭中，自己供养一概都像寒士一样。小时候不肯穿新衣服，客人到了，母亲吴夫人强迫他，然后才穿上新衣。客人刚出门立即脱下。询问原因，回答说："没有其他特别的，我特别厌恶华丽的东西。"边远之地风俗崇尚奢侈，名望高、势力大的世家大族的子弟多乘高头大马，随从为其张盖护拥，只有丘敦独自徒步，从来不走大路的中央，经过的人看了就知道是丘敦。他纵然刚强正直不容情，即使见到利益也顾全大义，辞受不分大小必定小心慎重。琼州太守让打官司者送他五百金，要他出面排解纠纷，他当面斥去。因为他要北行赴京，地方长官陈选送他两块金块作为路费，派人跟他说："陈选平生不馈赠人，当一名老门生空手一辈子。破例做这件事，你一定不要推辞。"他竟然不肯接受。时常要效仿曾祖收葬暴露于野的尸骨的故事，施德不求回报。到了北方的时候，曾经夜晚住在会通河，做梦梦到岸边，有古墓被雨水冲刷，棺石全部露出来，却缺了一块。第二天，路过一个地方，跟梦中所见的地方极为相似，马上要随从的人用土把它掩埋然后才走。其严肃刚毅中有恻隐之心到这样地步。死的时候，蒋冕哭得很悲痛，为他的书作序以流传后世。

季子京，字峻成，因特权被录用为向皇帝转呈奏章的官职。性格仁爱，看重义气，好善乐施。琼州经过两次大战后，尸骨遍野，把这些尸骨全部收起来埋了。当时瘟疫流行，施良方药剂救活很多人，有他曾祖父的风范。平时居住很少到城市，主管部门很看重他。丘敦的孙子丘郊，字汝贤，也被授以掌管国家宝印的正六品官。侍奉祖母和母亲以孝闻名，与他的弟弟丘祁友爱深厚。祖上田业有肥沃的，让给丘祁，丘祁不肯，就说："我有官职。"宗党都称赞他的情义。

18. 王佐

生于 1428 年，字汝学，号桐乡，琼州临高（今海南省临高县蚕村都透滩村）人。7 岁的时候他的父亲王原恺去世了，依靠母亲唐朝选抚养成人。王佐天资聪颖，悟性高，看过很多书，小的时候曾经跟随唐舟、丘濬学习，并深得其师父器重。正统十二年（1447 年），王佐成年那一年，取得礼经魁乡试第一名，与陈石翁名列前茅，当时两人被称为"二俊"。第二年进入国子监继续深入学习，每次考试都排第一名，被吴节、司业阎和禹锡所推荐重用，名声传到内阁李贤的耳中，希望他日后能够得到朝廷重用，后来考他南宫五策，他每一条都能没有遗漏地答上来。本来想要设为礼经魁选，却被反对者所罢黜。成化二年（1466 年），任广东高州的知州，当时御史大夫韩雍在两广地区驻兵，王佐进献《上都督府韩公边情策》，提出了几项政治主张，非常中肯有用。

委任官员去安抚化州；设置军堡保障高化的安全；开启供应盐户的粮食；盐法已经实行检验；开通盐路；采纳谏言。

王佐认为："他自己生逢圣朝，在家乡做官，有幸厕身在圣朝的统治下做官，才能不足以披坚执锐，力气不能斩杀敌将拔取敌旗，假如所熟知的听闻不一一陈述，不仅辜负求言之胜心，而且有愧于奴婢和老马的效忠！"上谏策言，韩雍觉得他是个奇才。

成化十年（1474 年），调任到福建邵武任知州。用文章整治政治，保持自身清廉而不过激，对上级恭敬又刚正不阿。泰宁地区发生盗贼，当时的金事章懋巡视到这里，发文给王佐打探贼的动静。王佐到县周询，大家都认为贼势正大，如果立刻攻击，贼党一定会负隅顽抗，就此形成势力，不如趁他们的心还未团结牢固，诱其来降，灭掉他们的气势，那么贼人就不攻自破了。王佐于是派人招降，降服十几个胁从者，贼人果然散去了。章懋的共事者有想要邀功消灭余党的，告诉部使者，说章懋是文人，不懂兵法，愿意亲自把他们剿灭。部使者相信了他的话，于是调遣了将乐所士兵，让他们跟随出行，等到了贼人已平，就把王佐所招降的械系献功，并全部杀掉。懋以为耻，不与争功，而王佐也不说功绩，仅仅有舆人传颂靖乱安民的功绩，然而最终还是没有办法向上表达。

十三年（1477 年），邵武这个地方从春天到夏天一直都没有下雨，于是王佐恭敬地带领下属到祠堂拜祭，三天后果然下雨了。百姓觉得还不够，因此拜祷更加恭敬。过五天又下雨了，第六天又下雨，从子时下到未时才停止。雨水十分充足，枯萎的禾麦得到滋润都变得欣欣向荣，充满生机。王佐得到士兵百姓的爱戴，被誉为"仁明司马"。

十六年（1480 年），王佐充当乡试的考官，做了 9 年才离开。弘治二年（1489 年），改任为江西临江的知州。临江人又歌颂他公平正大，博学有学问，以有才能贤良出名。世代都是名人官宦，至今没有断过。

王佐所到的地方，操守廉洁，给予百姓大爱，因品质正直任职，不能随时俯仰，因此低沉徘徊在三个郡之间二十几年，未升一官，众人都替他感到惋惜。他一生温文尔雅，只沉醉于古书历史。从小到老，手里还未曾试过离开书本，即使眼花耳鸣，还让家里人念给他听。提学新喻胡荣称赞他知识渊博见识广，思考细心尽力实践，见道精审，因此他的诗辞和平温厚，文气光明正大，比得上唐宋诸大家，有才识的人也认为这是正确的结论。

王佐晚年的时候辞去官职归隐田园，仍然勤于著作。丘濬生前曾经说过"有三个遗憾，郡牒没能修是其中之一"。为了继承恩师的遗志，王佐不顾年老力衰，走访遍及琼州各地，广泛搜集信息，写成了《琼台外纪》一书。后来，唐胄编纂正德《琼台志》，全文引录该书，并赞誉说："外纪这本书，是王桐乡先生精力所在。"生平的著作，有《鸡肋集》《经籍目略》《琼台外纪》《庚申录》《金川玉屑集》《家塾原教》及《珠崖录》等，尤以《鸡肋集》为代表作。

1513 年，85 岁的时候去世。①

19. 薛远

字继远，前所（今海南省前所）人，前工部尚书薛祥的孙子。他父亲薛能犯罪被发配到海南充军，获得琼山籍贯。薛远在正统壬戌（1442 年）中进士，被授予户部主事，又升官职郎中，因为迎复的功劳被提拔为本部侍郎，在成化二年（1466 年）晋升为尚书。薛远善于沉潜，有谋略，擅长处理麻烦的事务并且会变通，朝廷执政六官大多都推举他。改任南京兵部参赞，留下来处理各种事务，皇帝赐予他玉带。他死后被赠名荣禄大夫、太子少保名号。②

20. 唐谊方

本名逊，字谊方，琼山东厢（今海南省海口市琼山区）人，他是元郡教授闿的孙子。专注于儒学，有古人风范，元朝末期时多次躲避征召。明朝首举经明行修，被授予郡庠训导之职，有规范。永乐三年

---

① （明）戴熺、欧阳灿总裁，蔡光前等纂修：万历《琼州府志》卷十《人物志》，海南出版社 2003 年版，第 117—718 页。

② （明）戴熺、欧阳灿总裁，蔡光前等纂修：万历《琼州府志》卷十《人物志》，海南出版社 2003 年版，第 705 页。

乙酉（1405年）冬，唐谊方前往宫殿上旨请求归老还乡，太宗皇帝惊奇于他的容貌举止，说："这位老人回去，还有10年的寿数。"唐谊方门前有祖上种植的古榕树，他常常在榕树下休息。下雨时则亲自巡视自己的田，他人有毁坏的田堤，也为其填补上。代理贫乏人家嫁娶之事。乡里称之"榕树公，真长者"。

他的侄子唐舟，少时从事笔砚之间，后来在内外台做官，给他写信问好，谊方以诗句答复："勿忧吾有病，且喜汝无钱。"唐舟死，以清廉名节名于一时。唐谊方于永乐十三年乙未（1415年）卒，时年77岁，果然符合太宗皇帝说的还有10年的寿数。[①]

21. 唐舟

字汝济，琼山东厢（今海南省海口市琼山区）人，唐谊方的侄子，唐英的儿子。唐英知识渊博，博通经史百家之学，曾经兴办义务教学，教育乡里少年子弟10多年，不计报酬。人们称他的居所为"东善"。曾经有一个姓冯的远亲，写下借条向唐英借了50两白银，去市场买马，后来姓冯的人负约没有偿还，唐英当即把借条烧掉，不与之计较。有一年闹饥荒，唐英自愿去煮好粥分给饥饿的民众，并倾尽家里的所有来赈救饥民。后来有了儿子唐舟。唐舟学赡才优，永乐癸未（1403年）的复试，获第二名。永乐二年甲申（1404年）考中了进士，授任为新建知县。上任初期，简易御下，就跟之前平常一样。久而久之其名声愈加显著，上下皆服。有人问其原因，他说："古人所谓新任之时如处暗室，轻易妄动必定会有折损，久坐之后就会自己看得清楚了"。没过多久，响应求贤诏动身奔赴京城，提升为江西佥事。整顿肃清纪律制度，府县之人都仰望他的风采。前任南昌守都担心嫌隙，闭门不敢与之仰视，唐舟则以礼相待，众人皆服于他的肚量。后因为微小的牵累，降职为衢州郡，他即刻放下架子，以尽安定民心之道。他让无罪的人去从军，衢州人一直都心心念念着他。新帝即位，大臣力荐他

---

① （明）戴熺、欧阳灿总裁，蔡光前等纂修:万历《琼州府志》卷十《人物志》，海南出版社2003年版，第703页。

为监察御史，他直言辩驳内侍诬陷黄本固等事件，风节更加挺然。但凡他所从政的浙江等地方，都享有政誉。为人一身正气，光明磊落无纤芥畛域，待己接人一以自信。自从荣登进士，历内外的30多年，所到之处都是夸其勤俭节约的声音。曾经题门帖"雪霜半染中年鬓，天地应知暮夜心"。所见之人都叹为观止。到归隐退位之时，杜门不出。家里无担石之储，依然安然自若，乡邻都高度评价他。在他82岁时，无疾而终。子亮，永乐十六年（1418年）登进士，历官泗州判官、詹事府主传、宁国府同知。[①]

22. 唐胄

生于1471年，字平侯，号西洲，琼山（今海南省海口市琼山区）人。弘治十一年（1498年）乡试第二名，弘治十五年（1502年）进士。被任命为户部山西司主事，因父亲去世归故乡。当时宦官刘瑾下令，凡是称病而不赴任的官吏，一律夺取官职。一直到刘瑾伏诛之后，朝廷召用他，以母老为由不赴任。

嘉靖元年（1522年）应召入京，复任户部河南司主事，屡次上书指责内臣苏杭织造，又请为宋死节臣赵与珞追封谥号并为他立祠，都事关政体。不久升本司署员外郎、广西提学金事，遍鬻群书，命令土官及瑶、蛮送孩子上学。升云南副使，擒获残暴的土官莽信，核贪狠知县赵九皋。木邦、孟养二宣慰叛乱，胄派遣使者前往宣谕，木邦于是献地归服。唐胄屡次升职为提学，升参政、右布政使，迁广西左布政使。时官军讨伐古田起义军，久战无功，唐胄遣派使者进行抚慰，贼寇首领说："是前唐使君让我的孩子入学的。"于是自动解除了武装。时宗室受封，贿赂官吏补支禄米，自具题目为始岁，费几千万石。于是上书革其弊，得旨如议，通行天下。

嘉靖十二年（1533年），升任为都察院右副都御史，巡抚南、赣，移山东。嘉靖十四年（1535年）任南京户部右侍郎。嘉靖十五年（1536

---

① （明）戴熺、欧阳灿总裁，蔡光前等纂修：万历《琼州府志》卷十《人物志》，海南出版社2003年版，第703—704页。

年）改北部，进左侍郎。是时越南久不上朝交纳贡品，朝廷议论主张进行讨伐，中外严兵待发。唐胄上疏谏止，提出不可出兵的七条理由，奏章下到兵部，兵部请求听从他的提议。到第二年（1537 年）四月，世宗又决意征讨。侍郎潘珍、两广总督潘旦、巡按御史余光相继劝谏，都没有采纳。后来派遣毛伯温前往，终于抚降了他们。

嘉靖十六年（1537 年）郭勋建议为唐胄祖宗唐英配享明朝建四功臣庙，唐胄上疏反对。世宗想在明堂上祭祀生父献皇帝，配祀上帝，唐胄极力谏言不可。世宗大怒，将他下诏捕入狱进行拷问，削去他的官职后让他回到故乡。后遇赦复官。嘉靖十八年（1539 年）四月卒，享年 69 岁。隆庆初年，赠右都御史。

唐胄本性正直，尤其孝敬父母。家居服食淡泊，好学多著述，为文有理致原委，不尚浪费。平生喜爱读白玉蟾诗文，为之精选，名《海琼摘稿》。所著有《琼台志》《江闽湖岭都台志》《西洲存稿》（即《传芳集》）等。万历二十四年（1596 年），部院请谥候旨。子穆，嘉靖八年己丑（1529 年）进士，礼部员外郎，为人古雅朴实，有父风，著有《余学录》。[①]

23. 张经

字廷彝，侯县（今福建闽侯县）人，起初冒用蔡姓，很久才重新用张姓。正德十二年（1517 年）考中进士，被任命为嘉兴知县。嘉靖四年（1525 年）征召为吏科给事中，历官户科都给事中，多次论说弹劾他人的言行。言官指责他是张璁、桂萼的同党，吏部说张经品行良好，不问他的罪。后来被提升为大仆少卿，担任右副都御史，协助处理院事。

嘉靖十六年（1537 年），任兵部右侍郎，监管两广军务。断藤峡反贼侯工公丁占领弩滩发起叛乱，张经和御史邹尧臣等人制定计划诱捕公丁。俘获敌众 450 人，投降者 2900 多，升迁为右侍郎，增加俸禄一级。

---

① （清）张廷玉等撰：《明史》卷二百三《唐胄传》，中华书局 1974 年版，第 5357—5359 页。

不久与毛伯温制定计划，安抚平定安南，再晋升为右都御史。平定思恩九土司和琼州黎，升为兵部尚书。副使张瑶等人讨伐马平，多次战败，皇帝问罪张瑶等人而饶恕张经，给事中周怡弹劾张经，张经乞求罢官，皇帝不允许。后因丧父回家，服丧期满后，起用为三边总督，给事中刘起宗说张经在两广克扣饷银，皇帝才取消前项任命。

嘉靖三十二年（1553 年）任命为南京户部尚书，就任时改兵部。第二年五月，朝议因倭寇猖獗，设立总督大臣，命令张经不解除兵部职务，总督江南、江北、浙江、山东、福建和湖广诸军，方便行事，张经征两广狼士兵听用。这年十一月，按照兵科的规定改张经为右都御史兼兵部右侍郎，专门处理讨贼的问题。张经采取稳妥作战的方法，而侍郎赵文华主张进军的方法，经为了安全不听赵文华的话。赵文华悄悄地上疏皇帝说张经糜饷殃民，害怕敌贼而失去军机。皇帝愤怒下令逮捕张经。这是嘉靖三十四年（1555 年）五月的事。

当赵文华上疏弹劾张经时，永、保兵已到达目的地，迎来了石塘湾的胜利。到五月初一，倭寇突入嘉兴，张经派遣参将卢镗督保靖兵增援，让俞大猷督永顺兵从泖湖趋向平望，让汤克宽带领船兵从中路攻击，在王江泾合战，歼敌 1900 多人，烧死溺死的人很多，张经从兵事兴起以来可称是战功第一。给事中李用敬、阎望云等因此为张经开脱，皇帝盛怒，杖责李、阎二人，随后征询严嵩的意见，嵩言："徐阶、李本江浙人，皆言经养寇不战。文华、宗宪合谋进剿，经冒以为功。"申斥张经"养寇不战"，极言文华、宗宪二人忠而有谋。张经到达朝廷后，详细说出进兵的始末，并且说："我任总督半年，前后俘歼敌人五千，乞求原谅我的罪过。"皇帝不信，最终将他判处死罪拘囚狱中。这年十月，他与巡抚李天宠一起被斩首。天下人都知道他是冤屈的。①

---

① （清）张廷玉等撰：《明史》卷二〇五《张经列传》，中华书局 1974 年版，第 5406—5408 页。

24. 沈希仪

字唐佐,贵县(今广西郁林县)人。承袭父亲职位任奉议卫指挥使。

正德十二年(1517年),沈希仪奉调出征永安。嘉靖五年(1526年),总督姚镆准备征讨田州岑猛。二十六年(1547年),沈希仪任为广东副总兵。命令将领从今以后从四川、广东、云南、贵州来的人,不要推移到京营和西北边境,形成了书面的法令。沈希仪随从总督张岳大胜贺县的敌贼倪仲亮等人,授予他实职,仍然赏他银币。琼州五指山的熟黎向来敬畏法律,交供徭役赋税,知州邵滽收取赋税很重。黎人酋长那燕于是勾结崖州、感恩、昌化各黎作乱。总督欧阳必进提议一并讨伐万州、陵水的黎人,兵分五路。沈希仪这时正生病,最后才到来,他对欧阳必进说:"万州、陵水的黎人没有作恶的事实,如果一并诛讨,更加树立了敌人。不如只分兵三路。"欧阳必进听从了他的话。沈希仪于是偕同参将武鸾、俞大猷等人一直进入到五指山下,斩杀那燕及其党徒5400多人,俘获的人有五分之一,招降了3700人。把捷报上奏朝廷,沈希仪晋升为都督同知,改任为贵州总兵官。又随从张岳平定铜仁的叛苗龙许保、吴黑苗等人。又因病回到家乡。倭寇侵犯海上,命令沈希仪督率四川、广东的兵队去围剿倭寇。没有围剿成功,被周如斗弹劾罢去官职。[①]

25. 黄应甲

籍贯不明,隆庆年间,以浔梧左参将跟从俞大猷平定韦银豹,秩二等。万历五年(1577年),多次升职,至浙江总兵官。改镇广东。龙川鲍时秀,他的妻子杜氏有迷惑人的法术。于是占据义都缑岭,设立24个地方的大总,称是无敌峒王,屡降屡叛。黄应甲讨平他。疍户苏观升、周才雄招来逃亡者数千人,掠夺雷、廉间,破坏截断州里千户农田治所。黄应甲率领五支军队一同前进,活捉苏观升、周才雄,斩首400多人。党羽缚酋长陈泉投降。

---

① (清)张廷玉等撰:《明史》卷二一一《沈希仪列传》,中华书局1974年版,第5591—5595页。

很快，梁本豪叛乱。梁本豪，曾是曾一本党人，也是疍户，一本被诛杀后，逃窜到海中，熟悉水战，远达西洋。并且勾结倭兵为助，杀千户，掠夺通判后离去。万历十年六月，总督陈瑞与黄应甲谋划，划分水军为两部分，向南驻守老万山防备倭兵，向东驻守虎门防备疍兵，另外用两支军队防备外海，两军控制重要地点，水军沈疍舟二十岁，活捉梁本豪。各军队争相前进，大破敌军至石茅洲。贼军再次奔向谭洲沙湾，聚集船 200 艘，以及倭兵的船 10 艘，成掎角之势。各个将领合作追捕，先后俘获斩首 1600 多人，击沉他们的船只 200 多艘，捕获抚降敌军 2500 人。皇帝因此行告郊庙礼，大赏诸军，黄应甲等论功进升官职。别的倭寇侵扰琼崖，黄应甲斩首 200 多人，夺取他们的船。又赐黄金。升入金左军府。罢免归里，卒。①

26. 吴桂芳

字子实，新建（今江西新建）人。嘉靖二十三年（1544 年）进士。被任命为刑部主事。连续被调动至扬州知府、浙江左布政使、右金都御史，巡察安抚福建。父亲去世时他回到家乡奔丧，之后担任原来的官职，安抚治理郧阳。不久升为右副都御史总管河道，未到任。两广总督张臬被认为不是军事人才而遭弹劾，兵部决议罢免他，改吴桂芳为兵部右侍郎兼右金都御史，掌管督察两广军务和担任巡抚。

两广群盗河源李亚元和程乡叶丹楼连续几年造成祸患，潮州有倭寇屯兵占据邹塘，桂芳先讨伐倭寇。以投降的倭寇伍端为先锋，官军继续跟进，一天一夜攻克了倭寇三个巢点，焚杀了 400 多人。皇帝很赞许他，命令他和南赣提督吴百朋趁着胜利消灭倭寇。有新的倭寇在福建省被戚继光打败，零星流窜到两广境内。桂芳、百朋正好调遣土著人和汉兵，趁着倭寇刚到迅速攻击他们。倭寇害怕了，全都逃奔到甲子崎沙，抢夺渔船入海。有狂风暴雨兴起，船全部翻倒（倭寇）溺死。脱还者逃到海丰，副总兵汤克宽擒住他们后全部斩杀。因而（吴桂

---

① （清）张廷玉等撰：《明史》卷二百十二《李锡传附黄应甲传》，中华书局1974 年版，第 5624 页。

芳）建议海道副使管辖东莞以西到琼州，领导番夷市舶司，设立海防金事，巡视东莞以东至惠潮，专门防御倭寇。又进军讨伐并平定了亚元和丹楼。[①]

27. 符南蛇

生于1470年，牺牲于1510年，原名符玉辉，儋州冯圩峒（今海南省儋州市大椰麦村）人。7岁跟随老师读书，极其聪明，超过了其他人，心中怀有远大的抱负理想。年龄稍大，写下"意欲重洗山河""不甘随地老，立志破天荒。"等名句。弘治十三年（1500年），临高、儋县、琼山遭遇水灾，潮水泛涨，冲没了百姓的房屋住宅，农田里的禾苗几乎被淹死了。弘治十四年（1501年），琼山县、儋县依旧大涝，连绵不断地下雨，洪水突然到来，冲击房屋，包围了城墙。百姓没有赖以生存的东西，生活极端困苦，百姓强烈不满，官府不组织救灾，反而对人民横征暴敛，激起广大黎、汉灾民的义愤。[②]于是符南蛇登高一呼，七方黎峒响应，传箭刻约，先斩除峒首（土官）符那月，占夺地方，三州十县起义黎民各皆领箭，有的地方纷涌起义，有的地方静观起义，以起义的成功或失败来决定赞成或反对起义。

弘治十五年（1502年）七月，包围儋州。守城指挥周远婴坚守城池。八月，包围昌化，九月，分兵攻打临高，又进军澄迈、定安，在这时，起义军迅速占领海南西北部，"弘治十四年夏环海州县，峒黎皆应之，攻儋州、临高、昌化县，陷感恩县，拒抗官军……撼动海外三千里地"。[③]

明代顾岕的《海槎余录》云："儋耳七坊黎峒，山水险恶，其俗间习弓矢好战斗，中多可耕之地，额粮八百余石。弘治末年（1501—1504年）困于征求，土官符蚺蛇者，煽动诸黎，远迩响应。得兵万余，攻城略地。"符南蛇所领导的起义队伍，声势十分浩大，明王朝统治

---

① （清）张廷玉等撰：《明史》卷二百二十三《吴桂芳传》，中华书局1974年版，第5873—5874页。

② 吴永章《黎族史》载符南蛇起义日期为弘治十四年（1501年）七月。据民国《儋州县志》卷八《海黎志》记载为弘治十五年（1502年）十二月，王佐《鸡肋集》卷五《湛钺平黎记》载为弘治十四年（1501年）夏六月，现据王佐《平黎记》。

③ （明）王佐：《鸡肋集》卷五《平黎记》，海南出版社2004年版，第140页。

者命镇、巡二司调动汉、达官军 2 万余人，被义军打得全线溃逃。据《海槎余录》记载："第一道首临落窑境，黎首符那南率轻兵据险迎敌，官民兵死者三千余，而分守重臣亦与难焉。其四道闻风溃回，此盖轻率无纪律故耳。"

弘治十五年（1502 年）7 月，广东布政司参议刘信在镇压起义军时"死于锋镝"，这是明朝死于黎事的高级官员。双方战斗十分激烈，死者不可胜计，郡城为之惊动。[①]朝廷命两广总兵毛锐统汉达官军及狼、土兵 10 万至儋。义军严阵以待。明军谋士们叹道："贼之渠魁拥众十方，众号十万，地险兵锐，势难卒灭。"[②]明军探知起义军"内自相仇"，于是采取集中兵力，逐个击破的办法，攻打义军战略据点，分配参将马澄将中军，带两广汉达军、狼、土兵一万攻中坚地带新场海、田头寨，派都指挥钱璋将右军攻义军右臂蓬墟、抱吉及义军左臂落基、落窑，指挥周远攻义军西南要冲昌化古镇州，并派总督备倭都指挥张铎领雷琼军民兵习水战者以舟师防待海边，官军四面重压，符南蛇严阵以待，两军短兵相接。昌化军指挥周远当，与符南蛇决一死战，明军弓弩齐发，南蛇中箭败走，退回七坊塘边，投水身亡。一场轰轰烈烈的抵抗运动被镇压下去了，十分惨烈。

据王佐所载："别将隔水得其头，即日来献。是日，中军进据七方，擒贼妻孥，焚其庐，沼其宫，搜戮其亲族，党与无噍类。"[③]及后十多年，符南蛇部下分散各地，仍然坚持反抗斗争。

28. 潘蕃

字廷芳，崇德（今浙江宣德）人。成化二年（1466 年）考中进士，被任命为刑部主事。当上郎中，接着任山东、湖广左右布政使。

弘治九年（1496 年），潘蕃身为右副都御史巡抚四川，兼管提督松潘军务。声望广为宣传，蛮人害怕并服从，单车行松、茂，没有谁敢侵犯。后升迁为南京兵部右侍郎，就任时改刑部。

---

① （清）金光祖纂修：《广东通志》卷二十八《外志·俚户》。

② （明）王佐：《鸡肋集》卷五《平黎记》，海南出版社 2004 年版，第 142 页。

③ （明）王佐：《鸡肋集》卷五《平黎记》，海南出版社 2004 年版，第 142 页。

弘治十四年（1501年），潘蕃官职为右都御史，总督两广。部下中过去的士兵不少于一万人。正碰上海南黎族符南蛇起义，聚众数万。潘蕃命令副使胡富调动狼、土兵讨伐，清除起义军1200余人。按照功劳，潘蕃进迁为左都御史。正德元年（1506年）之正月，潘蕃被任命为南京刑部尚书。第二年，潘蕃辞去官职。潘蕃辞官归乡时，没有居住的屋子，租借别人的房子居住。潘蕃与同乡人喝酒，露天席地坐在花下，喝醉则放任自己身在何处，他的雅趣也就是这样了。[①]

29. 王士衡

字秉铨，号矩庵，别号靓斋，定安（今海南省定安县）人。他年少时父亲去世，家里贫穷，勤勉学习，怀有远大的志向，以古代君子来要求自己，以徇私平庸粗俗为耻。在成化丁酉年（1477年）的乡试中中了举人，到太学求学，任太学祭酒的丘文庄很器重他。弘治元年戊申（1488年），被选任为中书舍人，侍奉侍衡王审理副，之后升任为右长史。青县流行火葬，他为其设立义阡收尸埋葬。他逐条对答大中丞朱公钦征询访问便民十六事，深受赏识。正德四年（1509年），母亲去世。正德十四年（1519年），开始担任岷府，上奏去除定安驿站。嘉靖壬午年（1522年）辞去官职。他参加编修明史《武宗实录》，有行不义之事的人给他二百金来更改自己的名声，他不接受。他完备叙述文昌县的灾害伤情、田地粮食、山坡屡次受灾的苦难，使得减少了赋税。他在家里住了18年后去世。他生平做事恭谨。喜欢读书，年纪大了却依然不知疲倦，从经史百家到阴阳、律历、医卜没有不精通的。尤其擅长劝导士类，不欺骗、不使人充满怀疑，不谈论人的不足，喜欢谈论人良好之处，自始至终都是一个样子。世人称赞他纯正谨慎可比西汉的周勃、石显，而学问渊博远远超过他们。受到乡贤的祭祀。

王士衡辞官后回到家乡，关心地方的疾苦。他目睹定安驿站的弊

---

① （清）张廷玉等撰：《明史》卷一百八十六《潘蕃传》，海南出版社1974年版，第4937—4939页。

病害处，上奏皇帝《奏革定安驿递疏》①，完整地叙述了驿站征收赋税粮食拖累百姓的苦难，希望能够将收取的赋税每年都通过计划来估计驿站重复收取的银两，对比按照同等级的驿站除去多余的，以免牵累普通百姓。为民请命的心情十分急切。

辞官在家期间，田地里种植的作物品种单一，以致生活贫困，于是，他凭在山东各地为官的经验，五谷兼种，而在定安，"看见我此地的百姓平日里所努力种植的作物，只有稻谷而已，正统年间才多了鸭脚粟这一作物"。于是写《劝麦文》②，向百姓介绍种麦及收成的方法、收益。拳拳赤子之心，历历可见。

30. 胡富

字永年，绩溪（今安徽县）人。成化十四年（1418年）中进士。被授予南京大理评事。弘治初年，调任福建金事。福宁关押囚犯200多人，胡富一审而定，监狱内一下子就空了。胡富在父亲逝世后回到家乡，之后任官于山东，迁任广东副使。瑶人在四会作乱，胡富围剿并捉拿500多人。泷水地区的瑶人出没无常，胡富度量（瑶人）所经过的地方，有荒地300多顷，于是就招收当地僮户在荒地上耕作，瑶人害怕僮户而不敢扰乱，当地的居民也就得到田地耕作。海南的符南蛇领兵围攻儋州，胡富与参议刘信前往偷偷察看。符南蛇的军队突然出现，杀了刘信。胡富徒手杀死义军一人，于是符南蛇的军队撤退了。胡富返回增加兵力征讨符南蛇而后使儋州平定。胡富之后迁任陕西的左、右布政使。

正德初年，应召调任顺天府尹。正德三年进入南京大理寺卿，迁任户部右侍郎。正德五年正月因大理勘事缓慢而犯罪，（皇帝）命令胡富交还官职。这个是刘瑾的决定。刘瑾失败后，重新担任原来的官职。正德七年（1512年）接受任命为本部尚书。嘉靖元年（1522年）卒，

---

① （清）张文豹纂修，梁廷佐同修：康熙《定安县志》卷三《疏》，海南出版社2006年版，第176—177页。

② （清）张文豹纂修，梁廷佐同修：康熙《定安县志》卷三《疏》，海南出版社2006年版，第250—254页。

追封为太子少保，谥号康惠。①

31. 冯颙

琼山（今海南海口市琼山区）人。弘治九年（1496 年）进士，任御史，由于曾经忤逆宦官刘瑾，受到他的诬陷，愤激之下，自缢身亡。冯颙初任户部四川司主事，官员们率领军队讨伐符南蛇的起义军，过了很久也没有取得胜利。冯颙历陈造成事变的原因，寻访已经被取消官位的士官的子孙，让他们召集以前的士兵，使夷人自相攻伐，有功则恢复他们原来的官职。得到尚书刘大夏的多次称赞，并且奏行他的政策。正德初（1506 年），冯颙和中官高金一起勘查泾王朱祐橒所乞庄地，清还土地 2700 百余顷，因而没有善终，人们都为之叹息。刘瑾死后，朝廷恢复了冯颙的官位，赐祭，并且抚恤他的家人。②

32. 方良永

字寿卿，莆田（今广西莆田）人，是弘治三年（1490 年）的进士。他赴两广督促催交欠款，态度严肃，谢绝别人的馈赠，被布政司刘大夏所器重，回京城任刑部主事，后来升职为员外郎，提拔为广东省佥事。琼州符南蛇发动起义，刘大夏是那时的总督，朝廷下檄文征召方良永代理海南兵备，与刘大夏的军队会合讨伐平定了他们。后来御史就良永失利这件事定他的罪。当时刘大夏已经是兵部尚书，就替他在朝廷上辩白，朝廷奖赏了银两给方良永。

正德初年，方良永丧父，服丧期满，在京城等待选任。当时的地方官员在朝见皇帝完毕后，一定要拜见刘瑾。鸿胪寺官带领方良永到左顺门行顿首礼完毕，又叫他向东向刘瑾作揖，方良永不听，径直离开。有人劝方良永到刘瑾家拜谒，方良永不听。吏部授予方良永河南抚民佥事时，内廷下旨勒令退休。刘瑾仍愤怒不已，想要借海南有人

---

① （清）张廷玉等撰：《明史》卷一百八十六《胡富传》，中华书局 1974 年版，第 4939 页。

② （清）张廷玉等撰：《明史》卷一百八十八《许无锡传附冯颙传》，中华书局 1974 年版，第 4989 页。

杀人一事定方良永的罪。幸得刑部侍郎周敏竭力辩证，方良永才没有获罪。等到刘瑾伏法后，方良永被起用为湖广按察副使，不久被提升为广西按察使。到任后，揭发巡抚御史朱志荣的罪行，使他被贬去戍守边防。方良永又被提升为山东右布政使，不久调任浙江，改为左布政使。

世宗即位后，朝廷上下纷纷推荐方良永。世宗就授予他右副都御史，治理郧阳。后来又因为母亲年老，再次上疏请求辞官为母亲养老送终。不久，他的母亲去世。皇帝下诏祭拜和下葬。服丧期满，按照原来的官职做应天巡抚，上任途中到衢州，大病发作，连连上疏请求辞官退休，没有等到批复就急忙回家，回到家就病逝了。去世后，还接到朝廷任命他为南京刑部尚书的文书。他去世的消息传到朝廷，皇上按照规定赏赐抚恤金，并授予"简肃"的谥号。[1]

33. 陶谐

字世和，会稽（今浙江会稽）人。弘治八年（1495年）乡试考取第一名。次年成为进士，选授翰林院庶吉士，授官工科给事中。奏请皇上命儒臣每日进讲《大学衍义》，孝宗嘉许并采纳他的建议。

正德初年（1506年），刘瑾等人扰乱朝政。陶谐奏请以误国罪告刘瑾等于先帝灵前，对他们定罪并不予赦免。刘瑾报复，遂借机中伤，皇上下令将陶谐投入监狱，并处以廷杖，将陶谐贬为平民。不久刘瑾等人又污蔑陶谐为奸党。又诬告他在巡视各仓库时发现布匹缺少而不上奏，再次将陶谐戴上刑具拖至宫门外杖责，并将他贬往肃州戍守。刘瑾被处死后，陶谐获释回乡，因刘瑾的党羽仍然当权用事，竟未获得召用。

嘉靖元年（1522年）恢复官职。尚未到任被任为江西佥事，转任河南管河副使。过了一段时间，提升为右副都御史，提督南、赣、汀、漳军务。

---

① （清）张廷玉等撰：《明史》卷二百一《方良永传》，中华书局1974年版，第5311—5312页。

不久升任兵部右侍郎，总督两广军务。海上贼寇陈邦瑞、许折桂等人突然攻入波罗庙，想要进犯广州，被守军指挥李嵝打败。邦瑞投水自杀，折桂放还所俘指挥二人，请求接受朝廷招抚。陶谐将折桂等人安置在东莞，收编为总甲，令折桂等约束其部下五百人成为新民。兵部因投降的贼寇集中定居，担心他们乘机作乱，命令解散贼党。不久，阳春县的盗贼赵林花等人攻打县城，与德庆州盗贼凤二全勾结作乱，陶谐攻破一百二十五座山寨。武宗说："陶谐的功劳应加记录，但以前纵容盗贼为患的又是谁呢？"于是只赏赐陶谐银币。琼山县沙湾洞贼盗黎佛二等人杀害本县典史，陶谐又前往讨平剿灭盗贼。

陶谐任总督两广军务三年，俘获斩杀盗贼累近万名。后因母亲去世回乡服丧。服满后起用为兵部左侍郎。九庙灾害，陶谐自陈有罪辞官回乡。去世后，追赠兵部尚书。隆庆初年（1567 年），谥号"庄敏"。[1]

34. 王璲

籍贯失载；雷州指挥佥，奉委守琼，代理卫所指挥。与知府蔡浩和衷共济。军民乐业，盗贼屏迹。成化五年（1469 年），符那南起义，王璲前往征讨。时有都指挥李祐、参将马澄先后平落窑黎。又弘治三年（1490 年），参将姚英平陈那洋。成化十一年（1475 年），参将马澄征落窑黎。[2]

35. 廖纪

字廷陈，万宁（今万宁市礼纪镇三星村）人。弘治三年（1490 年）进士。被任命为考功主事，逐次升迁文选郎中。

正德年间，历任工部右侍郎。提督易州山厂，不私占赋税上交后的剩余金钱。调任为吏部左、右侍郎。世宗继位后，封为南京吏部尚书。

---

① （清）张廷玉等撰：《明史》卷二百三《陶谐传》，中华书局 1974 年版，第 5364—5365 页。

② 彭元藻、曾友文修，王国宪总纂：民国《儋县志》卷十五《官师志》，海南出版社 2004 年版，第 1042 页。

后调到兵部，参与辅助军机要务。被弹劾解职。

嘉靖三年（1524年），"大礼"议既定，吏部尚书杨旦赴召，道劾张璁、桂萼。璁、萼之党陈洸遂劾旦而荐纪。帝罢旦，以纪代之。纪疏辞，言："臣年已七十，精力不如乔宇，聪明不如旦。"时宇、旦方为帝所恶，不许。光禄署丞何渊请建世室，祀兴献帝，下廷议。纪等执不可，帝弗从。纪力争曰："渊所言，干君臣之分，乱昭穆之伦，蔑祖宗之制，臣谨昧死请罢勿议。"不纳。会廷臣多诤者，议竟寝。已，条奏三事。其末言人才当惜，谓："正德之季，宗社几危。议者但如平定逆藩之功，而不知保护京师之力。自陛下继统，老成接踵去，新进连茹登，以出位喜事为贤，以凌分犯礼为贵。伏望陛下于昔年致仕大臣，念其保护之勋，量行召用。其他降职、除名、遣戍者，使得以才自效。"帝但纳其正士风、重守令二事而已。

三边总督杨一清召还内阁，璁等欲起王琼，纪推彭泽、王守仁，帝不允。复以邓廷瓒、王宪名上，竟用宪。

嘉靖五年（1526年）正月，御史张衮、喻茂坚、朱实昌以世庙礼成，请宥议礼得罪诸臣，璁、萼亦以为请，章俱下吏部。纪等列上四十七人，卒报罢。御史魏有本以劾郭勋、救马永谪官，经事中沈汉等论救，帝不听。纪从容为言，且荐永及杨锐。帝纳之，有本得无谪。

纪在南都，持议与璁合，坐是劾罢。璁辈欲引助己，遂首六卿。而纪顾数与抵牾，璁辈亦不喜。年老称病乞归，许之去。初，《献帝实录》成，加太子太保。至是进少保，赐敕乘传，夫廪视故事有加。卒，享年78岁。赠少傅，谥僖靖。著有《庸学》《论孟》《四书管窥》《少业毛诗》《童训》《沧州志》等数十卷。[1]

36. 欧阳必进

字任夫，庐陵（今江西吉安）人，正德十二年丁丑年（1517年）进士，积功升官至两广总督。当时珠崖黎族人民起义，他请求出兵援

---

① （清）张廷玉等撰：《明史》卷二百二《廖纪传》，中华书局1974年版，第5323—5325页。

助讨伐他们。前后一共斩杀俘获的人很多，被缚的人有几千。不到三个月就胜利归来。[①]

37. 胡训

字海之，南昌（今江西南昌）人，弘治十五年壬戌（1502年）进士。正德末年（1521年），被提拔为广东按察司副使，在琼台带兵。琼台距离广城两千里，并且迫近诸蛮，胡训在此地选调兵马，防守要冲，囤积粮食，行间谍，安抚百姓。当时有黎民反抗，有关机构商议招抚。胡训说："不行，今日之招抚非往昔之讲和。"立即下令晓以祸福，不遵从命令的人杀无赦。罗活峒的人，反抗尤为激烈，胡训提议剿之以警告众人。

胡训选派调任官军，来了不到半月，起义者被捕投降，认纳粮食，编列户籍。嘉靖二年（1523年），胡训被派去镇压符南蛇。侄子崇仁、文龙聚集党羽杀害仇敌，各黎族人暗中助之。胡训又命令儋州同知顾岏招安，于是生黎、熟黎愿意归顺的人很多，各州县村峒归入户籍的人以千计数。胡训又说，黎人之所以劫杀，都是因为当地土舍聚敛钱财；土舍聚敛钱财，都是因为有关部门贪污。应当正其本，清其源，则事情的本末自然清楚。

胡训兼督学政，训导士子以行为端正检点为先，写文章重理致，而轻辞藻。士子手拿经书请教他，没有间断过。在琼数年，视官属如子弟，爱百姓如家人，琼人至今仍仰慕他。百姓为他立有遗爱碑。他的名字列于名宦祠之中。[②]

38. 海瑞

生于1514年，琼山（今海南省海口市）人。字汝贤，另有一字国开。号刚峰，学者尊称其为刚峰先生。

海瑞在《乞终养疏》中自称原广东海南卫籍番禺人。因其祖海俦，

---

① 彭元藻、曾友文修，王国宪总纂：民国《儋县志》卷十五《官师志》，海南出版社2004年版，第1043页。

② 彭元藻、曾友文修，王国宪总纂：民国《儋县志》卷十五《官师志》，海南出版社2004年版，第1028页。

南宋时从福建迁广东，落籍番禺。明朝初年，海瑞高祖海答儿从军到海南，定居琼山。从答儿到海瑞，传了五代。

海瑞四岁时父亲辞世，母亲谢氏慈母兼严师，亲自"教之晦之"，在生活中言传身教。海瑞年轻时立志"必为圣贤，不当乡愿"，养成了他刚直不阿、疾恶如仇的品格。他出外就读从私塾到郡学时间较长。嘉靖二十八年（1549年），举乡试，是时已37岁。

考举人时，海瑞写了《治黎策》，第二年入京会试，他向朝廷上了《平黎疏》，"以疏下兵部议覆、卒不施行"，过了三年，嘉靖三十二年（1553年），再次会试失败后，海瑞接受了吏部的分配，到福建任南平县教谕。任职四年，"以礼为教，其讲道论德以及经义治事，一一实事求是，不为俗学所染，是教职中最难得者。"海瑞在《教约》中规定："诸生接见上人，《会典》诸书明有礼节。今后于明伦堂见官，不许行跪。学前迎接亦然。"在南平县时，御史诣学官，属吏咸伏谒，独瑞长揖。曰："台谒当以属礼，此堂，师长教士地，不当屈。"

嘉靖三十七年（1558年）春天，海瑞升淳安县知县，他布袍脱粟，令老仆艺蔬自给。总督胡宗宪当对人说："昨闻海令为母寿，市肉二斤矣。"宗宪子过淳安，怒驿吏，把驿吏倒悬起来，瑞曰："曩胡公按部，令所过毋供张，今其行装盛，必非胡公子。"发橐金数千，纳之库，驰告宗宪，宗宪无以罪。都御史鄢懋卿出巡，供具甚薄，抗言邑小不足容车马。懋卿恚甚。唆使御史袁淳进行报复。是时海瑞已原定升归嘉兴通判，坐谪兴国州判官。后懋卿、袁淳俱以贪罢，海瑞才得以伸白叙用。嘉靖四十一年（1562年）以原职改调江西赣州府兴国县知县。在兴国期间，依然不畏权贵，执法无私。

嘉靖四十三年（1564年），陆光祖为文选，擢瑞户部主事。时世宗享国日久，不视朝，深居西苑，专意斋醮。督抚大吏争上符瑞，礼官辄表贺。廷臣自杨最、杨爵得罪后，无人再敢言时政。嘉靖四十五年（1566年）二月，海瑞上疏历数皇帝过失："陛下则锐精未久，妄念牵之而去，反刚明之质而误用之。至谓遐举可得，一意修真，竭民脂膏，滥兴土木，二十余年不视朝，法纪弛矣。数年推广事例，多器滥矣。二王不相见，人以为薄于父子。以猜疑诽谤戮辱臣下，人以为薄于君臣。乐西苑而不返，人以为薄于夫妇。天下吏贪将弱，民不聊生，水旱靡时，盗贼滋炽。自陛下登极初年，亦有之而未甚也。"当时嘉靖皇帝得疏，大怒，抵之地，顾左右曰："趣执之，无使得遁。"宦官黄锦在侧曰："此人素有疾名。闻其上疏时，自知触忤当死，市一棺，诀妻子，待罪于朝，僮仆亦奔散无留者，是不遁也。"帝默然。少顷复取读，曰再三，为感动太息，留中者数月。他虽觉得海瑞所谏言之有理，曾说："此人可方比干，第朕非纣耳。"不久，嘉靖帝病，总是认为皇帝的尊严不能受臣子"诟詈"，于是手批"詈主毁君，送锦衣狱究主使者"，寻移刑部，论死。户部司务何以尚揣帝无杀瑞意，疏请释瑞。帝怒，命锦衣卫打一百杖，锢诏狱，昼夜榜讯。越二月，帝崩，穆宗立，两人并获释。海瑞在狱中有十个月之久。

当嘉靖帝逝世时，外庭多未知悉。提审主事认为海瑞且见用，设酒馔款之。海瑞自认当赴西市，恣饮噉，不顾。主事因附耳语："宫事适宴驾，先生今即出大用矣。"海瑞听后大恸，尽呕出所饮食，陨绝于地，终夜哭声不绝声。海瑞被新君释放出狱后复原官。不久改任兵部武库司主事。隆庆元年（1567 年）转任尚宝丞。四月升任大理寺右寺丞，七月改为左寺丞，属正五品官。十一月又升为南京通政司右通政，官阶为正四品。隆庆三年（1569 年）内调入京任提督誊黄通政司右通政，六月迁右佥都御史总理粮储提督军务兼巡抚应天等府。应天巡抚管辖地区有应天（南京）、苏州、常州、镇江、松江、徽州、太平、宁国、安庆、池州等十府及广德州，还兼理浙江杭、嘉、湖三府税粮，这是海瑞仕宦途中达到的最高点。

海瑞在江南巡抚期间，锐意兴革，请濬吴淞、白茆，通流入海，民赖其利。同时，他反对大户土地兼并，勒令退田，裁减夫马，力摧豪强，抚穷弱，贫民田被富室兼并的，一概退还。是时，徐阶罢相故里，海瑞也不留情，再三令其退田。在执行的过程中，《明史·海瑞传》载："下令飚发凌厉，所司惴惴奉行，豪有力者至窜他郡以避。而讦民多乘机告讦，故家大姓时有被诬负者。又裁节邮传冗费，士大夫出其境率不得供顿，由是怨颇兴。"由于海瑞触犯了乡官权贵的利益，于是遭到权贵们的诬陷："都给事中舒化论瑞迂滞不达政体，宜以南京清秩处之，帝犹优诏奖瑞。已而给事中戴凤翔劾瑞庇奸民，鱼肉缙绅，沽名乱政，遂改督南京粮储。"瑞抚吴仅有半年时间。当时，民间听说海瑞离开，号泣载道，家里绘像祀之。海瑞"将履新任，会高分期拱掌吏部，素衔瑞，并其职于南京户部，瑞遂谢病归。"

海瑞于隆庆四年（1570 年）四月离任回琼山家乡，赋闲共 16 年，其原因是："张居正当国，亦不乐瑞，令巡按御史廉察之。御史至山中视，瑞设鸡黍相对食，居舍萧然，御史叹息去。居正惮瑞峭直，中外交荐，卒不召。"由于张居正对海瑞的猜忌，所以海瑞不能复官，一直到张居正去世之后，万历十二年（1584 年）朝廷才决定起用海瑞。《明史》云："十二年（1584 年）冬，居正卒，吏部拟用左通政。帝雅重瑞名，畀以前职。明年（1585 年）正月召为南京右佥都御史，道改南京吏部右侍郎，瑞年已七十二矣。"

海瑞以"衰老垂死"的年龄重新被起用，他到任后，仍然执法如山，革除私弊，"诸司素偷惰，瑞以身矫之。有御史偶陈戏乐，欲遵太祖法予之杖。百司惴恐，多患苦之。提学御史房寰恐见纠摘欲先发，给事中钟宇淳复慫恿，寰再上疏丑诋。瑞亦屡疏乞休，慰留不允。"万历十五年（1586 年），卒于官，享年 74 岁。

海瑞无子。卒时，佥都御史王用汲入视，葛帏敝籝，仅存俸银十余两，旧袍数件，为寒士所不堪者，因泣下，醵金为敛。小民罢市。丧出江上，白衣冠送者夹岸，酹而哭者百里不绝。赠太子太保，谥"忠介"。

海瑞生前，已编刻著作《淳安稿》《淳安县政事》《备忘集》《续备忘集》。后人将之合刻，总名为《备忘集》。①

---

① （清）张廷玉等撰：《明史》卷二百二十六《海瑞传》，中华书局 1974 年版，第 5927—5933 页。参见李锦全、陈宪猷点校：《海瑞集》前言，海南出版社 2003 年版，第 1—41 页。

39. 赵谦

原名赵古则,后更名赵㧑谦,余姚(今浙江省余姚县)人。幼年无父,家境贫寒,寄食山寺。与朱右、谢肃、徐一夔等同辈定为文字之交。天台的郑四表擅长《易》,则跟随他学习《易》。定海的乐良、鄞郑真通晓《春秋》,山阴赵俶长于分析《诗》,迮雨擅长《乐府》,广陵张昱工于歌、诗,无为的吴志淳、华亭的朱芾工于草书篆隶,赵㧑谦皆与他们成为朋友。广泛研究《六经》、百氏之学,尤其精于六书,作《六书本义》,又作《声音文字通》,当时称为《考古先生》。

洪武十二年(1379 年)命词臣修《正韵》,赵㧑谦二十八岁,应聘进入京师,授予中都国子监典簿。过了很久,因为举荐征召为琼山县学教谕。洪武二十八年(1395 年),在番禺去世。

之后,门人柴钦,字广敬,凭借庶吉士身份参与修编《永乐大典》,向皇帝进言其师编纂的《声音文字通》应当采纳录入,于是奉命驰传,当即去赵㧑谦家取来。①

40. 陈实

字秀卿,琼山(今琼山顿林)人。弘治十一年(1498 年)中举,在弘治十五年(1502 年)中进士。时因宦官刘瑾专权,无意为官,即告疾归家居,足迹不及城市。遭父丧,丧满仍不愿为官。刘瑾假托君命,发诏将其任职资格除名。正德五年,刘瑾事败处死后,起用为南京都察院江西道监察御史,查实内臣赵兰以内旨到合浦采购珍珠为名,行扰民掠货中饱私囊之实,遂上疏朝廷弹劾奸臣、停止采珠,一时传为美谈。不久遭母丧,丧满除服后,任广西道监察御史。正德十六年(1521 年),奉命巡按应天徽州、宁州。将当地权贵霸占芜湖沙滩芦苇(当地民众以织苇席为业)实情上奏,获许归还民众经营。嘉靖初,任常州知府,勤政爱民,有古循吏风。秉公办事,获上官信任,下属悦服。时常州瘟疫,饥荒死者、外逃者众,陈实开官仓放粮赈民,安定民心,

---

① (清)张廷玉等撰:《明史》卷二八五《赵谦传》,中华书局 1974 年版,第7323—7324 页。

发动民众重建家园。

曾回海南故乡，常病士习之浮靡，欲以提倡正学进行教育，谓宋杨龟山尝与邹道乡诸君子讲明程学，于是在城之西隅建道南书院，郡诸生讲习其中。平居无浮言妄动，事必有则，精密平恕，每以古人自期。居家孝友，内外无间言。从弟容死，遗孤二人，教育成人。有田数百亩，除每年取给宾祭日用外，余悉分诸宗族。土官某犯法，以数千金乞言缓死，严峻地拒绝。尝曾说过："学重养心，尤莫先于辨义利。"人多以为名言。抚按交荐，卒于官，御史朱实昌为之奏请恤典，盖异数也。所著有《虚庵集》，祀乡贤。①

41. 钟芳

字仲实，先崖州人，小时候由外亲养育，姓黄，后来请奏改回钟姓，改籍贯为琼山。从小就异常聪颖。十岁进了州府的学院，弘治十四年（1501年）考了乡试第二名。

正德三年（1508年）考了进士二甲的第二名，被选作翰林院庶吉士，授予了编修的职位。不久之后贬为宁国推官，官迁漳州同知。钟芳精于行政事务，有政绩，所以升职为江西右布政使。

嘉靖九年（1530年）升为南京太常寺卿，不久后在国学院任职。讲论经义，求诸身心，胄子十分感动。

嘉靖十一年（1532年），升为南京兵部右侍郎，又改任户部右侍郎，总管太仓之地，政策适宜，漕运之业发展壮大。

嘉靖十三年（1534年）七月，南都太庙发生了灾祸，请奏要修身反省来应对上天的惩罚，语气中肯，情况属实。

嘉靖十八年（1539年），钟芳退休，在家待了多年，一次都没有进城，只是靠书来取悦自己。有因为私事拜访打扰的人，钟芳都谢绝说："我坚守心志就像寡妇一般，难道会因为老了就不保名节？"尽孝赡养了继母杨氏，他的哥哥钟甦、弟弟钟英都早逝了，尊礼体恤鳌

---

① （清）李文烜修、郑文彩纂：咸丰《琼山县志》卷十九《人物志·陈实传》，海南出版社2004年版，第754—755页。

妇，他守贞节自得其所，别人都觉得很难。他的文风雄浑精深，气脉清晰、文理畅达。论学把程朱之学作为正宗，又认为知行本身就是一体，知用来利于行，行作为知的实践，理是没有内外之分的，心自然也没有内外之别。晚年在琼地筑房，给房屋取名"对斋"，意为"和上天对等，尊敬道就是尊敬天"，是他认真对待、造诣深厚的意思。

嘉靖二十三年（1544年），钟芳卒于家，享年六十九岁。死讯传开，朝廷追赠名号右都御史，赐葬祭。钟芳性格分明，对欲望没有什么嗜好，他做学问博大而精深，即便是律历医卜方面的书，也都能掌握贯通，取学识于儒学正孔之道，是岭南的巨儒。

所著有《学易疑义》二卷（朱彝尊《经义考》作三卷）、《春秋集要》十二卷。《钦定四库全书提要》：此书以集要为名，故文殊简略，中间如谓"春王正月"为建子，谓桓公三年书"有年"，非纪异，谓襄公二十八年书"卫侯衍"，非俟其改过，谓昭公元年书，"败狄于卤"，非讥毁车崇卒，皆发前人所未发。复有《皇极经世图》《续古今纪要》《小学广义》《养生举要》《崖志略》和《筠溪诗文集》二十卷行世。

子允谦，字汝益，为人纯实，廉静无求，让父荫于从子，乡人高其义。登嘉靖八年己丑（1529年）进士，知浙江宁海县，稽飞税，均丁粮，复塘坝以滋灌溉。以经学饬吏治，莅事严而有法，庭无私谒，建社学，置社田，留心教化，升刑部主事，历升知福州府，有惠政。丁艰，起复补知莱州，卒于官。与父同祀乡贤。①

42. 林士元

字舜卿，琼山（今海南省琼山区）人。正德九年甲戌（1514年）中进士，授予行人（掌管传旨、册封等事）的职位。奉使册封唐府，馈金六十镒，却不受，王深器之。嘉靖四年乙酉（1525年），升迁为

---

① （清）李文烜修、郑文彩纂：咸丰《琼山县志》卷十九《人物志》，海南出版社2004年版，第755—758页；（明）戴熺、欧阳灿总裁，蔡光前等纂修：万历《琼州府志》卷十《人物志》，海南出版社2003年版，第725—726页。

南京户科给事中，弹劾光禄少卿史俊仗势杀人，都御史汪铉考证查实不公平，同时弹劾了内外办事不公者数十人，官吏风气为之一清。

嘉靖十一年壬辰（1532 年），任湖广副使，在衡州和永州练兵。江华的流民与当地的老居民争田地，交战数年，战火影响到了各个郡，林士元单人骑马入战场，说清楚了事情的利弊，遂停火。吏部郎中邓尚义弟挟帛守令，侵牟里党，按照法条处置了。转任广西参政，守卫苍梧。嘉靖十七年戊戌（1538 年），出征大藤峡，林士元监督军饷有功。有贵族弟子想要借机会蹭取功名，绝不假借。捷奏，升任为浙江按察使，没有赴任，即丁忧归家，之后不起。祀为桂林名宦。

晚年在家休息，有时会戴着斗笠下田耕地，乡亲都认为他是有贤德的人。所作书有《学思子》《中庸孟子衍义》《读经录》《读经附录》《孔子世家》《颜子列传》《诗论》《北泉论草》和十卷文集。祭祀乡中贤人。①

43. 陈天然

字汝中，琼山（今海南省琼山区）人。孝友温惠，有雅量。登嘉靖乙未（1535 年）进士，授户部主事，两次督管仓储，监管九江银钞，都以廉洁节简著称。历升镇江府知府，适遇荒旱，而州府所摊虚税成为民众负担。天然到后，马上加以核算薄减。江寇猖獗，厉兵备御，郡赖以安。过去的惯例，州府日用开支，一概分摊到里甲百姓，陈天然完全革除，转为置办公田，以公田收入支付州府日用开支。他捐俸设立学田，赈济贫寒士子李僖、冉信等。例士曹大章初试失利，而陈天然依然器重，力为荐拔，最终曹大章在礼部会试中连连夺魁。广东金宪刘弦赍表入贺，中途生了重病，陈天然极力调护，仍不治身亡，陈天然承担起料理后事的责任，将其棺枢送回故里。陈天然居官性耿直，不能随时俯仰，改知永州府。母丧致礼，归家居守，亲贤下士，诗酒自适。凡兄弟、故旧贫乏者，必周贷无靳，至焚雷萧各券。拜祭

①　（明）戴熺、欧阳灿总裁，蔡光前等纂修：万历《琼州府志》卷十《人物志》，海南出版社 2003 年版，第 727 页。

师墓，卓有古风。所著有《自新遗稿》。祀乡贤。①

44. 郑廷鹄

字元侍，琼山（今海南省琼山区）人。年轻时机敏，在私塾老师海贞苑的教育下学习句法文章，海贞苑对他的才华感到惊奇，便把女儿嫁给他。不久中举，此后在嘉靖戊戌会试中名列第三，主政水部，调仪部。不久改为吏科给事中，晋为工科左给事一职。适逢京师发生地震，遂上奏四件事，都关乎国家大计。这类设计，以国家建立长远利益为目的，确实而中肯，与国家存在密切联系。嘉靖庚戌（1550年）年间，阅试礼部会试，当时出于门下的人都是名士。张文毅公服有人伦鉴，将他推荐为江西学宪官职。江西是个大地方，士人难以通过科举进阶，因此有人试图取巧，但郑廷鹄一概以功令裁决，于是无人敢私偏子弟。他教导人，都以真诚不欺为主，而文学艺术等排在后面。他扩增白鹿书院的田地，撰写洞志，经常向皇上呈现奏章，晋大参。以母亲年老为由乞求辞官回乡奉养。回到家乡修筑屋室在石湖旁，著书自娱。母亲去世时守丧，部使多次向朝廷推荐他，坚辞不起。去世的时候57岁。所有编写，包括有《易礼春秋说》《掖垣》《学台》《石湖集》《琼志稿》等若干卷。在祠堂里祭祀。②

45. 王弘诲

生于1542年，字绍传，安定（今海南省定安县龙梅乡）人。他的母亲莫氏是海南的望族。王弘诲少年聪颖，异于常人，5岁进入私塾读书，9岁参加童子考试，书看过一遍就能记下来，博览群书，日记千言。嘉靖四十年（1561年），20岁考取全省举人第一名。不久之后去金陵参加会试，正好碰到他的父亲允升病危，弘诲就回乡侍奉父亲。父卒，他服孝三年。嘉靖四十四年（1565年）考取进士，选为庶吉士。嘉靖四十五年（1566年），海瑞因为极力进谏忤逆旨意而

---

① （明）戴熺、欧阳灿总裁，蔡光前等纂修：万历《琼州府志》卷十《人物志》，海南出版社2003年版，第729—730页。

② （明）戴熺、欧阳灿总裁，蔡光前等纂修：万历《琼州府志》卷十《人物志》，海南出版社2003年版，第730—731页。

下狱为囚，受延杖刑后濒危，弘诲每天早晚去牢房看望，用药调理护养他，海瑞得以不死。万历二年（1574年），不久任翰林检讨，编纂修订《穆宗实录》。《实录》编成后，晋编修。他充当会试的考官，所录取的都是有名的士人。经万历皇帝恩准派殿正武，和张守约两位官员在他的家乡龙梅村为王弘诲修建太史坊、解元坊作为纪念。万历四年（1576年），预修《世宗实录》，上疏《请改海南兵备道为提学道疏》，请求朝廷允许海南兵备副使兼领提学使，让海南考生就地考试，免得承受过海应试的风险。万历八年（1580年），张居正当时正为首辅，王弘诲作《火树篇》《春雷歌》讥讽他。赵、吴两翰林因为上疏弹劾张居正而遭遇祸害，王弘诲想要救解他们，张居正更加愤怒，想要报复他，京城主考、讲筵诸华选，都没有给他。所以，弘诲停滞官职有14年。万历十年（1582年），张居正倒台，弘诲才升迁至春坊谕德，掌管南京国子监祭酒。升迁至国子监祭酒、南京吏部左侍郎，调任北京礼部右侍郎。又兼任翰林侍读学士、经筵讲官，加封太子宾客、吏部左侍郎，掌管詹事府，教庶吉士。充会试副总裁，纂写修订《会典》，万历十四年（1586年），《会典》编纂完成，呈送皇帝审查批阅。被加封为太子宾客，充任日讲三品官，满考荫子，掌管詹事府教习庶吉士。皇帝发下诏书称赞说："学知渊宏，器资醇笃，蜚英翰苑，咸推华国之文，司业辟雍，克称育才之职。"万历十七年（1589年），王弘诲升任南京礼部尚书。万历二十六年（1598年），利玛窦从南昌抵达南京，受到王弘诲的热情招待。万历二十九年（1601年），他们一起到北京，王弘诲通过宦官向万历皇帝引荐利玛窦，并请利玛窦修改当时明历中的错误。成为中国历史上西学东渐创新的开端。

王弘诲在任南京礼部书期间，上疏请求立储君、晨讲经等六件事。因为生病请求休养，多次上疏得到旨意回到故乡。后来又重新入职，引考满例改仕。万历三十年（1602年），王弘诲61岁，回家乡养病，他为乡里建起宗祠，储备义租，讲授推行乡约，出资建龙门塔，还捐钱创立了尚友书院。教授后学，讲授程朱理学，批阅作业，捐田开仓。

平生身怀雅度，绝不露圭角，虽然说自己很卑微，大家还是为他造了一座庐。万历四十五年（1617年），在故乡去世，享年75岁。

著有《天池草》二十六卷，前二十卷是文章，文体包括奏疏、表笔、序跋、题记、碑铭等，后面六卷是诗歌。诗歌文章内容丰富，涉及嘉靖至万历数十年间政治、经济变迁以及社会生活诸多方面，具有很高的文献价值。又有《尚友堂稿》《南溟奇甸》《耒鹤轩集》《吴越游记》《居乡约言》等。《明史·艺术志》中，王弘海还著有《文字说苑》四卷。[①]

46. 梁云龙

生于1528年，字会可，号霖雨，琼山（今海南省琼山区）人。幼时家境贫寒但刻苦学习，万历十一年癸未（1583年）考中进士，被授予兵部武库司主事的官职。万历十六年戊子（1588年），在贵州主持考试，所录取的多为名士。大司马郑公洛治理临洮县（今临洮县），云龙担任赞画这个职位，建言提出主张说：断甘肃、凉州的通道，扼四川青海之咽吭。这个建议立即为郑尚书所采纳并付诸实践，果然首战告捷。万历二十年壬辰（1592年）春，晋升为副宪，治兵在井陉，不久调任天津。天津是京师的咽喉，当时倭寇入侵朝鲜，来势非常猖獗，有人提议增加边防军力，云龙坚持应当带领将帅固守的建议，免去了修筑敌台陷阱的费用，所省下来的费用有数十万。当时正值连绵细雨，又是一年中死亡较多之时，饿死的人满路都是，云龙多次请求派治理水利的官员来修复许多决堤口，民众免于洪灾。又亲自调查并上报请求免税和赈济。万历二十二年甲午（1594年），进而担任参政一职，治理兵士于开原，万历二十三年乙未（1595年），调到陇右分守，备兵于庄浪。恰好碰上土营鲁某横行恣意不遵守章法，免去了他的官职，于是被流言蜚语所中伤，被调任参政一职，然而按例候代，随从大司马主管两河松山的战役。敌方二十年的盘踞一日之内全失，收复

---

① （明）戴熺、欧阳灿总裁，蔡光前等纂修：万历《琼州府志》卷十《人物志》，海南出版社2003年版，第738页。又，生卒时间及生平事迹，根据王国宪《先少保忠铭公年谱》。

失地三千多里。不久后，卸任回到家，朝廷评定他前前后后在边防所立之功，恢复原来的职务，担任布政使，补分守荆南。万历三十年壬寅（1602 年），征战苗疆有功，承皇上旨意赐予褒奖。万历三十二年甲辰（1604 年），楚藩动乱四起，就职升任湖广巡抚，万历三十四年丙午（1606 年），卒官。享年 78 岁，加封为兵部左侍郎，赐祭祀和葬礼。葬在原琼山县旧州善送岭。

梁云龙妻子是郑廷鹄的女儿，有两个儿子，长子思孚，次子思泰。

著作有《背水战书》《海忠介公行状》《梁中函集》《寨上曲》《荡空崧上铭文》等。[①]

47. 许子伟

生于 1555 年，卒于 1613 年，字用一，琼山（今海南省琼山区）人，幼年丧父。家贫，致力于学习，15 岁时拜海瑞为师，凭借忠孝名节享有名声。万历十年（1582 年），考中举人，丙戌年（1586 年）登进士，任命为行人。奉旨在湖广做地方官，许子伟竭力推辞赏赐的黄金。万历十五年（1587 年），海瑞在南京逝世。许子伟奉旨护送海瑞灵柩回海南安葬，不久被提拔为兵科给事中，后迁调为吏科右。因为正色直言规劝，因此正直的名声大大的显扬。捐钱创办琼会馆，时至今日乡绅和羁旅异乡的海南人都因为它的方便而称赞。后因病请假回原籍，休假结束后补户科右。弹劾权贵忤逆皇帝的意旨，贬为铜仁府经历，于是回家奉养母亲，身虽贫寒却依然尽心孝敬母亲。胸怀大志喜欢行侠仗义，凡是亲戚乡里生活贫乏的人，大多受到他的救济供给。时值黎族起义，许子伟写信给当权者，带领乡里人抗拒，家乡的人都信赖他。内使开采珠船，摊派琼州府，劳役以万计算，民怨沸腾，许子伟竭力进言才得以减少，人民得到休养生息。许子伟在儋州建立免费的私塾，在郡中开设敦仁学院，将士大夫绅士聚集起来，让他们恳切地讲解学问，以启迪后学为己责任。许子伟捐赠钱财招募人建造明昌塔，

---

① （明）戴熺、欧阳灿总裁，蔡光前等纂修：万历《琼州府志》卷十《人物志》，海南出版社 2003 年版，第 738—739 页。

用来培育弘扬文化风气。地震时，明昌塔崩塌陷落，许子伟又重建它。每天和志同道合的人一起吟诗咏物，寄托意趣，有生命完结的意思。万历四十一年癸丑（1613 年），因为朝廷内外都有人上疏推荐许子伟，得以重新任用，还未回复就逝世了。著有《谏垣录》《广易通》《敦仁编》《许忠直集》等。乡里人请求允许在明昌塔祭祀他，他的牌位与丘濬、海瑞放在一起享受祭祀。现在是祭祀乡里贤人的地方。[①]

48. 陈是集

字虚期，文昌（今海南省文昌市）人。崇祯四年辛未（1631 年）考中进士，担任中书，接受使命出访四川、广东，不接受贵族子弟奉上的黄金。因为遭到别人的怨恨，被诬陷嫁祸坐牢。不久后遇到大赦，恢复官职，居住在家。编著有《南溟诗集》。[②]

49. 徐鉴

字子明，宜兴（今江苏省宜兴）人。宣德年间（1426—1435 年）以户部郎中奉旨为琼州太守。廉洁清静寡欲，孜孜爱民，为政简易，大率以劝化为主，不专用刑法，他的信实有古循吏风。节财用，买卖不拖欠赋税，教民树艺，兴学课士。

郡多异产，宫内宦官阮、韦、冯三人每年都来索扰，见徐鉴严正不可犯，而且是皇帝亲任，不得不有所收敛。继之又有三人重复而来，凡所要不在当索之列，即限令有司不给。到他们索要完毕，运送回京时，每每派遣骑士跟随护卫，使他们不能肆意贪占。武官贪利于黎区所产，常常主动挑起争端以邀贿。徐鉴依例压制不使生事。

当地民众渐染黎俗，有病不服药，只一味杀牛祭鬼，以至于要卖儿卖女作为禳祷费用。徐鉴认为佛老虽非正途，但是不损害财物性命，比杀牛祭鬼好，于是许可大户修饰寺观，以改变民间陋习。从此开始有病者不再杀牛，而百姓负担有所舒缓。

---

① （明）戴熺、欧阳灿总裁，蔡光前等纂修：万历《琼州府志》卷十《人物志》，海南出版社 2003 年版，第 741 页。

② 见《海南名人辞典》。

在琼四年，宣德八年癸丑（1433 年）秋，卒。与王伯贞附祭于东坡祠。成化元年（1465 年），始为二贤专祠。弘治元年（1488 年），因孙子荣耀而显贵，赠礼部尚书，兼文渊阁大学士。[①]

---

① （明）郭棐撰：《粤大记》下，中山大学出版社 1998 年版，第 331—332 页。

策划编辑:侯俊智　侯　春
责任编辑:陈建萍
特约编辑:陈　虹　李　会
封面设计:肖　辉　孙文君
责任校对:吴容华

图书在版编目(CIP)数据

海南通史·明代卷/周伟民 唐玲玲 著. —北京:人民出版社,2017.11
（2022.7 重印）
ISBN 978－7－01－017018－3

Ⅰ.①海…　Ⅱ.①周…②唐…　Ⅲ.①海南-地方史-明代
Ⅳ.①K296.6

中国版本图书馆 CIP 数据核字(2016)第 294740 号

海南通史·明代卷
HAINAN TONGSHI MINGDAI JUAN

周伟民　唐玲玲　著

人民出版社 出版发行
（100706 北京市东城区隆福寺街 99 号）

北京中科印刷有限公司印刷　新华书店经销

2017 年 11 月第 1 版　2022 年 7 月北京第 2 次印刷
开本:710 毫米×1000 毫米 1/16　印张:26
字数:360 千字　插页:4

ISBN 978－7－01－017018－3　定价:85.00 元

邮购地址 100706　北京市东城区隆福寺街 99 号
人民东方图书销售中心　电话 (010)65250042　65289539